[德] 雷纳·齐特尔曼博士
（Dr.Dr.Rainer Zitelmann）

1957年生于德国法兰克福。历史学（1986年）、社会学（2016年）博士，先后供职于柏林自由大学（1987~1992年）、曾为德国第三大出版社的Ullstein-Propyläen（总编辑，1992~1993年）、德国主流日报《世界报》（Die Welt，栏目主编，1993~2000年）。2000年创办了自己的公司。该公司现已发展为处于德国领先地位的房地产咨询顾问公司。

齐特尔曼还是一名成功的地产市场投资人，因经营房地产企业和投资房地产而致富。迄今为止，他已撰写和出版了20多本书，以多种语言发行，并在全球范围内获得了成功。

目 录

序 言 ………………………………………………… 1

引 言 ………………………………………………… 1

第一部分 回顾研究现状、研究问题与研究方法

第一章 关于财富的学术研究评述 ………………… 3

第二章 定义财富精英 ……………………………… 28
 第一节 谁是经济精英？……………………… 32
 第二节 习性对于成为经济精英所起的作用 …… 38

第三章 创业研究评述 ……………………………… 47
 第一节 桑巴特、熊彼特与柯兹纳论述的企业家角色 … 47
 第二节 美国和德国对企业家人格特征与目标设定的
   研究 ………………………………………… 60
  一 问题和方法挑战 ……………………… 65

二　风险偏好和风险认知 …………………………… 66

　　三　自我效能感 …………………………………… 71

　　四　失败后的行动取向 …………………………… 74

　　五　目标及计划的重要性（目标设定理论）……… 76

　　六　不墨守成规、宜人性和自信 ………………… 85

　　七　成功企业家的类型 …………………………… 91

　　八　企业家的动机及其与成功的关系 …………… 94

　　九　幼年和青少年时期的主要影响 ……………… 98

第四章　行为经济学和学习理论引发的问题 ……… 104

　第一节　直觉决策和直觉的作用 ………………… 107

　第二节　乐观与过度乐观 ………………………… 113

　第三节　风险认知与风险评估 …………………… 120

　第四节　不墨守成规 ……………………………… 122

　第五节　外显学习、内隐学习和非正式学习 …… 129

　第六节　财富成功与正规教育 …………………… 144

第五章　机会扮演什么角色 ………………………… 150

　第一节　偶然事件的作用 ………………………… 156

　第二节　幸运——对嫉妒的无意识防御 ………… 161

　第三节　用幸运和巧合阐释成功 ………………… 163

第六章　意向性性格特征：大五类人格及其他 …… 167

第七章　方法论 ……………………………………… 177

　第一节　定量方法在财富的学术研究中的局限性 …… 177

第二节　目标受访者群体的定义及组成 ………………… 182
　第三节　选择指导性访谈法的原因 ……………………… 187
　第四节　精英采访中的社会赞许偏差问题 ……………… 194
　第五节　转录方法 ………………………………………… 207
　第六节　假设法的本质 …………………………………… 209

第二部分　采访 45 位超级富豪

第八章　采访的结构与主题 …………………………………… 215

第九章　性格形成时期 ………………………………………… 219
　第一节　社会背景 ………………………………………… 219
　第二节　早期影响及职业规划 …………………………… 224
　第三节　与父母的关系 …………………………………… 234
　第四节　中小学和大学 …………………………………… 237
　第五节　体育运动 ………………………………………… 252
　第六节　创业生涯早期 …………………………………… 262

第十章　自主创业的动机 ……………………………………… 286
　第一节　"我可能永远当不了员工" ……………………… 288
　第二节　"这些公司的办事效率太低了" ………………… 296
　第三节　"我从来没想过给人打工" ……………………… 306

第十一章　把追求财富作为人生目标吗？ ………………… 314
　第一节　"如果把目标写下来，今后就可以核对" ……… 315
　第二节　"财富只是碰巧获得的" ………………………… 329

第十二章	金钱对你意味着什么？	336
第十三章	销售技巧的重要性	351
第一节	"不管做什么，销售是我们一直在做的事"	354
第二节	"说'不'不一定表示拒绝"	360
第三节	成功的销售人员需要具备的素质	366
第十四章	乐观主义和自我效能感	380
第一节	"只要你有能力，总能找到解决办法"	384
第二节	"我从不抱怨问题，而是寻求解决办法"	387
第三节	"他沉醉于自己的成功"	389
第十五章	风险偏好	397
第一节	风险等级	398
第二节	控制的错觉："我正坐在驾驶座上"	408
第三节	"无疑，我想的事情比以前多"	412
第十六章	做决策依靠直觉还是分析？	420
第一节	"直觉意味着你只是不确定"	423
第二节	"你不能让一个审计师去分析人的性格"	435
第三节	分析的作用	445
第十七章	大五类人格特征	455
第十八章	对抗性和宜人性	461
第一节	对大五类人格测试的必要修正	462
第二节	随和的受访者	467

第三节　有冲突倾向的受访者 …………………………… 472

第十九章　不墨守成规:"逆流而上" …………………… 477
　　第一节　"我就是要和其他人想的不一样" …………… 479
　　第二节　"我不走寻常路" ……………………………… 485

第二十章　应对危机和挫折 ……………………………… 497
　　第一节　"表面上我很忙,但我的内心是轻松自在的" …… 499
　　第二节　"不要推卸责任" ……………………………… 506
　　第三节　"你能顺利渡过难关" ………………………… 510
　　第四节　"回首往事,一切都是最好的安排" ………… 514
　　第五节　"考试后第二天,我什么都忘了" …………… 522

第二十一章　结论 ………………………………………… 530
　　第一节　概要 …………………………………………… 530
　　第二节　研究的局限性以及对未来研究的建议 ……… 546

附　录 ……………………………………………………… 552
　　45场采访的指导问题 …………………………………… 552
　　大五类人格测试 ………………………………………… 557

参考文献 …………………………………………………… 563

序　言

　　大量与"创造财富"有关的畅销书印证了有不少人对此话题感兴趣。但奇怪的是，学者们对此似乎并没那么感兴趣。我读过许多此类畅销书，虽然从中学到了不少东西，但是目前缺乏对这一主题的经验性或学术性研究，这个需要填补的空白一直令我感到遗憾。几年前，我自己研究并出版了一本关于这个话题的书——《富人的逻辑：如何创造财富，如何保有财富》（*Reich werden und bleiben：Ihr Wegweiser zur finanziellen Freiheit*），[①] 那时我才意识到关于各种致富途径的第一次学术调查早已展开。然而，与这一主题相关的作品主要关注那些收入高于平均水平的人，或生活较为富裕的人。

　　对那些真正的富人和超级富豪——拥有数千万或上亿财富的人的学术调查的缺位，反而更受人瞩目。

　　为了写这本书，我成功地说服了45名超级富豪接受采访。

[①] Rainer Zitelmann, *Reich werden und bleiben：Ihr Wegweiser zur finanziellen Freiheit*（Munich：FinanzBuch Verlag, 2015）.（雷纳·齐特尔曼：《富人的逻辑：如何创造财富，如何保有财富》，李凤芹译，社会科学文献出版社，2016。）

虽然以任何客观的标准来判断，他们都非常富有，但大多数人都不会自称为"超级富豪"。其中一人甚至这样对我说："我并不那么富有，还有很多人比我富有得多，比如沃伦·巴菲特（Warren Buffett）。"他指出，福布斯全球富豪排行榜上有几百人都比他富有得多。这并不是假装谦虚，而仅仅证明了这类富人的共同倾向，就是拿他们自己和"那些处于最高地位的人"做比较。我忍不住提醒他，还有73亿人比他更穷。

无一例外，受访者均为企业家或投资人。在采访之前，我研究了大量文献，其中绝大多数来源于美国创业研究领域，以此寻求灵感，期望能为本书找到合适的问题。非常感谢受访者的坦诚相待。我曾向其中的一个人发送了采访中最重要部分的摘要，他写信告诉我：

> 在阅读采访记录时，很多时候我对自己的话都感到相当震惊。不过这些话肯定都是我说出来的……相信你所记录的内容将我的性格描述得相当准确。未来，所有这些都将指导我做事。就如同你用胶片记录下我内心最真实的想法。

采访是于2015年9月至2016年3月面对面完成的，每次持续时间为一小时到两小时。采访记录有整整1740页。此外，每位受访者（只有一人例外）均参与了一项由50个问题组成的性格测试。

采访结果详见本书第二部分。对这些结果感兴趣的读者可以直接从第215页开始阅读。本书的第二部分无疑更有趣，即使受采访的学术性所限，某些调查结果也必定会让你莞尔一笑。第一部分是针对那些对创业和财富的学术研究感兴趣的人

序　言

和那些想对当前学术讨论了解更多的人，概述了这一领域的研究方法。尽管如此，想要完全了解第二部分内容，阅读第一部分内容并非必不可少。

采访并探讨了富人表现出的人格特征和行为模式。解决这一问题的书籍，无论是通俗的入门书，还是学术著作，都偏向于提高读者的期望值，而其中许多人都在寻找致富的见解、指南或秘诀。无疑，我的受访者透露了他们的行为模式、性格特征和策略，这些能帮助他们积累财富。然而，畅销的创造财富类文学作品[1]做出了错误假设，即认为只要找出富人间的相似性，就足以制订一劳永逸的致富计划。

我的受访者们都已获得巨大的财富，他们对问题的回答表明，本书所描述的人格特征与行为模式已在他们非凡的经济领域的成功中起了重要作用。然而，这是一个基于定性社会学研究方法的课题，因此，采访主体不具有代表性。最重要的是，他们的答案没有在由非富人组成的对照组里得到验证。

这里所描述的行为模式有助于这些特定人士在经济领域取得巨大成功，与此同时，极为相似的行为模式，如高风险偏好、目标明确、重点清晰、与大多数人的意见背道而驰以及根据直觉做决定，也能导致失败。我的采访也证明，十有八九这

---

[1] T. Harv Eker, *Secrets of the Millionaire Mind: Mastering the Inner Game of Wealth* (New York: Harper International, 2007); Martin S. Fridson, *How to Be a Billionaire: Proven Strategies from the Titans of Wealth* (New York: John Wiley & Sons, 2000); Napoleon Hill, *Think and Grow Rich: Instant Aid to Riches*, New and Revised Edition (New York: Wilshire Book Co., 1966); Robert T. Kiyosaki and Sharon L. Lechter, *Rich Dad Poor Dad: What the Rich Teach Their Kids about Money that the Poor and Middle Class Do Not!* (New York: Tech Press, Inc., 1998); Bodo Schäfer, *Der Weg zur finanziellen Freiheit. In Sieben Jahren die erste Million* (Frankfurt-am-Main: Campus Verlag, 1998).

些人已经能够将自己的成功维持相当长的一段时间，并巩固和提升自己的财富水平，这在很大程度上是由于他们最终学会了控制自己与生俱来的、高于平均水平的风险偏好。否则，最初使他们成功的行为模式和个性特征很可能导致他们在未来的某一天失败。这样一来，他们可能没有机会参加这个或其他任何针对成功人士的研究了。在得出任何结论之前，读者应对本书进行全面思考，特别是第 21 章中关于本次研究结论局限的高质量评论。

这项研究结果最初于 2016～2017 年的冬季学期作为博士论文提交给了波茨坦大学经济与社会科学学院，并获得了"优等论文"的荣誉。在此，我要对教授兼博士沃尔夫冈·劳特巴赫（Prof. Dr. Wolfgang Lauterbach）表示感谢，是他发起本次研究并在研究过程中给予我指导。"德国的财富"是他的研究项目，这是第一个解决德国财富起源的实证研究项目，也是第一个把我引入财富研究领域的项目。我也要对教授兼博士盖德·赫伯曼（Prof. Dr. Gerd Habermann）表示感谢，他也对我的工作给予了指导，并提供了一些与受访者接触的机会。

雷纳·齐特尔曼博士

（Dr. Dr. Rainer Zitelmann）

引 言

2015年发布的一份研究报告显示，在全球所有亿万富翁中，1995~2014年白手起家的人所占比例从43%上升到66%。[①] 这一趋势引发了对个人得以发展并加入财富精英行列所依赖的人格特征和策略的探讨。

近年来，财富研究不断深入和发展，关于此话题的博士论文和论文集已发表不少。研究中的一个空白与本书中提到的"财富精英"或"超级富豪"（UHNWIs）这一群组有关。这些人已经积累了几千万欧元或数亿欧元净资产。几乎没有任何发现涉及这个群体的财富创造，也没有涉及使他们在经济上获得成功的人格特征和行为模式。

此外，学术界的财富研究者迄今还未充分涉足另一个研究领域，即创业研究，这是一件令人吃惊的事。创业研究的结果也引起了学术界的财富研究者的极大兴趣，正如第一章所示，大多数富人都是通过创业变得富有的。特别是，学术界的财富研究者们迄今未能充分开展关于特定人格特征与创业成功之间

---

① *Billionaires: Master Architects of Great Wealth and Lasting Legacies* (UBS and PWC, 2015), p.13.

的关系的广泛研究。

本书旨在填补这些研究空白。作者采访了45位受访者，受访者的净资产最低为1000万到3000万欧元，有的受访者的净资产达数亿欧元，有的受访者的净资产最多甚至达数十亿欧元。2/3的受访者拥有3000万至10亿欧元的净资产。绝大多数亿万富翁都是白手起家的。该群体还包括这样一些以继承资产起家，然后一次次地使他们的财富成倍增长的超级富豪们。而财富主要来源于继承或馈赠的那些人士与本书中探讨的研究问题无关。

这些访谈是卓有成效的，因为最初在制定适当的访谈问题上我付出了大量努力。这涉及对各个领域包括财富研究、创业研究和行为经济学研究的研究成果的综合评价。

本书的第一部分详细介绍了当前财富研究领域的学术研究状况，这使读者了解采访问题是如何提出的。概述内容为该研究领域存在的空白，描述了所提问题和研究方法。这种重新评价现有研究、提出研究问题和考虑适当研究方法的过程为确定后续访谈的指导方针起了重要作用。

关于文献综述结果的细节讨论已超出本书引言的范围，本书第一部分对该内容进行了深入介绍。本次调查以超级富豪的人格特征和行为模式这一关键问题为方向。采访问题的提出是为了了解富豪们的行为模式，并揭示态度和属性，它们是这些富豪在经济上取得极大成功的条件。

要做到这一点，重要的是要了解受访者性格塑造的社会背景、性格形成期、教育情况与正规和非正规的学习过程。他们所受的正规教育与其后获得的财富程度有关联吗？或者非正式的学习过程（例如通过竞技体育或早期创业活动）扮演了更重要的角色？调查结果表明，创业精神在年轻人中是显而易见的。这些来自创业研究的发现能被证实吗？

此外，有个问题值得探讨——是什么使创业者和投资者在人生中的某些时刻选择创业，而非在现有企业内继续工作，并且承担与这个选择相关的高风险。是不是正如一些研究所声称的那样，无法适应现有企业的结构并融入其等级制度才导致这些人创立自己的企业？

目标设定在这些人的财富成功中起到了何种作用，这是一个同样重要的调查线索。畅销的财富创造类图书一致宣称，这些创业者和投资者首先在某一时刻确定了明确的致富目标，事实果真如此吗？或者变得富有只是作为他们创业活动的副产品？致富并非其最初和最重要的目标？

这些人一旦变富，在财富提供的机会里，什么是他们最看重的呢？他们是否欣赏自己的经济自由与独立，或者说，安全对他们来说更重要？他们能负担得起美丽、昂贵的东西，虽然承受许多抱怨、嫉妒，但他们享有社会的认可。这一点有多重要呢？

在这些创业者和投资者身上，什么特殊能力和天赋能在他们的经济成功中起作用？考虑个人销售技巧的重要性，这无疑是很有趣的。还有，这些人是如何做决定的？他们是以严格的理性分析为指导，还是以直觉或"天性"为指导？

他们愿意承担什么风险？在创业初期与后期，扩大公司规模和继续创业时的风险偏好是否有差异？他们真的知道自己所承担的风险与其他人一样吗？

乐观与过分乐观所扮演的角色有直接关系。几乎所有创业者和投资者都认为自己非常乐观，但他们所谓的"乐观"到底意味着什么呢？过分乐观可以导致企业家承担不合理的风险，那么他们想到的这些常在行为经济学中被强调的风险到了何种程度呢？

最终，走自己的路，不管多数人的意见，甚至有时逆流而行，对这些人起到了怎样的作用？他们处理冲突的能力有多重要？这个问题直接指向大五类人格特征：神经质、外向性、开放性、责任心以及宜人性。所有受访者中只有一个人例外，其余都完成了性格测试，用以衡量这些人的人格特征的发展程度。

在身为企业家和投资者的漫长职业生涯中，他们也必须克服危机和挫折。他们是如何在心理上应对这些挫折的？一般行为模式的存在与这些个体如何应对挫折有关联吗？

这些问题的来源不同。除了财富研究领域之外，这些来源主要包括美国创业研究和行为经济学。此外，问题出自成功人士的传记与自传的评价——作者于2011年出版的一本书中的一个话题。[1] 45位受访者似乎极有可能表现出一些相同和不同的行为模式。相同的行为模式会相同到何种程度？受访者的不同行为模式又会不同到何种程度？

本项工作的研究对象就是那些净资产达数千万欧元或上亿欧元的人，他们代表了这样一个小社会群体，即便是社会经济专家组（Socio-Economic Panel，SOEP）所用的20000个受访者样本，其数量也远远不足以得出理论上合理的结果。[2] 为此，本研究排除了基于定量方法的标准化方法，而选择了一种基于指导性访谈的定性方法。这意味着需要确定一个作为访谈

---

[1] Rainer Zitelmann, *Dare to Be Different and Grow Rich* (Mumbai: Indus Source Books, 2012).

[2] Markus M. Grabka, "Verteilung und Struktur des Reichtums in Deutschland," in *Reichtum, Philanthropie und Zivilgesellschaft*, edited by Wolfgang Lauterbach, Michael Hartmann, and Miriam Ströing (Wiesbaden: Springer VS, 2014), S. 31.

框架的架构，以保证预先确定的问题和话题会在访谈中被提出。

这些指导性的采访尽力寻求与所谓叙述性访谈间的平衡。在访谈时，采访者为事情发展推波助澜，同时尽量避免不被卷入其中。采访者还为访谈提供标准化的方法，受访者在一个精确定义的顺序中会被问到同样措辞的问题。

对公司高管和企业家的采访常常表明，当受访者只提供社会能接纳的答案时，采访者没有充分考虑其产生的方法论问题。然而，有一个真正的危险就是，习惯于在官方声明中发表积极言论的企业家们大部分会习惯性地说一些完美和精致的陈词滥调。问题的措辞越温和，采访者越缺乏批判，那么这种危险也就越大。如果采访者随后将采访记录发送给受访者以获得认可，那么问题就会更加严重。基于这些原因，作者决定选择指导性访谈法，而不是要求受访者认可录制好的访谈记录。[1]本书第二部分所引用的语句尽可能忠实地表达受访者最初的措辞，考虑到可读性，翻译者在这个版本里对内容进行了一些细微的编辑。

本书结构

第一部分描述了研究现状，定义了此项研究的核心问题和概括了所采用的方式、方法。第二部分涉及对 45 位超级富豪的访谈及其评价。

第一章讨论现有的关于财富的学术研究现状，对最重要的发现进行了总结，并对研究中的空白做了概述。

---

[1] 采访摘要发送给大多数受访者时，都明确而严格地要求受访者不对采访摘要做任何改动（除非存在明确的事实错误的情况下，例如发现一个错误的数据）。只有一位受访者对采访摘要进行了大幅修正，但这些修正并没有改变原有叙述所要表达的意思。

第二章着重考察许多精英研究中"经济精英"一词的用法和定义。此前对经济精英的研究过于关注担任领导职务的在职高管,而几乎完全忽视了独立的企业家和投资者。经济精英应该分为两大类,这是有充分依据的。作为经济精英的一个独特子群,财富精英是本次研究工作的主要研究对象。

第三章介绍了创业研究的现状。早在20世纪初,就有学者探讨了创业现象,特别是维尔纳·桑巴特(Werner Sombart)和约瑟夫·熊彼特(Joseph Schumpeter)强调了心理问题的重要性。如今,对企业家的心理研究较为广泛,特别是在美国,第三章第二节对此进行了探讨。这些努力集中于研究企业家个性的实质性发现。

第四章涉及行为经济学和学习理论,它们与创业成功相关,涉及"外显学习"和"内隐学习"两种方法。内隐学习是学习"隐性知识"的基础,正如现有研究所显示的那样,它对企业家起到非常重要的作用,本书对这些超级富豪的采访也清楚地证明了这一点。

在第一章至第四章中反复出现了许多话题。这些采访的问题和话题是从各种资料中精心选择的,如果情况并非如现有研究所显示的那样,那将是相当令人惊讶的。一些话题,如目标设定和不墨守成规,可以在早期创业研究中找到相关论述,在近期创业研究及行为经济学领域的学术著作中则屡见不鲜。

第五章讨论了机会或运气的作用。这两个因素经常被成功人士提及,有不少研究认为这两个因素所起的作用远大于本书所提到的。成功人士强调运气或机遇,其中有哪些社会学和心理学解释?

第六章探讨了人格理论,特别是大五类人格特征。本章还讨论了作者对大五类人格理论之外的特征（如风险偏好）进行探究的原因。

第七章主要讲述了方法论。首先，这一章概述了各种可能的定性访谈方法，然后对选择指导性访谈作为最适合本研究的模型做出了解释。此外，对于发生在企业家和财富精英身上的社会赞许性偏差问题常被低估，本章对该问题进行了详细讨论。

第二部分涉及对超级富豪的 45 次访谈①及其评价。大量的访谈材料是按主题编排的。本书忠实地呈现了受访者的话。本项研究工作的重要目的是重现受访者的观点，并尽可能洞察他们真正的思想和行为模式。但是考虑到可读性，本书对采访记录做了适当编辑。

---

① 在本书第二部分，为方便识别，译者遵照英文原著，在涉及具体访谈内容时，在受访者后添加了序号，如受访者 1。——译者注

第一部分
回顾研究现状、研究问题与研究方法

第一章　关于财富的学术研究评述

经济学家艾琳·贝克尔（Irene Becker）在2003年宣称："关于什么构成财富的讨论才刚刚开始。"① 她反对围绕财富的争论总是集中在收入上，而忽视财富本身。她强调："只有当高净值收入与高水平的财富相吻合时，人们才能拥有足以使生活水平持续提高的财富地位，并且这个财富地位保证相关安全程度，这是个人富有的一个定性特征。"②

2002年，社会学家彼得·因布施（Peter Imbusch）说，学术性财富研究领域缺乏详尽的知识和信息，没有明确谁应该被归为富人以及他们如何生活，"此外，即便对最基本的问题，我们的看法也不同：我们如何定义财富？一个人如何才算富有，我们怎么衡量他们的财富？"③ 与研究贫困问题相比，因布施抱

---

① Irene Becker, "Die Reichen und ihr Reichtum," in *Oberschichten-Eliten-Herrschende Klassen*, edited by Stefan Hradil and Peter Imbusch (Wiesbaden: Springer Fachmedien, 2003), S. 73.

② Irene Becker, "Die Reichen und ihr Reichtum," in *Oberschichten-Eliten-Herrschende Klassen*, edited by Stefan Hradil and Peter Imbusch (Wiesbaden: Springer Fachmedien, 2003), S. 74.

③ Peter Imbusch, "Reichtum als Lebensstil," in *Theorien des Reichtums*, edited by Ernst-Ulrich Huster and Fritz Rüdiger Volz (Hamburg: LIT Verlag, 2002), S. 213.

怨财富的学术研究领域的实证发现极其模糊、矛盾且不完善。①

谈到自己声称的社会学研究的不足,因布施认为,财富并不属于真正的社会学范畴,而富人过去从未被认为是社会学家可识别的研究对象。② 他认为,由于从数字上讲,上层阶级或精英阶层是一个相对较小的群体,因此社会学家把工作重点放在其他群体上是有道理的。③ 就其本身而言,这一论证不具备说服力。毕竟,社会学家经常对少数群体进行深入研究,其中许多群体的成员并没有比"富人"群体的成员更多——无论人们如何定义该词。④

---

① Peter Imbusch, "Reichtum als Lebensstil," in *Theorien des Reichtums*, edited by Ernst-Ulrich Huster and Fritz Rüdiger Volz (Hamburg: LIT Verlag, 2002), S. 214-215.
② Peter Imbusch, "Reichtum als Lebensstil," in *Theorien des Reichtums*, edited by Ernst-Ulrich Huster and Fritz Rüdiger Volz (Hamburg: LIT Verlag, 2002), S. 215.
③ Peter Imbusch, "Reichtum als Lebensstil," in *Theorien des Reichtums*, edited by Ernst-Ulrich Huster and Fritz Rüdiger Volz (Hamburg: LIT Verlag, 2002), S. 216.
④ 其中一个例子就是跨性别研究。这里涉及一个群体,从德国的变性人和两性人身份协会(DGTI)公布的估计数字来看,其人数是 20000~80000 人(该数据出自 http://www.dw.com/de/transgender-in-deutschland/a-17630664,2016 年 7 月 8 日获取)。虽然这一群体在数量上绝对是少数,但关于这一话题已有广泛的学术研究,例如格萨·林德曼(Gesa Lindemann)的研究[*Das paradoxe Geschlecht: Transsexualität im Spannungsfeld von Körper, Leib und Gefühl* (Wiesbaden: VS Verlag, 2011)]。德国的摇滚人士数量与之相似,德国有 1000 家摇滚俱乐部,每家有 10~20 名成员(该数据出自 http://www.derwesten.de/region/rhein_ruhr/die-meisten-rocker-sind-friedlich-id6396863.html,2016 年 7 月 8 日获取)。摇滚人士也已成为社会学研究的对象,例证可参阅由不来梅大学的马丁·G. 奥皮茨(Martin G. Opitz)所写的博士论文[Martin G. Opitz, "Rocker im Spannungsfeld zwischen Clubinteressen und Gesellscha-ftsnormen, Constance 1990," (PhD diss., Universität Bremen, 1989)]。

第一章　关于财富的学术研究评述

因布施还说:"尽管对财富具体方面的研究多种多样,但必须指出的是,社会学至今未能将其研究重点放在财富上。"他把这一点归咎于对财富的现有实证研究处于支离破碎的状态,以及"富人和他们的财富被证实是一个特别难处理的调查对象"这一事实。①

因布施还提出了另一个有趣的观点,即把研究兴趣和基于规范性价值判断结合起来进行财富研究。对财富的研究给社会学家带来了特殊挑战,因为它的规范性维度使这一领域特别容易受到描述性和判断性分析的干扰。②

贝克尔和因布施这样的研究者指出了现有研究的空白,但即使在十年后,继他们之后的研究者仍在抱怨学术界对"富人"缺乏关注。2012年梅兰妮·伯温-斯科梅兰布洛克(Melanie Böwing-Schmalenbrock)发现,"学者大都忽视财富这个主题……很可能没有哪个学科认为自己有责任从事财富方面的研究。即使在今天,对财富的研究也不固定在任何一个领域,而是穿插于各个学科。"③ 但在未来,她希望关于财富的学术研究能够成为一门独特的交叉学科。④

---

① Peter Imbusch, "Reichtum als Lebensstil," in *Theorien des Reichtums*, edited by Ernst-Ulrich Huster and Fritz Rüdiger Volz (Hamburg: LIT Verlag, 2002), S. 217.

② Peter Imbusch, "Reichtum als Lebensstil," in *Theorien des Reichtums*, edited by Ernst-Ulrich Huster and Fritz Rüdiger Volz (Hamburg: LIT Verlag, 2002), S. 217.

③ Melanie Böwing-Schmalenbrock, *Wege zum Reichtum: Die Bedeutung von Erbschaften, Erwerbstätigkeit und Persönlichkeit für die Entstehung von Reichtum* (Wiesbaden: Springer VS, 2012), S. 47.

④ Melanie Böwing-Schmalenbrock, *Wege zum Reichtum: Die Bedeutung von Erbschaften, Erwerbstätigkeit und Persönlichkeit für die Entstehung von Reichtum* (Wiesbaden: Springer VS, 2012), S. 254.

梅兰妮的博士论文被认为是德国学术界关于财富实证研究的第一篇学术论文,为弥补这一领域的空白做出了重大贡献,并且直到今天其主张仍然被采用。此外,研究财富的大量论文已被收录进合集里,目前更多的项目正在进行中。财富的学术研究包含了广泛的问题和研究策略,具体表现为如下几个方面。

1. 几十年来,关于财富的学术研究集中在财富公平分配的问题上,这些问题大多是从规范的立场出发的。这种方法并没有涉及调查个人财富的起源,而是往往具有明确的、具体的政治意图。它调查了财富是否"公平"地被分配到整个社会。为了说明这一点,我们来简要地讨论一下两部分别于1993年和2002年出版的论文集。1993年,欧内斯特-乌里奇·胡斯特(Ernst-Ulrich Huster)出版了一部论文集,名为《德国的财富,社会两极分化的受益者》(*Wealth in Germany. The Beneficiaries of Social Polarization*)。此论文集有一个统一的主题,就是不断抱怨财富分配不公。"牺牲穷人的利益换取的财富和繁荣"是其中一篇文章的标题,而另一篇文章的标题则是"财富是男性的,还用说吗!"作者大方承认:"当然,自由民主国家对每位公民的不公正的推定同样适用于高收入者和商业企业。"[①] 在这些表述中,"富人"很明显被赋予被告的角色,即使"不公正推定"在德语原文中是一个口误,本应读为"无罪推

[①] Ernst-Ulrich Huster, "Enttabuisierung der sozialen Distanz: Reichtum in Deutschland," in *Reichtum in Deutschland: Die Gewinner in der sozialen Polarisierung*, edited by Ernst-Ulrich Huster (Frankfurt-am-Main: Campus Verlag, 1997), S. 16.

定",后者只对被控犯罪的集团或个人有意义。在 2002 年出版的《财富理论》(*Theories of Wealth*)这一论文集的序言中,胡斯特和沃尔兹(Fritz Rüdiger Volz)表述道:"胡斯特的批判与财富和富人无关。他从政治学和政治经济学视角的批评针对的是社会发展和企图从概念上、实际中和政治上将整个经济领域从对社会发展的参与、规范性话语及对基本社会共识的依赖中分离出来的力量,并提出经济学(和财富)服从一个受到新自由主义精神鼓舞的纯粹的经济逻辑和权力。"① 上述两部论文集都是以"不平等"为视角论述财富分配问题的文集。而关于个人财富的积累问题几乎没有被主题化。这同样适用于三名瑞士社会学家在 2010 年出版的一本书——《富人是如何思考和行动的》(*How the Rich Think and Act*)。此书着重讲述富人的生活环境、税收政策和关于财富话题的理论。该书最具启发性的内容是对超级富豪进行的访谈。② 访谈涉及一系列话题,包括受访者对近期导致金融危机发生的原因的看法、富人如何为自己的利益游说,以及如何创新和对社会负责等。③ 该书作者对与超级富豪的财富来源相关主题的关注度非常低,书中只有寥寥几页专门讨论这个问题。

---

① Ernst-Ulrich Huster and Fritz Rüdiger Volz (eds.), *Theorien des Reichtums*, (Münster: LIT Verlag, 2002), S. 9.
② 作者一共进行了 100 次访谈,从中摘录了 40 个访谈出版。但很明显,并非每位受访者都是百万富翁。Ueli Mäder, Ganga Jey Aratnam and Sarah Schillinger, *Wie Reiche denken und lenken: Reichtum in der Schweiz-Geschichte, Fakten, Gespräche* (Zürich: Rotpunktverlag, 2010), S. 167 et seq.
③ Ueli Mäder, Ganga Jey Aratnam and Sarah Schillinger, *Wie Reiche denken und lenken: Reichtum in der Schweiz-Geschichte, Fakten, Gespräche* (Zürich: Rotpunktverlag, 2010), S. 167 et seq.

2. 德国联邦政府分别于 2001 年、2005 年、2008 年和 2013 年发布了四份关于贫穷与财富的报告。[1] 实证研究已开始广泛展开并且相关作品已出版。然而，这些研究主要关注收入分配的趋势。在大多数情况下，富人主要指其收入相当于全国净收入 2~3 倍的那些人。

3. 在过去的几年里，研究者开始研究财富和慈善之间的联系。在德国，本研究主要由托马斯·德鲁银（Thomas Druyen）和沃尔夫冈·劳特巴赫（Wolfgang Lauterbach）发起和开展，研究富人参与慈善事业的原因、目标和参与程度，如捐款、建立慈善基金会等。[2]

托马斯·德鲁银将"财富的学术研究"分为以下几个方面:[3]

---

[1] Deutscher Bundestag, "Lebenslagen in Deutschland: Dritter Armuts-und Reichtumsbericht der Bundesregierung" (Paper 16/9915, 2008); Deutscher Bundestag, "Lebenslagen in Deutschland: Erster Armuts-und Reichtumsbericht der Bundesregierung" (Paper 14/5990, 2001); Deutscher Bundestag, "Lebenslagen in Deutschland: Zweiter Armuts-und Reichtumsbericht der Bundesregierung" (Paper 15/5015, 2005).

[2] Thomas Druyen, Wolfgang Lauterbach and Matthias Grundmann (eds.), *Reichtum und Vermögen (Wealth and Fortune): Zur gesellschaftlichen Bedeutung der Reichtums-und Vermögensforschung* (Wiesbaden: Springer VS, 2009); Wolfgang Lauterbach, Thomas Druyen and Matthias Grundmann (eds.), *Vermögen in Deutschland (Wealth in Germany): Heterogenität und Verantwortung* (Wiesbaden: Springer VS, 2011); Wolfgang Lauterbach, Michael Hartmann and Miriam Ströing, *Reichtum, Philanthropie und Zivilgesellschaft (Wealth, Philanthropy and Civil Society)* (Wiesbade: Springer VS, 2014).

[3] Thomas Druyen, "Über die Studie 'Vermögen in Deutschland' und die vermögenskulturelle Zukunft," in *Vermögen in Deutschland: Heterogenität und Verantwortung*, edited by Wolfgang Lauterbach, Thomas Druyen and Matthias Grundmann (Wiesbaden: Springer VS, 2011), S. 215.

第一章　关于财富的学术研究评述

A. 财富（社会结构研究）
- 分布
- 起源
- 使用

B. 财富（文化研究）
- 家族与企业网络
- 社会参与度
- 态度和生活方式

C. 财富心理学/财富伦理
- 心理类型
- 人格特征
- 同理心与道德

上述 1~3 条与 A~C 条中所述的大部分问题与本书主题并无多大关联。本书并不致力于讨论与财富分配平等有关的问题，也不从上述几方面对"丰厚收入"进行研究。同样，关于富人的社会参与度或"财富与慈善"这个主题，以及富人的生活方式和生活环境等问题，都未在本研究中进行明确讨论。因而，在此不必概述这些领域的研究现状。

本研究的重点是"财富的起源"这个主题，梅兰妮·伯温-斯科梅兰布洛克在研究中也讨论了这个主题。作为德国财富研究的一部分，她的博士论文在本研究领域内具有最强的实证基础，我们将在下文对她的研究方法和结果进行更详细的描述——辅之以过去几年相关论文集中发表的研究成果，这些论文集也研究这一问题。

梅兰妮研究的核心点是财富的来源及其形成的原因。财富的来源在很大程度上被认定为有偿工作或继承，而其背后的因素主要是个人特征,特别是人格特征。① 作为财富起源的决定性因素,本研究的一个中心前提,也是被本书所采纳的,就是个人角色的重要性,即个人的人格特征和决策:"参与者和他们的个性特点是财富来源的一个非常关键的因素;获得财富作为个人财富累积过程的结果,受到了与之相关的人的积极影响。因此,个人财富的形成是一个复杂但自由的过程,这种过程只作为家庭成员行动和决定的结果而发生。"②

梅兰妮把她的方法与社会学流动性的研究区分开来。她的研究"重点是个人生活的发展,而不是代内比较"。因此,她的研究涉及的是代内而非跨代的流动过程。可以这样说,她相信:"最重要的是,财富的流动性和人的个性有关。③ 由于个人能够参与到识别和利用机会的过程中,创造财富应该被理解为一个相对开放的流动性过程。"④

梅兰妮坚持认为,财富来源于工作报酬、房产、遗产继承或赠与,然而,这一观点是需要改进或者补充的。⑤ 当然,她

---

① Melanie Böwing-Schmalenbrock, *Wege zum Reichtum: Die Bedeutung von Erbschaften, Erwerbstätigkeit und Persönlichkeit für die Entstehung von Reichtum* (Wiesbaden: Springer VS, 2012), S. 15.
② Melanie Böwing-Schmalenbrock, *Wege zum Reichtum: Die Bedeutung von Erbschaften, Erwerbstätigkeit und Persönlichkeit für die Entstehung von Reichtum* (Wiesbaden: Springer VS, 2012), S. 16–17.
③ Melanie Böwing-Schmalenbrock, *Wege zum Reichtum: Die Bedeutung von Erbschaften, Erwerbstätigkeit und Persönlichkeit für die Entstehung von Reichtum* (Wiesbaden: Springer VS, 2012), S. 66.
④ Melanie Böwing-Schmalenbrock, *Wege zum Reichtum: Die Bedeutung von Erbschaften, Erwerbstätigkeit und Persönlichkeit für die Entstehung von Reichtum* (Wiesbaden: Springer VS, 2012), S. 67.
⑤ Melanie Böwing-Schmalenbrock, *Wege zum Reichtum: Die Bedeutung von Erbschaften, Erwerbstätigkeit und Persönlichkeit für die Entstehung von Reichtum* (Wiesbaden: Springer VS, 2012), S. 67.

第一章 关于财富的学术研究评述

也承认,"财富的第三种来源是现有财富,并假设它会自动增长。"在她看来,它仍应该被当作"一种次要来源,而非首要来源"。因此,以资本赚取的收入被当作财富起源的次要因素,而非财富本源。①

这个观点很难令人信服。最终,这与财富的本源是工作薪酬还是投资都没有关系。但即使在梅兰妮所采访的人中,他们的财富平均值也接近140万欧元,② 多达48%的人表示房地产是他们财富的"重要"来源,1/10的人表示房地产收益是他们个人财富的"最重要的来源"。而有20%的人称股票市场收益是财富的重要来源,只有2.4%的人表示这是财富的最重要来源。③

因此,梅兰妮最初的假设是需要修订的,尤其是她自己的研究结果,这些结果反映了财富是由个人创造与积累的事实。她的研究结果如下:

1. 财富来自工作薪酬。(包含所有形式的工作,如受雇于他人和自主创业。这与继承遗产和接受财产赠与截然不同。)

2. 来自投资。

3. 继承遗产或接受财产赠与。

---

① Melanie Böwing-Schmalenbrock, *Wege zum Reichtum: Die Bedeutung von Erbschaften, Erwerbstätigkeit und Persönlichkeit für die Entstehung von Reichtum* (Wiesbaden: Springer VS, 2012), S.16.

② Melanie Böwing-Schmalenbrock, *Wege zum Reichtum: Die Bedeutung von Erbschaften, Erwerbstätigkeit und Persönlichkeit für die Entstehung von Reichtum* (Wiesbaden: Springer VS, 2012), S.139.

③ Melanie Böwing-Schmalenbrock, *Wege zum Reichtum: Die Bedeutung von Erbschaften, Erwerbstätigkeit und Persönlichkeit für die Entstehung von Reichtum* (Wiesbaden: Springer VS, 2012), S.174.

梅兰妮研究的基础是波兰大学沃尔夫冈·劳特巴赫发起的上述"德国的财富"研究项目。研究涉及 472 名受访者,其财富平均值为 230 万欧元,财富中位数为 140 万欧元。[1] 这是一项开创性的研究项目。"它首次收集的数据来源于一个基础数据库,但由于样本数量大且调查内容多,该研究的进展远远超出个人研究的范畴,采用标准化的研究工具,重点调查富人和家庭财务资产的组成和规模。"[2]

换言之,这项研究的重点不是"超级富豪",而是"下一代的百万富翁"。梅兰妮描述了一种三层结构的"财富金字塔"。在最底层,财富的决定性因素是每年的净收入,下限阈值一般是 54320 欧元,它是德国平均可支配家庭总收入的两倍。金字塔的上层是以金融资产定义的。在这里,作者区分了"脆弱的财富"(总资产至少为 120 万欧元)和"稳定的财富"(总资产至少为 240 万欧元)。[3]

梅兰妮将财富定义为"家庭资产产生的收入至少达到使全家人过上舒适生活的家庭收入标准"[4]。当然,这主要取决于与利率和投资回报有关的假设。据梅兰妮估计,每年的投资

---

[1] Melanie Böwing-Schmalenbrock, *Wege zum Reichtum: Die Bedeutung von Erbschaften, Erwerbstätigkeit und Persönlichkeit für die Entstehung von Reichtum* (Wiesbaden: Springer VS, 2012), S. 139.

[2] Klaus Kortmann, "Vermögen in Deutschland: Die methodischen Anlagen der Untersuchung," in *Vermögen in Deutschland: Heterogenität und Verantwortung*, edited by Wolfgang Lauterbach, Thomas Druyen and Matthias Grundmann (Wiesbaden: Springer VS, 2011), S. 15.

[3] Melanie Böwing-Schmalenbrock, *Wege zum Reichtum: Die Bedeutung von Erbschaften, Erwerbstätigkeit und Persönlichkeit für die Entstehung von Reichtum* (Wiesbaden: Springer VS, 2012), S. 45.

[4] Melanie Böwing-Schmalenbrock, *Wege zum Reichtum: Die Bedeutung von Erbschaften, Erwerbstätigkeit und Persönlichkeit für die Entstehung von Reichtum* (Wiesbaden: Springer VS, 2012), S. 45.

富有的人的人格特征很相似。"只有自主创业人士拥有特殊地位。这里介绍的人格特征特别适用于这一群体，他们的人格特征与社会的中间阶层以及其他富人的区别很大。"[1]

综上所述，企业家精神和非常特殊的人格结构与其他群体的不同（暂且不考虑财富的转移）。它们是财富起源的决定性因素。梅兰妮在她的结论中指出了需要进一步研究的方向。她表示："从本质上来说，首先需要关注人格特征和自主创业的关系，因为两者都直接支持创造稳定的财富。"[2]

从梅兰妮的研究中可以得出这样一个假设：研究对象越富有，企业家精神和人格特征的重要性就越大。这一推论的含义是，创业主题的研究与本书有关，特别是它在一定程度上确立了人格特征与创业成功之间的相关性。这一点在这里更有意义，因为本书并不关注财富的起源，而关注超级富豪财富的起源。此外，与梅兰妮所采取的方法不同，那些主要由继承而积累财富的人并不在本书探讨的范围之内。

沃尔夫冈·劳特巴赫的分析证实，企业家精神的影响随着财富水平的提高而增加。劳特巴赫比较了企业家在中产阶级（财富中位数为16万欧元）、富裕人群（财富中位数为75万欧元）、超级富豪（财富中位数为340万欧元）、100位最富有的德国人（财富中位数为15亿欧元）和100位全世界最富有的人（财富中位数为105亿欧元）中的比例。在富裕人群中，

---

[1] Melanie Böwing-Schmalenbrock, *Wege zum Reichtum: Die Bedeutung von Erbschaften, Erwerbstätigkeit und Persönlichkeit für die Entstehung von Reichtum* (Wiesbaden: Springer VS, 2012), S. 242.

[2] Melanie Böwing-Schmalenbrock, *Wege zum Reichtum: Die Bedeutung von Erbschaften, Erwerbstätigkeit und Persönlichkeit für die Entstehung von Reichtum* (Wiesbaden: Springer VS, 2012), S. 254.

有37.8%的人被归类为企业家，64.6%的人属于超级富豪，在100名最富有的德国人中，98%的人都是企业家，而世界上最富有的100个人中，有95.2%的人是企业家。① 劳特巴赫认为："经验主义证据表明，自主创业是财富积累的必要先决条件。依赖于雇佣关系，很难实现财富累积。"② 劳特巴赫进一步指出："成为企业家对累积巨额财富来说十分重要。"③

劳特巴赫和特温恩（Alexander Tarvenkorn）认为人格特征起决定性作用。他们认为："随着现代社会的个性化进程不断瓦解阶级结构，与结构性因素相比，'开放性'或'冒险倾向'等个人素质越发重要，比如在投资领域。个人行为的性质（无论是规避风险还是寻求风险）都是由他或她的个性决定的。"④

在美国，大量研究的主题是企业家精神，这在第三章中将会提到，但严格来讲，对财富的学术研究并没有想象中那么成

---

① Wolfgang Lauterbach, "Reiche Parallelwelten? Soziale Mobilität in Deutschland bei Wohlhabenden und Reichen," in *Reichtum, Philanthropie und Zivilgesellschaft*, edited by Wolfgang Lauterbach, Michael Hartmann and Miriam Ströing (Wiesbaden: Springer VS, 2014), S. 91.

② Wolfgang Lauterbach, "Reiche Parallelwelten? Soziale Mobilität in Deutschland bei Wohlhabenden und Reichen," in *Reichtum, Philanthropie und Zivilgesellschaft*, edited by Wolfgang Lauterbach, Michael Hartmann and Miriam Ströing (Wiesbaden: Springer VS, 2014), S. 94.

③ Wolfgang Lauterbach, "Reiche Parallelwelten? Soziale Mobilität in Deutschland bei Wohlhabenden und Reichen," in *Reichtum, Philanthropie und Zivilgesellschaft*, edited by Wolfgang Lauterbach, Michael Hartmann and Miriam Ströing (Wiesbaden: Springer VS, 2014), S. 92.

④ Wolfgang Lauterbach and Alexander Tarvenkorn, "Homogenität und Heterogenität von Reichen im Vergleich zur gesellschaftlichen Mitte," in *Vermögen in Deutschland: Heterogenität und Verantwortung*, edited by Wolfgang Lauterbach, Thomas Druyen and Matthias Grundmann (Wiesbaden: Springer VS, 2011), S. 74.

熟。很多年来，这个领域都被一些社会科学家写的规范性论文所主导，从本质上看这些论文很多是存在争议的，并没有什么启发作用。1968 年，菲迪南德·伦德伯格（Ferdinand Lundberg）出版的《富豪和超级富豪》（The Rich and the Super Rich）备受关注。时任纽约大学社会哲学和经济学教授伦德伯格说："谈到美国财富创造者一般是什么类型的人，不管是现在还是过去，人们几乎可以不假思索地说他们是外向性格的人，通常没有受过什么教育，也没什么文化。在过去的大多数时间，这些财富创造者的世界观和在社会中的角色都很单纯。在这样的情况下，他们和别人的关系就疏远了。"[1]《财富》榜单里的大多数"资本家"可能简单地被形容为"高雅文化的逃离者"。[2]

《财富与民主：美国富人的政治史》（Wealth and Bemocracy: A Polotical History of the American Rich）这本书就没引起太多的争议。它是从类似的角度来看待这个问题的。这本书抨击了"市场神学"[3] 以及越来越多的不平等性和富人在政治领域日益增长的影响力。相比较而言，克里斯蒂娅·弗里兰（Chrystia Freeland）所著的《富豪阶层：全球超级富豪新贵的崛起和其他人的衰落》（Plutocrat: The Rise of the New Global Super-Rich and the Fall of Everyone Else）所包含的信息更多。弗里兰在她的书里描述了一个新的全球精英群体，这一群体和

---

[1] Ferdinand Lundberg, *The Rich and the Super-Rich: A Study in the Power of Money Today* (New York: Lyle Stuart, 1968), pp. 70-71.
[2] Ferdinand Lundberg, *The Rich and the Super-Rich: A Study in the Power of Money Today* (New York: Lyle Stuartr, 1968), p. 68.
[3] Kevin Philipps, *Wealth and Democracy: A Political History of the American Rich* (New York: Broadway Books, 2002), p. 422.

之前的其他富豪都不一样，因为他们大都是"工作致富"，[1]而且大部分人都是白手起家的亿万富翁。虽然弗里兰公然对超级富豪进行政治批评，但她表示："他们的大部分财富通常来源于努力、智慧和大量的运气……白手起家是当今全球富豪自我形象的核心。"[2]

美国几乎没有进行过与财富起源相关的实证研究。1985~1987 年，美国社会学家保罗·G. 舍维什（Paul G. Schervish）、普拉登·E. 科特苏克斯（Platon E. Coutsoukis）和伊桑·路易斯（Ethan Lewis）采访了 130 名美国百万富翁，并将这些采访收录在《财富福音书》（*Gospels of Wealth*）之中。他们认为，为了便于研究人员研究富人，应该首先允许富人发声，而不是立即批评他们。"阴谋论是一种'结构性'批判主义，它来源于一种友善的，但又很肤浅的尝试，是为了找到藏在富人自私面具下的'真正'动机和目的。"[3] 这本合集包含百万富翁自己讲述的生平，没有任何学者的干预，也没有人试图提出假设，或得出关于财富起源的结论。

学者托马斯·J. 斯坦利（Thomas J. Stanley）的作品在美国流传甚广。他的作品《百万富翁的思想》（*The Millionaire Mind*）出版于 2000 年，他在书中详细介绍了自己的研究成果。1998 年，他采访了 733 位百万富翁。受访者的平均净资产为 920 万美元，他们的财富中值是 430 万美元。据报道，平均家庭收入是 74.9 万美元，财富中值是 43.6 万美元。在受访者

---

[1] Chrystia Freeland, *Plutocrats: The Rise of the New Global Super-Rich and the Fall of Everyone Else* (New York: Penguin Press, 2012), p. 42.

[2] Chrystia Freeland, *Plutocrats: The Rise of the New Global Super-Rich and the Fall of Everyone Else* (New York: Penguin Press, 2012), p. 45.

[3] Paul G. Schervish, Platon E. Coutsoukis and Ethan Lewis, *Gospels of Wealth: How the Rich Portray Their Lives* (Westport: Praeger Publisher, 1994), p. 268.

中，只有8%的人的超过50%的资产来源于遗产继承，还有61%的人从未继承过任何财富或接受过任何财产赠与。① 在这次采访中，他总共提出了277个问题。②

在上班族中，自主创业成为主导职业类别。在被调查的人当中，32%的人是企业家，16%的人是高层管理者，10%的人是律师，9%的人是内科医生。剩下的人基本是推销员、建筑师、教授、公司的中层管理者，以及家庭主妇。③ 那些有着最高财富值的人都是企业家。这项研究的重要发现包括：

1. 选对职业很关键。④ 托马斯·斯坦利说："研究了20多年富人，我总结出这样一个道理，如果你有一项重大决策做对了，你就会变得富裕。如果你选择了理想的职业，就能赢，并且很风光地赢。真正杰出的百万富翁大都选择了竞争很小但获利超高的职业。"⑤ 智商和教育对他们取得财富成功只起次要作用。很多受过良好教育的人，尤其是那些有额外资格证书的人，会错误地选择进入一些大型企业或者开展一些大型的合法业务，在这些企业和业务中，他们不得不与另外一些能力很强的人竞争。斯坦利强调："但是他们忘了一件事情：择业。你在哪里就业要

---

① Thomas J. Stanley, *The Millionaire Mind* (New York: Bantam Books, 2001), p. 17.
② Thomas J. Stanley, *The Millionaire Mind* (New York: Bantam Books, 2001), p. 16.
③ Thomas J. Stanley, *The Millionaire Mind* (New York: Bantam Books, 2001), p. 19.
④ Thomas J. Stanley, *The Millionaire Mind* (New York: Bantam Books, 2001), p. 33.
⑤ Thomas J. Stanley, *The Millionaire Mind* (New York: Bantam Books, 2001), p. 31.

比你在哪里可以赢得竞争重要得多。即使是我曾教过的很多管理专业最优秀的学生，也经常在竞争中失败。为什么不选择你更能成为赢家的职业和目标呢？"①

2. 天资和学历并不是取得财富成功的决定性因素。这些百万富翁在美国高考中的平均成绩是1190分。正如你所想的，拿到最高分的人是律师和内科医生，然后是企业家，他们比那些自由职业者要富有很多。② 1190分的美国高考成绩可能远高于平均成绩，但是也达不到美国一流大学的入学要求。在此次调查中，百万富翁还被问及他们成功的主要因素是什么。只有20%的人说他们的成功得益于高智商，或者说主要是高智商。在调查对象提及的30个成功因素中，高智商排在第21位。只有15%的人说，上一个好大学比在大学里取得好成绩更重要，这个因素排在第23位。排序的最后一个，也就是排在第30位的是，"在班级里排第一名"，只有11%的参与者将此视为他们成功的重要因素。③ 显然，在所有企业家中，认为"社会经验"比"智商超群"更重要的人占大多数。16%的人将"高智商"看作他们成功的重要因素，12%的人认为上一流大学很重要，只有5%的人认为"在班里排名第一"很重要。相比之下：34%的律师（他们的人数是企业家的2倍多）认为高智商或者智力超群是一个关键因素，18%的人强调了他们从名校获取的学位，26%的律师（律

---

① Thomas J. Stanley, *The Millionaire Mind* (New York: Bantam Books, 2001), p. 32.
② Thomas J. Stanley, *The Millionaire Mind* (New York: Bantam Books, 2001), p. 23.
③ Thomas J. Stanley, *The Millionaire Mind* (New York: Bantam Books, 2001), p. 45.

师人数是企业家的5倍）认为"在班里取得第一名很重要"。与之形成对比的是，45%的企业家认为销售技能很重要，只有16%的律师也持有此观点。[1] 斯坦利总结道："想要和你们学校的神童在一个行业工作并不是一个好主意。"[2] 和其他的高智商群体（例如法律和医学方面的人）的竞争将更为激烈，这也降低了财富成功的可能性。

3. "智慧创新"是经济成功的主要因素。以下是企业家与律师的百分比较，这些企业家与律师认为以下因素在其财富成功中起决定性作用的比例为（括号内的数值是律师所占的比例）："看到其他人看不到的机会"：42 (19)；"找到一个有利可图的职业"：35（14）。[3]

4. 能冒多大的金融风险，与获得经济上的成功高度关联。净财富值越高，调查对象越认同这一评估结果。在净资产低于100万美元的受访者中（除了733个百万富翁，还有268个人所持资产低于这个标准），只有18%的人同意这一观点；那些资产在200万~500万美元之间的人中，28%的人的回答是肯定的，另外，资产在1000万美元以上的人中，有41%的人同意该观点。斯坦利很认真地指出，这并不意味着那些更富有的参与者就会鲁莽地从事风险投资。例如，有趣的是，在资产不到100万美元的人群中，近一半人（47%）在过去12个月的某个时间段购买了一张彩票，资产在十几万美元的人只有20%的

---

[1] Thomas J. Stanley, *The Millionaire Mind* (New York: Bantam Books, 2001), p. 50.
[2] Thomas J. Stanley, *The Millionaire Mind* (New York: Bantam Books, 2001), p. 71.
[3] Thomas J. Stanley, *The Millionaire Mind* (New York: Bantam Books, 2001), p. 74.

人也这么做了。①

5. 斯坦利在其著作中明确区分了那些赚取大量工资但同时花费很多（Under Accumulator of Wealth，UAW：财富不足）的人，以及那些存了大量资金，从而积累真正财富的人（Prodigious Accumulator of Weath，PAW：财富丰富的累积者）。他指出，根据他们的储蓄方式，收入几乎相同的人（年收入分别为73万美元或71.5万美元），PAW 的净值达 750 万美元，而 UAW 的净值只有40万美元。②

除了学术研究领域之外，作者还回顾了数十年的畅销的财富创造作品。③ 关于富人的书确实非常多，实际上这些书可以分为两类：

1. 许多指导类和科普类图书的书名暗示人们这些书是关于致富的，而实际上它们主要关于股票类投资或股票市场策略等。

---

① Thomas J. Stanley, *The Millionaire Mind* (New York: Bantam Books, 2001), p. 155.
② Thomas J. Stanley and William D. Danko, *The Millionaire Next Door* (Atlanta: Longstreet Press, 1996), p. 92.
③ 更多案例详见 T. Harv Eker, *Secrets of the Millionaire Mind: Mastering the Inner Game of Wealth* (New York: Harper International, 2007); Martin S. Fridson, *How to Be a Billionaire: Proven Strategies from the Titans of Wealth* (New York: John Wiley & Sons, 2000); Napoleon Hill, *Think and Grow Rich: Instant Aid to Riches* (New York: Wilshire Book Co., 1966); Robert T. Kiyosaki and Sharon L. Lechter, *Rich Dad Poor Dad: What the Rich Teach Their Kids about Money that the Poor and Middle Class Do Not!* (New York: Tech Press, Inc., 1998); Bodo Schäfer, *Der Weg zur finanziellen Freiheit. In Sieben Jahren die erste Million* (Frankfurt-am-Main: Campus Verlag, 1998)。

第一章　关于财富的学术研究评述

矛盾的，富人们声称："财富不是他们成功的原始驱动力，而是一种副产品，通常至少有一部分财富是意外得来或是一种必然的结果。"希尔强调："一心想变得富有，接着制订计划，然后通过一些具体的方法和手段来获得成功，坚持不懈地实施计划，不向失败低头，最终会成功。"①

希尔还说，对于"在限定的时间内获取一定的财富"这个承诺，只有将其写下来，才能最终成功获得财富。希尔在书中提出了致富的几个步骤：②

1. 需要精准地确定财务目标。
2. 需要知道付出什么，以及具体的时间和他们希望通过什么方式实现目标。
3. 必须制订计划，并立即开始实施。
4. 需要把每件事都记录下来，并且每天早上和晚上都要大声朗读写下的目标。"在读的时候，要如同已经经历，体会你已经赚到这笔钱时的感觉。"

根据希尔的说法，将愿望变成现实，比如财富是建立在不断自我暗示的基础上的，以这种方式调动并运用潜意识的力量。他强调，书中推荐的所有其他技巧仅是获取潜意识力量的工具。希尔鼓励读者按照上述步骤，每天思考两次自己的财务目标，并带着激情去实现这些目标。"你的潜意识只会认同那些与情绪或感觉融合得很好的想法。"③ "信念的自然发展只有

---

① Napolean Hill, *Think and Grow Rich: Instant Aid to Riches* (New York: Wilshire Book Co., 1966), p. 35.
② Napolean Hill, *Think and Grow Rich: Instant Aid to Riches* (New York: Wilshire Book Co., 1966), p. 36.
③ Napolean Hill, *Think and Grow Rich: Instant Aid to Riches* (New York: Wilshire Book Co., 1966), p. 74.

一种已知方式：不断地肯定潜意识发出的指令。"这也是在潜意识中锚定目标的唯一途径。①

希尔认为仅设定一个目标是不够的，且这个目标需要在潜意识中被锚定下来。他声称通过潜意识可以比意识获取更多的信息。如果你成功锚定一个目标，那么就会找到实现该目标的途径。希尔描述了这种方法："人类思想不断吸引着那些与支配人类思想的振动频率一致的振动。一个人的大脑会出现各种想法、主意、计划或目标，并由此产生许多联想，这些联想让此前的想法更加成熟、完善直至这些想法成为这个人头脑中压倒一切的思想动力。"② 希尔在书的另一段中提到："潜意识会接收和记录感性知觉或想法，不管其性质如何。对于那些你希望变为实物或货币等价物的计划、想法或目的，可以主动将其植入你的潜意识。"③

希尔认为，能够清楚地看到财务目标达成的场景，是最有效的。他表示通过这种方式可以欺骗潜意识。"为使这种'欺骗'更逼真，在唤起潜意识的时候，你要表现得好像已经拥有了所需要的物质。"④ 希尔要求读者想象他们最想拥有的财富，并且想象他们已经实现了这一目标。这会使得内在和外在的现实之间产生一种矛盾，而潜意识迟早会消除这一矛盾。⑤

---

① Napolean Hill, *Think and Grow Rich: Instant Aid to Riches* (New York: Wilshire Book Co., 1966), p. 52.
② Napolean Hill, *Think and Grow Rich: Instant Aid to Riches* (New York: Wilshire Book Co., 1966), p. 56.
③ Napolean Hill, *Think and Grow Rich: Instant Aid to Riches* (New York: Wilshire Book Co., 1966), p. 226.
④ Napolean Hill, *Think and Grow Rich: Instant Aid to Riches* (New York: Wilshire Book Co., 1966), p. 53.
⑤ Napolean Hill, *Think and Grow Rich: Instant Aid to Riches* (New York: Wilshire Book Co., 1966), pp. 76-77.

第一章　关于财富的学术研究评述

希尔的另一个假设指出，每一次失败都可以转化为巨大的成功，每一种劣势都可以转化为至少同等程度的优势。他说："每一次失败都孕育着同等程度的成功的种子。"① 希尔表示，美国最成功的 500 个人曾说过，他们最大的成功往往是在失败之后很快降临的。② 当然，成功不会（未必会）自动到来。希尔建议可以学习"从转换失败开始做起，将其作为获得机遇的垫脚石"。③ 最有意义的是，"每一次失败都会带来同等程度优势的种子"。④ 希尔的书开创了关于财富创造的文学流派，并确立了创造和积累财富的核心心理因素。

在财富的学术研究尚处于形成阶段，且高净值个人财富的创造问题逐渐成为流行励志图书而非实证类学术型考试的主题时，精英研究有一个由来已久的传统，即其关注重点之一便是经济精英。

---

① Napolean Hill, *Think and Grow Rich: Instant Aid to Riches* (New York: Wilshire Book Co., 1966), p. 39.
② Napolean Hill, *Think and Grow Rich: Instant Aid to Riches* (New York: Wilshire Book Co., 1966), p. 21.
③ Napolean Hill, *Think and Grow Rich: Instant Aid to Riches* (New York: Wilshire Book Co., 1966), p. 25.
④ Napolean Hill, *Think and Grow Rich: Instant Aid to Riches* (New York: Wilshire Book Co., 1966), p. 175.

第二章　定义财富精英

人们无论何时在学术文献中使用"精英"一词，都会指出它没有统一的定义。1986年，沃尔夫冈·费尔伯（Wolfgang Felber）发现"西德的精英研究员少有共识"。恩德鲁委特（Endruweit）确切地指出，"所有作者都赋予精英被选中的唯一特性。所谓精英，指在某个特定的选择过程中，证明自己在某些方面优于其他人的人。除被选中这一特性之外，没有作者给精英标注其他特性"。[1]

2004年，芭芭拉·瓦斯那（Barbara Wasner）得出了类似的结论："目前，关于精英的定义，在各种各样的与其相关的理论中，几乎没有什么共识。所有人都认为精英是由被选拔（以任何形式）的个人组成的。他们被视为少数派（通常是积极的）。然而，除了这些基本考虑因素之外，理论家之间几乎没有达成共识。"[2]

---

[1] W. Felber, *Eliteforschung in der Bundesrepublik Deutschland* (Wiesbaden: Springer Fachmedien, 1986), S. 19.
[2] Barbara Wasner, *Eliten in Europa: Einführung in Theorien, Konzepte und Befunde* (Wiesbaden: Springer Fachmedien, 2006), S. 16.

第二章　定义财富精英

2003 年,贝亚特·柯瑞斯（Beate Krais）确定了"精英"的两个构成要素：基于特定个人成就的选择过程以及社会是否把这种成就认可为成功。他认为："'精英'这一概念的关键要素是个人成就，而不是出生时就被赋予的头衔或特权。因此，精英是由那些根据各自甄选过程的标准表现最佳的个人组成的。"此外，精英的第二项标准是："公众对一种成就和成功的认可。"因此，社会要认可某种成就的意义，同时它也要受到公开称赞，这两点至关重要。[①]

2004 年,维多利亚·凯娜（Viktoria Kaina）发现，"关于谁属于一个特定社会的精英阶层以及为什么某个人会被称作精英都尚无共识"。对精英最普遍的理解是"经过选拔和竞争而被归为一类的少数个人，选拔和竞争的过程保证和证明了他们在社会中的崇高地位"。[②]

2006 年,阿明·纳赛希（Armin Nassehi）表示，围绕精英研究的社会科学论述大多卡在试图去定义"该主体的本质特征"。这个领域的学者不能依赖任何共识，甚至无法明确精英的构成和研究他们的最佳方法。"关于精英的讨论似乎主要或至少在很大程度上涉及概念术语的第一个定义，确切地说，这个术语可能意味着什么。对于精英是否真的存在，人们基本能达成共识，但对于是否真的需要精英，人们很难达成共识，

[①] Beate Krais, "Begriffliche und theoretische Zugänge zu den 'oberen Rängen' der Gesellschaft," in *Oberschichten-Eliten-Herrschende Klassen*, edited by Stefan Hradil and Peter Imbusch (Wiesbaden: Springer Fachmedien, 2003), S. 38.
[②] Viktoria Kaina, "Deutschlands Eliten zwischen Kontinuität und Wandel. Empirische Befunde zu Rekrutierungswegen, Karrierepfaden und Kommunikationsmustern," *Aus Politik und Zeitgeschichte B* 10 (2004), S. 8.

而对如何辨识精英，几乎没有任何共识。"①

两年后，克里斯汀·克斯特尔（Christine Kestel）表示，"对'精英'一词的定义是存在问题的，因为它是一个非常含糊的词语。"②她描述了一种"各种定义都在试图接近事实的混乱现象"，③并断言："对'精英'一词的核心概念至少可以总结出一个共同点，即精英是经由选拔而出的社会主体，是对社会发展产生一定影响的少数派。"然而，她承认这是"以极其模糊的术语定义的共同特性"。④

正如上文所述，不止一位学者发现，对于"精英"的定义无法达成任何共识。美国和德国的研究结果同样如此。2012年，美国社会学家西莫斯·拉曼·可汗（Shamus Rahman Khan）称，定义"精英"并不容易，"这一领域的学者很少定义术语，因此在某种定义上也就少有共识（甚至少有相关讨论）"。可汗对精英的大致定义是"（精英是）对资源有着极不合理掌控权或使用权的人"。⑤

---

① Armin Nassehi, "Differenzierungseliten in der 'Gesellschaft der Gegenwarten'," in *Deutschlands Eliten im Wandel*, edited by Herfried Münkler, Grit Straßenberger and Matthias Bohlender (Frankfurt-am-Main: Campus Verlag, 2006), S. 255.

② Christine Kestel, "Über Elite: Form und Funktion von Elite-Kommunikation in der Gesellschaft der Gegenwarten" (PhD diss., Ludwig-Maximilians-Universität Munich, 2008), S. 16.

③ Christine Kestel, "Über Elite: Form und Funktion von Elite-Kommunikation in der Gesellschaft der Gegenwarten" (PhD diss., Ludwig-Maximilians-Universität Munich, 2008), S. 24.

④ Christine Kestel, "Über Elite: Form und Funktion von Elite-Kommunikation in der Gesellschaft der Gegenwarten" (PhD diss., Ludwig-Maximilians-Universität Munich, 2008), S. 45.

⑤ Shamus Rahman Khan, "The Sociology of Elites," *Annual Review of Sociology* 38 (2012), p. 362.

第二章　定义财富精英

2006年，德国柏林洪堡大学政治学教授赫尔弗里德·明克勒（Herfried Münkler）、格瑞特·伯杰格（Grit Straßenberger）和马蒂亚斯·博兰登（Matthias Bohlender）发现给"精英"一词下定义的问题始于该词的双重意义："它既属于社会分析范畴，又属于政治论战范畴。它的用法容易模棱两可，因为无法确定到底应对其进行规范化定义还是进行主观性描述。"[1] 本书中，该术语是作为社会分析范畴的描述性术语而非规范术语使用。

费尔伯对"精英"一词进行了进一步鉴别，即对精英的定义是基于主观标准还是客观标准进行研究。"主观标准注重主观意识，因此，精英是被人们视为精英的那些人。反之，客观标准与独立于相关方主观意识的特性相关。那些个体之所以属于精英，是因为他们具备这些特性，而不论相关方是否能意识到这一事实。"[2] 在本书中，"财富精英"一词是以客观形式存在的，即不管那些属于精英的个体是否将自己称为精英，这都无关紧要。因此，一个人是否认为自己是精英中的一员并不是决定他们是否属于精英的决定性因素。

功能主义方法在当代研究中占据主导地位。这种方法不需要一个单一、统一的精英概念，而是要确定多个有竞争力的职能型精英。"在现代社会，已不再只有一座金字塔，而是有许多座金字塔，每座金字塔顶端都有自己的精英。"[3] 这些社会领域涉及政治、经济、科学、宗教与文化精英。1995年出版

---

[1] Herfried Münkler, Grit Straßenberger and Matthias Bohlender, "Einleitung," in Dies: *Deutschlands Eliten im Wandel* (Frankfurt-am-Main: Campus Verlag, 2006), S. 13.

[2] W. Felber, *Eliteforschung in der Bundesrepublik Deutschland* (Wiesbaden: Springer Fachmedien, 1986), S. 20.

[3] Michael Hartmann, *The Sociology of Elites* (New York: Routledge, 2006), p. 105.

的《波茨坦精英研究》(*Potsdam Elite Study*) 一书对政治、公共行政、商业和经济、贸易协会、工会、大众传媒、科学、军事和文化等主要领域的职能精英进行了区分。[1]

第一节 谁是经济精英？

早在1962年，拉尔夫·达伦多夫（Ralf Dahrendorf）就指出"精英"和"统治群体"二者存在歧义。在现实中，他注意到，每个社会的上层阶层都"至少包含三个集合体或准群体"[2]：上层阶层群体、经济上层阶级、统治阶级或权力精英。

"判断一个社会群体是否属于经济上层阶级的决定性标准不是经济实力，而是与社会中某一等级或地位相关的资产或收入。可以说，这涉及最高税率级别，但由于存在各种合法的、准合法的避税以及非法逃税，因此这个定义也就不准确了。"[3] 撇开根本不存在所谓的"合理避税"一事不说（逃税是违法的；也许达伦多夫意指合法避税方案，如今在德国这在很大程度上是无关紧要的），他把这个术语用作职能精英在经济领域的一个可行的定义来使用，但是涉及面太过宽泛。

然而，达伦多夫的断言是正确的，即有关权力的行使不一定要作为定义经济精英的一项衡量标准。事实上，他说，那些属于经济精英阶层的人可能在某个位置上行使权力（不论是在国家层面还是市级层面），因此他们可归为精英阶层。然

---

[1] Wilhelm Bürklin et al., *Eliten in Deutschland: Rekrutierung und Integration* (Wiesbaden: Springer Fachmedien, 1997), S. 17.

[2] Ralf Dahrendorf, "Eine neue deutsche Oberschicht?" *Die neue Gesellschaft* 9 (1962), S. 18.

[3] Ralf Dahrendorf, "Eine neue deutsche Oberschicht?" *Die neue Gesellschaft* 9 (1962), S. 19.

而，根据这种判断方法，权力的行使并不是成为精英阶层成员的特征之一。

这种判断方法不同于其他方法（见下文），因为其他方法将权力的行使视为人们成为精英成员的必要先决条件。达伦多夫对这个术语的定义非常宽泛，它包括社会中一个不重要的群体（现在所说的在德国缴纳所得税税率为45%的人），而其他学者在界定经济精英时条件过于严格和狭隘，他们认为发挥政治影响力的潜力是成为精英的决定性特征。

1995年出版的《波茨坦精英研究》就"其在与整体社会有关的关键决策进程中，所产生的决定性影响的程度"这一方面，对精英做出了定义。[1] 但"整体社会"这一含义仍不明确。在国家层面对政治决策有所影响，是不是成为精英成员的必要先决条件？或者，比如说，有能力影响大城市市级层面的关键决策就足以成为精英了？

《波茨坦精英研究》将公司规模（以营业额衡量）作为选择经济中最高职位持有者的最重要标准。[2] 该研究主要集中在大公司和银行的管理委员会以及某种程度上的监理会。[3] 因此，"经济精英"这个词在很大程度上仅指受薪高管。而作为"经济精英"的核心企业家以及投资者，大多被排除在外，因

---

[1] Jörg Machatzke, "Die Potsdamer Elitestudie: Positionsauswahl und Ausschöpfung," in *Eliten in Deutschland: Rekrutierung und Integration*, edited by Wilhelm Bürklin and Hilke Rebenstorf (Wiesbaden: Springer Fachmedien, 1997), S. 35.

[2] Jörg Machatzke, "Die Potsdamer Elitestudie: Positionsauswahl und Ausschöpfung," in *Eliten in Deutschland: Rekrutierung und Integration*, edited by Wilhelm Bürklin and Hilke Rebenstorf (Wiesbaden: Springer Fachmedien, 1997), S. 43.

[3] Jörg Machatzke, "Die Potsdamer Elitestudie: Positionsauswahl und Ausschöpfung," in *Eliten in Deutschland: Rekrutierung und Integration*, edited by Wilhelm Bürklin and Hilke Rebenstorf (Wiesbaden: Springer Fachmedien, 1997), S. 44-45.

为大公司的管理层通常由受薪高管而非企业家组成。

运用达伦多夫的"财富与收入"标准，受薪高管（大公司的管理委员会成员）仅占据经济上层阶级的一小部分，这还不包括超级富豪。而学术派财富研究者通过研究发现，大多数的超级富豪是企业家而非受薪高管。如上所示，财富水平越高，这一点就越明显。

当从收入而非财富层面去考虑时，大公司的管理层成员（在传统精英研究中占很大比例的受访者）实际上代表了最高收入阶层中特殊的少数群体。2011年，在德国有 16341 个人申报的应纳税所得额超过了 100 万欧元。[1] 只有顶尖公司的高管才能达到这样的收入，比如被纳入德国 DAX 指数的公司的董事会成员。DAX 指数是指以德国股票市场上市的 30 家最大公司为样本的指数，这些公司 2015 年平均收入为 586 万欧元。[2] 大多数被纳入 MDAX（MDAX 指数将仅次于刚才所说的 30 家公司之后的 50 个最大公司作为样本，是德国第二大股票指数）的公司的董事会成员也是收入百万的富翁。[3] 然而，只有 80 家公司被列入 DAX 指数和 MDAX 指数中，收入过百万的

---

[1] 2011 年，12374 人的收入为 100 万到 250 万欧元，2567 人的收入为 250 万到 500 万欧元，1400 人的收入在 500 万欧元以上。详细数据参见 "Anzahl der Einkommensteuerpflichtigen mit mindestens einer Million Euro Einkünften in Deutschland von 2004 bis 2013," last modified 2017, https：//de. statista. com/statistik/daten/studie/162287/umfrage/einkommensmillionaere-in-deutschland。

[2] "Auf den nachfolgenden Seiten erhalten Sie folgende Vergütungsinformationen auf Basis der Geschäftsberichte 2014 bzw. 2015," accessed 27 October 2017, http：//www. hkp. com/cms/upload/press/20160630_ Pressegespraech_ DAX_ GB-Auswertung_ 2015_ Tabellen. pdf.

[3] "Die Top-Verdiener im MDax," 15 May 2014, http：//www. wiwo. de/finanzen/boerse/vorstandsverguetung-die-top-verdiener-im-mdax/9897550. html。

第二章　定义财富精英

人的总数仅在三位数范围内。

"波茨坦精英研究"项目是一项综合调查项目，其受访者包括539名大公司的管理委员会成员和338名大型金融机构中拥有最高职权的人，[①] 其中许多都是顶级公司执行董事会的成员，他们大多是收入过百万的富翁。这次研究并没有把收入和财富作为选择标准，而这877人的共同特点是，他们都在大型商业企业中担任领导职务。尽管这些人从收入来看都可以称为百万富翁——但事实并非如此——他们在德国收入百万的富翁中仍属于只占约5%的少数派。虽然没有关于百万富翁的职业的统计数字，但种种迹象表明，大多数百万富翁都是企业家而非在大型商业企业中占据领导职位的受薪高管。许多中小企业的企业家收入（尤其是红利）远远超过那些大公司执行董事会成员的薪酬总额（工资加奖金）。上层阶级的最高层，根据达伦多夫在"财富/收入"中的标准定义，在研究范围仅限于大公司执行董事会成员的时候，同样被排除在外。

因此，从两个子类来考虑经济精英是合理的，其中第二个子类就是本书所要谈论的。

    1. 大公司的最高职权人，由于其职位及公司规模，很可能对国家层面的政治决策产生影响。该群体主要由受薪高管组成。从传统意义上讲，他们是大多数经济精英研究的焦点，比如皮埃尔·布尔迪厄（Pierre Bourdieu）、海因茨·哈特曼（Heinz Hartman）进行的研究以及"波茨

[①] Jörg Machatzke, "Die Potsdamer Elitestudie: Positionsauswahl und Ausschöpfung," in *Eliten in Deutschland: Rekrutierung und Integration*, edited by Wilhelm Bürklin and Hilke Rebenstorf (Wiesbaden: Springer Fachmedien, 1997), S. 44-46.

坦精英研究"。

2. 财富精英是在财富金字塔顶端的那些精英，但其不一定能在国家层面上对政治产生影响。在大多数情况下，该群体由企业家和投资者组成。

财富的学术研究的焦点集中在"财富精英"这个群体。在这方面，"精英"一词是否适用于这一背景呢？如果把能否在关键性的社会决策上产生决定性影响作为基本衡量标准，就如同《波茨坦精英研究》的作者所说的那样，那么显然这个标准并不适用。而本书则是遵照达伦多夫所采用的方法，在其对经济精英下定义时并没有把"权力"作为一项衡量标准，而是把"财富与收入"作为经济精英的关键特征。

如上文所引用的"精英"一词的其他定义，这里所定义的财富精英无疑就是精英。超级富豪通过经济选择的过程，达到他们所处的地位。构成这个群体的个人之所以可以代表一个精英阶层，是因为"在一个特定的选择过程中，与社会体系中的其他成员相比，他们在某些特征上的表现优于其他人"。[1] 这种特征指的是财富，而选择过程就是市场。至少大多数"白手起家"的超级富豪，都在这本书所涉及的主体之内。至少在某种程度上，对于继承财产的人来说也是如此。维持（特别是增加）所继承的财富本身就是一项重大的经济成就。西莫斯·拉曼·可汗所指的"对资源有极不合理掌控权或使用权的人"[2] 同样可以被称为财富精英。在这种情况下，资源

---

[1] W. Felber, *Eliteforschung in der Bundesrepublik Deutschland* (Wiesbaden: Springer Fachmedien, 1986), S. 19.
[2] Shamus Rahman Khan, "The Sociology of Elites," *Annual Review of Sociology* 38 (2012), p. 362.

第二章　定义财富精英

就是财富。

与一个人在一家大公司中晋升到领导地位的选拔过程相比，选择财富精英的过程是截然不同的。尽管大公司的领导职位通常被认为是公司内部工作所能达到的顶峰，但是财富精英的经济选择过程遵循的是截然不同的规则。重要的是实际的经济成就，包括创办和成功地创建一家（比较典型的是中小型）企业，或者投资活动的盈利情况，比如说在房地产市场中的投资。

那么，对财富精英的定义到底有多宽泛？在本书中，"财富精英"这个词是用来指那些至少拥有1000万欧元净资产的人。[①] 诚然，高净值人群及那些拥有1000万欧元净资产的人，都具备非同一般的金融资源、生活方式和政治影响力。然而，该群体的成员有一个共同点，就是他们不必为了谋生而工作，尽管该群体的绝大多数成员都选择这样做。

以每年3%的净利率用1000万欧元进行投资，每月收入为25000欧元。就算要在40年内将这笔资金全部花掉，每年支出也要达到250000欧元。因此，这些人可能获得的资产与"隔壁的百万富翁"[②] 有本质不同。那些不属于财富精英的人以每年3%的利率进行投资，每月仅获得2500欧元收入，这远远达不到财富精英对生活的期望值。

从客观的角度来说，财富精英的特征是高度的"财务自由"，这种能力超出了"隔壁的百万富翁"的能力。从主观层面上讲，许多财富精英也会根据这样的事实来定义自己，即他们通过自己拥有的财富来创造收入，这让他们

[①] 更多详细解释参见本书第7.2节。
[②] Thomas J. Stanley and William D. Danko, *The Millionaire Next Door* (Atlanta: Longstreet Press, 1996).

不仅不必出于经济需求而从事有报酬的工作，还能借此享受优越的生活。

第二节　习性对于成为经济精英所起的作用

将"经济精英"一词所指代的范围局限于大公司高级管理人员有着深远影响，特别是在有关精英招募机制和社会流动性的调查当中。使一个人能够跻身经济精英行列的因素在很大程度上取决于这个术语的确切定义。如果这一术语所指的范围主要包括大公司的高级管理人员，那么精英的招聘机制将与上文提到的被财富精英采用的机制有很大差异。

当代法国最具影响力的思想家之一皮埃尔·布尔迪厄的一个重要工作是研究统治阶级所采用的复制机制。[1] 除了正规的教育资格之外，布尔迪厄认为习性（habitus）扮演着非常重要的角色。他把习性定义为"一个具有被结构化和建构双重特征的社会化性情系统，它在实践中习得并一直以实用功能为目标"。[2] 它包括一个人的着装风格、爱好、热衷的休闲活动、说话方式、所处的社会圈子、所从事的运动、常识，以及表现出来的自信。

布尔迪厄认为，不同的习性可以划分社会中的不同阶层。他说："每一个阶层的情况都是由……每一件将其和其他事物

---

[1] 关于这点及以下参见 Pierre Bourdieu, *Distinction: A Social Critique of the Judgement of Taste* (Abingdon: Routledge, 2010); Michael Hartmann, *The Sociology of Elites* (New York: Routledge, 2006), pp. 46-54。

[2] Bourdieu and Wacquant quoted in Micheal Hartmann, *The Sociology of Elites* (New York: Routledge, 2006), p. 115.

区分开来的事,特别是与其相背离的事情来确定的;社会认同是通过差异来定义和确立的。这意味着某个阶层的整个结构都不可避免地体现在习性倾向中,因为它在这种生活条件下将自己展现出来,这种生活条件在该结构中占据特殊地位。"①

根据布尔迪厄的说法,历史以两种形式客观存在或客观体现:制度上的物化和人类肌体的物化,即习性。②习性被置于相当重要的位置:每个人出生时都处于某个特定的阶层或群体中,然后从童年开始,从他们的父母那里和社会环境中习得特定的行为,形成行为模式和表达自己的方式,从而渐渐形成自己特有的偏好。这些行为和偏好共同创造出一种生活方式,使之与其特定的阶层或群体以及该群体的个体成员保持一致的步调,并将他们所处的阶层与其他社会阶层区分开来。"(实质上或象征性地)具有某一社会阶层的偏好、倾向和能力,是生活方式的生成准则,该阶层包含已被分类、具有分级功能的物体或实践,包含一整套与众不同的偏好,它们在有象征意义的子空间、家具、服装、语言或身体、禀性的特定逻辑中表达相同的意图。"③

布尔迪厄以及追随他的那些理论家认为,作为精英结构复制的关键,习性的功能是:那些将精英习性内化的人的社会化从一开始就比那些没有经历过同样社会化进程的人有决定性优势。"一个人过去的经历塑造并表现出他们的习性,并将作为一种习性继续对行动方向、态度和行为模式产生影响,最终带

---

① Pierre Bourdieu, *Distinction: A Social Critique of the Judgement of Taste* (Abingdon: Routledge, 2010), pp. 171-172.
② Beate Krais and Gunter Gebauer, *Habitus* (Bielefeld: Transcript Verlag, 2014), p. 34.
③ Pierre Bourdieu, *Distinction: A Social Critique of the Judgement of Taste* (Abingdon: Routledge, 2010), p. 169.

领这个人回到其所属社会阶层的社会空间。他们仍归属于自己的社会群体,并在他们的实践中不断复制他们的群体。"[1]

通过实证研究,布尔迪厄制作了一份调查问卷,他在问卷中向受访者提出问题,包括他们使用的家具,爱好、着装,最喜欢的音乐家、歌手、作家、艺术家和电影,以及给客人提供的食物的味道等。[2] 这些不同方面的偏好结为一体,共同构建出一种使该阶层区别于其他社会阶层和群体的生活方式。

迈克尔·哈特曼(Michael Hartmann)特别强调了在德国习性和精英招募之间的相关性。他发现德国的大公司以四个关键的个性特征来确定他们要招募的精英的习性:[3] 深知着装和礼仪规定;基础广泛的通识教育;创业的态度,包括豁达的人生观;外表和举止表现出的高度自信。

在哈特曼看来,希望改善社会地位的那些人往往在他们的行为举止上缺乏必要的,或者最起码的自信,同时不想巧妙质疑官方准则和居支配地位的行为准则,或不想仅在某种情况出现时打破这些准则。这里所说的自信包括建立规则和准则时的态度,构成了"存在于归属者与那些想要归属其中的人之间的关键区别"。[4]

哈特曼指出,(潜意识)习性在甄选机制中起到关键作用,它解释了为什么经济精英的成员主要出自资产阶级和大资

---

[1] Beate Krais and Gunter Gebauer, *Habitus*(Bielefeld: Transcript Verlag, 2016), p. 34.

[2] Pierre Bourdieu, *Distinction: A Social Critique of the Judgement of Taste* (Abingdon: Routledge, 2010), p. 513 et seq.

[3] Bourdieu and Wacquant quoted in Micheal Hartmann, *The Sociology of Elites* (New York: Routledge, 2006), p. 82.

[4] Michael Hartmann, *The Sociology of Elites* (New York: Routledge, 2006), p. 82.

产阶级。他发现任何一个受雇于大公司执行董事会或处于高级管理层的人都具备一种重要的品质，即与那些已占据这些职位的人拥有相似的习性。"由于大公司对高层的任命是由极少数人决定的，其招聘流程也没那么正式，应聘者能与所谓的'决策者'保持一致，且同属一派就起了决定性作用。这些决定没有建立在太多的合理标准基础之上，这和人们通常所想象的不一样。"[1]

为了支撑他的论点，哈特曼查看了该群体中拥有最高教育资历的人——有博士学历的人的职业前景。他辩称，如果说一个人的社会背景在其成为精英的过程中所发挥的作用仅由个人的资质决定，那么他希望将其研究范围锁定在资质相同的人群，以中和这种因素产生的影响。经过他亲自证明，情况并非如此："在工人阶层或中产阶层中只有9.3%的人能获得博士学位……即大约每11个人中有1个人可以达到高级管理层的顶层。在上层社会阶层中，这一比例上升到13.1%，这意味着每8个人中就有1个人获得成功，而那些来自大资产阶级的人有1/4的可能性进入德国最高经济阶层。"[2]

对于在1955年、1965年、1975年和1985年获得工程、法律或经济领域博士学位且之后学习商业、政治和法律专业或从事学术领域工作的那些人，哈特曼调查了他们的社会背景、教育和职业道路。哈特曼之所以将他的研究锁定在这三个专业领域（即工程、法律和经济领域），如他已指出的，在德国

---

[1] Michael Hartmann, *The Sociology of Elites* (New York: Routledge, 2006), p. 81.

[2] Michael Hartmann, *Der Mythos von den Leistungseliten: Spitzenkarrieren und soziale Herkunft in Wirtschaft, Politik, Justiz und Wissenschaft* (Frankfurt-am-Main: Publisher, 2002), S. 65.

90%的高管研读的都是这三个专业领域中的其中一个,即工程学、法学和经济学,而在政治和公共行政领域这些学科也占主导地位。在商界,拥有博士学位的高管中几乎有一半都是这三个专业的。①

哈特曼的研究发现,在德国经济中,社会背景与高管任命之间有很强的关联性。社会选择的作用不仅是在不同社会阶层和群体得到的教育机会不平等方面有所体现,而且体现方式也非常直接。"尽管每个参与研究的博士毕业生都获得了最高的、为大多数社会所选择和认可的学历,但他们在德国商界可以得到的机遇,以及他们在德国经济精英界中的发展前景,由于他们社会背景的不同而得不到公平的分配。尽管他们为了获得博士学位已经历竞争非常激烈的选择过程,然而他们仍需面对进一步的社会选择过程,这是完全独立于学术资质的,而且是为了跻身德国最大的公司谋求领导职位而需经历的过程。"②

继布尔迪厄之后,哈特曼认为,在社会环境中形成的习性是大不相同的。"在社会的最高阶层,人们如果能表现得'更加自信',是因为他们从小就熟悉那样的环境。而那些在长大后才从更广泛的社会阶层进入最高阶层的人,则缺乏这样的自信,他们在一定程度上表现出'不稳定性',恰恰因为他们缺

---

① Michael Hartmann, *Der Mythos von den Leistungseliten: Spitzenkarrieren und soziale Herkunft in Wirtschaft, Politik, Justiz und Wissenschaft* (Frankfurt-am-Main: Campus, 2002), S. 23.
② Michael Hartmann, *Der Mythos von den Leistungseliten: Spitzenkarrieren und soziale Herkunft in Wirtschaft, Politik, Justiz und Wissenschaft* (Frankfurt-am-Main: Campus, 2002), S. 71.

第二章 定义财富精英

乏经济精英领域的知识或者说对这个领域不熟悉。"①

就哈特曼所研究的群体而言,这些发现确实令人信服。然而,他的研究的根本弱点在于他对经济精英的片面定义。哈特曼对经济精英的"更宽泛"的定义包括所有在德国大公司任高管职位的人。他用"狭义语境"界定经济精英,认为他们是那些占据世界级企业最高管理职位的人。② 哈特曼总结道,一个人所处的经济地位越高,他的社会地位就越重要。他关于社会选择至关重要的假设,尤其适用于大公司的管理层。③

然而,这意味着哈特曼的研究对象明确地局限于大公司中的受薪高管。自主创业的企业家往往比高管赚得多得多,但在这项研究中基本上被忽视了,除了那些在自己公司里还位居正式高管职位的大公司老板。然而,只有哈特曼研究的少数大公司是这种情况。

有许多的证据证明了企业家的社会流动性远远比德国大公司董事会成员的流动性大得多。哈特曼认为,社会选择在商界的影响力比在其他精英阶层的影响力更大。他对这种差异的解释如下:"出身于大资产阶级的人"总能比法律界或政界的人优先在商界获得地位,因为他们"通常能坐到那些有希望获

---

① Michael Hartmann, *Der Mythos von den Leistungseliten: Spitzenkarrieren und soziale Herkunft in Wirtschaft, Politik, Justiz und Wissenschaft* (Frankfurt-am-Main: Campus, 2002), S. 168.
② Michael Hartmann, *Der Mythos von den Leistungseliten: Spitzenkarrieren und soziale Herkunft in Wirtschaft, Politik, Justiz und Wissenschaft* (Frankfurt-am-Main: Campus, 2002), S. 63.
③ Michael Hartmann, *Der Mythos von den Leistungseliten: Spitzenkarrieren und soziale Herkunft in Wirtschaft, Politik, Justiz und Wissenschaft* (Frankfurt-am-Main: Campus, 2002), S. 87.

得最大权力和最高收入的位子"。① 而在商界拥有领导职位的人,是否真的比在政界拥有同等地位的人有更大的权力,这仍是一个需要公开讨论的问题。然而,这是提供获得更多收入潜力的途径,已是一个不争的事实。然而,哈特曼没有考虑到,在许多情况下,企业家的收入远高于受薪高管,甚至包括那些最高级别的管理人员。正如上文所述的关于财富的学术研究成果所一再证明的那样,那些渴望财富的人几乎不愿意作为雇员来实现他们的目标。绝大多数富人和高收入者都是企业家,主要是中小企业的所有者。

哈特曼的研究结果对于大公司内部的精英招聘显然是合理的。进入最高管理阶层是精英几十年职业生涯中的最高成就,而这最终是由公司监理会的人来决定的。在这方面,强大的主观因素确实起着重要的作用,正如强调习性的重要性的哈特曼和其他学者所指出的那样。

然而,财富精英们的选择过程却大不相同,本书第二部分中的访谈阐述了其不同之处。一个极端的例子是一个在学习阅读和写作以及努力完成基础中等教育过程中遇到巨大困难的受访者。虽然这些困难势必成为他在德国某家大公司董事会获取一席之地时的障碍,但是并不妨碍他积累下价值数亿欧元的财富。第九章第一节将对财富精英的社会形成机制做出详细说明。

正如这项研究所显示的,许多企业家和超级富豪都来自中产阶级。企业家们所展现出的许多人格特征对其在德国的大公司的职业生涯并不是特别有利。然而,例如,自愿服从被视为

---

① Michael Hartmann, *Der Mythos von den Leistungseliten: Spitzenkarrieren und soziale Herkunft in Wirtschaft, Politik, Justiz und Wissenschaft* (Frankfurt-am-Main: Campus, 2002), S. 174.

第二章 定义财富精英

一个人能否跻身公司最高管理层的积极特质，而企业家往往不是墨守成规的人，在许多情况下，他们明确地追求自主创业，因为他们清楚地认识到，他们的个性或正式的学历使他们不可能在某家大公司实现一段成功的职业生涯或晋升到执行管理层（有关于此的更多信息，参见本书第十章第一节）。已有很多证据可支撑该假设，如史蒂夫·乔布斯（Steve Jobs）这样的人永远无法在某家大公司严苛的体制框架下成就一段成功的职业生涯，因为他的行为模式与执行董事会的相关任命要求是不一致的。[①] 他只好自立门户，不仅个人获得了成功，而且让全世界都记住了他。

公司在任命执行董事会成员时所采用的甄选机制与公司创始人的甄选机制在本质上是完全不同的。个人能否成功跻身于财富精英行列，不是由某个委员会成员的意志决定的，而是由市场决定的。例如，房地产投资者能否获得财富同样不受任何董事会决定的影响，这与他们是否做出了明智的投资决策的结果有关。这表明，习性和正式教育资质在一个人跻身财富精英队伍时所发挥的作用远不及他们一个人进入大公司高级管理层那么大。

这清楚地表明，对"财富精英"这一术语的过于狭隘的定义仅指大公司中的最高职位占有者。局限于这些个人（大公司执行董事会成员）的研究，将企业家、成功的投资者和财富精英统统排除在外，致使得出的与经济精英所运用的复制机制相关的结论是偏向于某一个方向的（只反映了一个单一子群体的实际情况）。

[①] 更多关于史蒂夫·乔布斯的行为模式参见 Jeffrey S. Young and William L. Simon, *iCon Steve Jobs: The Greatest Second Act in the History of Business* (New Jersey: John Wiley & Sons, 2005), pp. 77, 184-185, 235-236。

下一章将介绍创业研究的发现，这一学科不同于传统的精英研究，它关注的并不是世界级大公司的高层管理人员，而是成功创业的具体要素。由于企业家是富人中最重要的一个群体，因此创业研究很值得关注。

第三章　创业研究评述

第一节　桑巴特、熊彼特与
柯兹纳论述的企业家角色

维尔纳·桑巴特是从心理层面把企业家归为一类的第一批学者之一。在他1915年出版的著作《资本主义的精髓：对现代商人的历史研究和心理研究》（*The Quintessence of Capitalism: A Study of the History and Psychology of the Modern Business Man*, 1915）中，他对认为重要的成为成功企业家的三种"心理特征"做出了区分。

1. "征服者"。企业家必须具备"制订计划"的能力，并有强烈的"执行计划的意愿"。桑巴特的定义使企业家有别于单纯的发明家，那些单纯的发明家只会满足于一个新发现。企业家还必须具备"完成计划的能力"和"勤勉的实践能力"，不轻易放弃自己的目标。他的性格特征还包括有决心和能力"消除任何阻碍他前进的障碍"，并且为取得巨大的成就，孤注一掷。①

2. "组织者"。企业家必须有能力把大量的人聚集在一起，将他们凝聚成一股快乐、成功和富有创造性的力量。②

3. "商人"。桑巴特所说的"商人"，其实更像是我们今天常说的"天才销售人员"。企业家必须"与他人进行商谈，并通过充分利用自身的优势，找到对方的弱点，让他采纳你的建议。谈判只不过是一场智力比拼"。③ 这种能力总是被需要的，不管是为了吸引好员工、推销产品，还是证明你的谈判才能，正如钢铁大王安德鲁·卡耐基（Andrew Carnegie）向银行家 J. P. 摩根（J. P. Morgan）咨询一桩价值十亿美元的收购案时所做的一样。桑巴特认为，问题的核心是以合同中的优点来说服买方。④ "激发兴趣，赢取信任，并激起对方的购买欲望……他是如何做到这一点的并不重要，只要他没为达到这个目的而诉诸任何武力就行。他必须使对方急于达成这项交易。交易者必

---

① Werner Sombart, *The Quintessence of Capitalism: A Study of the History and Psychology of the Modern Business Man* (London: T. Fisher Unwin, Ltd., 1915), pp. 52-53.

② Werner Sombart, *The Quintessence of Capitalism: A Study of the History and Psychology of the Modern Business Man* (London: T. Fisher Unwin, Ltd., 1915), p. 53.

③ Werner Sombart, *The Quintessence of Capitalism: A Study of the History and Psychology of the Modern Business Man* (London: T. Fisher Unwin, Ltd., 1915), p. 54.

④ Werner Sombart, *The Quintessence of Capitalism: A Study of the History and Psychology of the Modern Business Man* (London: T. Fisher Unwin, Ltd., 1915), pp. 54-55.

须根据建议工作。"①

企业家必须具备一种行动能力,那就是天生就可以正确和恰当地行事。一些人的这种能力是很强的,而另一些人却不具备这种能力或者说这种能力非常弱。② 天生的企业家有非常强的理解力,确信他们对他人的判断,拥有层出不穷的创意、灵感和某种"生动的想象力"。③ 创业得是"本质所需的一些东西,并能达到一种为炉台添一把火的效果"。一位企业家最重要的特质包括"决心、连续性、毅力、永不满足、果断、韧性、勇气和胆量"。④ 桑巴特提到了一个常在企业家和艺术家之间做出的比较,这在他看来是一种误导。企业家总是"朝着目标努力,而对艺术家来说,目标是令其厌恶的。前者以他的理智为主导,后者以他的情感为主导。前者很强硬,后者则娇弱而温柔。企业家是实际且务实的,而艺术家是世界上最不现实和最不务实的人。企业家的目光超越了宏观世界的界限,艺术家的目光却禁锢在世界内部"。⑤

---

① Werner Sombart, *The Quintessence of Capitalism: A Study of the History and Psychology of the Modern Business Man* (London: T. Fisher Unwin, Ltd., 1915), p. 55.

② Werner Sombart, *The Quintessence of Capitalism: A Study of the History and Psychology of the Modern Business Man* (London: T. Fisher Unwin, Ltd., 1915), p. 201.

③ Werner Sombart, *The Quintessence of Capitalism: A Study of the History and Psychology of the Modern Business Man* (London: T. Fisher Unwin, Ltd., 1915), p. 204.

④ Werner Sombart, *The Quintessence of Capitalism: A Study of the History and Psychology of the Modern Business Man* (London: T. Fisher Unwin, Ltd., 1915), p. 203.

⑤ Werner Sombart, *The Quintessence of Capitalism: A Study of the History and Psychology of the Modern Business Man* (London: T. Fisher Unwin, Ltd., 1915), p. 204.

不管桑巴特对企业家的看法如何,企业家最重要的内驱力是逐利,因为这是他行动的刚需。"在现代商人的骨子里,欲望总是不断膨胀,这使得他们要承担的事情越来越多。但为什么呢?主要是因为他们想获取更多的利润。追逐利润并不是他们灵魂中最重要的动机,是现实状况迫使他们追逐利润。所有成功的资本主义企业都必须努力经营以创造盈余。他是否能单纯依靠收购黄金来满足自己,或者他的目标是获得权力,或者说他的满足感来自于其忙碌的生活状态,或者甚至只希望将这些盈余用于社会改革之中,这些都不重要。在任何情况下,他都要盈利;他的企业一定要盈利。"[1]

在其著作《现代资本主义》(*Der Moderne Kapitalismus*)中,桑巴特强调了个体的重要性,指出其在资本主义体系中所发挥的作用远远超过其在早期经济体系中所发挥的作用。"最初,一个勇敢且具有企业家精神的人毅然决定抛弃传统的经济管理道路,走出一条新路子。这是一种个人的创造性行为……资本主义的起源是一部人格史。"[2]

资本主义经济体系的内部结构说明:"掌握在少数人手中的决策和行动权力能比在其他经济体系中更多。因此,你可以

---

[1] Werner Sombart, *The Quintessence of Capitalism: A Study of the History and Psychology of the Modern Business Man* (London: T. Fisher Unwin, Ltd., 1915), pp. 347-348. 这段话类似于 Werner Sombart, *Der moderne Kapitalismus*, Vol. 3: *Die vorkapitalistische Wirtschaft*, second half-volume (Munich: Duncker & Humblot, 1927), S. 36-37 中的话。这段话是这样说的:"我已表示这家资本主义企业的企业家兼其他公司的主观目的是争取利润的客观化。"

[2] Werner Sombart, *Der moderne Kapitalismus*, Vol. 1: *Die vorkapitalistische Wirtschaft* (Munich: Duncker & Humblot, 1916), S. 836.

说，资本主义经济是在少数人的创造性活动中逐渐发展完善的"。① 认为人格在这个"机械化世界"中的重要性已弱化的假设是极其错误的。"事实恰恰相反：不可否认，个体的重要性是很突出的，并且在现今的经济生活中的作用比以往都大。"② 这就是在美国的经济生活中，个性备受重视的原因。"到最后，公司、家庭和资本都不是经济的驱动力，个人才是经济的驱动力。"③

在某些方面，桑巴特的以下观点会让人想起熊彼特。"资本家与封建社会的商人的区别在于：资本家的行为是具有颠覆性和变革性的。"资本主义企业家打破旧的传统，突破旧式经济的阻碍，"他既是破坏者也是创造者"。他把全民从他们惯有的生存形态中拉出来。"即使历史并没有证实这一点：通过洞察人性的本质，我们能得出这样的结论——这些与众不同的思想家、创新者，乃至破坏者和创造者只是个人，只是少数群体。"④

桑巴特对企业家的心理倾向描述如下："想要获得成功的愿望，即实现伟大的经济成就所要付出的努力，是一种情操，是所有美国人，上至信托业巨头下到卑微的临时工，都具备的特有情操。"⑤ 新型的企业家"摆脱了对家庭传统、商业、商

---

① Werner Sombart, *Der moderne Kapitalismus*, *Vol.3*: *Die vorkapitalistische Wirtschaft* (Munich: Duncker & Humblot, 1927), S. 12.

② Werner Sombart, *Der moderne Kapitalismus*, *Vol.3*: *Die vorkapitalistische Wirtschaft* (Munich: Duncker & Humblot, 1927), S. 40.

③ Werner Sombart, *Der moderne Kapitalismus*, *Vol.3*: *Die vorkapitalistische Wirtschaft* (Munich: Duncker & Humblot, 1927), S. 41.

④ Werner Sombart, *Der moderne Kapitalismus*, *Vol.1*: *Die vorkapitalistische Wirtschaft* (Munich: Duncker & Humblot, 1916), S. 837.

⑤ Werner Sombart, *Der moderne Kapitalismus*, *Vol.3*: *Die vorkapitalistische Wirtschaft* (Munich: Duncker & Humblot, 1927), S. 27.

务习俗的顾虑"。① 桑巴特强烈反对马克斯·韦伯（Max Weber）关于资本主义新教根源的理论，强调现代企业家的特点在于，"除极少数情况外，他们不受宗教义务和道德义务的束缚"。只有企业家变得世俗化，"才能赋予所有恶魔自由统治的激情"。②

桑巴特最大的成就是把研究重点放到企业家的人格特征上，并且反复强调其重要性。特别是，他认识到销售技巧在企业家成功中所起的重要作用——这一点在后来的几代学者中常常被忽视。

在他1911年的著作《经济发展理论》（*The Theory of Economic Development*）③ 中，约瑟夫·熊彼特广泛地论述了企业家心理。企业家们领悟到不让社会规范像其他事物一样去支配其行为的重要性。虽然没有使用特定的术语，但熊彼特把成功的企业家描述成不墨守成规的人。

熊彼特说："一个社会群体成员的任何离经叛道的行为都会遭到指责，这种指责可能导致'社会排斥'。"④ 这就是为什么大多数人会选择服从，但总会有另外一些人，被周围人的令人震惊的反应所刺激，因而"采取了与社会规范背道而驰的行动"。⑤

---

① Werner Sombart, *Der moderne Kapitalismus*, Vol. 3: *Die vorkapitalistische Wirtschaft* (Munich: Duncker & Humblot, 1927), S. 29.
② Werner Sombart, *Der moderne Kapitalismus*, Vol. 3: *Die vorkapitalistische Wirtschaft* (Munich: Duncker & Humblot, 1927), S. 30.
③ 这本书最早于1911年出版，名为 *Theorie der wirtschaftlichen Entwicklung*。第一本英文版于1934年出版，与德文版同步，其中第二章是完全重写的。这里出现的引用摘自德国原版的第二章，且本书已翻译这部分。
④ Joseph Schumpeter, *Theorie der wirtschaftlichen Entwicklung* (Leipzig: Duncker & Humblot, 1912), S. 118.
⑤ Joseph Schumpeter, *Theorie der wirtschaftlichen Entwicklung* (Leipzig: Duncker & Humblot, 1912), S. 119.

那些想做些"新鲜和不寻常的"事情的人，不仅要面对外部的阻力，"还要克服自己根深蒂固的抵抗力"。[1] 这类企业家被熊彼特称为"逆流而行"的人。[2] 与享乐的、被动的人相比，这类企业家"与'镣铐'进行斗争，但这样的斗争并不适合所有的人"。[3] "有些事情还从来没有人做过，这些反对他的声音对他而言没有任何影响。他感受不到抑制经济代理行为的约束力。"[4]

这类企业家"从他周围世界的数据中得出的结论比那些从一成不变的经济代理行为中获取的结论要多"。[5] 这类企业家"对他的同行和上级对他的业务所做出的评论漠不关心"。[6]

熊彼特问是什么驱使企业家以这种方式行事。他坚定地挑战了"以商品消费的形式满足欲望"的理论是企业的主要经济驱动力的说法。[7] 即使企业家已经积累了大量的资本，他仍竭尽全力去获取更多的资产。考虑到当收入达到某个水平之上时（个体之间存在差异）"这些尚未满足的欲望的强度便失去

---

[1] Joseph Schumpeter, *Theorie der wirtschaftlichen Entwicklung* (Leipzig: Duncker & Humblot, 1912), S. 120.
[2] Joseph Schumpeter, *Theorie der wirtschaftlichen Entwicklung* (Leipzig: Duncker & Humblot, 1912), S. 121.
[3] Joseph Schumpeter, *Theorie der wirtschaftlichen Entwicklung* (Leipzig: Duncker & Humblot, 1912), S. 128.
[4] Joseph Schumpeter, *Theorie der wirtschaftlichen Entwicklung* (Leipzig: Duncker & Humblot, 1912), S. 132.
[5] Joseph Schumpeter, *Theorie der wirtschaftlichen Entwicklung* (Leipzig: Duncker & Humblot, 1912), S. 152.
[6] Joseph Schumpeter, *Theorie der wirtschaftlichen Entwicklung* (Leipzig: Duncker & Humblot, 1912), S. 163-164.
[7] Joseph Schumpeter, *Theorie der wirtschaftlichen Entwicklung* (Leipzig: Duncker & Humblot, 1912), S. 134.

其效力"的事实，消费本身并不足以诠释企业家的行为。①

熊彼特证明，单纯的消费主义不能成为企业家的主要动力。尽管企业家的生活很奢华，但这无法激发他们的雄心。②无论是自觉或不自觉的，企业家是由两个动机驱动的：在社会中拥有强势地位和创新过程带来的喜悦。③ 但是熊彼特并不否认满足某种消费的欲望可以激励企业家。"在某些情况下，我们会认为满足欲望是一种动力，而有些时候，我们则认为在社会中拥有权力是动力所在。当然，在一定程度上，这两种动力必须共同起作用。如果一个百万富翁失去了其所拥有的几百万的财富，那么他首先会努力工作以满足自身的基本需求。"④然而，熊彼特认为迄今为止经济学低估了为了获得权力所产生的动力。

通过一次关键性的调查熊彼特发现，企业家把自身（主要通过金融手段）得到的资产"作为赢得一场硬仗的外在标志"，而通过努力追求经济收益获得的财富则是他对自己的奖赏。⑤ 他所获得的财富"基本不用于消费，反而用于投资新的经济活动"。⑥ 企业家被驱使"进行试验并将在经济领域留下

---

① Joseph Schumpeter, *Theorie der wirtschaftlichen Entwicklung* (Leipzig: Duncker & Humblot, 1912), S. 135.
② Joseph Schumpeter, *Theorie der wirtschaftlichen Entwicklung* (Leipzig: Duncker & Humblot, 1912), S. 137.
③ Joseph Schumpeter, *Theorie der wirtschaftlichen Entwicklung* (Leipzig: Duncker & Humblot, 1912), S. 138.
④ Joseph Schumpeter, *Theorie der wirtschaftlichen Entwicklung* (Leipzig: Duncker & Humblot, 1912), S. 140.
⑤ Joseph Schumpeter, *Theorie der wirtschaftlichen Entwicklung* (Leipzig: Duncker & Humblot, 1912), S. 141.
⑥ Joseph Schumpeter, *Theorie der wirtschaftlichen Entwicklung* (Leipzig: Duncker & Humblot, 1912), S. 191.

自己的印记"。① 相比而言，广大群众是没有这样"富有创新意识的试验"倾向的，因为这是企业家的特质。②

熊彼特认为，能力弱的人只能完成常规和重复的体力劳动。"强者保留富余的力量。他为了改变而改变，总能不断地提出一个又一个新计划，这种改变永无止境。相反，这样的活动本身就是目的，不需要任何进一步的冲动。无须任何其他动机，做这件事的喜悦感诚然已是一种心理实现。"③这类人有动力稳步前进，没有任何限制。他们只会在"自己精疲力竭时，或证明外界的障碍无法克服时才停下来，而非他们的需求被满足的时候停下来"。④

随着时间的推移，这些想法已经证明比熊彼特自己的设想更为现实。在他的著作《资本主义、社会主义和民主》（1942年）（*Capitalism, Socialism and Democracy*）中，他提出了一个论点，这是接下来几十年所发生的事情不能证实的：正如熊彼特所描述的，企业家的社会功能"正在失去重要性，并将在未来变得越来越不重要"。他预测，技术进步将逐渐成为受过教育的专家们独享的事情，他们针对需求改进技术，并确保它们能发挥应有的作用。此外，根据熊彼特的理念，个性和意志力在这个经济变化已成为常态的世界已变得越来越不重要，整

---

① Joseph Schumpeter, *Theorie der wirtschaftlichen Entwicklung* (Leipzig: Duncker & Humblot, 1912), S. 143.
② Joseph Schumpeter, *Theorie der wirtschaftlichen Entwicklung* (Leipzig: Duncker & Humblot, 1912), S. 162.
③ Joseph Schumpeter, *Theorie der wirtschaftlichen Entwicklung* (Leipzig: Duncker & Humblot, 1912), S. 145.
④ Joseph Schumpeter, *Theorie der wirtschaftlichen Entwicklung* (Leipzig: Duncker & Humblot, 1912), S. 146.

个世界并不阻止这些变化，反而把它们当作理所当然的事情。① 经济发展已经表现出一种倾向，变得"反人格化和自动化"。② 在熊彼特看来，这一切将会使传统的企业家变得越发可有可无，并逐渐被淘汰。③

伊斯雷尔·M. 柯兹纳（Israel M. Kirzner）是奥地利经济学院的理论家，同时也是路德维希·冯·米塞斯（Ludwig von Mises）的学生，柯兹纳提出的企业家理论，与熊彼特有很多相同之处和不同之处。柯兹纳在他的著作《竞争和创业》（1973年版）（*Competition and Entrepreneurship*）中讲道："在许多方面，我试图描写的企业家形象，同熊彼特所描述的企业家形象有很多相似之处。"④ 柯兹纳对熊彼特定义的那种企业家特质做出了如下描述："他可以敏感地发现未被注意到的机遇，这可使他能够远离那些众所周知的常规和重复性工作……这与我自身的特质类似。"⑤

不过，柯兹纳提到了一个重要的解读企业家作用的不同观点。熊彼特强调有创新意识的企业家的作用，柯兹纳推崇企业家发现市场机遇的能力，从而借此恢复市场平衡。熊彼特关注的焦点是对市场平衡的破坏力，而如何建立市场平衡是柯兹纳考虑的首要问题。柯兹纳说："对于我而言，企业家创业的重

---

① Joseph Schumpeter, *Capitalism, Socialism and Democracy* (London: George Allen & Unwin Publisher, 1976), pp. 132–133.
② Joseph Schumpeter, *Capitalism, Socialism and Democracy* (London: Joseph Allen & Unwin Publisher, 1976), p. 133.
③ Joseph Schumpeter, *Capitalism, Socialism and Democracy* (London: Joseph Allen & Unwin Publisher, 1976), p. 134.
④ Israel M. Kirzner, *Competition & Entrepreneurship* (Chicago: The University of Chicago Press, 1973), p. 79.
⑤ Israel M. Kirzner, *Competition & Entrepreneurship* (Chicago: The University of Chicage Press, 1973), p. 79.

要特征不是具有脱离常规、发现别人还没有意识到的新机遇的能力。"[1] 柯兹纳认为熊彼特更多的是把企业家当成了破坏平衡的人。他说:"相反,我认为企业家在维持平衡方面发挥了重要作用。"[2]

柯兹纳坚决批判莱昂内尔·罗宾斯(Lionel Robbins)提出的经济学观点。罗宾斯将经济学定义为一种研究目标和另有用处的稀缺资源之间关系的行为科学。"我认为,个人市场参与者这种有效利用资源并将其最大化或效率意图明确的分析视觉,在很大层面上,是不完整的。"[3]

在柯兹纳心目中的企业家身上,"敏感性"这个概念起着关键作用,他们拥有总能发现新机遇的眼睛。他介绍了"纯粹的企业家"的概念,[4] 它不代表一个实际存在的人,而是一个对企业家特有性格构成的抽象组合,这些性格是从那些真正的企业家的不同特质中总结出来的。根据他的定义,这个"纯粹的企业家"是一个决策者,其唯一的作用是发现未被注意到的机遇。[5]

"纯粹的企业家"不依靠任何手段起家,而是通过抓住机遇来创造利润。"从定义上看,纯粹的企业决策只能由那些一

---

[1] Israel M. Kirzner, *Competition & Entrepreneurship* (Chicago: The University of Chicage Press, 1973), p. 81.
[2] Israel M. Kirzner, *Competition & Entrepreneurship* (Chicago: The University of Chicage Press, 1973), p. 73.
[3] Israel M. Kirzner, *Competition & Entrepreneurship* (Chicago: The University of Chicage Press, 1973), pp. 32-33.
[4] Israel M. Kirzner, *Competition & Entrepreneurship* (Chicago: The University of Chicage Press, 1973), p. 39.
[5] Israel M. Kirzner, *Competition & Entrepreneurship* (Chicago: The University of Chicage Press, 1973), p. 39.

无所有的决策者做出。"① 当然，这并不意味着现实生活中的企业家一无所有，但这是柯兹纳在他了解企业家的道路上，必须经历的心理过程。

赫苏斯·韦尔塔·德索托（Jesus Huerta de Soto）借鉴柯兹纳的观点，在他阐述企业利润时强调了这样的观点："在某种意义上是从无到有地被我们称为纯粹的企业家利润。为了获得企业家利润，一个人不需要先进的手段，而只需要专注创业。"②

柯兹纳的理论承袭了米塞斯（Mises）的观点，也是一个和利润相关的"套利"理论。③ 这首先要认识到知识是有限的。这说明，之所以可以获取纯粹的商业收益，是由于市场参与者知识体系不完善。"任何人都可以在机遇被其他人发现之前去抓住它们。"④ 这明显不同于熊彼特的观点。对柯兹纳来说，企业家不一定是创新的来源。柯兹纳说："我认为企业家的创新想法并非无中生有，而是嗅到商机的味道，这些机遇可能是现成的，也可能是待挖掘的。"⑤

在米塞斯和德索托的作品中有一个有趣的想法。德索托强调了敏感性的重要性，这一点被柯兹纳一再强调。德索托补充道："历史学家在选择和解释重大史实时所表现出来的敏感性

---

① Israel M. Kirzner, *Competition & Entrepreneurship* (Chicago: The University of Chicage Press, 1973), p. 47.
② Jesus Huerta de Soto, *Socialism, Economic Calculation, and Entrepreneurship* (Cheltenham: Edward Elgar Publishing, 2010), p. 24.
③ Israel M. Kirzner, *Competition & Entrepreneurship* (Chicago: The University of Chicago Press, 1973), p. 85.
④ Israel M. Kirzner, *Competition & Entrepreneurship* (Chicago: The Unversity of Chicage Press, 1973), p. 67.
⑤ Israel M. Kirzner, *Competition & Entrepreneurship* (Chicago: The Unversity of Chicage Press, 1973), p. 74.

和企业家在预测未来即将发生的事情时所表现出来的敏感性存在惊人的相似之处。这就是米塞斯断言历史学家和企业家采用的方法非常相似的原因。"赫苏斯·韦尔塔·德索托引用米塞斯说过的一句话:"这个人竟然把'企业家'定义为以历史学家的眼光来展望未来的人"。①

赫苏斯·韦尔塔·德索托根据米塞斯、柯兹纳和奥地利经济学院的其他学者提出的观点(这些观点有别于莱昂内尔·罗宾斯对经济学的传统定义)对企业家的任务做出如下总结:"创业,或人的行为,从根本上并不是由最优配置的针对已经制定的目标采用的既定手段组成的。相反,它基本上包括感知、确定和识别目的和手段,也就是说,积极地、创造性地寻求和发现新的目的和手段。"②

桑巴特、熊彼特和柯兹纳的作品对这本书提出的许多问题做出了参考性回答。这三个人都强调企业家个人的人格和人格特征的地位比它们在早期经济时代更加重要。桑巴特特别是熊彼特,强调了创业者大多不是墨守成规的人,他们的观念往往与大众的观念对立。跟其他学者不同,桑巴特指出,意志力是一种成功的企业家实现远大目标必须具备的最重要的特征,并强调了销售才能的重要性。相比之下,"敏感性"在柯兹纳看来是最重要的,他认为凭借敏感性,企业家可以发掘尚未被其他人发现的机遇并且创造利润。

---

① Jesus Huerta de Soto, *Socialism, Economic Calculation, and Entrepreneurship* (Cheltenham: Edward Elgar Publishing, 2010), p.19.
② Jesus Huerta de Soto, *Socialism, Economic Calculation, and Entrepreneurship* (Cheltenham: Edward Elgar Publishing, 2010), p.51.

第二节 美国和德国对企业家人格特征与目标设定的研究

如下文所述,目前已有不少独立的创业研究。大量研究结果都证实了人格和职业成功之间的关系。"人格"是创业研究领域的一个重要概念。人格是随着时间的推移仍保持稳定的所有性格特征的综合,它让一个人与众不同且成为独一无二的个体。本书第六章有对这一术语的详细阐述。

研究结果表明,那些具备责任心、外向型性格、稳定情绪和低水平宜人性人格特征的人会比没有这些特征的人在事业上更成功。[1]

在美国,对企业家的动机、目标和人格特征有广泛的研究。近年来,德国也进行了许多关于该课题的研究。在大多数情况下,这些课题研究涉及实证研究,并且建立在与企业家访谈的基础上。在美国,自20世纪60年代以来创业研究就已成为一门学科,在2008年美国的大学已有多达401位创业研究教授。[2]

1986年在奥地利发布的一项实证研究对成功和不成功的公司创始人进行了比较,有趣的是,它直接将62个成功

---

[1] Timothy A. Judge and John D. Kammeyer-Mueller, "Personality and Career Success," in *Handbook of Career Studies*, edited by Hugh Gunz and Maury Peiperl (Los Angeles: Saga Publications, 2007), pp. 61–66.

[2] Michael Faschingbauer, *Effectuation: Wie erfolgreiche Unternehmer denken, entscheiden und Handeln*, 2nd ed. (Stuttgart: Schäffer-Poeschel Verlag, 2013), S. 245.

公司的创始人和 63 个不成功的公司的创始人进行了比较。[1]虽然作者主要关注的是社会人口统计属性的重要性，如年龄、家庭生命周期、性别与教育，但激励结构的分析表明，成功的公司创始人认为"追求成就感""追求成功"和"追求创新"是最重要的激励因素。而不成功的公司创始人则主要被"渴望拥有一个新的角色""想独立"和"追求财富"驱动。[2]

与这项工作主题关系更密切的是一篇发表于 2004 年的有关心理因素对公司创始人及其企业成功的影响的博士论文中的假说和发现。[3] 安德烈亚斯·乌奇（Andreas Utsch）采访了德国数百名拥有小企业的企业家（员工数量在 50 人以内的公司创始人和老板）。当然，不得不承认的是，被采访的企业家中只有很少一部分是千万富翁。然而，乌奇在其博士论文中提出的问题、方法和理论都是从创业研究员的整体利益出发，为此，他审视了某些人格特征与创业活动、创业成功之间的联系。乌奇提出的理论以现有的——主要是美国的——创业研究为基础，他提出了一系列问题论及假设论，并用它们来检测哪些人格特征与创业的关系最为密切。

多项研究企业家的成功和特定的人格特征之间的关系的结

---

[1] Gerhard Plaschka, *Unternehmenserfolg: Eine vergleichende empirische Untersuchung von erfolgreichen und nicht erfolgreichen Unternehmensgründern* (Vienna: Service Fachverlag an der Wirtschaftsuniversität Wien, 1986), S. 67.

[2] Gerhard Plaschka, *Unternehmenserfolg: Eine vergleichende empirische Untersuchung von erfolgreichen und nicht erfolgreichen Unternehmensgründern* (Vienna: Service Fachverlag an der Wirtschaftsuniversität Wien, 1986), S. 147.

[3] Andreas Utsch, "Psychologische Einflussgrößen von Unternehmensgründung und Unternehmenserfolg" (PhD diss., Justus-Liebig-Universität Gießen, 2004).

果显示，以下这些人格特征与企业家的成功息息相关：[1]

- 承诺
- 创造力
- 高度外向性
- 低宜人性

其他研究表明，以下的企业家人格特征与企业成功密切相关：[2]

- 失败后的行动方向（即使失败仍能采取行动）；
- 内控力（坚信"我的命运掌握在自己的手中"）；
- 乐观主义（期望未来有积极的事情发生）；
- 自我效能（期望即使在困难的情况下，也能成功地完成任务）。

2006年，赵浩和斯科特·E. 塞伯特（Scott E. Seibert）回顾了元分析并发现，在企业家与高管的大五类人格特征中，有四项存在显著差异。该研究结果表明，企业家在责任心和开放性方面得分较高，而在神经质和宜人性方面得分较低。该研究

---

[1] Eva Schmitt-Rodermund and Rainer K. Silbereisen, "Erfolg von Unternehmern: Die Rolle von Persönlichkeit und familiärer Sozialisation," in *Unternehmerisch erfolgreiches Handeln*, edited by Klaus Moser, Bernad Batinic and Jeanette Zempel (Göttingen: Verlag für Angewandte Psychologie, 1999), S. 118.

[2] Sigrun Göbel and Michael Frese, "Persönlichkeit, Strategien und Erfolg bei Kleinunternehmern (Personality, Strategies and the Success of Small Businesses)," in *Unternehmerisch erfolgreiches Handeln*, edited by Klaus Moser, Bernad Batinic and Jeanette Zempel (Göttingen: Verlag für Angewandte Psychologie, 1999), S. 101.

未在外向性方面发现区别。[1]

德国对153名个体对象（包括自主创业、半自主创业及雇员）进行的一项对比调查证实，对成功的渴望和内控力是自主创业的核心因素。根据该项研究，自主创业受访者与雇员之间存在显著差异。[2]

2007年，安德烈亚斯·劳赫（Andreas Rauch）和迈克尔·弗里斯（Michael Frese）指出，创业心理学越来越受到研究者们的关注。此外，他们还指出了之前研究中的缺陷。例如，他们声称，迄今为止，学者们只注意到了性格特征和创业成功之间的线性关系。在劳赫和弗里斯看来，将广泛定义的人格特征与创业成功相提并论意义不大。他们认为，现实生活中，它们之间的直接关联往往是最小的。他们的结论更多基于这样一个事实，即他们仅影响某些非常具体的特征，比如劳赫和弗里斯认为对于创业成功具有决定性作用的那些特征。这些更加具体的特征包括"对成功的渴望""冒险精神""创新精神""自主性""内控力"以及"自我效能感"。[3]

根据劳赫和弗里斯的研究结果，其元分析表明：创业成功

---

[1] Hao Zhao and Scott E. Seibert, "The Big Five Personality Dimensions and Entrepreneurial Status: A Meta-Analytical Review," *Journal of Applied Psychology* 91, No. 2 (2006), p. 259.

[2] Günther F. Müller, "Dispositionelle und biographische Bedingungen beruflicher Selbständigkeit," in *Unternehmerisch erfolgreiches Handeln*, edited by Klaus Moser, Bernad Batinic and Jeanette Zempel (Göttingen: Verlag für Angewandte Psychologie, 1999), S. 187.

[3] Andreas Rauch and Michael Frese, *Born to Be an Entrepreneur?*, *Revisting the Personality Approach to Entrepreneuship*, p. 47. https://www.researchgate.net/publication/270820381_ Born_ to_ Be_ an_ Entrepreneur_ Revisiting_ the_ Personality_ Approach_ to_ Entrepreneurship.

与绩效导向具有很强的相关性。① 针对创新精神与自主需求之间联系的研究也表明了与创业成就的相关性,而我们通常假定的内控力与创业成功之间的关系则较弱。元分析显示,创业成功与自我效能间的相关性最为显著。② 劳赫和弗里斯发现,个人性格特征往往与创业成功呈弱相关,笔者认为这不足为奇。他们认为,毕竟对成功起着关键作用的并非单一的性格特质,而是其特定组合。③ 他们相信,性格特征与创业成功之间的联系在中小企业中表现得最为明显,因为相比大公司,企业家及其个性理所应当在中小型企业发挥更大的作用。④

2000 年至 2009 年,为能确定自主创业人群性格类型,德国社会经济专家组(SOEP)⑤ 在本国完成了多轮调查。作者对这些调查结果进行了分析。该分析考虑了五大人格特征,即开放性、责任心、外向性、宜人性以及神经质,此外,还包括

---

① Andreas Rauch and Michael Frese, *Born to Be an Entrepreneur?*, *Revisting the Personality Approach to Entrepreneuship*, p. 49, https://www.researchgate.net/publication/270820381_ Born_ to_ Be_ an_ Entrepreneur_ Revisiting_ the_ Personality_ Approach_ to_ Entrepreneurship.
② Andreas Rauch and Michael Frese, *Born to Be an Entrepreneur?*, *Revisting the Personality Approach to Entrepreneuship*, p. 53, https://www.researchgate.net/publication/270820381_ Born_ to_ Be_ an_ Entrepreneur_ Revisiting_ the_ Personality_ Approach_ to_ Entrepreneurship.
③ Andreas Rauch and Michael Frese, *Born to Be an Entrepreneur?*, *Revisting the Personality Approach to Entrepreneuship*, p. 54, https://www.researchgate.net/publication/270820381_ Born_ to_ Be_ an_ Entrepreneur_ Revisiting_ the_ Personality_ Approach_ to_ Entrepreneurship.
④ Andreas Rauch and Michael Frese, *Born to Be an Entrepreneur?*, *Revisting the Personality Approach to Entrepreneuship*, p. 57, https://www.researchgate.net/publication/270820381_ Born_ to_ Be_ an_ Entrepreneur_ Revisiting_ the_ Personality_ Approach_ to_ Entrepreneurship.
⑤ 德国社会经济专家组调查项目是一项针对德国 12000 户家庭的代表性纵向调查,由德国经济研究院(DIW)实施,每年进行一次。

内控力、对风险的态度、耐心和冲动。① 根据该研究，自主创业个体和对就业存在依赖感的雇员相比，个体性格差异巨大。"自主创业人士在开放性这一特征上的得分普遍高于非自主创业人士，得分大约高于其标准偏差的36%。自主创业人士的性格外向性得分大约高于标准偏差的21%。"自主创业人士的其他性格特征与标准值的偏差要小得多。然而，企业家比非企业家更能接受风险（标准偏差的40%）。与外在控制力相比，自主创业人士的内控力更强。②

一 问题和方法挑战

就人格特征和动机与创业成功这两者的联系，笔者提出了两个不同的问题。一个问题是，哪些人格特征会增加个人成为企业家或自雇人士的可能性？另一个问题是，这些人格特征与个体创业的成功程度之间是否有关联？"一个人决定成为企业家的过程和获得创业成功的过程是两个截然不同的过程。"③

这引发了许多方法论的问题。如何衡量成功（营业额、雇员人数、其他商业绩效指标）是一个问题，另一个问题涉及被调查者的人格特征的一般性或具体性。研究者发现，通常人格特征和创业成功没有直接联系。相反，劳赫和弗里斯指

---

① Maro Caliendo, Frank Fossen and Alexander Kritikos, "Selbstständige sind anders: Persönlichkeit beeinflusst unternehmerisches Handeln," *Wochenbericht des DIW Berlin* 11 (2011), S. 5.
② Maro Caliendo, Frank Fossen and Alexander Kritikos, "Selbstständige sind anders: Persönlichkeit beeinflusst unternehmerisches Handeln," *Wochenbericht des DIW Berlin* 11 (2011), S. 6.
③ Andreas Rauch and Michael Frese, "Psychological Approaches to Entrepreneurial Success: A General Model and an Overview of Findings," in *International Review of Industrial and Organizational Psychology*, edited by C. L. Cooper and I. T. Robertson (Chichester: Wiley, 2000).

出，事实上"它们的联系受到越来越具体、相近似的过程影响，例如动机、认知过程，或者自我调节过程"。①

一个方法论问题是，许多研究仅测试了人格差异与成功之间的线性关系。然而，劳赫和弗里斯也强调了测试非线性关系的重要性。例如，他们指出，一些企业家可能太爱冒险，过于雄心勃勃和乐观等。"和成绩测试（如认知能力）相比，同样的东西过多也不见得是一件好事。因此，我们强烈希望未来会有研究者测试非线性关系。"②

二 风险偏好和风险认知

因为非线性关系与研究风险偏好和企业家精神之间的关系有密切联系，所以研究非线性关系很重要。20世纪20年代到30年代，这一议题引发了研究者们的兴趣。芝加哥经济学派的代表，如富兰克·H. 奈特（Frank H. Knight），将企业家定义为风险承担者。③ 该学派的支持者认为创业者思维和行动的前提是承担风险。"企业家接受不确定性，同时分配资源。"④

---

① Andreas Rauch and Michael Frese, *Born to Be an Entrepreneur？*, *Revisting the Personality Approach to Entrepreneuship*, p. 57, https：//www.researchgate.net/publication/270820381_ Born_ to_ Be_ an_ Entrepreneur_ Revisiting_ the_ Personality_ Approach_ to_ Entrepreneurship.

② Andreas Rauch and Michael Frese, *Born to Be an Entrepreneur？*, *Revisting the Personality Approach to Entrepreneuship*, p. 43, https：//www.researchgate.net/publication/270820381_ Born_ to_ Be_ an_ Entrepreneur_ Revisiting_ the_ Personality_ Approach_ to_ Entrepreneurship.

③ Stefan Lackner, *Voraussetzungen und Erfolgsfaktoren unternehmerischen Denkens und Handelns：Eine empirische Analyse mittelständischer Unternehmen*（Hamburg：Verlag Dr. Kovac, 2002）, S. 18 et seq.

④ Stefan Lackner, *Voraussetzungen und Erfolgsfaktoren unternehmerischen Denkens und Handelns：Eine empirische Analyse mittelständischer Unternehmen*（Hamburg：Verlag Dr. Kovac, 2002）, S. 21.

第三章 创业研究评述

在实证研究中，风险偏好和创业成功之间的关系是不确定的，这一结论由伊丽莎白·切尔（Elizabeth Chell）、琼·霍沃思（Jean Haworth）和萨莉·布里尔利（Sally Brearley）于1991年提出。[①] 看来，似乎越能积极应对风险的人，越容易成为企业家，但尚无迹象表明这意味着创业成功。1999年，伊娃·施密特-罗德蒙德（Eva Schmitt-Rodermund）和雷纳·K. 西尔伯艾森（Rainer K. Silbereisen）指出，一些旨在直接检测风险偏好和创业成功之间关系的研究表明，不管是成功的、破产的，还是发展迅速和缓慢的公司，其风险偏好没有差别。不过，他们确实提出"企业创建过程中的相关性"[②] 可能表明高风险偏好是成立公司的先决条件，而不是创业成功的先决条件。

1998年，劳赫和弗里斯公布的研究结果表明，成功的企业家接受中等水平的风险。对他们而言，太小的风险没有挑战性，太大的风险同样需要规避。另有一些研究结果显示，乐于冒险和创业成功之间的关系很小，然而，过于冒险则很容易导致创业失败。[③]

[①] Elizabeth Chell, Jean Haworth and Sally Brearley, *The Entrepreneurial Personality: Concepts, Cases and Categories* (London: Routledge, 1991), S. 42 et seq.

[②] Eva Schmitt-Rodermund and Rainer K. Silbereisen, "Erfolg von Unternehmern: Die Rolle von Persönlichkeit und familiärer Sozialisation," in *Unternehmerisch erfolgreiches Handeln*, edited by Klaus Moser, Bernad Batinic and Jeanette Zempel (Göttingen: Verlag für Angewandte Psychologie, 1999), S. 117.

[③] Andreas Rauch and Michael Frese, "Was wissen wir über die Psychologie erfolgreichen Unternehmertums? Ein Literaturüberblick," in *Erfolgreiche Unternehmensgründer: Psychologische Analysen und praktische Anleitungen für Unternehmer in Ost-und Westdeutschland*, edited by Michael Frese (Göttingen: Verlag für Angewandte Psychologie, 1998), S. 13.

劳赫和弗里斯于 2000 年发表的一篇美国"元分析"表明,风险偏好和成功之间并无线性关系。在某种程度上,乐于冒险和成功呈正相关关系,但过于追求风险则会带来负面影响。如果想成为一名企业家,风险偏好发挥了一定的作用,然而,在创业成功方面,它可能是有害的。"成为企业家是一件有风险的事情,但以冒险的方式做生意可能是危险的。"[1] 大量研究甚至表明"冒险和商业成功呈负相关关系"。[2]

劳赫和弗里斯于 2007 年进行的"元分析"证明,风险偏好与创业成功存在相关性,但相关性较弱。"较之其他人格特征,它对企业成功的作用比较小。因此,我们建议未来研究者对企业家的冒险精神、创业和成功之间是否存在曲线关系进行测试"。[3]

同样值得研究的是,企业家们是否能够从相同的角度看待自身行为——别人可能认为这是比较危险的行为。"一个从旁观者视角来看被认为存在很大风险的行为,对企业家而言可能是试图使风险最小化的行为。"[4] 正如洛克(Locke)和鲍姆

---

[1] Andreas Rauch and Michael Frese, "Psychological Approaches to Entrepreneurial Success: A General Model and an Overview of Findings," in *International Review of Industrial and Organizational Psychology*, edited by C. L. Cooper and I. T. Robertson (Chichester: Wiley, 2000).

[2] Andreas Rauch and Michael Frese, "Psychological Approaches to Entrepreneurial Success: A General Model and an Overview of Findings," in *International Review of Industrial and Organizational Psychology*, edited by C. L. Cooper and I. T. Robertson (Chichester: Wiley, 2000).

[3] Andreas Rauchand Michael Frese, *Born to Be an Entrepreneur?, Revisting the Personality Approach to Entrepreneuship*, p. 50, https://www.researchgate.net/publication/270820381_ Born_ to_ Be_ an_ Entrepreneur_ Revisiting_ the_ Personality_ Approach_ to_ Entrepreneurship.

[4] Andreas Rauch and Michael Frese, "Psychological Approaches to Entrepreneurial Success: A General Model and an Overview of Findings," in *International Review of Industrial and Organizational Psychology*, edited by C. L. Cooper and I. T. Robertson (Chichester: Wiley, 2000).

（Baum）所观察到的，"相比之下，创业者并不像局外人那样觉得创业存在高风险。这是因为企业家自信心很强，相对于他们的感知能力，创业似乎并不冒险。如果他们具备真才实干，客观地说，创业对他们而言可能不算冒险"。[1]

罗伯特·赫里斯（Robert Hisrich）、贾尼丝·兰根-福克斯（Janice Langan-Fox）和沙伦·格兰特（Sharon Grant）也指出，研究表明无论企业家们和非企业家们情不情愿冒险，两者无差别。相反，这两个群体的区别在于他们对风险的主观认知。"本书的主要观点是，企业家的特点是风险感知力较低，因而给人一种风险耐受度高的错觉。研究表明，较之非企业家，企业家明显倾向于将模棱两可的商业设想归类为积极设想。"此外，企业家在决策过程中更多地依赖启发法，从而降低了其风险感知能力。如果没有类似的"认知捷径"，许多创业决策将永远无法实现。[2]

决定创业的公司创始人承担着高风险，然而，许多研究并未发现公司创始人的风险偏好显著高于其他群体。针对这一悖论，洛厄尔·W.布森尼兹（Lowell W. Busenitz）于1999年从多方面进行了研究。对他来说，这引发了一个问题：为什么一些企业家乐于接受高风险，尽管他们的平均风险偏好并未显示出任何差别。在一次针对176位公司创始人的研究中，布森尼兹检测了"企业家们做决策时更多采用偏

---

[1] Edwin A. Locke and J. Robert Baum, "Entrepreneurial Motivation," in *The Psychology of Entrepreneurship*, edited by J. Robert Baum, Michael Frese and Robert Baron (New York: Psychology Press Taylor & Francis Group, 2012), p. 99.

[2] Robert Hisrich, Janice Langan-Fox and Sharon Grant, "Entrepreneurship Research and Practice: A Call to Action for Psychology," *American Psychologist* 62, No. 6 (2007), p. 583.

差和启发法,因此,并没有充分认知创业的风险"这一假说。①

研究结果证实了这一假说。创业者更常用启发法,使其决策过程合理化。此外,布森尼兹指出,与受雇经理人相比,创业者更倾向于过度乐观和(非统计学结论)一般化。② 他得出结论,创业者并非主观上更乐于冒险,而是不能充分认识到自身行为具有风险性。然而,重点是要认识到这一研究仅着眼于业务创新阶段。

那么,这同样适用于已建立的公司吗?在已建立的公司中也一样,外界很可能把某些决定视为明显的高风险偏好表现,而公司的创始人可能并不认为这些决定是有风险的。切尔、霍沃思和布里尔利指出,对创业者来说,"毫无作为"的风险也很高的,相反地,一个举措或许在外界看来风险很大,但企业家们则认为它是使风险最小化的策略。③

2000~2009年,在德国开展了一项关于雇员和自主创业人士的对比研究。该研究表明了风险偏好与自主创业的可能性有如下关系:"和那些适度对待风险的人相比,非常抵触风险和风险承受力高的自主创业人士都更有可能放弃创业(通常来说,自主创业的可能性和风险偏好之间的关系与'贝尔曲线'

---

① Lowell W. Busenitz, "Entrepreneurial Risk and Strategic Decision Making: It's a Matter of Perspective," *Journal of Applied Behavioral Science* 35, No. 3 (1999), p. 326.

② Lowell W. Busenitz, "Entrepreneurial Risk and Strategic Decision Making: It's a Matter of Perspective," *Journal of Applied Behavioral Science* 35, No. 3 (1999), p. 332.

③ Elizabeth Chell, Jean Haworth and Sally Brearley, *The Entrepreneurial Personality: Concepts, Cases and Categories* (London: Routledge, 1991), p. 43.

相反）。"[1] 根据这项研究，一个可能的解释是，失败增加的可能性和可接受的增大的风险级别呈正相关关系。而那些没有很大风险的项目只能带来低收入，相比雇员工作，自主创业的吸引力就降低了。[2]

瑞士联合银行和普华永道公司于 2015 年进行的一项研究中对多位亿万富翁进行了调查，其结果显示，亿万富翁对于风险的理解与其他群体不同。错失机遇也可以理解为一种风险。"他们害怕因为没有抓住机会而失败，不担心创业失败的负面影响，而是担心错失优势。"[3]

因此，风险概念在为本书而设计的企业家和投资者访谈中发挥了重要作用。这些人如何评估他们对承担风险的态度呢？在他们的一生中，风险偏好有变化吗？他们在创业初期的风险耐受度是否比后续职业生涯的风险耐受度更高？他们自身的风险认知和其他人有区别吗？

三 自我效能感

在美国当代著名心理学家阿尔伯特·班杜拉（Albert Bandura）的社会认知理论中，"自我效能感"是一个核心概念。自我效能感"指的是个体对自己在特定的情境中是否有能力得到满意结果的预期"。根据这一理论，那些"自我效能

---

[1] Maro Caliendo, Frank Fossen and Alexander Kritikos, "Selbstständige sind anders: Persönlichkeit beeinflusst unternehmerisches Handeln," *Wochenbericht des DIW Berlin* 11 (2011), S. 7.

[2] Maro Caliendo, Frank Fossen and Alexander Kritikos, "Selbstständige sind anders: Persönlichkeit beeinflusst unternehmerisches Handeln," *Wochenbericht des DIW Berlin* 11 (2011), S. 7.

[3] *Billionaires: Master Architects of Great Wealth and Lasting Legacies* (UBS and PWC, 2015), p. 15.

感预期较高的人,更可能决定去尝试困难的任务,在执行任务期间,他们坚持不懈且保持冷静和不焦虑,且思维缜密"。[1]

"自我效能感"也描述了一个人对于某个特定的,甚至具有挑战性的局面的把控程度。自我效能的两个极端模式是:"这正是我要做的,我能做好"(高自我效能感)和"我永远不可能搞定。人们会怎么看待我?"(低自我效能感)。[2] 简而言之,"人们发现个人表现不仅受到其努力方向(目标)的影响,而且还取决于其是否有信心做到这一点(自我效能感)"。[3]

作为创业成功的预言器,自我效能感比其他目前已测试的人格特征更引人注目。实证研究表明,比起其他群体,成功的企业家拥有更高的自我效能感。"此外,一项元分析显示,自我效能感和成功高度相关(修正系数 $r=.419$)。这种关联性之高,相当于美国成年人体重和身高之间的关系,这是医学上最密切的关联之一。"[4]

在德国的一项研究中,98 名小型企业老板参与其中,共测试了 29 项人格特质,没有一个特征的关联性高于自我效能感 ($r=.41$)。相比之下,成功和风险偏好之间的关系(相关系数

---

[1] Daniel Cervone and Lawrence A. Pervin, *Personality: Theory and Research*, 12th ed. (New York: John Wiley & Sons, 2013), p. 436.

[2] Daniel Cervone and Lawrence A. Pervin, *Personality: Theory and Research*, 12th ed. (New York: John Wiley & Sons, 2013), pp. 449-450.

[3] Edwin A. Locke and Gary P. Latham, "Goal Setting Theory, 1990," in *New Developments in Goal Setting and Task Performance*, edited by Edwin A. Locke and Gary P. Latham (New York: Routledge Taylor & Francis Group, 2013), p. 11.

[4] Andreas Rauch and Michael Frese, *Born to Be an Entrepreneur?, Revisting the Personality Approach to Entrepreneuship*, p. 53, https://www.researchgate.net/publication/270820381_ Born_ to_ Be_ an_ Entrepreneur_ Revisiting_ the_ Personality_ Approach_ to_ Entrepreneurship.

第三章 创业研究评述

r=.11）几乎微不足道。① 在另一项研究中，自我效能感、主导需求、强内控力这三项特征得分高的企业家，和那些三项特征倾向性表现都较低的企业家进行了对比。在自我效能感、主导需求、强内控力这三项特征得分高的企业家中，89%的企业家获得了成功，相比之下，这三项特征得分较低的企业家的成功率仅为11%。②

乌奇将德国东部的企业家和高管进行了对比，结果显示，在自我效能感这一变量上发现了最大的差异，它决定人们对成功是渴求还是反感。③ 在进一步研究中研究者对201位企业家进行了调查，结果表明，自我效能感（负面："当面对一项新任务时，我通常会怀疑自己能否胜任"）与公司雇员人数及利润增长之间的关系密切。④

美国研究表明，创业自我效能感（ESE）与企业成功之间关系紧密，尤其在创业初期。创业自我效能感指的是"一个人对于其成功扮演创业需要的多种角色、胜任各项任务的自信心"。⑤ 这

---

① Sigrun Göbel and Michael Frese, "Persönlichkeit, Strategien und Erfolg bei Kleinunternehmern," in *Unternehmerisch erfolgreiches Handeln*, edited by Klaus Moser, Bernad Batinic and Jeanette Zempel (Göttingen: Verlag für Angewandte Psychologie, 1999), S. 101.

② Sigrun Göbel, "Persönlichkeit, Handlungsstrategien und Erfolg," in *Erfolgreiche Unternehmensgründer: Psychologische Analysen und praktische Anleitungen für Unternehmer in Ost-und Westdeutschland*, edited by Michael Frese (Göttingen: Verlag für Angewandte Psychologie, 1998), S. 107.

③ Andreas Utsch, "Psychologische Einflussgrößen von Unternehmensgründung und Unternehmenserfolg," (PhD diss., Justus-Liebig-Universität Gießen, 2004), S. 59.

④ Andreas Utsch, "Psychologische Einflussgrößen von Unternehmensgründung und Unternehmenserfolg," (PhD diss., Justus-Liebig-Universität Gießen, 2004), S. 108.

⑤ Edwin A. Locke and J. Robert Baum, "Entrepreneurial Motivation," in *The Psychology of Entrepreneurship*, edited by J. Robert Baum, Michael Frese and Robert Baron (New York: Psychology Press Taylor & Francis Group, 2012), pp. 98–99.

种自信与创新、风险接纳、营销、管理和资产有关。①

班杜拉也强调了自我效能感和个体目标大小之间的联系。"那些怀疑自己能力的人不会到处为自己设定具有挑战性的目标,遇到困难时也不会坚持自己的目标。人们对自己能力的信念,会影响他们给自己设立目标的等级。自我效能感越强的人给自己设立的目标会越高。"②

四 失败后的行动取向

乌奇指出,企业家还有更关键的人格特征——"行动取向",这一点在失败后尤为明显。"失败后的行动取向意味着人们在遭遇挫折或失误后,保持行动能力,随即准备好去行动。"③ 乌奇的研究表明,失败后的行动取向和小企业的成功有很强的相关性。④

西格鲁恩·加贝尔(Sigrun Göbel)和迈克尔·弗里斯研究发现,在 29 种人格特征中,只有三种人格特征与创业成功

---

① Edwin A. Locke and J. Robert Baum, "Entrepreneurial Motivation," in *The Psychology of Entrepreneurship*, edited by J. Robert Baum, Michael Frese and Robert Baron (New York: Psychology Press Taylor & Francis Group, 2012), p. 99.
② Albert Bandura, "The Role of Self-Efficacy in Goal-Based Motivation," in *New Developments in Goal Setting and Task Performance*, edited by Edwin A. Locke and Gary P. Latham (New York: Routledge Taylor & Francis Group, 2013), p. 151.
③ Andreas Utsch, "Psychologische Einflussgrößen von Unternehmensgründung und Unternehmenserfolg," (PhD diss., Justus-Liebig-Universität Gießen, 2004), S. 102.
④ Andreas Utsch, "Psychologische Einflussgrößen von Unternehmensgründung und Unternehmenserfolg," (PhD diss., Justus-Liebig-Universität Gießen, 2004), S. 109.

第三章 创业研究评述

的相关性高于"失败后的行动取向"。① 他们的结论是:"在这方面得分较高的企业家也遵循失败后的行动取向。"② 一项关于德国西部企业家的进一步研究表明,对创业成功而言,失败后的行动取向是一个极其重要的人格特征。③ 一个和成功企业家息息相关的特征是坚韧。"一个将成功企业家和其他人区分开的特征就是,当事情不顺时,他们不会放弃。"成功的企业家在遭遇挫折后,会从头再来,因为他们不仅把失败归因于运气不好而且也归因于自己不够努力。④

班杜拉展示了自我效能感、目标设定、失败后的行动取向之间的关系。班杜拉通过心理学实验告诉被试者,他们没能达成一个有挑战性的目标。"那些对不佳表现不满意,却又觉得自己能够应对挑战的人,会加倍努力……那些认为自己不行、无法应对挑战的人并不在意自身的平庸表现,不会尽全力应对

---

① Sigrun Göbel and Michael Frese, "Persönlichkeit, Strategien und Erfolg bei Kleinunternehmern," in *Unternehmerisch erfolgreiches Handeln*, edited by Klaus Moser, Bernad Batinic and Jeanette Zempel (Göttingen: Verlag für Angewandte Psychologie, 1999), S. 101.
② Sigrun Göbel and Michael Frese, "Persönlichkeit, Strategien und Erfolg bei Kleinunternehmern," in *Unternehmerisch erfolgreiches Handeln*, edited by Klaus Moser, Bernad Batinic, and Jeanette Zempel (Göttingen: Verlag für Angewandte Psychologie, 1999), S. 96.
③ Sigrun Göbel, "Persönlichkeit, Handlungsstrategien und Erfolg," in *Erfolgreiche Unternehmensgründer: Psychologische Analysen und praktische Anleitungen für Unternehmer in Ost-und Westdeutschland*, edited by Michael Frese (Göttingen: Verlag für Angewandte Psychologie, 1998), S. 119.
④ Edwin A. Locke and J. Robert Baum, "Entrepreneurial Motivation," in *The Psychology of Entrepreneurship*, edited by J. Robert Baum, Michael Frese and Robert Baron (New York: Psychology Press Taylor & Francis Group, 2012), p. 102.

挑战，只是无动于衷地走走过场。"①

一项针对超级富豪个人档案的分析也证实了这一结论。通过进一步调查，富豪的人生经历表明，一旦克服了一连串的问题和危机，他们基本上都会取得更大成功，并且他们的财富还会增值。挫折或危机，通常是未来更大成功的动力。约翰·戴维森·洛克菲勒②（John D. Rockefeller）、英格瓦·费奥多·坎普拉德（Ingvar Feodor Kamprad，宜家创始人）③、米迦勒·布隆伯格④（Michael Bloomberg）、沃伦·巴菲特⑤（Warren Buffett）、沃尔特·迪士尼⑥（Walt Disney）等人就是解决危机的成功个案。

这是本书第二部分访谈中探讨的一个重要问题。企业家面对失败，作何反应？他们如何渡过难关？对于挫折，他们归咎于何处？面对失败，他们如何归责、解释和反应，这些都是需要了解的重要问题。

五 目标及计划的重要性（目标设定理论）

对于富人的成功，目标设定扮演了什么角色？这是本书寻

---

① Albert Bandura, "The Role of Self-Efficacy in Goal-Based Motivation," in *New Developments in Goal Setting and Task Performance*, edited by Edwin A. Locke and Gary P. Latham（New York：Routledge Taylor & Francis Group, 2013），pp. 149~150.

② Ron Chernow, *Titan：The Life of John D. Rockefeller, Sr.*（New York：Vintage, 1998），pp. 130 et seq., 554.

③ Rüdiger Jungbluth, *Die 11 Geheimnisse des IKEA-Erfolgs*（Frankfurt-am-Main：Publisher, 2008），S. 75.

④ Michael Bloomberg, *Bloomberg by Bloomberg：With Invaluable Help from Matthew Winkler*（New York：John Wiley & Sons, 1997），p. 1 et seq.

⑤ Rainer Zitelmann, *Dare to Be Different and Grow Rich*（Mumbai：Indus Source Books, 2012），pp. 36-40.

⑥ Rainer Zitelmann, *Dare to Be Different and Grow Rich*（Mumbai：Indus Source Books, 2012），pp. 48-51.

求解决的问题之一。一项针对富豪个人档案的分析表明，他们会反复强调目标设定的重要性，即便其他大多数人认为这些目标不可思议、充满挑战，甚至不切实际。[1]拉里·佩奇（Larry Pag，搜索引擎谷歌的创始人之一）[2]、山姆·沃尔顿（Sam Walton，沃尔玛创始人）[3]、理查德·布兰森[4]（Richard Branson）、雷·克罗克（Ray Kroc，麦当劳创始人）、[5]霍华德·舒尔茨（Howard Schultz，星巴克董事长兼首席执行官）[6]和迈克尔·戴尔（Michael Dell，戴尔电脑创始人）[7]，以上这些人的个人档案就是例证。

学者们也调查过目标设定和创业成功之间的关系。目标设定理论由美国马里兰大学管理学兼心理学教授埃德温·A. 洛克（Edwin A. Locke）和多伦多大学的加里·P. 莱瑟姆（Gary P. Latham）提出。该理论非常重要。1981年，他们发表了一篇报道，报道回顾了19世纪70年代以来关于这一议题的一系列研究结果。在90%的关于这个议题的研究中，研

---

[1] Rainer Zitelmann, *Dare to Be Different and Grow Rich* (Mumbai: Indus Source Books, 2012), pp. 1-21.

[2] David A. Vise and Mark Malseed, *The Google Story* (New York: Dell Publishing, 2005), p. 11.

[3] Sam Walton, *Made in America: My Story* (New York: Bantom Books, 1993), p. 15.

[4] Richard Branson, *Screw It, Let's Do It: Lessons in Life and Business, Expanded* (London: Virgin Books, 2007), p. 196.

[5] John F. Love, *McDonald's: Behind the Arches*. Rev. ed. (New York: Bantom Books, 1995), pp. 23, 39-40, 45-47.

[6] Howard Schultz and Dori Jones Yang, *Pour Your Heart Into It: How Starbucks Built a Company One Cup at a Time* (New York: Hyperion, 1997), pp. 35-36, 42-44.

[7] Lauri S. Friedmann, *Business Leaders* (Greensboro: Michael Dell, 2009), p. 79.

究者公布了如下发现:"相比容易的目标,特定的、有挑战性的目标能带来更佳的表现。'全力以赴、做到最佳才叫目标',其他都不能算作目标……当目标特殊且足够具有挑战性时,目标设定很可能提高任务完成的效率"。① 他们还调查了已达成目标的特殊性及艰巨性。调查结果是:与容易达成、模棱两可的目标相比,更具挑战性且更具体的目标能带来更好的结果。②

在第二个对比研究中,洛克和莱瑟姆总结了19世纪80年代以来关于此议题的许多其他研究结果。截至1990年,他们共进行了400多项实证研究,这些研究特别证实了以下两个发现:

- "目标的困难程度和实现目标的表现呈线性关系。"洛克发现那些拥有最高目标的人的表现比那些拥有最低目标的人的表现好250%。③
- "比起没有目标和'尽你所能'这样的不清晰、抽象的目标,具体、有难度的目标有助于更好地达成目标。"截至1990年,在已发表的53项研究中,有51项表明,那些设定了具体和宏伟目标的人,比没有这样做的人更成功。④

---

① Edwin A. Locke et al., "Goal Setting and Task Performance: 1969-1980," *Psychological Bulletin* 90, No. 1 (1981), p. 125.
② Edwin A. Locke et al., "Goal Setting and Task Performance: 1969-1980," *Psychological Bulletin* 90, No. 1 (1981), pp. 126-129.
③ Edwin A. Locke and Gary P. Latham. "Goal Setting Theory, 1990," in *New Developments in Goal Setting and Task Performance*, edited by Edwin A. Locke and Gary P. Latham (New York: Routledge Taylor & Francis Group, 2013), p. 5.
④ Edwin A. Locke and Gary P. Latham, "Goal Setting Theory, 1990," in *New Developments in Goal Setting and Task Performance*, edited by Edwin A. Locke and Gary P. Latham (New York: Routledge Taylor & Francis Group, 2013), p. 5.

甚至在1990年，这些发现的依据已十分令人信服。目标设定理论是通过研究得出的结论，这一研究涵盖来自8个国家的40000名参与者，既有实地研究也有实验佐证。[1]

根据洛克和莱塞姆的研究，富有野心的、具体的目标之所以如此重要，是因为这些目标会让人把注意力集中到与目标息息相关的活动中，还有一个原因是人也会为了实现这些目标做出更大、更长时间的努力。比起那些没有这样目标的人，为了实现目标，他们工作得更卖力、更持久。[2]

关于其他人格特征的研究证明了这样一个重要的事实：成功的人会设立有野心的、有挑战性的目标。在一项针对91名推销员的研究中，默里·R.巴里克（Murray R. Barrick）、迈克尔·K.芒特（Michael K. Mount）、朱迪·P.施特劳斯（Judy P. Strauss）发现，责任心和成功息息相关。"尽责"的销售员比其他人更成功，因为他们会给自己设立有难度的目标。变量"优先设立目标"和"目标承诺"与销售成功之间有明显关系。[3] "我们的研究结果表明，自发设立目标和目标承诺在较小的程度上调节责任心与两项工作能力指标——工作绩效的监督评定和销售量的关系。这表明，责任心强的人更有

---

[1] Edwin A. Locke and Gary P. Latham, "Goal Setting Theory, 1990," in *New Developments in Goal Setting and Task Performance*, edited by Edwin A. Locke and Gary P. Latham (New York: Routledge Taylor & Francis Group, 2013), p. 11.

[2] Edwin A. Locke and Gary P. Latham, "Goal Setting Theory, 1990," in *New Developments in Goal Setting and Task Performance*, edited by Edwin A. Locke and Gary P. Latham (New York: Routledge Taylor & Francis Group, 2013), p. 6.

[3] Murray R. Barrick, Michael K. Mount and Judy P. Strauss, "Conscientiousness and Performance of Sales Representatives: Test of the Mediating Effects of Goal Setting," *Journal of Applied Psychology* 78, No. 5 (1993), p. 718.

可能自发设立目标,致力于完成一系列目标,且表现得更出色。"[1] 其实,责任心的重要性次之,研究表明,责任心与成功之间仅通过设定有野心的目标而存在间接联系。要检测人格特征、态度及行为与商业成功的关系,销售员是理想的测试对象,因为这些要素对他们成功产生的直接影响很容易量化。

2013年,洛克和莱瑟姆出版了一本包含37篇论文的文集,展示了1990~2010年对这一课题的研究情况。除了1990年之前进行的400多项研究外,还有600多项研究都确定了目标设定理论的关键假设,并证明它在不同学科中发挥作用。[2]

史蒂夫·科尔(Steve Kerr)和道格拉斯·勒佩莱(Douglas Lepelley)对为获得最佳结果,目标难度必须设定为多少这一问题进行了研究。"和简单的目标相比,艰巨的目标更可能激发人们持续的热情,并使其获得高业绩。然而,这一发现有一个重要前提,也就是,尽管目标很难实现,但对于那些应该达成目标的人来说,必须是可实现的。"[3] 一方面,野心过大,目标不切实际而失败,则会产生相反效应,这使人产生挫败感。另一方面,科尔和勒佩莱举了通用电气公司的例子,杰克·韦尔奇采用了"伸展目标"策略,表明树立"不可能的目标"可以产生巨大的动力。他们引用了韦尔奇的主

---

[1] Murray R. Barrick, Michael K. Mount and Judy P. Strauss, "Conscientiousness and Performance of Sales Representatives: Test of the Mediating Effects of Goal Setting," *Journal of Applied Psychology* 78, No. 5 (1993), p. 719.

[2] Edwin A. Locke and Gary P. Latham (eds.), *New Developments in Goal Setting and Task Performance* (New York: Routledge Taylor & Francis Group, 2013), xi.

[3] Steve Kerr and Douglas Lepelley, "Stretch Goals: Risks, Possibilities, and Best Practices," in *New Developments in Goal Setting and Task Performance*, edited by Edwin A. Locke and Gary P. Latham (New York: Routledge Taylor & Francis Group, 2013), p. 21.

张:"我们发现通过追求一些看似不可能的事物,往往能让我们达成一些不可能的愿望;而就算没能成功,最终我们也必定做得比我们本来可能做到的要出色很多。"①

2004年,J. 罗伯特·鲍姆(J. Robert Baum)和埃德温 A. 洛克(Edwin A. Locke)报道了测试企业家目标设定理论的研究。他们基于一份针对229位企业家的调查,以实证确定了以下假说:"执行总裁对企业成长设立的目标越高,企业随之的成长也会越快。"② 自我效能感和目标的等级关系明显,并且也已被实证证明。"企业执行总裁对于企业成长的自我效能感越高,企业随之的成长目标也会设得越高。"③ 这与个体目标的实现无关,而与整个公司的成长有关。这一研究给出了重要论证,即有野心的、长期的目标对成功有着重要影响。"因此,我们将愿景作为长期目标来衡量,且该研究的另一个正向发现是,愿景是为了支撑长远目标。"④

2013年,鲍姆的书中有一章关于"目标和创业"。目标设定理论在创业研究领域有特殊价值,他解释道:"因为该理论涵盖了自主设立的目标以及一些着眼于执行、明确和有意识选

---

① Steve Kerr and Douglas Lepelley, "Stretch Goals: Risks, Possibilities, and Best Practices," in *New Developments in Goal Setting and Task Performance*, edited by Edwin A. Locke and Gary P. Latham (New York: Routledge Taylor & Francis Group, 2013), p. 29.
② J. Robert Baum and Edwin A. Locke, "The Relationship of Entrepreneurial Traits, Skill, and Motivation to Subsequent Venture Growth," *Journal of Applied Psychology* 89 (2004), p. 590.
③ J. Robert Baum and Edwin A. Locke, "The Relationship of Entrepreneurial Traits, Skill, and Motivation to Subsequent Venture Growth," *Journal of Applied Psychology* 89 (2004), p. 590.
④ J. Robert Baum and Edwin A. Locke, "The Relationship of Entrepreneurial Traits, Skill, and Motivation to Subsequent Venture Growth," *Journal of Applied Psychology* 89 (2004), p. 596.

择的目标。"① 早期的投资者认为，大部分成功的企业家，起步时的目标都看似不可能实现。② 鲍姆引述了不少研究证明目标设立理论的期望值，即更大的目标带来更好的表现，最后也通过创业实证研究证明了这一点。③ "许多创业研究支持这一观点，创业者设定目标之后会比他们没有目标时更上进，做出更好的成绩。"④

根据鲍姆的观点，企业家都是有远见卓识的人，具备辨识未来可能发生什么的能力。然而，企业愿景不应和正式的"愿景声明"混为一谈，后者通常用于激励员工或者外部沟通。"然而，完整的愿景往往都在企业家脑子里，比任何声明或者口号展现出来的内容都详尽得多。"⑤

2006年，罗伯特 A. 巴伦（Robert A. Baron）就哪些认知因素对于发现机遇和开发思路起作用这一问题进行了调查。在他看来，有三个比较突出且相互关系密切的因素，即"积极寻找机遇、洞察机遇（在它们出现时能够识别它们）以及事先了解

---

① J. Robert Baum, "Goals and Entrepreneurship," in *New Developments in Goal Setting and Task Performance*, edited by Edwin A. Locke and Gary P. Latham (New York: Routledge Taylor & Francis Group, 2013), p. 462.
② J. Robert Baum, "Goals and Entrepreneurship," in *New Developments in Goal Setting and Task Performance*, edited by Edwin A. Locke and Gary P. Latham (New York: Routledge Taylor & Francis Group, 2013), p. 463.
③ J. Robert Baum, "Goals and Entrepreneurship," in *New Developments in Goal Setting and Task Performance*, edited by Edwin A. Locke and Gary P. Latham (New York: Routledge Taylor & Francis Group, 2013), p. 463.
④ J. Robert Baum, "Goals and Entrepreneurship," in *New Developments in Goal Setting and Task Performance*, edited by Edwin A. Locke and Gary P. Latham (New York: Routledge Taylor & Francis Group, 2013), p. 464.
⑤ J. Robert Baum, "Goals and Entrepreneurship," in *New Developments in Goal Setting and Task Performance*, edited by Edwin A. Locke and Gary P. Latham (New York: Routledge Taylor & Francis Group, 2013), p. 468.

市场、产业或客户，并以此为基础，在这些领域发掘新机遇。"[1]

因此，本书的一个重要问题是：是否可能确定超级富豪给自己设立的目标总是异常宏大？如果可以的话，他们会设立什么目标？他们的目标有多具体？目标是关于什么的？受访者会写下制定的目标吗？又或者，目标设定可能并不像目标设定理论所说的那么重要？

有一种方法曾被埃莱·奥廷根（Gabriele Oettingen）、玛丽恩·维特森（Marion Wittchen）和皮特·M. 高尔维泽（Peter M. Gollwitzer）称为"心理对照"，并已被证明在实现雄心勃勃的目标时格外有效。心理学实验证明：将理想的未来与当下现实的局限性相对照的过程，是在实现目标过程中的一种有效的自我调节方法。[2] "根据幻想实现模型，在心理上将预期的未来与阻碍其实现的现实相对照，将会产生选择性，也就是说，这种选择性基于期望的目标及随后为目标所做的努力和目标实现。"[3]

根据埃莱·奥廷根、加比·霍尼格（Gaby Hönig）和皮特·M. 高尔维泽的说法，幻想只有变为目标时才有可能变成

---

[1] Robert A. Baron, "Opportunity Recognition as Pattern Recognition: How Entrepreneurs 'Connect the Dots' to Identify New Business Opportunities," *Academy of Management Perspectives* 20 (2006), p. 104.

[2] Gabriele Oettingen, Marion Wittchen and Peter M. Gollwitzer, "Regulating Goal Pursuit through Mental Contrasting with Implementation Intentions," in *New Developments in Goal Setting and Task Performance*, edited by Edwin A. Locke and Gary P. Latham (New York: Routledge Taylor & Francis Group, 2013), p. 523.

[3] Gabriele Oettingen, Marion Wittchen and Peter M. Gollwitzer, "Regulating Goal Pursuit through Mental Contrasting with Implementation Intentions," in *New Developments in Goal Setting and Task Performance*, edited by Edwin A. Locke and Gary P. Latham (New York: Routledge Taylor & Francis Group, 2013), p. 524.

现实，接下来第二步，理想的未来与当前的现实形成对比。①一个目标是否真的实现，很大程度上取决于个体"目标承诺"的力量："承诺意味着随着时间的推移，人们为实现最初的目标不断努力，不愿放弃或降低最初的目标。"②

还有一个问题涉及目标设定和计划之间的关系。迈克尔·弗里斯、朱迪斯·斯图尔特（Judith Stewart）和贝蒂娜·汉诺威（Bettina Hannover）指出，个体对于目标的重视程度以及其在目标导向下的努力程度都是不同的。他们的行为方式也有着明显的不同。尽管有关联，但它们是两个不同的方面："行动的计划和目标在概念上是不同的，尽管从经验上来说两者可能是相关的。一个目标极其明确的人仍然可能缺乏周密计划。"弗里斯、斯图尔特和汉诺威提出了"行动作风"，他们认为，至少在一定程度上它是可以习得的。③

计划是连接线，是连接思想和行动的桥梁，因为计划把目标转化为可行的操作。④ 弗里斯将他对"计划"的用法以及该词汇的日常含义做了重要区分。从严格意义上讲，他所说的计

---

① Gabriele Oettingen, Gaby Hönig and Peter M. Gollwitzer, "Effective Self-Regulation of Goal Attainment," *International Journal of Educational Research* 33 (2000).

② John R. Hollenbeck and Howard J. Klein, "Goal Commitment and the Goal-Setting Process: Problems, Prospects, and Proposals for Future Research," *Journal of Applied Psychology* 72 (1987), p. 212.

③ Michael Frese, Judith Stewart and Bettina Hannover, "Goal Orientation and Planfulness: Action Styles as Personality Concepts," *Journal of Personality and Social Psychology* 52 (1987), p. 1183.

④ Michael Frese, "The Psychological Actions and Entrepreneurial Success: An Action Theory Approach," in *The Psychology of Entrepreneurship*, edited by J. Robert Baum, Michael Frese and Robert Baron (New York: Psychology Press Taylor & Francis Group, 2012), p. 157.

划是指不一定要有充分的准备或充实的准备。在某些情况下，这些计划只是未来如何行动的总体思路。① 也有可能，一个企业家声称自己根本没有计划，他坚信仅凭直觉行动，而事实上，他一直在按照一个下意识的计划行事。② 计划之所以重要是因为它促使人们行动，降低了个体忽视目标的可能性。③ 然而，计划不仅有积极效用，也有反作用，打个比方，如果计划过于死板，而企业家坚持固有的计划。尤其是在一些较混乱的情况下，灵活的反应能力则更必要。④

六　不墨守成规、宜人性和自信

如本章第一节所述，熊彼特将企业家描述为完全不墨守成规的人。认知科学家萨拉·萨拉瓦蒂（Saras Sarasvathy）的发现在某些方面证实了这一观点。她成功地"从经验丰富的企

---

① Michael Frese, "The Psychological Actions and Entrepreneurial Success: An Action Theory Approach," in *The Psychology of Entrepreneurship*, edited by J. Robert Baum, Michael Frese and Robert Baron (New York: Psychology Press Taylor & Francis Group, 2012), p. 157.

② Michael Frese, "The Psychological Actions and Entrepreneurial Success: An Action Theory Approach," in *The Psychology of Entrepreneurship*, edited by J. Robert Baum, Michael Frese and Robert Baron (New York: Psychology Press Taylor & Francis Group, 2012), p. 158.

③ Michael Frese, "The Psychological Actions and Entrepreneurial Success: An Action Theory Approach," in *The Psychology of Entrepreneurship*, edited by J. Robert Baum, Michael Frese and Robert Baron (New York: Psychology Press Taylor & Francis Group, 2012), p. 158.

④ Michael Frese, "The Psychological Actions and Entrepreneurial Success: An Action Theory Approach," in *The Psychology of Entrepreneurship*, edited by J. Robert Baum, Michael Frese and Robert Baron (New York: Psychology Press Taylor & Francis Group, 2012), p. 159.

业家身上攫取关键要素"。① "Effectuation（实现，实行）"一词描述了一种特定类型的思维和行动，这一领域的研究已经在成功的企业家身上得以印证。

萨拉瓦蒂的研究是以两份清单为基础的，一份是1960～1985年，100位最成功的企业家名单，另一份是截至1996年，安永会计师事务所"年度企业家"获得者名单。她采访了30位企业家，每个人都有超过10年的多重创业经验，创立的公司年收入在2亿到65亿美元，至少有一家公司上市。② 据推测，每个人身家都是亿万级，尽管这并不是萨拉瓦蒂的研究重点。

萨拉瓦蒂的一个关键发现是，这些企业家"系统性地忽视了通常被认为是专业的基本要素。他们中的大多数人对所提供的预测数据提出了质疑，他们认为这些数据远远超出了建议的目标市场，并且主要集中在他们的个人兴趣、知识和社交网络上，以塑造他们的商业理念"。③

洛克和鲍姆认为，拥有个人独特的做事方法是创业成功的一个重要前提。"这意味着，企业家往往违背现状、挑战传统，或做别人认为愚蠢、疯狂或不可能的事情。因此，企业家不仅要有责任心，还必须善于独立思考。不管他们向谁咨询，最终他们都必须依靠自己的判断。他们责无旁贷。从属型、追

---

① Michael Faschingbauer, *Effectuation：Wie erfolgreiche Unternehmer denken, entscheiden und Handeln*, 2nd ed. (Stuttgart：Schäffer-Poeschel Verlag, 2013), xv.

② Saras D. Sarasvathy, *Effectuation：Elements of Entrepreneurial Expertise-New Horizons of Entrepreneurship* (Cheltenham：Publisher, 2008), pp. 22-23.

③ Michael Faschingbauer, *Effectuation：Wie erfolgreiche Unternehmer denken, entscheiden und Handeln*, 2nd ed. (Stuttgart：Schäffer-Poeschel Verlag, 2013), p. 248.

随型的人无法胜任这样的角色，他们也不会去争取。"①

比尔格·P. 普里达特（Birger P. Priddat）也有类似的观点。"企业家是非典型的决策者、少数派……有创新精神的企业家——众所周知通常充当投资人的角色，他们具备这样的特点，敢于应对不确定的情况，为世界带来新东西，在不确定的情况下行事。这就是他们卓越、不墨守成规的原因。"② 不墨守成规似乎是企业家的特征，它意味着"不要表现得像别人认为你应该的样子"。从表面上看，企业家甚至有时看起来"有点疯狂"，但这是一种"超越了墨守成规世界的疯狂"。③

赫里斯（Hisrich）、兰根-福克斯（Langan-Fox）和格兰特（Grant）做了进一步研究。与其他几位作者一样，他们也提到了企业家的"阴暗面"。"企业家摒弃社会现行的向另一个组织或个人求职的惯常做法，打破了这种模式。许多企业家不合群，他们不愿意服从权威，而且难以在一个公司结构已经健全的环境中工作，因此创建了自己的公司。"④ 然而，赫里斯等

---

① Edwin A. Locke and J. Robert Baum, "Entrepreneurial Motivation," in *The Psychology of Entrepreneurship*, edited by J. Robert Baum, Michael Frese and Robert Baron (New York: Psychology Press Taylor & Francis Group, 2012), pp. 97-98.
② Birger P. Priddat, "Unternehmer als Cultural Entrepreneurs," in *Unternehmertum: Vom Nutzen und Nachteil einer riskanten Lebensform*, edited by Ludger Heidbrink and Peter Seele (Frankfurt-am-Main: Campus Verlag, 2010), S. 115.
③ Birger P. Priddat, "Unternehmer als Cultural Entrepreneurs," in *Unternehmertum: Vom Nutzen und Nachteil einer riskanten Lebensform*, edited by Ludger Heidbrink and Peter Seele (Frankfurt-am-Main: Campus Verlag, 2010), S. 122.
④ Robert Hisrich, Janice Langan-Fox and Sharon Grant, "Entrepreneurship Research and Practice: A Call to Action for Psychology," *American Psychologist* 62, No. 6 (2007), p. 582.

学者认为，创业的这一面被学术研究忽视了。[1]

1985年，曼弗雷德·F. R.·凯茨·德·弗里斯（Manfred F. R. Kets de Vries）发表了一篇题为《创业的阴暗面》（*The Dark Side of Enterpreneurship*）的论文。他赞许地引用了一位企业家的观点，即"通常企业家都是难搞的员工，于是就自己创建公司。他们不接受别人的建议或命令，并渴望经营自己的公司"。曼弗雷德认为，与被雇用的高管不同，企业家是"怀疑权威"的。企业家不愿融入现有的组织或层级。"相反，他们往往会觉得这样的结构令人感觉压抑。他们发现，在已有的体制中，很难与他人合作，除非公司结构由他们创建，工作按他们的要求完成。"他们之所以成为企业家，是因为他们无法屈从权威，也不愿遵守已有公司的规则。[2]

1996年，曼弗雷德强调，与众不同的感觉对企业家有着重要影响。[3]"似乎他们中很多人都不能在机构化的公司工作。他们对权威很敏感且喜欢掌控一切。"[4] 曼弗雷德批判了这样一个事实，即调查和采访所使用的传统问题，无法准确地评估企业家的心理病理学问题。他对一位企业家进行了个案研究，对方正在进行精神分析治疗。"进取心也代表他反抗的能力。创业在某种程度上成为一种个性化的离职声明。这将使他成为

---

[1] Robert Hisrich, Janice Langan-Fox and Sharon Grant, "Entrepreneurship Research and Practice: A Call to Action for Psychology," *American Psychologist* 62, No. 6 (2007), p. 582.

[2] Manfred F. R. Kets de Vries, "The Dark Side of Entrepreneurship," *Harvard Business Review* (November 1985), accessed 27 October 2017, https://hbr.org/1985/11/the-dark-side-of-entrepreneurship/ar/1.

[3] Manfred F. R. Kets de Vries, "The Anatomy of the Entrepreneur: Clinical Observations." *Human Relations* 49, No. 7 (1996), p. 856.

[4] Manfred F. R. Kets de Vries, "The Anatomy of the Entrepreneur: Clinical Observations." *Human Relations* 49, No. 7 (1996), p. 857.

一个有自我个性的人。"[1] 人格特征使个人变得较难相处，可能会带来不同的影响。一方面，它们可能会损害企业家和他们的公司，通常会带来严重的后果。另一方面，似乎"正是创造性和非理性的结合，使得许多企业家如此成功"。[2]

其他研究证实，企业家往往不像其他人一样接受社会规范。1999年，伊丽莎白·J. 蒂尔（Elisabeth J. Teal）和阿奇B. 卡罗尔（Archie B. Carroll）发表了一项研究，他们对"企业家们可能会比中等水平的经理或普通成年人更有道德推理能力"这一假说进行了积极测试。[3]

一些证据表明，企业家往往比较难相处。在20世纪80年代早期，大卫·麦克利兰（David McCelland）已经提出这一观点："友好关系"作为"宜人性"的一个组成部分，可能会阻碍一名被雇高管的职业生涯的发展，因为在一些艰难决策上，他们可能会遇到问题，这导致冲突。赵和塞伯特（Seibert）认为这对企业家来说再适用不过。"尽管在现有组织中，对于那些从事管理工作的人，宜人性的负面影响似乎占主导地位，但对那些在充当企业家角色的人而言则可能更为不利。"造成这种情况的原因之一是，"那些以过度自利和不愉快的方式经营的现有企业管理者，最终可能会受到同行和上司的负面影响。在较小组织中工作的企业家不太可能受

---

[1] Manfred F. R. Kets de Vries, "The Anatomy of the Entrepreneur: Clinical Observations." *Human Relations* 49, No. 7 (1996), p. 871.
[2] Manfred F. R. Kets de Vries, "The Anatomy of the Entrepreneur: Clinical Observations." *Human Relations* 49, No. 7 (1996), p. 878.
[3] Elisabeth J. Teal and Archie B. Carroll, "Moral Reasoning Skills: Are Entrepreneurs Different?" *Journal of Business Ethics* 19 (1999), p. 229.

到密集连环的社会关系制约。"① 这一假说由若干研究评估得出，研究表明，企业家表现得比经理更不友好。②

对许多超级富豪的传记分析也揭示，他们通常具有明显的对抗性，而且不太随和。在杰克·韦尔奇③、比尔·盖茨④、史蒂夫·乔布斯⑤、鲁伯特·默多克⑥、大卫·奥格威⑦、乔治·索罗斯⑧和雷·克拉克⑨的传记中也可以发现这

---

① Hao Zhao and Scott E. Seibert, "The Big Five Personality Dimensions and Entrepreneurial Status: A Meta-Analytical Review," *Journal of Applied Psychology* 91, No. 2 (2006), p. 261.
② Hao Zhao and Scott E. Seibert, "The Big Five Personality Dimensions and Entrepreneurial Status: A Meta-Analytical Review," *Journal of Applied Psychology* 91, No. 2 (2006), p. 264.
③ Jack Welch, John A. Byrne, *Straight from the Gut.* (London: Warner Books, 2001), pp. 98, 110, 120-121, 131, 138; Jack Welch and Suzy Welch, *Winning: The Answers-Confronting 74 of the Toughest Questions in Business Today* (New York: Harper Business, 2006), pp. 58, 84, 86, 99. （杰克·韦尔奇、约翰·拜恩：《杰克·韦尔奇自传》，曹彦博等译，中信出版社，2017。杰克·韦尔奇，苏茜·韦尔奇：《赢》，余江，玉书译，中信出版社，2017。）
④ James Wallace and Jim Erickson, *Bill Gates and the Making of the Microsoft Empire* (Chichester: Wiley, 1992), pp. 50, 101, 149, 161-162, 266, 277 et seq., 293.
⑤ Jeffrey S. Young and William L. Simon, *iCon Steve Jobs: The Greatest Second Act in the History of Business* (New Jersey: John Wiley & Sons, 2005), pp. 177, 284-285, 235-236. （杰弗里·扬，威廉·西蒙：《缔造苹果神话》，蒋永军译，中信出版社，2007。）
⑥ Michael Wolff, *The Man Who Owns the News: Inside the Secret World of Rupert Murdoch* (London: The Bodley Head, 2008), pp. 18, 35.
⑦ Kenneth Roman, *The King of Madison Avenue: David Ogilvy and the Making of Modern Advertising* (New York: St. Martin's Griffin, 2009), pp. 86-87, 171.
⑧ Robert Slater, *George Soros: The World's Most Influential Investor* (New York: McGraw-Hill Companies, 2009), pp. 94, 114.
⑨ John F. Love, *McDonald's: Behind the Arches.* Rev. ed. (New York: Bantam Books, 1995), pp. 89 et seq., 102.

一点。

本书提出一个假说：不墨守成规是超级富豪的特质。企业家和投资者被问及，在做出重要决策时，他们是否有意识地抵触主流观点，以及财务成功对他们的影响。他们还被问及他们是否愿意应对冲突或竞争。不愿意应对冲突的人是不能在市场上与竞争对手竞争的，就好比他们不能在自己公司内部竞争一样。采访中，受访者被问及他们是否认为自己不墨守成规，是否愿意应对冲突。这两个方面是紧密相关的，因为不墨守成规的行为，往往会导致与他人发生冲突。

七　成功企业家的类型

约翰·B. 麦纳（John B. Miner）花了 20 年的时间研究创业成功背后的因素。他最重要的发现是："首先，企业家不只有一种类型，而是有四种不同的类型，每一种都有不同的个性。"[1] 麦纳认为，"企业家"是一种具有非常特殊个性特征的个体，这种认知是没有根据的。麦纳对 100 位企业家进行了深入采访，这些企业家还接受了 18 种人格特征测试。他得出结论，企业家共分四种类型，每种类型均具有不同的人格特征，在不同的商业领域和情境下获得成功。

> 1. 获得个人成功的人。这些人给自己设立目标，为实现目标制订计划，努力工作，并且非常善于应对困境。他们认为工作应该以个人而非他人目标为导向。[2]

---

[1] John B. Miner, *The 4 Routes to Entrepreneurial Success* (San Francisco：Berrett-koehler Publishers, 1996), p. 1.

[2] John B. Miner, *The 4 Routes to Entrepreneurial Success* (San Francisco：Berrett-koehler Publishers, 1996), p. 10.

他们也需要制订计划和设定目标,并且具有明显的个人主动性。① 他们是强个人主义者。在大多数情况下,他们成为企业家,是因为作为下属雇员,他们没有足够的自由实现自己的想法。② 比起在大企业,他们在自己的中小企业中更成功(例如,规模在30名员工以下的中小企业)。③

2. 超级销售员。"要想成为企业家,超级销售员需要使用销售套路:尽可能多地把时间花在销售上,让其他人来管理业务。"④ "超级销售员型企业家"能够与他人产生共鸣,取得成功主要是因为他们的社交能力和销售才干,但是他们需要和管理者合作,因为在通常情况下,创建组织结构和体制不是他们的强项。通常,超级销售员型企业家在成为企业家前就已经是成功的销售人员了。⑤

3. 真正的管理者。首要的一点是这些人具备管理技能。当他们创建一家大公司时,他们的管理技能是必需的并且有很大的优势,在这种情况下,他们可以取得成功。通常,这些人以前在大型商业组织和公司工作。

4. 创造者。"创造者生产新产品,发现新商机,开发

---

① John B. Miner, *The 4 Routes to Entrepreneurial Success* (San Francisco: Berrett-koehler Publishers, 1996), p. 9.
② John B. Miner, *The 4 Routes to Entrepreneurial Success* (San Francisco: Berrett-koehler Publishers, 1996), p. 18.
③ John B. Miner, *The 4 Routes to Entrepreneurial Success* (San Francisco: Berrett-koehler Publishers, 1996), pp. 31–32.
④ John B. Miner, *The 4 Routes to Entrepreneurial Success* (San Francisco: Berrett-koehler Publishers, 1996), p. 4.
⑤ John B. Miner, *The 4 Routes to Entrepreneurial Success* (San Francisco: Berrett-koehler Publishers, 1996), p. 43.

新工艺，通常能找到方法超越竞争者。"[1] 他们是有远见的人，能够产生新想法，并将其转化为实际产品，实现创业成功。

在麦纳所调查的企业家中，62%的人的性格明显地表现为上述四种类型中的一种，而剩下的38%的人被归为"复杂的企业家"，他们的性格表现为多种类型。他最有趣的发现是：只有一个人集四种类型于一身，在27%的研究对象身上观察到两种类型的组合，只有10%的人集三种类型于一身。[2]

同样要重点指出的是，企业家经历不同的发展阶段，相应地，各阶段都会有不同的人格特征显现。这一过程是由切尔、霍沃思和布雷亚历发现的，他们发表了针对31位公司创始人的企业家性格特征评估。该发现于1991年出版，题为《创业人格》（*The Enterpreneurial Personality*）。他们进行了31次采访，并让企业家填写了一份问卷。他们的问题包括公司流程的规范化程度（例如，是否有书面的战略计划，或者是否以非正式的形式来制订计划？组织是否对于角色层级进行了明确定义，是否定期召开会议，等等）。[3] 他们将公司发展分为三个阶段：初创企业、建成企业和专业管理企业。[4] 作者将企业家

---

[1] John B. Miner, *The 4 Routes to Entrepreneurial Success* (San Francisco: Berrett-koehler Publishers, 1996), p. 5.
[2] John B. Miner, *The 4 Routes to Entrepreneurial Success* (San Francisco: Berrett-koehler Publishers, 1996), p. 107.
[3] Elizabeth Chell, Jean Haworth and Sally Brearley, *The Entrepreneurial Personality: Concepts, Cases and Categories* (London: Routledge, 1991), p. 76.
[4] Elizabeth Chell, Jean Haworth and Sally Brearley, *The Entrepreneurial Personality: Concepts, Cases and Categories* (London: Routledge, 1991), p. 151.

分为四种类型，即"临时代理者""管理者""准企业家"和真正的"企业家"。

作者论证了企业家行为在企业发展的不同阶段确实会发生改变。"例如，企业所有者的行为特征可以在生活过程中发生变化。特别是，一个人很可能在早些年被归类为企业家，后期被归类为临时代理者，因为他们的精力、目标和动机发生了变化。"[1]

麦纳和切尔等人进行的研究与本书有关，是有多种原因的。很显然，通往财富之路没有单一途径。这就提出了一个问题：所有获得巨额财富的人都有共同的品质或特征吗？或者，是否能够识别出创造和累积财富的类型或模式？似乎所有的超级富豪都拥有同样的人格特征，或者相同的行为模式。然而，在许多富人身上，是能发现一些特定模式的。

八 企业家的动机及其与成功的关系

为什么有些人决定成为企业家？这些理由对个人后来的企业家生涯的成功是否起到了作用？

20世纪80年代中期的美国，斯坦利·克罗米（Stanley Cromie）采访了35名男性企业家和34名女性企业家，以找出他们选择创业的原因。"自主性""成就""工作不满意"和"金钱"是主要的动机，其他原因——至少对男性受访者来说——并不那么重要。[2] 在采访中，赚一大笔钱的动机明显得

---

[1] Elizabeth Chell, Jean Haworth and Sally Brearley, *The Entrepreneurial Personality*: *Concepts*, *Cases and Categories* (London: Routledge, 1991), p. 73.

[2] Stanley Cromie, "Motivations of Aspiring Male and Female Entrepreneurs," *Journal of Occupational Behaviour* 8 (1987), p. 255.

到了明确表述。"许多受访者非常明确地表达了这一需求。他们会说,'……你为别人打工,永远不可能真正赚到钱'或者'我想赚很多钱'。"①

20世纪80年代还开展了另一项调查,调查对象是企业家和那些认真考虑创业的人。调查表明,"更大的财务回报"(25%)是创业的首要原因,随后是"想自己当老板"(20%)、"个人挑战"(18%)和"渴望建立自己的一些东西"(16%)和"对公司灰心"(13%)。②

20世纪80年代中期,为了撰写与创业成功相关的博士论文,格哈德·普拉斯卡(Gerhard Plaschka)分别采访了奥地利的299名成功企业家和63位不成功的企业家。他以《创业成功:一项针对成功和不成功的公司创始人的比较、实证研究》(*Enterpreneurial Success: A Comparative, Empirical Study of Successful and Unsuccessful Company Founders*)作为博士论文的题目。对成功的企业家来说,"证明自己能力"的动机是最重要的,其次是"实现自己的想法"和"获得决策和行动自由"。财务动机,比如实现"收入基于业绩",追求"经济独立"和"更高收入",在22项参与排名的因素中分别排在第6、第9和第11位。③

20世纪80年代末,G.M.奈杜(G.M. Naidu)和纳拉亚

---

① Stanley Cromie, "Motivations of Aspiring Male and Female Entrepreneurs," *Journal of Occupational Behaviour* 8 (1987), p. 257.

② Robert Ronstadt, "The Decision Not to Become an Entrepreneur," in *Frontiers of Entrepreneurship Research*, edited by John A. Hornday, Jeffrey A. Timmins and Karl H. Vesper (Massachusetts: Babson College, 1993), p. 195.

③ Gerhard Plaschka, *Unternehmenserfolg: Eine vergleichende empirische Untersuchung von erfolgreichen und nicht erfolgreichen Unternehmensgründern* (Vienna: Service Fachverlag an der Wirtschaftsuniversität Wien, 1986), S. 118.

那（Chem L. Narayana）采访了83位企业家，他们的公司因业绩出色而获得了小型企业管理奖。创业最常见的两个动机是对独立的渴望（75%）和赚取（更多）钱（52%）的目标。[1]

20世纪90年代初，苏·伯利（Sue Birley）和保罗·维斯赫德（Paul Westhead）就为何要自己创业采访了405名企业主。其中一个主要原因是独立的动机，例如"有相当大的自由来调节自己的工作方式"或者"掌控自己的时间"。紧随其后的是财务动机，比如"给自己、配偶和孩子安全感"或者"渴望高收入"。[2] 然而，这项研究也揭示了一点，即一个人决定自主创业的动机对其是否创业成功并没有任何影响。

在2000年发表的一篇论文中，拉斐尔·阿米特（Raphal Amit）、肯尼斯·R. 麦克里蒙（Kenneth R. MacCrimmon）、查伦·齐尔茨玛（Charlene Zietsma）和约翰·M. 厄施（John M. Oesch）调查了51位增长导向型科技公司的老板，问他们"钱重要吗？"作为对照组，来自同一行业的28名高管也接受了采访。他们的研究结果与金钱是创业最重要的动机这一假设相矛盾。然而，企业家相信，创业致富的机会比他们继续当员工致富的机会要大得多。有趣的是，对照组的管理人员认为情况正好相反。[3]

---

[1] G. M. Naidu and Chem L. Narayana, "Problem-Solving Skills and Growth in Successful Entrepreneurial Firms," in *Frontiers of Entrepreneurship Research*, edited by N. C. Churchill (1990), p. 93.

[2] Sue Birley and Paul Westhead, "A Taxonomy of Business Start-Up Reasons and Their Impact on Firm Growth and Size," *Journal of Business Venturing* 9 (1994), p. 11.

[3] Raphael Amit et al., "Does Money Matter? Wealth Attainments as the Motive for Initiating Growth-Oriented Technology Ventures," *Journal of Business Venturing* 16 (2000), p. 120.

然而，研究创业动机的研究结果却大相径庭。2003年，南希·M.卡特（Nancy M. Carter）、威廉·B.加特纳（William B. Gartner）、凯利·G.谢弗（Kelly G. Shaver）和伊丽莎白·J.盖特伍德（Elizabeth J. Gatewood）报告了针对两组人员的一项动机对比调查，一组是179名男性创业者和205名女性创业者，另一组是89名女性雇员和85名男性雇员。男性和女性企业家的主要动机是追求独立，其次是追求财务成功。[1] 然而，这项研究令人惊讶的结果是，创业者和雇员选择职业的原因并没有显著不同。"在选择职业方面，企业家和非企业家提供的理由类似，包括自我实现、财务成功、创新和独立……总的来说，这些发现有悖于通常认为的，企业家与追求其他职业选择的人有质的区别这一看法。"[2]

通过对几项研究的评估，洛克和鲍姆得出结论，独立可能与创业预测有关。然而，对于企业家后来是否会获得真正的成功，这一动机并没有太大作用。[3]

就关于"自主创业的动机和原因"的研究（1998年），娜塔莉·格拉斯（Nathalie Galais）给出的评论概述了截至1998年的研究情况。她对19篇科学论文（大多是美国的）进行了评估，其中包括各式各样的动机名称，包括：渴望独立（"自己当老板""自由""自我实现""个人发展"）、渴望被

---

[1] Nancy M. Carter et al., "The Career Reasons of Nascent Entrepreneurs," *Journal of Business Venturing* 18 (2003), p. 29.

[2] Nancy M. Carter et al., "The Career Reasons of Nascent Entrepreneurs," *Journal of Business Venturing* 18 (2003), p. 31.

[3] Edwin A. Locke and J. Robert Baum, "Entrepreneurial Motivation," in *The Psychology of Entrepreneurship*, edited by J. Robert Baum, Michael Frese and Robert Baron (New York: Psychology Press Taylor & Francis Group, 2012), p. 108.

认可、渴望获取工作满足感、渴望挣大钱（或者"富裕""改善经济状况"等），以及对以前工作条件的不满。①

格拉斯本人对德国企业家进行了一项调查。对德国西部的企业家来说，独立的动机也很重要（"想自己做决定"）。随后是"工作的吸引力""对以前工作条件的不满"和"渴望挣更多钱。"②

2009年，克里斯蒂娜·斯塔德勒（Christina Stadler）的博士论文研究了中小企业家的动机。③ 根据她的研究结果，最重要的动机是"创业乐趣"。这类"软"因素在过去极少被关注。

无论是美国人还是德国人对这一话题的研究都没有涉及对社会理想答案倾向的讨论。在这两个国家中，理想主义的动机（渴望独立、自我实现等）相比渴望获得最大化收益更能为社会所接受。

九 幼年和青少年时期的主要影响

伊娃·施密特-罗德蒙德发表了一篇关于一项长期研究

---

① Nathalie Galais, "Motive und Beweggründe für die Selbständigkeit und ihre Bedeutung für den Erfolg," in *Erfolgreiche Unternehmensgründer: Psychologische Analysen und praktische Anleitungen für Unternehmer in Ost-und Westdeutschland*, edited by Michael Frese (Göttingen: Verlag für Angewandte Psychologie, 1998), S. 84.

② Nathalie Galais, "Motive und Beweggründe für die Selbständigkeit und ihre Bedeutung für den Erfolg," in *Erfolgreiche Unternehmensgründer: Psychologische Analysen und praktische Anleitungen für Unternehmer in Ost-und Westdeutschland*, edited by Michael Frese (Göttingen: Verlag für Angewandte Psychologie, 1998), S. 85.

③ Christina Stadler, *Freude am Unternehmertum in kleineren und mittleren Unternehmen: Ergebnisse einer Quer-und Längsschnittanalyse* (Wiesbaden: Gabler Verlag, 2009).

结果的论文。这项调查是基于"特曼研究"。特曼研究对加州伯克利的1600人进行了长达60年的观察。出生于1910年前后,智商为130或以上的男孩、女孩们在幼年被选中。1922年进行了首次调查,最后一次调查是在1982年进行的。基于对男孩的采访,结合他们父母的印象,该研究学者将那些表现出企业家个性的男孩与他们的同龄人进行比较。"那些被归类为具有企业家精神的男孩,在责任心和勤奋工作、外向性和开放性方面得分较高,而在宜人性和神经质方面得分则较低。"① 这份资料与上面提到的关于企业家人格形象的研究相对应。研究发现:"一个男孩的创业型人格特征越明显,就越有可能在成年后从事创业活动,或者进入商业企业的高层或监事会。"那些被父母描述为具有企业家个性特征的男孩,后来成为企业家或首席执行官的可能性比那些不同性格特征的人要高出两倍。② 一项针对成年企业家进行的横断面研究要求企业家们回顾他们的幼年和青少年时期,结果发现了同样的相关性。③

而且,研究表明,与幼年或青少年时期相比,那些后来成为企业家的人在青春期更有可能承担领导角色(学生会主席、体育俱乐部或童子军负责人等),并且更有可能创造一些东西

---

① Eva Schmitt-Rodermund, "Wer wird Unternehmer? Persönlichkeit, Erziehungsstil sowie frühe Interessen und Fähigkeiten als Vorläufer für unternehmerische Aktivität im Erwachsenenalter," *Wirtschaftspsychologie* 2 (2005), S. 13.
② Eva Schmitt-Rodermund, "Wer wird Unternehmer? Persönlichkeit, Erziehungsstil sowie frühe Interessen und Fähigkeiten als Vorläufer für unternehmerische Aktivität im Erwachsenenalter," *Wirtschaftspsychologie* 2 (2005), S. 16.
③ Eva Schmitt-Rodermund, "Pathways to Successful Entrepreneurship: Parenting, Personality, Competence, and Interests," *Journal of Vocational Behavior* 65 (2004).

(如新食谱，甚至是自己的建筑和设备)。① 此外，该项研究还发现，那些在以后的生活中继续走创业之路的人，更有可能在早年读过有关经济问题的书，当被问及未来的职业规划时，他们更频繁地表达出独立创业的愿望。②

2012年，马丁·奥布斯康卡（Martin Obschonka）、雷纳K. 希尔贝雷森（Rainer K. Silbereisen）和伊娃·施密特-雷德蒙报道了一项涉及448名参与者的研究，"他们发现，……青春期的创业能力预示着商业创意的产生"。③ 他们要求参与者回忆14岁或15岁时的情形，问他们是否当过课代表，是否在校刊发表过文章，是否组建过乐队，是否在青年组织中担任过领导角色等。研究者还会问他们是否发明过新的技术设备，以及在这个年纪是否对经商有兴趣，比如出售东西给朋友。"正如预期的那样，青春期早期的创业能力直接预示着成年后的创业行为，这凸显了人们在青少年期创业能力对成年后创业的重要影响。"④

这项研究还有另一个重要发现：父母为企业家的孩子，比

---

① Eva Schmitt-Rodermund, "Wer wird Unternehmer? Persönlichkeit, Erziehungsstil sowie frühe Interessen und Fähigkeiten als Vorläufer für unternehmerische Aktivität im Erwachsenenalter," *Wirtschaftspsychologie* 2 (2005), S. 14–15.

② Eva Schmitt-Rodermund, "Wer wird Unternehmer? Persönlichkeit, Erziehungsstil sowie frühe Interessen und Fähigkeiten als Vorläufer für unternehmerische Aktivität im Erwachsenenalter." *Wirtschaftspsychologie* 2 (2005), S. 17.

③ Martin Obschonka, Rainer K. Silbereisen and Eva Schmitt-Rodermund, "Explai-ning Entrepreneurial Behavior: Dispositional Personality Traits, Growth of Personal Entrepreneurial Resources, and Business Idea Generation," *Career Development Quarterly* 60 (2012), p. 178.

④ Martin Obschonka, Rainer K. Silbereisen and Eva Schmitt-Rodermund, "Explaining Entrepreneurial Behavior: Dispositional Personality Traits, Growth of Personal Entrepreneurial Resources, and Business Idea Generation," *Career Development Quarterly* 60 (2012), p. 187.

起同龄人，更有可能和父母一样，成为企业家。研究人员调查了父母的高收入或者父母的创业精神是否更有可能增加孩子今后成为企业家的可能性。这项实证研究明确显示，"比起富有的父母，企业家父母更能提高孩子的创业概率"。[1]

美国的一项进一步研究将102位曾认真考虑过创业（但后来没有这样做）的人和208位创业者进行了比较。结果很有趣："没有创业的人被问及，他们的母亲或父亲是不是企业家，以及是否有其他的企业家榜样。40%的被调查者的父亲是企业家，12%的被调查者的母亲是企业家，并且40%的人有企业家榜样。"相比之下，76%的活跃创业者的父亲是企业家，25%的人的母亲是企业家。美国的其他研究报告显示，大约60%的企业家的儿子会自己选择继续做企业家。[2]

在对一些百万富翁的访谈中，有一点很明显，即青少年竞技体育在创业中扮演着重要角色。在一本2010年瑞士出版的关于百万富翁的专著中，一位受访者说道："在学校，我一直担任领导职务，像班长和校足球队队长。我确信这需要具备某些基本的性格特征。"[3] 其中一名受访者参与竞技体育长达12年，[4]

---

[1] Erick Hurst and Annamaria Lusardi, "Liquidity Constraints and Entrepreneurship: Household Wealth, Parental Wealth, and the Transition In and Out of Entrepreneurship," *Journal of Political Economy* 112, No. 2 (2004), p. 15.

[2] Robert Ronstadt, "The Decision Not to Become an Entrepreneur," in *Frontiers of Entrepreneurship Research*, edited by John A. Hornday, Jeffrey A. Timmins and Karl H. Vesper (Massachusetts: Babson College, 1993), pp. 200-201.

[3] Ueli Mäder, Ganga Jey Aratnam and Sarah Schillinger, *Wie Reiche denken und lenken: Reichtum in der Schweiz-Geschichte, Fakten, Gespräche* (Zürich: Rotpunktverlag, 2010), S. 183.

[4] Ueli Mäder, Ganga Jey Aratnam and Sarah Schillinger, *Wie Reiche denken und lenken: Reichtum in der Schweiz-Geschichte, Fakten, Gespräche* (Zürich: Rotpunktverlag, 2010), S. 203.

另一名受访者之前为瑞士手球国家队打比赛。[1]

本书中，受访者还被问及：青少年时期的他们是否对商业活动感兴趣（比如生产或销售某种东西），或者有没有参加过竞技类的体育活动。这一系列问题是基于以下假设，即这些后来积累大量财富的人，他们在幼年时期就已经表现出了兴趣或技能，使得他们不同于同龄人，这成为他们创业活动和发迹的基础。此外，一项有趣的发现是，他们是否有某些特殊的童年榜样对他们之后的职业道路产生了影响。

对富人传记的分析显示，他们中许多人都是极度叛逆的孩子，经常与权威人物发生冲突，尤其是他们的父母和老师。[2]在史蒂夫·乔布斯[3]、比尔·盖茨[4]、拉里·埃里森（Oracle数据库发明者）[5]、泰德·特纳（Ted Turner，CNN创始人）[6]、沃伦·巴菲特[7]或者投资人阿瓦里德王子[8]的传记中也发现许

---

[1] Ueli Mäder, Ganga Jey Aratnam and Sarah Schillinger, *Wie Reiche denken und lenken: Reichtum in der Schweiz-Geschichte, Fakten, Gespräche* (Zürich: Rotpunktverlag, 2010), S. 207.

[2] Rainer Zitelmann, *Dare to Be Different and Grow Rich* (Mumbai: Indus Source Books, 2012), pp. 105–114.

[3] Jeffrey S. Young and William L. Simon, *iCon Steve Jobs: The Greatest Second Act in the History of Business* (New Jersey: John Wiley & Sons, 2005), pp. 22 et seq., 42.

[4] James Wallace and Jim Erickson, *Hard Drive. Bill Gates and the Making of the Microsoft Empire* (Chichester: Wiley, 1992), pp. 21–22, 38 et seq., 89 et seq.

[5] Mike Wilson, *The Difference between God and Larry Ellison: Inside Oracle Corporation* (New York: Harper Business, 2002), pp. 23–24.

[6] Porter Bibb and Ted Turner, *It Ain't as Easy as It Looks* (Boulder: Atlantik Books, 1993), pp. 18, 29–30.

[7] Alice Schroeder, *The Snowball: Warren Buffett and the Business of Life* (London: Bloomsbury Publishers, 2008), pp. 86–87

[8] Riz Khan, *Alwaleed: Businessman, Billionaire, Prince* (London: Harper Collins, 2006), pp. 22–33.

多类似的童年叛逆的例子。正因如此，采访中一些问题还涉及超级富豪是否曾与权威人物发生过冲突（主要是父母和老师），且超出了典型青少年的冲突范围。

第四章　行为经济学和学习理论引发的问题

行为经济学研究了心理、社会、认知和情感因素对个人和组织做经济决策的影响。

这本书的假说之一是，企业家通常不会按照经典经济学理论的理性假设行事。他们通常不把自己的决策建立在概率计算上，也不倾向于遵循复杂的理论假设，而更喜欢凭直觉行事，主要靠感觉。比起受雇高管，这在很大程度上更适用于企业家，因为企业家们不必为了向他人（委员会、监事会）证明自己的决策而做出同样的努力，他们也不太可能比受雇的高管更有商业管理资格。

经典的经济学理论的假说以"经济人"模型为基础，其特征包括理性、意志力和无限的利己主义。这些简化的假说对于建立经济模型很重要，但只能描述有限的现实。[1] 批评这种方法的人指出，经济主体在现实世界中没有遵循这些原则，这

---

[1] Hanno Beck, *Behavioral Economics: Eine Einführung* (Wiesbaden: Springer Gabler, 2014), S. 6.

第四章　行为经济学和学习理论引发的问题

时他们的批评就会弱化，因为这种方法的支持者从未声明他们是这样做的。

与此相反，行为经济学所采用的研究方法强调，个体的现实生活决策受到非理性、扭曲的认知和系统性错误的困扰。简而言之，研究该领域的学者们认为，经济主体往往无法正确地感知现实，而常常被偏见和情绪所左右。大量实验表明，大多数人往往急于过早地得出结论，他们的结论与一般逻辑与概率准则相悖。①

现有的研究表明，人们受启发法和偏见的支配，认知和行为基于对现实的持续扭曲，因为他们运用的是经验法则，而非逻辑和概率计算。汉诺·贝克（Hanno Beck）说："这种启发法和偏见程序似乎把人看作认知上的失败者——我们要怎么才能解释人们在完成最复杂任务时所表现出来的成功呢？"② 吉仁泽（Gigerenzer）和贝克等此类研究人员提倡一种不同的观点：启发法可以被解释为提供快速的、无意识的解决方案，这些方案并不总会导致错误的发生，但是，在适当的环境中，可以带来积极结果。③

他们的研究表明，启发法，即经验主义者通常以自己的决定为基础的思维捷径和规则，它与分析解决问题的策略（那些充分考虑概率和逻辑的策略）相比，有时是有意义的，不应该被轻视。"在这些启发性技巧的帮助下，尽管有时间限制和信息匮乏，我们还是有可能做出有效的决策，这些结果理所

---

① Hanno Beck, *Behavioral Economics: Eine Einführung* (Wiesbaden: Springer Gabler, 2014), S. 35.
② Hanno Beck, *Behavioral Economics: Eine Einführung* (Wiesbaden: Springer Gabler, 2014), S. 76.
③ Hanno Beck, *Behavioral Economics: Eine Einführung* (Wiesbaden: Springer Gabler, 2014), S. 77.

应当可以与其他更正式的方法相比较。它们之所以快速，是因为不依赖于复杂的计算，并且它们是经济的，因为它们只需要有限的信息，甚至可以获得更好的结果。"[1]

吉仁泽强调了"潜意识智力"的重要性，也就是"知道，但并不思考，在某种情况下可能会起作用"的力量。[2] 他认为，智力必须是有意识的或总要依赖理性的思考过程，这种假设是错误的。吉仁泽假设的核心就是，被经济学理论家经过一系列实验验证的一些显而易见的认知局限，在现实世界中往往证实是很明智的社会判断。[3] 贝克指出，很多人类创造或执行的经济制度和政策并不是逻辑建构主义者思考的产物，实际上是无意识演化过程的结果。"它们并不是精心规划的结果。它们已经逐渐确立了，因为几个世纪的实地实验证实了它们的优越性。"[4]

吉仁泽认为，在不确定的世界里，复杂的决策方法（也就是需要更多信息和更大规模运算的方法）往往会带来更糟糕的决策，也会带来实际的损害，主要是因为它们会对确定性提出不合理的预期。吉仁泽强调，为了在不确定的世界中做出可靠的决策，我们必须忽视某些信息，人们采用经验法则时就是这么做的。这些经验法则或直觉让我们省时又省力，使我们做的

---

[1] Hanno Beck, *Behavioral Economics: Eine Einführung* (Wiesbaden: Springer Gabler, 2014), S. 84.
[2] Gerd Gigerenzer, *Gut Feelings: The Intelligence of the Unconscious* (New York: Virking Penguin, 2007), p. 19.
[3] Gerd Gigerenzer, *Gut Feelings: The Intelligence of the Unconscious* (New York: Virking Penguin, 2007), p. 103.
[4] Hanno Beck, *Behavioral Economics: Eine Einführung* (Wiesbaden: Springer Gabler, 2014), S. 397.

第四章　行为经济学和学习理论引发的问题

决策也更合理。① 基于启发法的决策往往更加优越，因为它们专注在真正相关的有限信息上，同时忽略掉多余的信息。②

经验表明，相对于花更多时间并利用更多的信息，有时候少花点时间、少使用一些信息效果会更好。"'少即是多'的意思是，有些信息、时间或替代品越精简越好的。"③ 举个例子：托马斯·阿斯特布罗（Thomas Astebro）和萨米尔·埃莱赫利（Samir Elhedhli）认为，风险资本家在预测早期风险投资成功与否时，更多的信息并不一定会带来更大的确定性。事实恰恰相反。"提供给风险投资企业的风险投资信息越多，他们预测结果的可能性就越低……其结果应支持这样一种观点，简单但不是极其简单的决策规则可能执行得更好，尤其是因为这种测试是在大量非实验性决策的基础上执行的。"④

第一节　直觉决策和直觉的作用

吉仁泽强调了直觉的价值。根据吉仁泽的观点，直觉是一种判断，"1. 它会突然出现在我们的脑海中；2. 我们不知道它出现的原因；3. 它强大到足以使人采取行动。"⑤

---

① Gerd Gigerenzer, *Risk Savvy: How to Make Good Decisions* (New York: Virking Penguin, 2014), p. 40.
② Gerd Gigerenzer, *Risk Savvy: How to Make Good Decisions* (New York: Virking Penguin, 2014), p. 31.
③ Gerd Gigerenzer, *Gut Feelings: The Intelligence of the Unconscious* (New York: Virking Penguin, 2007), p. 37.
④ Thomas Astebro and Samir Elhedhli, "The Effectiveness of Simple Decision Heuristics: Forecasting Commercial Success for Early-Stage Ventures," *Management Science* 52, No. 3 (2006), p. 407.
⑤ Gerd Gigerenzer, *Risk Savvy: How to Make Good Decisions* (New York: Virking Penguin, 2014), p. 30.

他把这一点描述成一种潜意识智力的形式。"我们大脑中的大部分都处于潜意识状态,如果没有储存在大脑中的丰富经验,我们就注定会失败。通过精密计算和推理我们可以做风险确定的工作,但面对不确定性,直觉是必不可少的。"①

一项针对83位诺贝尔科学和医学奖获得者的研究表明,其中有72人着重强调了直觉在他们成功中的重要性。② 某些情况下,直觉会突然浮出水面,不过有时也需要一定的酝酿期。诺贝尔医学奖获得者康拉德·洛伦兹（Konrad Lorenz）做出如下类比:"如果你压力过大……就什么都想不出来。你给自己一种难以琢磨的压力,然后放松下来,突然间'砰'!……办法就想出来了。"③ 研究该论题的学者证实:"不再全神贯注解决问题,就可以给被忽略掉的误导性假设腾出时间,把已经框架化的问题变模糊,去消解它,从而开辟新的研究途径。"④

多年来,大量的研究就直觉对企业家和员工在管理岗位上起的作用进行了调查。在一项针对在大型国际技术服务提供商就职的32位高管的调查中,所有受访者都承认自己曾经依靠直觉做过决定。但是,他们中没有一个人承认他们总是相信直觉。多数接受调查的高管称,他们在约50%的情况下会相信

---

① Gerd Gigerenzer, *Risk Savvy: How to Make Good Decisions* (New York: Virking Penguin, 2014), p. 30.
② Guy Claxton, "Knowing Without Knowing Why," *The Psychologist* (May 1998), p. 219.
③ Guy Claxton, "Knowing Without Knowing Why," *The Psychologist* (May 1998), p. 219.
④ Guy Claxton, "Knowing Without Knowing Why," *The Psychologist* (May 1998), p. 219.

第四章 行为经济学和学习理论引发的问题

凭直觉所做的决策。① 在一项针对某家大型国际汽车制造企业就职的 50 位高管的调查中，76% 的受访者承认，他们绝对相信直觉性决策。② 韦斯顿·H. 艾格（Weston H. Agor）报告称，他对 2000 名高管进行了测试，其结果很明显："无一例外，每个接受测试的组织中，高层管理人员与中低层管理人员在利用直觉的能力上有着显著差异。"③

根据吉仁泽的说法，他的研究表明，管理人员对直觉的信任程度越高，他们在公司的级别就越高。不过，多数人提到，如果必须向另外一个人证明自己的决策，他们就会向别人隐瞒自己的直觉并对其决策进行合理的解释。④ 然而，在家族企业中，人们承认直觉并不是禁忌："他们不太担心直觉的问题。如果出错了，员工也不太可能遭到当场解雇。"⑤ 许多高管都不会支持这些依靠直觉做出的决策，因为这些决策需要理性的论证。另外，一个组织是不会让一个人凭借他无法解释的直觉来捍卫决策的。⑥

奥尔登·M. 林（Alden M. Hayashi）引用了一家大型美国公司首席执行官的话，来证实管理人员在公司体制中的级别越高，则直觉所发挥的作用越重要。"大多数情况下，员工会通

---

① Gerd Gigerenzer, *Risk Savvy: How to Make Good Decisions* (New York: Viking Penguin, 2014), pp. 108-110.
② Gerd Gigerenzer, *Risk Savvy: How to Make Good Decisions* (New York: Viking Penguin, 2014), p. 110.
③ Weston H. Agor, "Using Intuition to Manage Organizations in the Future," *Business Horizons* (July/August 1984), p. 51.
④ Gerd Gigerenzer, *Risk Savvy: How to Make Good Decisions* (New York: Virking Penguin, 2014), p. 112.
⑤ Gerd Gigerenzer, *Risk Savvy: How to Make Good Decisions* (New York: Virking Penguin, 2014), p. 114.
⑥ Gerd Gigerenzer, *Risk Savvy: How to Make Good Decisions* (New York: Virking Penguin, 2014), pp. 108-109.

过中级管理层完成卓越的工作，中级管理者所做决策数量非常之多。但是当他们成为企业高层管理者时，需要处理的问题更复杂和不确定。我们发现，他们的判断或直觉却无法发挥实际作用。如果是这样，就出问题了，而且是很大的问题。"[1]

　　启发式和直觉性决策的重要性远远超越了个人的重要性。如吉仁泽所说，它们对整个公司的运转起重要作用。领导层有自己的"经验法则，这种法则往往无意识地起作用，帮助他们迅速做出决策"。即使在工作场合中没有有意识地执行这些经验法则，多数员工也会无意识地遵循它们。这些法则非常有效，甚至在相关主管离职后仍然会长时间起作用。[2] 某些情况下，这类经验法则甚至可以渗透到整个企业文化中。

　　蒂莫西·D.威尔逊（Timothy D. Wilson）和乔纳森·W.斯哥勒（Jonathan W. Schooler）表示，"内省"并不是做更好决策的必要条件。他们对比了两组人：一组是在不思考原因的情况下无意识地做决策。相反，另一组必须要周详地思考，并证明自己为什么做出这个决策。从结果来看，迅速、无意识决策的过程比有时间思考原因的过程更佳。[3] 当然，这一结论并不一定适用于所有的决策过程。确实有许多决策是经过长时间深思熟虑和分析才获得更佳结果的。不过有意思的是，这一点并不具有普遍性，而且如两位作者所说，有些决策同样证实了相反的结论。

---

[1] Alden M. Hayashi, "When to Trust Your Gut," *Havard Business Review* (February 2001), p. 7.

[2] Gerd Gigerenzer, *Gut Feelings: The Intelligence of the Unconscious* (New York: Virking Penguin, 2007), p. 76.

[3] Timothy D. Wilson and Jonathan W. Schooler, "Thinking Too Much: Introspection Can Reduce the Quality of Preferences and Decisions," *Journal of Personality and Social Psychology* 60, No. 2 (1991), p. 181 et seq.

第四章 行为经济学和学习理论引发的问题

弗兰克·拉·皮拉（Frank La Pira）在其一项研究中与多名"连续创业者"进行了 16 个深入访问和心理测试。该项目着重研究创立过多家企业的人士，包括成立了 3~17 家企业的人。① 研究人员对连续创业者进行了详细的提问，因为他们表示创业之所以成功，最不可能的原因便是意外的惊喜或是外部降临的好运。每个人都接受了一项测试，该测试可以衡量一个人在做出决策时是倾向于根据分析还是依靠直觉。"该测试结果表明，该项研究所选择的连续创业者都对依靠直觉做决策有着明显的倾向。连续创业者的平均得分大大低于管理人员，也低于一般企业家。"②

风险规避、注重细节、高度重视规程和规则被视为理性决策的特征。相反，情绪化的决策、热情、轻率的决策、行动导向、承担风险的自发性和自愿性都被视为依靠直觉做决策的特征。③ 尤其显而易见的是，企业家们认为，他们会注重大局而不是小节。企业家们称，他们会相信自己的直觉，并会更加频繁地做出情绪化决策。此外，他们更愿意承担风险，并且更加注重行动。④ 不过，这并不意味着他们放弃了逻辑性和分析性

---

① Frank La Pira, "Entrepreneurial Intuition, an Empirical Approach," *Journal of Management and Marketing Research*, accessed 5 August 2016, http://www.aabri.com/manuscripts/10554.pdf5.
② FrankLa Pira, "Entrepreneurial Intuition, an Empirical Approach," *Journal of Management and Marketing Research*, accessed 5 August 2016, http://www.aabri.com/manuscripts/10554.pdf12.
③ FrankLa Pira, "Entrepreneurial Intuition, an Empirical Approach," *Journal of Management and Marketing Research*, accessed 5 August 2016, http://www.aabri.com/manuscripts/10554.pdf18.
④ FrankLa Pira, "Entrepreneurial Intuition, an Empirical Approach," *Journal of Management and Marketing Research*, accessed 5 August 2016, http://www.aabri.com/manuscripts/10554.pdf12.

的思考，二者并不相悖。

克里斯托福·W. 艾林森（Christopher W. Allinson）、伊丽莎白·切尔（Elizabeth Chell）和约翰·海斯（John Hayes）访问了苏格兰156位取得过卓越成就的企业家和英国546名管理者。这些人接受了CSI测试。"该项研究结果支持了这样一种假设，即与一般人群和中层管理者相比，（就职于高成长型公司的）企业家更具有直觉性，但就认知方式来看，他们与高级管理人员相似。"[1]

当直觉性决策能够为公司带来效益时，纳瑞什·卡特里（Naresh Khatri）和H·阿尔文·乌（H. Alvin Ng）尝试过精准地定位更加详细的情况。他们的假设是，和稳定、确定的情况相比，直觉性决策更有可能在不确定和不稳定的情况下获得效益。他们采访了281名管理者，这些人分别从事计算机行业（外部环境不稳定）、银行业（接受采访时，银行业的环境非常稳定）和公共事业（外部环境稳定）。首先，有一点很有意思，来自三个行业的受访者都承认直觉性决策发挥了重要作用。从1到7分级的话（7代表强烈同意），来自公共事业企业的受访者的报告为4.18级，来自银行业的受访者的报告是4.3级，来自计算机行业的受访者的报告评级最高，为5.5级。[2] 研究显示，直觉性决策对公司在不稳定领域的业绩有着积极影响，而在稳定的环境中，这种影响就则很小或微不足道。[3]

---

[1] Christopher W. Allinson, Elizabeth Chell and John Hayes, "Intuition and Entrepreneurial Behaviour," *European Journal of Work and Organizational Psychology* 9, No. 1 (2009), p. 41.

[2] Naresh Khatri and H. Alvin Ng, "The Role of Intuition in Strategic Decision Making," *Human Relations* 53, No. 1 (2000), p. 73.

[3] Naresh Khatri and H. Alvin Ng, "The Role of Intuition in Strategic Decision Making," *Human Relations* 53, No. 1 (2000), p. 75 et seq.

第四章　行为经济学和学习理论引发的问题

关于直觉是如何起作用的以及为什么经证实直觉性决策往往比分析性决策更佳，学者们提出了不同的观点。吉仁泽的方法强调了假设的重要性，前面已经陈述过了。不过，还存在其他研究方法。"另外，调查表明，直觉可能涉及更复杂地利用认知结果，但仍然不是有意识地获取。"[①] 这些研究人员广泛地讨论了专业知结构以及这些结构是如何在各个领域影响直觉性决策的结果的。[②] 直觉性决策的优越性并不是启发法的结果，而是一个十分漫长、隐晦的学习过程所产生的结果，人们是意识不到这个过程的。在某一瞬间，某种洞见似乎突然出现，由模式识别激发出来，而这种洞见是多年的经验积累的结果。这就是象棋棋手能够通过直觉来识别和预估复杂情况的方法——通过自己多年来的经验积累，识别其多次遇到的模式。

对于本书中的采访来说，关于决策行为的一系列问题十分重要。个人在做出决策时，到底受到"直觉"多大影响，哪些决策是利用分析性策略做出的，哪些是通过直觉做出的？他们后来是否后悔过当初没有相信或遵循自己的直觉呢？

第二节　乐观与过度乐观

行为经济学同样为本书提供了对另一个重要问题的洞见，即乐观与过度乐观作为企业家和投资人成功或失败的影响因素所起到的作用。我们可以把过度乐观定义为：个人过高估计自

---

① Erik Dane and Michael G. Pratt, "Exploring Intuition and Its Role in Managerial Decision Making," *Academy of Management Review* 32, No.1 (2007), p.37.

② Erik Dane and Michael G. Pratt, "Exploring Intuition and Its Role in Managerial Decision Making," *Academy of Management Review* 32, No.1 (2007), p.41.

己某些特征或能力的倾向。个人频繁地高估自己在特定事件中的贡献，并认为与其他人相比，好事会更多地发生在自己身上，而坏事则很少。[1] 丹尼尔·卡尼曼（Daniel Kahneman）说道："就决策的结果而言，乐观偏差很可能是最重要的认知偏差。"[2] 乐观与过度乐观的影响是矛盾的，比如，它往往是有帮助的，但有时也是有害的。

早在20世纪80年代末，阿诺德·C. 库珀（Arnold C. Cooper）、卡罗林·Y. 吴（Carolyn Y. Woo）和威廉·C. 丁克尔贝里（William C. Dunkelberg）基于一项针对2994名已经开始创业的企业家的调查，指出过度乐观可能会如何发展。虽然这时美国创立的2/3的企业都在4年内面临经营不善的问题，[3] 但81%的受访者认为，自己个人的成功率在70%以上，33%的受访者表示自己的失败率为0。[4] "那些已经承诺要当大老板的企业家们表现出了极大的乐观态度。多数人认为自己的成功率非常高，要远远高于历史经验所证实的新公司的成功率。"[5] 企业家们曾被问及他们是如何评估其他同类公司的成功率。评估结果显示，企业家们对其他公司的成功率的评估结

---

[1] Hanno Beck, *Behavioral Economics：Eine Einführung* (Wiesbaden：Springer Gabler, 2014), S. 58.

[2] Daniel Kahneman, *Thinking, Fast and Slow* (New York：Farrar, Strauss and Giroux, 2011), p. 255.（丹尼尔·卡尼曼：《思考，快与慢》，中信出版社，2012年。）

[3] Arnold C. Cooper, Carolyn Y. Woo and William C. Dunkelberg, "Entrepreneurs' Perceived Chances for Success," *Journal of Business Venturing* 3 (1988), p. 99.

[4] Arnold C. Cooper, Carolyn Y. Woo and William C. Dunkelberg, "Entrepreneurs' Perceived Chances for Success," *Journal of Business Venturing* 3 (1988), p. 103.

[5] Arnold C. Cooper, Carolyn Y. Woo and William C. Dunkelberg, "Entrepreneurs' Perceived Chances for Success," *Journal of Business Venturing* 3 (1988), p. 106.

第四章　行为经济学和学习理论引发的问题

果虽然没有对自己公司的乐观,但也太乐观了。"企业家认为,他们公司的成功前景要远远高于同类公司的。"[1]

研究人员还研究了公司创始人展现出来的所有具体特征或能力是否与乐观程度成正比,而这些特征或能力实际上会影响他们成功的前景。经证实,二者并不存在这样的联系。无论这种乐观主义在企业家们看来是否合理,他们都会同样乐观。"前人研究过可能与成功有关联的因素,而企业家们对自己成功机遇的认知似乎并不与这些因素系统地相关。"[2]

根据大量的实证研究,托马斯·阿斯特伯(Thomas Astebro)、霍尔格·赫兹(Holger Herz)、拉玛纳·纳达(Ramana Nanda)以及罗伯特·A.韦伯(Roberto A. Weber)于2014年指出,美国企业家收入的中位数要低于员工收入的中位数。只有极少数企业家获得极高的收入,这也使群体统计的平均值上升到收入中位数以上。然而,企业家群体的收入中位数低于员工,于是大约50%的创业者不得不在6年内放弃创业,而只有10%的创业者的年收入超过了100万美元。[3] 作者的观点不仅仅是说,绝大多数企业家都失败了,而是很多企业家长期都只取得了很少的收入,而且这份收入还是花了很高代价才得到的。他们把自己在公司中的非流动性资产捆绑起来,

---

[1] Arnold C. Cooper, Carolyn Y. Woo and William C. Dunkelberg, "Entrepreneurs' Perceived Chances for Success," *Journal of Business Venturing* 3 (1988), p. 106.

[2] Arnold C. Cooper, Carolyn Y. Woo and William C. Dunkelberg, "Entrepreneurs' Perceived Chances for Success," *Journal of Business Venturing* 3 (1988), p. 106.

[3] Thomas Astebro et al., "Seeking the Roots of Entrepreneurship: Insights from Behavioral Economics," *Journal of Economic Perspectives* 28, No. 3 (2014), p. 51.

这些公司的回报率也不会高于高度多元化股权基金的回报率。[1] 从原则上讲，笔者认为，这种现象只能有三种解释：1. 有一部分人十分愿意承担风险，因此成为企业家。2. 由于过分乐观，所以错误地估计了风险等级。3. 企业家们的非财务性优势（自我决策、自主掌控时间）成为他们无法抗拒的创业动机。[2]

作者得出这样的结论，所有三个解释似乎都是合理的，不过，即使客观上看风险和回报率十分不乐观，还有人愿意成为企业家，这个谜题仍未解开。

卡尼曼支持过度乐观这一解释。他认为，在听到负面新闻或消极预估时，尤其是跟自己公司有关的时候，企业家们并不会感到不安。在一项实验中，创业者就其想法的成功可能性听取了客观的专业分析结果。在案例进行过程中，即使是成功机会最低的那些人也没有放弃。后来，411个项目中，只有5个真正获得了成功。47%的创业者被告知他们的计划是难以实施的，但他们并没有认输，而是继续创业，最终导致损失翻倍。[3]

卡尼曼人认为，不低估认知偏差的作用是十分重要的。举例来说，公司创始人往往忽视其市场竞争对手。丹·A. 摩尔（Don A. Moore）、约翰·M. 欧驰（John M. Oesch）和沙琳·

---

[1] Thomas Astebro et al., "Seeking the Roots of Entrepreneurship: Insights from Behavioral Economics," *Journal of Economic Perspectives* 28, No. 3 (2014), p. 54.

[2] Thomas Astebro et al., "Seeking the Roots of Entrepreneurship: Insights from Behavioral Economics," *Journal of Economic Perspectives* 28, No. 3 (2014), p. 54.

[3] Daniel Kahneman, *Thinking, Fast and Slow* (New York: Farrar, Strauss and Giroux, 2011), p. 257.

第四章　行为经济学和学习理论引发的问题

杰斯玛（Charlene Zietsma）于 2017 年这样解释道："我们把注意力放在自己想做什么和能做什么上，而忽略了其他人的计划和技能。"① 他们采访了 34 位高科技公司的创始人和 20 位仔细考虑过开办公司的员工。值得一提的是，无论他们所选择的市场中是否存在强劲的竞争对手，在过度乐观的状态下，这些创始人忽略了所有外部因素（有意思的是，那些有过创业想法的员工也如此）。他们只关心自己的能力以及对自己的项目产生直接影响的因素。该研究表明，外界因素在是否成立公司方面起到的作用微乎其微。"在提及的因素中，只有 12% 的人强调了外部环境（13% 的人强调了创始人，9% 的人强调了非创始人），其中，只有 10% 的人或 5% 的人涉及竞争。"②

如果没有强大的乐观精神，多数企业家可能永远不会成为自主创业者。马修·L. A. 海沃德（Mathew L. A. Hayward）、迪恩·A. 谢普（Dean A. Shepherd）和戴尔·格里芬（Dale Griffin）认为，尽管失败率这么高，人们还是要成立公司，创始人的过度乐观是关键原因。一方面，"过度自信是我们工作的中心思想，是过度冒险所带来的经济繁荣的持久动力，也是这种繁荣的制动。"③ 另一方面，过度的乐观往往是破坏性的，特别是在困难的情况下，例如，当一个客观的观察者早已认识到当下情况是多么的无望时，企业家或投资者还继续向自己的公司注资。

2007 年，曼居·普里（Manju Puri）和大卫·罗宾森

---

① Daniel Kahneman, *Thinking, Fast and Slow* (New York: Farrar, Strauss and Giroux, 2011), p. 259.
② Arnold C. Cooper, Carolyn Y. Woo and William C. Dunkelberg, "Entrepreneurs' Perceived Chances for Success," *Journal of Business Venturing* 3 (1988), p. 444.
③ Mathew L. A. Hayward, Dean A. Shepherd and Dale Griffin, "A Hubris Theory of Entrepreneurship," *Management Science* 52, No. 2 (2006), p. 169.

（David Robinson）就乐观主义如何对经济性决策产生影响进行了研究。他们发现，"适度的乐观主义与理性明智的经济性决策相关，而极端乐观主义则与看似不合理的决策相关。"① 两位研究人员对采访进行了大量的随机性抽样，以研究个体到底有多乐观，以及适度乐观主义者和极端乐观主义者的经济和金融决策过程有何不同。"适度乐观主义者的理财习惯较为谨慎：他们更可能按时支付信用卡余额，有长期的规划远景，并称，他们储蓄，因为储蓄是良好的习惯。然而，极端乐观主义者没有长远的规划，不太可能认为储蓄是一件好事。适度乐观主义者储蓄的更多，极端乐观主义者的储蓄更少。"② "还有一些其他的显著差异。比如说，与极端乐观主义者相比，适度乐观主义者的工作时间要长得多。作者总结道："乐观主义既有好的一面，也有坏的一面，这一观念在心理学文献中横跨了两种截然相反的观点。我们的研究结果表明，对于那些与极端偏差相关的消极特征来说，很多与行为偏差相关的特征只可能是显著的，而适度的行为偏差，无论是过度自信，还是自我归因偏差，或是乐观主义，都可能与看似合理的决策行为相关。"③

2009年，基思·M. 米莱斯基（Keith M. Hmieleski）和罗伯特·A. 巴伦（Robert A. Baron）根据207位创始人的采访发表了一项研究。他们的研究填补了现有研究的空白，因为在当时，关于公司创始人的乐观主义与公司最终成功之间相关性的研究并不多见。该项研究的第一个结论就是，作为一个群体，

---

① Manju Puri and David T. Robinson, "Optimism and Economic Choice," *Journal of Financial Economics* 86 (2007), p.72.
② Manju Puri and David T. Robinson, "Optimism and Economic Choice," *Journal of Financial Economics* 86 (2007), pp.73-74.
③ Manju Puri and David T. Robinson, "Optimism and Economic Choice," *Journal of Financial Economics* 86 (2007), p.97.

第四章　行为经济学和学习理论引发的问题

企业家们是十分乐观的。与普通人群相比，他们要乐观得多。[1] 虽然乐观主义似乎是创业的基本先决条件，但米莱斯基和巴伦的调查同样表明，乐观程度与企业家的成功性呈负相关关系。作者一方面衡量了企业家乐观主义的程度，另一方面，也衡量了公司取得成功（利润增长和员工人数的增长）的指标。由于与普通人群相比，所有受访企业家的乐观程度都很高，因此作者猜想，乐观主义和公司成功之间存在着非线性关系。"乐观主义与新创企业之间的关系可能比较积极，可以达到适度的乐观主义水平，但超过了这一点就可能会转为消极。"[2]

贝克强调，不应该总是消极地看待过度乐观。他指出，毕竟过度乐观提升了企业家精神，也使积极的企业家能够说服他人接受自己的理念，比如投资者和股东。"有可能正是这种过度自信和过度乐观使人们完成了伟大的事业，不过，也正因为如此，有些人惨遭失败。如果100个过度乐观的人中，只有5人获得成功突破，那么相对于其他95位失败的过度乐观主义者的损失来说，这个策略在进化意义上就具有了先进的人性。"[3]

即使这么做对整个社会都有所助益，在个人层面仍然存在问题，即一个人至少要在一定程度上保护自己，不受过度乐观的伤害。有避免过度乐观的方法吗？卡尼曼对此持怀疑态度。

---

[1] Keith M. Hmieleski and Robert A. Baron, "Entrepreneurs' Optimism and New Venture Performance: A Social Cognitive Perspective," *Academy of Management Journal* 52, No. 3 (2009), p. 482.

[2] Keith M. Hmieleski and Robert A. Baron, "Entrepreneurs' Optimism and New Venture Performance: A Social Cognitive Perspective," *Academy of Management Journal* 52, No. 3 (2009), p. 482.

[3] Hanno Beck, *Behavioral Economics: Eine Einführung* (Wiesbaden: Springer Gabler, 2014), S. 68.

在卡尼曼看来，其主要障碍就是信念的主观程度是由已经构建的叙述的连贯性决定的，而不是由支持该信念的客观信息的质量或数量决定的。[1]

不过，也存在一些能够正确运用过度乐观主义的方法。在启动一个项目之前，盖瑞·克莱恩（Garry Klein）提议做一项练习，找一组对这个项目十分熟悉的人，把他们聚在一起开会，向他们提供以下简要信息："想象一下，我们现在是在一年以后。我们实施了现在这个计划，结果十分失败。请用5~10分钟把这次失败的过程简单写下来。"[2] 这种预防式方法的主要优点就是，它允许怀疑，并鼓励决策倡导人探索可能尚未考虑的危险。[3]

本书第二部分的采访提出了更深入的问题：受访者到底有多乐观？特别是，他们到底是如何界定乐观主义的？他们是否把过度乐观的风险也考虑进去了？如果是的话，他们要如何减轻过度乐观的消极后果？过度乐观的指标之一可能与超级富豪对于把大部分个人资产投资到自己公司的风险评估有关。客观来讲，这是有风险的，主要是因为低水平的多元化资产配置，不过，他们在主观上考虑过这些风险吗？

第三节　风险认知与风险评估

根据定义，过度乐观往往会导致错误的风险评估。"当乐

---

[1] Daniel Kahneman, *Thinking, Fast and Slow* (New York: Farrar, Strauss and Giroux, 2011), p. 264.
[2] Daniel Kahneman, *Thinking, Fast and Slow* (New York: Farrar, Strauss and Giroux, 2011), p. 264.
[3] Daniel Kahneman, *Thinking, Fast and Slow* (New York: Farrar, Strauss and Giroux, 2011), p. 264.

第四章　行为经济学和学习理论引发的问题

观主义情绪、认知和社会因素等共同起作用时，人们就会出现过度乐观主义情绪，有时人们会冒险行事。如果他们了解这些风险的可能性，就不会冒险行事了。没有证据表明，经济领域的风险者对于高风险赌注存在异乎寻常的热情。与胆小的人相比，他们只是不太注意风险而已。"①

洛厄尔·W. 布森尼兹（Lowell W. Busenitz）调查了大型企业的 176 名企业家和 95 位管理者。他得出了这样的结论："企业家更愿意利用偏好和启发式的方法，这就可能导致他们在特定的决策情况下对风险不敏感。"② 在布森尼兹的研究中，他试图解释为什么即使自己的风险偏好并不比其他人高，有些企业家还是愿意承担高风险。③ "通过自己的偏好和启发式方法来做决定，企业家们在选择商机时可能并不会感受到太大的风险……因此，将大型公司中的企业家和管理人员区分开的并不是不同的风险偏好，而是他们感受和思考风险的方式不同。"④ 当被问及在做决策时是根据经证实的统计学方法还是根据经验法则时，企业家们更倾向于运用经验法则，而他们做决策的频率要远大于管理人员。该研究还显示，和管理层人员相比，企业家也更过度乐观。

---

① Daniel Kahneman, *Thinking, Fast and Slow* (New York: Farrar, Strauss and Giroux, 2011), p. 263.
② Lowell W. Busenitz, "Entrepreneurial Risk and Strategic Decision Making: It's a Matter of Perspective," *Journal of Applied Behavioral Science* 35, No. 3 (1999), p. 325.
③ Lowell W. Busenitz, "Entrepreneurial Risk and Strategic Decision Making: It's a Matter of Perspective," *Journal of Applied Behavioral Science* 35, No. 3 (1999), p. 326.
④ Lowell W. Busenitz, "Entrepreneurial Risk and Strategic Decision Making: It's a Matter of Perspective," *Journal of Applied Behavioral Science* 35, No. 3 (1999), p. 327.

第四节　不墨守成规

　　吉仁泽强调了模仿在人类行为中的重要性。鉴于时间和信息的局限性，任何人都不太可能独自做出所有决策。在多数情况下，最明智的方法就是直接模仿其他人的行为。模仿是将大量文化知识一代代成功传承的重要过程之一。[1] 不过，有必要将两种不同的模仿区分开来——"做多数同行都做的事情，做成功人士做的事情"。[2]

　　模仿多数人可以满足一个人想被社会接纳的本能，并创造一种"舒适的从众性"，[3] 不过，如果每个人都把自己限制在模仿他人上，那就不会发生任何改变。[4] 如果社会变革的步伐十分缓慢，对传统行为的模仿就会取得成功；如果社会变化得太快，模仿就会有危险。[5] 吉仁泽认为，无知也可以成为成功的因素，比如在人们根本没注意到管理社会的某些特定法律时。[6] 顺便提一句，这也解释了为什么同那些在某一特定行业和领域积累了丰富经验的人相比，很多半路出家的人和事业改

---

[1] Gerd Gigerenzer, *Gut Feelings: The Intelligence of the Unconscious* (New York: Virking Penguin, 2007), pp. 216-218.

[2] Gerd Gigerenzer, *Gut Feelings: The Intelligence of the Unconscious* (New York: Virking Penguin, 2007), p. 217.

[3] Gerd Gigerenzer, *Gut Feelings: The Intelligence of the Unconscious* (New York: Virking Penguin, 2007), p. 218.

[4] Gerd Gigerenzer, *Gut Feelings: The Intelligence of the Unconscious* (New York: Virking Penguin, 2007), p. 219.

[5] Gerd Gigerenzer, *Gut Feelings: The Intelligence of the Unconscious* (New York: Virking Penguin, 2007), p. 219.

[6] Gerd Gigerenzer, *Gut Feelings: The Intelligence of the Unconscious* (New York: Virking Penguin, 2007), p. 221.

第四章　行为经济学和学习理论引发的问题

革者更容易取得成功。

正如安东尼奥·E·伯纳德（Antonio E. Bernardo）和伊沃·韦尔奇（Ivo Welch）于2001年论证的观点所述，大量研究都把过度乐观视为企业家身上尤其显著的特质，与不墨守成规密切相关。"我们的主要论点是，过度自信的企业家、有独立精神的人、改革者、领导者、变革者，甚至持异议者都不太可能模仿同行，而是更愿意探索适合自己的环境。因此，创业活动可以为他们的社会群体提供有价值的附加信息。"[1] 虽然作为独立思考和特立独行的产物，过度乐观往往对企业家产生负面影响，不过作者认为，它对社会整体来说是有所助益的。"在过度自信的状态下，企业家个人会遵循自己的信息，减少吸收来自群体的信息，实际上，他们的行为是在向群体中的其他人传播自己的信息。不知不觉中，过度自信的企业家会做出利他行为，做出对自己有害的不理性选择，但这对群体中的其他人是有帮助的。"[2]

有些研究人员把企业家视为"异类"。芭芭拉·J. 伯德（Barbara J. Bird）在她的《企业家行为》（*Entrepreneurial Behavior*）一书中表达过这样的观点，"企业家往往是组织中的'异类'，不能或不愿意受其他人或体系的监督、管理或控制。企业家并不是为其他人工作，而是选择为他们自己工作。企业家（尤其是创始人）并没有作为一名员工融入现存的组

---

[1] Antonio E. Bernardo and Ivo Welch, "On the Evolution of Overconfidence and Entrepreneurs," *Journal of Economics & Management Strategy* 10, No. 3 (2001), p. 302.

[2] Antonio E. Bernardo and Ivo Welch, "On the Evolution of Overconfidence and Entrepreneurs," *Journal of Economics & Management Strategy* 10, No. 3 (2001), p. 302.

织中去，而是以自我为中心建立一个组织。"①

个人选择成为企业家的原因之一就是作为一名员工，他们对自己以往的角色感到不满。② 一些研究人员甚至认为，个人成为企业家是因为他们在某种程度上"在社会中找不到自己的位置"，例如，他们是移民、失业人员或是某种程度上"在心理上找不到自己位置"的员工。③ "反抗"就是很多后来成为企业家的人所表现出的态度。"从社会层面上讲，这种反抗对抗了权威，并把自己隔离起来。他将自己看作异类，或被其他人视为异类、不能接受命令的人和更愿意独自完成工作的人。"④

乔治·G.布伦克特（George G. Brenkert）指出，学术性研究再三把企业家的特征描述成"打破规矩的人"。他提供了相关文献的详细引文：⑤

- "规则就是用来打破的……我觉得要成为企业家，你肯定会这么想。如果遵循了规则，你不大可能成为企业家。因为在你起步之前，规则就把你打败了。"
- "企业家是要冒风险的，还要打破规则，打破可接受的边界并和现状对抗。"

---

① Barbara J. Bird, *Entrepreneurial Behavior* (Glenview: Scott, Foresman and Company, 1989), p. 172.
② Barbara J. Bird, *Entrepreneurial Behavior* (Glenview: Publisher, 1989), p. 61.
③ Barbara J. Bird, *Entrepreneurial Behavior* (Glenview: Publisher, 1989), pp. 154-155.
④ Barbara J. Bird, *Entrepreneurial Behavior* (Glenview: Publisher, 1989), p. 123.
⑤ George G. Brenkert, "Innovation, Rule Breaking and the Ethics of Entrepreneurship," *Journal of Business Venturing* (2008), doi: 10.1016/j.jbusvent. 2008.04.004, p. 4.

第四章 行为经济学和学习理论引发的问题

- "企业家精神的重要原则之一就是打破固有模式,并且没有明确和固定的规则。"
- "企业家是不一样的。他们不仅想改变规则,而且享受其中。他们不仅愿意改变规则,还享受着改变的过程。实际上,我听过的很多创业成功的故事都包括这样一个小片段:一个富有冒险精神的企业家用令人惊讶的手段促成一个重要的交易或找到可以让灵感迸发的环境。"

1999 年,杰夫·威廉姆斯(Geoff Williams)用成功公司的创始人举例,解释如何通过打破成型的规则来获得回报。他提出了五条规则,然后举了几个打破这些规则的成功企业家的例子。这五条规则是:"听取专家意见;拟订一个经营计划;充分资本化;在熟悉的领域创业;不要在竞争激烈的市场做生意。"[1]

事实上,关于企业家反其道而行之以及与主流观点背道而驰的做法,早在 2014 年伊丽莎白·庞蒂克斯(Elizabeth Pontikes)和威廉·P. 巴内特(William P. Barnett)就有所说明。他们主要研究的是公司进入特定市场的时机。他们把在相对有利条件下(例如,其他组织成功地首次公开募股之后,或在大量风险投资期间)进入市场的企业或在更艰难的条件下(例如,在负面事件之后,如某个行业市场参与者破产)进入市场的企业区分开来。他们发现,与那些受到积极市场事件鼓舞而进入市场的企业相比,在负面事件发生后进入目标市场的企业能够取得更长时间的成功。

虽然似乎也存在逻辑上的论据论证这一假设,但作者提供

---

[1] Geoff Williams, "No Rules," *Entrepreneur* (1999), accessed 27 October 2017, https://www.entrepreneur.com/article/18298.

的经验数据证实了他们的假设。"大家就显著事件意义的共识为符合主流观点的人们扫清了道路。对绝佳融资机会的积极'炒作'可能会妨碍人们批判性地质疑该市场是否适合组织。相反,当近期失败作为市场深层次问题的表现成为共识时,一个新兴的企业家往往应该为自己不墨守成规的做法辩护。勇于执行这一过程的初创企业特别容易成功。"①

当一个市场正值繁荣期,企业并不需要进行良好的定位或有切实可行的措施来保护创投资金或是通过 IPO 向公众出售所有权。相反,如果大家公认市场是萧条的,企业及其商业模式就会接受更大程度的批判性的评估。如果想成功进军某个市场,企业就必须更具可行性。"那些与共识反其道而行之并在破产后进入黑名单的企业尤其可能会长期存在……不过,那些在市场繁荣期获得投资的企业并不会因此获益。相反,如果在一波风险投资行动中所获资金的情况不乐观,则表明该企业最终不太可能上市。"②

这些发现表明,不墨守成规的做法会获得长期回报。颠覆趋势、逆流而上、打破常规,这些品质就是某些企业家和投资人取得成功的原因吗?在本书第二部分的访谈中,受访者被要求评估其业务和投资策略在多大程度上与主流观点背道而驰,

---

① Elizabeth G. Pontikes and William P. Barnett, "When to Be a Nonconformist Entrepreneur? Organizational Responses to Vital Events" (Working Paper 3003, Stanford Graduate School of Business, 2014), accessed 7 July 2015, https://www.gsb.stanford.edu/faculty-research/working-papers/when-be-nonconformist-entrepreneur-organizational-responses-vital, p. 26.

② Elizabeth G. Pontikes and William P. Barnett, "When to Be a Nonconformist Entrepreneur? Organizational Responses to Vital Events" (Working Paper 3003, Stanford Graduate School of Business, 2014), accessed 7 July 2015, https://www.gsb.stanford.edu/faculty-research/working-papers/when-be-nonconformist-entrepreneur-organizational-responses-vital, pp. 26–27.

第四章 行为经济学和学习理论引发的问题

以及他们是否认为这是自己取得成功的影响因素。

张振（Zhen Zhang）和理查德·D. 阿维（Richard D. Arvey）研究的问题是，不墨守成规（也是企业家的特质之一）在企业家的童年和青年时代是否表现得同样明显。根据定义，他们把企业家归类为打破规则的人。在童年和青年时期，这种打破规则的行为显然是消极的。这两位研究人员对60名企业家和105名管理人员的经历进行了研究，并将其作为整体与人群的平均数进行对比。与其他人相比，适度地打破规则（包括打群架、蓄意破坏学校公共财产、留校察看等行为）在那些后来成为企业家的人年轻时发生的频率高于那些后来成为受雇管理人员的人群。[1] 关于少年犯罪这种更为严重的案例（比如刑事案件）则很少见于企业家身上，可能是因为严重地打破规则会妨碍个人成就事业，并在后来的职业生涯中造成重大而深远的影响。[2]

他们还发现，青春期消极式的打破规则会在成年期对人产生积极影响。[3] 此外，研究人员发现，青少年时期那些与学校或法律制度发生冲突的人通常具有更高的风险偏好。这些人不太可能预料到自己的消极行为会导致消极的后果。"我们认为，把风险偏好和企业家精神联系起来的潜在过程就是，具有

---

[1] Zhen Zhang and Richard D. Arvey, "Rule Breaking in Adolescence and Entrepreneurial Status: An Empirical Investigation," *Journal of Business Venturing* 24 (2009), p. 439.

[2] Zhen Zhang and Richard D. Arvey, "Rule Breaking in Adolescence and Entrepreneurial Status: An Empirical Investigation," *Journal of Business Venturing* 24 (2009), p. 443.

[3] Zhen Zhang and Richard D. Arvey, "Rule Breaking in Adolescence and Entrepreneurial Status: An Empirical Investigation," *Journal of Business Venturing* 24 (2009), p. 444.

高风险偏好的人更有可能呈现出挑战现状的行为模式,并破坏社会背景下的既定规则或心理设定。反过来,这种行为模式使其成功抓住商机并开创新企业的可能性更高。"[1] 研究人员能够成功检验这一假设。

这就代表了一个与本书框架下进行的访谈相关的有趣话题。受访者被问及他们在青少年时期是否表现出打破规则和挑战权威的倾向。他们与权威人士(家长和老师)发生的冲突是否比青春期发生的典型冲突更猛烈?

这里提到的几个话题之前存在着内在联系,尤其是:

- 打破规则、不墨守成规
- 风险偏好
- 过度乐观
- 直觉

2016 年,伊丽莎白·W. 莫里森(Elizabeth W. Morrison)提供了常识假设的经验证实,即在公司中打破常规的人具有较高的风险偏好。"冒险倾向也可能与理解破坏亲社会性规则有关。具有高风险偏好的人不仅享受冒险,而且高估了与一系列冒险行为相关的成功可能性,并低估了失败的可能性。"[2] 莫里森发表的实证研究证实了这种常识假设:"冒险倾向(个体差异变量)也预测了所报告的打破亲社会规则的可能性。无

---

[1] Zhen Zhang and Richard D. Arvey, "Rule Breaking in Adolescence and Entrepreneurial Status: An Empirical Investigation," *Journal of Business Venturing* 24 (2009), p. 437.

[2] Elizabeth W. Morrison, "Doing the Job Well: An Investigation of Pro-Social Rule Breaking," *Journal of Management* 32, No. 10 (2006), p. 17.

第四章　行为经济学和学习理论引发的问题

论他们有多少自主权，也无论其他人是否遵守规则，报告表明，与那些规避风险的人相比，更享受风险的人打破规则的可能性更大。"[1]

这就证实了（过度）乐观主义、风险认知、不墨守成规以及打破规则的意愿之间的相关性。不过，这些显著特性与做出直觉性决策的个人倾向（或反抗）之间同样存在着某种联系。有些研究把"不随波逐流的倾向（趋势）"[2] 作为更具直觉性方法的特征标志。

第五节　外显学习、内隐学习和非正式学习

在创业研究领域，有许多相互矛盾的方法解释创业活动。一方面，经济学家强调环境的作用、市场机遇和企业家优化配置资源的能力。[3] 另一方面，更多的心理学方法强调个性特征在创业成功中的作用。"多数支持这种方法的学者都不主张通过经验性学习改变创业中的行为，因为固有的人格特征并不是教出来的。"[4] 大卫·迪金斯（David Deakins）和马克·弗瑞尔（Mark Freel）没有遵循这两种方法，他们既驳斥了强调外部条件作用的经济学家，又反对专注研究人格特征的心理学家

---

[1] Elizabeth W. Morrison, "Doing the Job Well: An Investigation of Pro-Social Rule Breaking," *Journal of Management* 32, No. 10 (2006), p. 22.

[2] Christopher W. Allinson, Elizabeth Chell and John Hayes, "Intuition and Entrepreneurial Behaviour," *European Journal of Work and Organizational Psychology* 9, No. 1 (2009), p. 35.

[3] David Deakins and Mark Freel, "Entrepreneurial Learning and the Growth Process in SMEs," *Learning Organization* 5, No. 3 (1998), p. 146 et seq.

[4] David Deakins and Mark Freel, "Entrepreneurial Learning and the Growth Process in SMEs," *Learning Organization* 5, No. 3 (1998), p. 146.

的方法。相反,他们强调了创业学习对创业成功的重要性。他们的中心假设就是,企业家或企业家团队的学习能力对于企业成长是起决定性作用的。①

而这些方法并不一定相互矛盾。一方面,经济学家强调外部条件的关键作用是正确的。不过,由于这些条件在既定时间内对所有相互竞争的企业家们来说都是相同的,因此并不能解释为什么某位企业家比另一位企业家更成功。当然,正如大量研究已经证实的那样,人格特征也发挥了重要作用。不过,这并不能排除学习能力也是至关重要的因素这一事实。相反,这些能力是相互联系的。例如,由于某个人的个性原因,他对新的体验是十分开放的,更愿意学习,并且比那些不愿意学习的人更具学习能力。而与那些走寻常路并遵从可接受和固有行为的人相比,不会受到其他观点影响却愿意尝试可能与大众观点背道而驰方法的人,获得良好学习体验的可能性更大。

作者讨论了学习理论的重要性以及它们与创业学习的关系。他们特别强调了有三种学习方式:

- 通过反复试错学习。
- 通过模仿学习。"模仿行为包括对成功企业的观察并实践那些被视为观察到的企业成功的关键方法。"②
- 通过网络学习。

在一个案例研究中,迪金斯和弗瑞尔表明,创业学习很大

---

① David Deakins and Mark Freel, "Entrepreneurial Learning and the Growth Process in SMEs," *Learning Organization* 5, No. 3 (1998), p. 153.
② David Deakins and Mark Freel, "Entrepreneurial Learning and the Growth Process in SMEs," *Learning Organization* 5, No. 3 (1998), p. 148.

第四章 行为经济学和学习理论引发的问题

程度上是通过试验获得的。[1]

本书假设，高于平均水平的学习能力是创业成功的决定性先决条件。企业家必须对商业模式进行调整，有时需要完全转移重心或重新定位，所有这些都是通过不断学习和适应环境的过程产生的。企业家可以意识到哪些方法奏效，哪些方法无效。他能从其他市场参与者身上获得正确的方法，而不是一定要通过反复失败和试错获得所有的经验。

1997年，约翰·E. 杨（John E. Young）和唐纳德·L. 塞克斯顿（Donald L. Sexton）明确地提出了这样的问题："企业家为什么要学习？他们要学什么？他们要怎么学？他们的学习什么时候起作用？"[2] 他们区分了外显学习和和内隐学习。内隐学习是无意识的，企业家要么无法解释自己所学到的东西，要么不能完全解释自己所学到的知识。内隐学习与有意识的学习不同，它主要与获取非常复杂的信息有关，其过程也不是系统性检测假设的结果。[3] 不过，杨和塞克斯顿发表的论文着重研究的是企业家的外显学习过程。

解决新问题和复杂问题的能力会越来越强就是学习过程的核心。"复杂的新问题代表了企业家所处的最具挑战性的学习环境。"[4] 企业家面对连珠炮似的新挑战，这些挑战要么来自公司本身，要么来自环境，例如银行的要求、不断变化的竞争

---

[1] David Deakins and Mark Freel, "Entrepreneurial Learning and the Growth Process in SMEs," *Learning Organization* 5, No. 3 (1998), p. 153.

[2] John E. Young and Donald L. Sexton, "Entrepreneurial Learning: A Conceptual Framework," *Journal of Enterprising Culture* 5, No. 3 (1997), p. 225.

[3] John E. Young and Donald L. Sexton, "Entrepreneurial Learning: A Conceptual Framework," *Journal of Enterprising Culture* 5, No. 3 (1997), p. 226.

[4] John E. Young and Donald L. Sexton, "Entrepreneurial Learning: A Conceptual Framework," *Journal of Enterprising Culture* 5, No. 3 (1997), p. 229.

环境、公司内部的问题（招聘、人事变化），如此等等。由于企业家没有水平高于自己的人鼓励他们学习，他们只能自己选择最佳学习方式以及决定是否借助外部支持，以获取所处领域的知识和其他相关专业知识。"杨和塞克斯顿认为，如果企业家想取得成功，那么制订具体的学习计划是至关重要的。"[1]

1999 年，大卫·哈珀（David Harper）发表了一篇题为《企业家的学习方法：波普尔式方法及其局限性》（*How Entrepreneurs Learn: A Popperian Approach and Its Limitations*）的论文。哈珀关注创业学习，这种学习遵循卡尔·波普尔（Karl Popper）所描述的知识发现模式。"我重点研究的是那些从自身错误和对其理念的驳斥中学习的企业家。这些我称之为'波普尔式'的企业家，通过有意识地采取公开批判和系统解决问题的手段，人为地使自身知识获得更加密集型的增长。科学家实施零碎的实验，通过将观察到的结果和预期结果进行比较，来获取知识。企业家获取知识的方式与科学家的这种方式类似。"[2]

这种企业家采用的方法遵循如下科学原理，即首先提出假设，然后进行检验，最后要么假设得以证实，要么假设被推翻并提出新的假设。根据哈珀的假设，作为波普尔派哲学特征，自我批判、自我反省的方法同样是成功创业学习的先决条件。"波普尔式"企业家"承认所有知识（包括自己的知识）都是假设和推测出来的，并承认很多冒险进入未知领域的企业家后

---

[1] John E. Young and Donald L. Sexton, "Entrepreneurial Learning: A Conceptual Framework," *Journal of Enterprising Culture* 5, No. 3 (1997), p. 241.

[2] David A. Harper, "How Entrepreneurs Learn: A Popperian Approach and Its Limitations" (Working Paper prepared for the group in Research in Strategy, Process and Economic Organization, Department of Industrial Economics and Strategy, Copenhagen Business School, 1999), pp. 11-12.

第四章　行为经济学和学习理论引发的问题

来证实其最初的创业方法是错误的"。他们强调,"由于他们可以从错误中学习,因此发现自己的错误是必要的,而且越快越好。"①

以这种模式学习的成功企业家往往都表现出非教条式的态度。"因此,'波普尔式'企业家避免教条策略,这样才能使自己的想法不受驳斥的干扰。他们尤其要避免的是:引入临时解决方案或假设(例如,随着正常季节性波动,市场增幅大幅度下降);常常对实验或实验者(如市场调查公司)的可靠性持怀疑态度。"②

哈珀假设,创业活动主要是由不断解决更高层次的新问题组成的。"创业活动是从问题开始的,又以问题结束……即使成功解决了所有的特定市场问题,企业家还是会发现新的问题,可以想见,这样一来,他或她的学习过程就是没有止境的。"③ 例如,在解决以往问题时很有可能会衍生出计划外的新问题。④

---

① David A. Harper, "How Entrepreneurs Learn: A Popperian Approach and Its Limitations" (Working Paper prepared for the group in Research in Strategy, Process and Economic Organization, Department of Industrial Economics and Strategy, Copenhagen Business School, 1999), p. 12.
② David A. Harper, "How Entrepreneurs Learn: A Popperian Approach and Its Limitations" (Working Paper prepared for the group in Research in Strategy, Process and Economic Organization, Department of Industrial Economics and Strategy, Copenhagen Business School, 1999), p. 13.
③ David A. Harper, "How Entrepreneurs Learn: A Popperian Approach and Its Limitations" (Working Paper prepared for the group in Research in Strategy, Process and Economic Organization, Department of Industrial Economics and Strategy, Copenhagen Business School, 1999), p. 17.
④ David A. Harper, "How Entrepreneurs Learn: A Popperian Approach and Its Limitations" (Working Paper prepared for the group in Research in Strategy, Process and Economic Organization, Department of Industrial Economics and Strategy, Copenhagen Business School, 1999), p. 18.

哈珀承认，波普尔在人类活动（包括创业活动）的其他领域所采用的科学方法，即试错法和假设-检验法，是无可争议的。他不主张所有企业家都遵循他提出的方法。"波普尔派创业精神的做法只要求少数经济交易人像波普尔派科学家那样，在决策中具有丰富经验并持开放态度。"[1] 不过，哈珀认为，那些遵循这种学习方法的企业家最终会成为最成功的企业家。[2]

G. M. 奈杜（G. M. Naidu）和臣·L. 纳拉亚（Chem L. Narayana）那探讨了企业家解决问题能力的重要性。他们调查了83位企业家，他们的公司由于杰出的业绩获得了"小型企业管理局"奖。调查中，他们要求企业家列出在创建公司时遇到的主要问题，还要求他们描述这些问题是否仍然存在以及发展到什么程度。每个问题都被归为"重大问题""小问题""根本不成问题"三个等级。"那些创业初期遇到的问题最初为3（重大问题），而现在变成了2（小问题）或1（根本不成问题）的企业家，或是那些宣称创业初期遇到的问题为'小问题'，现在已经'根本不成问题'的企业家被归为'问题解决者'。"[3]

作者还研究了公司（5年以上）发展与企业家解决问题能

---

[1] David A. Harper, "How Entrepreneurs Learn: A Popperian Approach and Its Limitations" (Working Paper prepared for the group in Research in Strategy, Process and Economic Organization, Department of Industrial Economics and Strategy, Copenhagen Business School, 1999), p. 22.

[2] David A. Harper, "How Entrepreneurs Learn: A Popperian Approach and Its Limitations" (Working Paper prepared for the group in Research in Strategy, Process and Economic Organization, Department of Industrial Economics and Strategy, Copenhagen Business School, 1999), p. 23.

[3] G. M. Naidu and Chem L. Narayana, "Problem-Solving Skills and Growth in Successful Entrepreneurial Firms," In *Frontiers of Entrepreneurship Research*, edited by N. C. Churchill, 1990, p. 96.

第四章　行为经济学和学习理论引发的问题

力之间是否存在相关性。"在 34 个问题领域中,就平均增长率来看,有 11 个问题领域在'问题解决者'和'其他人'之间存在着显著差异。在所有的 11 个问题领域中,与其他人相比,'问题解决者'的平均增长率更高。"[1] 解决问题的能力在创业成功中明显起到了重要作用。至于问题解决能力能否如哈珀建议的"波普尔式"企业家一般可以系统性地习得,还是存在争议的。内隐学习似乎更有可能发挥更重要的作用。

亚瑟·S. 雷伯(Arthur S. Reber)在内隐学习领域进行了深入研究,他认为,内隐学习可以带来隐性的难以发现的知识。内隐学习有两个主要特征:"1. 这是一种无意识的过程;2. 通过它可以获得抽象的知识。"[2]

在对内隐学习领域的基本贡献中,卡罗·奥格特·西格(Carol Augart Seger)提出了以下标准:所学的知识(复杂信息,而非简单关联)、学习方式(顺便说一句,不是通过假设检验的)、所学知识的形态(无意识的、无法表达的)以及学习的神经基础(海马记忆体)。[3]

检验学习语法规则和概率演算的实验表明,"内隐学习的操作表现为独立地产生意识;已经证明它们的精神产物是心照不宣的;而且它们的功能控制属性在很大程度上并不在意识之内"。[4]

---

[1] G. M. Naidu and Chem L. Narayana, "Problem-Solving Skills and Growth in Successful Entrepreneurial Firms," in *Frontiers of Entrepreneurship Research*, edited by N. C. Churchill, 1990, p. 96.

[2] Arthur S. Reber, "Implicit Learning and Tacit Knowledge," *Journal of Experimental Psychology* 118, No. 3 (1989), p. 219.

[3] Carol Augart Seger, "Implicit Learning," *Psychological Bulletin* 115, No. 2 (1994), p. 164.

[4] Carol Augart Seger, "Implicit Learning," *Psychological Bulletin* 115, No. 2 (1994), p. 233.

直觉的特征在于，在特定情况下，人们知道什么是对的，什么是错的，哪些答案是适合的，而哪些不是。不过，他们自身并没有意识到"这些知识"为什么产生。根据雷伯的定义，直觉是内隐学习的最终结果。① 这对于创业学习尤为重要，因为该研究不断强调隐性知识对企业家的作用。

根据雷伯的观点，从进化角度讲，内隐学习要先于外显学习。他认为，这是所有人类共享的能力。雷伯认为，无论智力如何，人们的内隐学习能力只存在微小差别。② 然而，这个假设已经遭到了反驳。琳尼·S. 伍尔豪斯（Leanne S. Woolhouse）和罗温·贝尼（Rowan Bayne）所做的实验表明，人与人之间的内隐学习能力存在很大差异。③

结合研究结果，我们发现创业成功与做出直觉性决策的能力密切相关，这些发现明确表明了企业家内隐学习的重要性。早在 1990 年，查尔斯·W. 吉恩（Charles W. Ginn）和唐纳德·L. 塞克斯顿（Donald L. Sexton）发表了一项研究成果，他们将 143 位来自快速扩张企业的创始人和这些企业的 CEO 与来自缓慢发展企业的 150 名创始人和这些企业 CEO 进行了对比。研究人员使用迈尔斯-布里格斯（Myers-Briggs）测试衡量了很多因素，包括直觉性决策过程是如何进行的。研究人员证明，在快速扩张的企业中，有近 60% 的关键决策人倾向于

---

① Carol Augart Seger, "Implicit Learning," *Psychological Bulletin* 115, No. 2 (1994), p. 232.
② Arthur S. Reber, Faye F. Walkenfeld and Ruth Hernstadt, "Implicit and Explicit Learning: Individual Differences and IQ," *Journal of Experimental Psychology* 17, No. 5 (1991), p. 888 et seq.
③ Leanne S. Woolhouse and Rowan Bayne, "Personality and the Use of Intuition: Individual Differences in Strategy and Performance on an Implicit Learning Task," *European Journal of Personality* 14 (2000), p. 157 et seq.

第四章 行为经济学和学习理论引发的问题

根据直觉来做出决策,而在增长缓慢的企业中,只有14%的决策者是这样做的。[1] "结果表明,快速增长企业的创始人的心理偏好与缓慢增长的企业的创始人非常不同。快速增长企业的创始人喜欢采用直觉方法或在收集信息时考虑未来的可能性。"[2]

今天,内隐学习的重要性已经被视为创业学习的关键,例如,内隐学习在弗勒贝尔·A. 哈耶克(Friedrich A. von Hayek)的研究中也发挥了重要作用。2010年,在《哈耶克论内隐知识》(Hayek on Tacit Knowledge)的论文中,弗拉德·欧格斯(Fuat Oguz)认为,哈耶克在其早期学术性文章中就提及了"隐性知识"。"不过,由于缺乏分析这一论题的理论结构,哈耶克无法做深入研究。当他转向研究哲学时,他开始使用格式塔心理学(Gestalt psychology)的见解"。[3]

"隐性知识"这一术语首先在哈耶克1962年发表的《规则、感知与理解》(Rules, Perception and Intelligibility)一文中受到关注。在论文的开头,他以孩子为例,在并没有有意了解的情况下,这些孩子能够使用语法规则和惯用语规则。[4] "那些孩子并不了解语法规则,却能够以符合语法规则的方式讲话,他们

---

[1] Charles W. Ginn and Donald L. Sexton, "A Comparison of the Personality Type Dimensions of the 1987 Inc. 500 Company Founders/CEOs with Those of Slower-Growth Firms," *Journal of Business Venturing* 5 (1990), p. 323.

[2] Charles W. Ginn and Donald L. Sexton, "A Comparison of the Personality Type Dimensions of the 1987 Inc. 500 Company Founders/CEOs with Those of Slower-Growth Firms," *Journal of Business Venturing* 5 (1990), p. 313.

[3] Fuat Oguz, "Hayek on Tacit Knowledge," *Journal of Institutional Economics* 6, No. 2 (2010), p. 162.

[4] Friedrich August von Hayek, "Rules, Perception and Intelligibility," in *Studies in Philosophy, Politics and Economics* (London: Routledge & Kegan Paul, 1967), p. 43.

不但能通过遵循语法规则理解其他人解释的语义色彩，还可以纠正他人言语中的语法错误。"① 哈耶克指出，工匠或运动员的技能，通常被称为"方法论知识"。"这些技能的特点就是，我们往往无法明确地表述（话语）所涉及的行为方式。② 欧格斯总结了哈耶克隐性知识的观点，即极难表述并在成本效益分析中不起任何作用。企业家基于经验可以理解什么将利润机会和纯粹价差区分开来，这就是隐性知识的很好的例子。"③

最近，"隐性知识"一词由匈牙利-英国哲学家迈克尔·波兰尼（Michael Polanyi）再次提及，在他所著的《内隐维度（1996）》[*Gestalt psychology*（1966）]一书中，他写出了那句多次被引用的句子"我们知晓的比能表达出来的要多"。④ 对于波兰尼来说，这就代表了交流的核心问题。"我们的信息中遗留了一些无法表达的内容，只有说话者能够发掘这些无法沟通的内容，这些内容才能被人了解。"⑤ 波兰尼论述了隐性和显性知识之间、技能与理论知识之间的区别。"驾驶员的技能无法被在学校习得的汽车理论取代；我对自己身体的了解和生理学知识也大不相同；如果没有诗歌知识，押韵法和韵律学规则并不能告诉我一首诗的内容。"⑥

---

① Friedrich August von Hayek, "Rules, Perception and Intelligibility," in *Studies in Philosophy, Politics and Economics* (London: Routledge & Kegan Paul, 1967), p. 45.
② Friedrich August von Hayek, "Rules, Perception and Intelligibility," in *Studies in Philosophy, Politics and Economics* (London: Routledge & Kegan Paul, 1967), p. 43.
③ Fuat Oguz, "Hayek on Tacit Knowledge." *Journal of Institutional Economics* 6, No. 2 (2010), p. 159.
④ Michael Polanyi, *The Tacit Dimension* (London: Routledge, 1966), p. 4.
⑤ Michael Polanyi, *The Tacit Dimension* (London: Routledge, 1966), p. 6.
⑥ Michael Polanyi, *The Tacit Dimension* (London: Routledge, 1966), p. 20.

第四章　行为经济学和学习理论引发的问题

乔格·汉斯·纽威格（Georg Hans Neuweg）阐述了波兰尼认识论以及学习理论认识论的重要意义。他把"隐性知识"定义为直觉的同义词。隐性知识与感知、判断或行动中发生的情况有关。在此过程中，对象不会以话语的方式思考，也不会在行动之前或期间提供自我指导。对象会感知事物、做出判断、期待结果、产生想法、解决问题、达成目标、采取行动等。从这个意义上讲，对象并没有意识到不断进行的心理过程以及伴随该过程的规则，而只是感知到这些过程的结果或中间结果，对象体验到的感知、判断、决策、行为是"直觉式的"。[1]

如前文所述，学习并不一定是意识和系统习得知识的结果，而往往是无意识过程的结果。在一项实验中，测试对象在计算机模拟中担任工厂经理的角色。他们的任务就是通过调整工厂人员编制来维持特定量的糖的生产。实验中，测试对象并不知道该系统隐含的函数方程式。在学习阶段，他们并不知道自己随后会进行的知识测试。该测试表明，测试对象能够在无法解释自己是如何做到的情况下，调整糖厂的生产。[2]

在另一个电脑游戏"牛仔裤工厂"中，研究人员也对系统知识与系统控制之间的相关性进行了调查。实验中测试对象的任务是，通过决定零售价格和产量，在只有一个竞争对手的情况下，使一家在市场上较为活跃的公司利润最大化。外显知识是通过"教学回溯"的过程来衡量的，其结果用于重建测

---

[1] Georg Hans Neuweg, *Könnerschaft und implizites Wissen: Zur lehr-und lerntheoretischen Bedeutung der Erkenntnis-und Wissenstheorie Michael Polanyis* (Münster: Waxmann Verlag, 2001), S. 13.

[2] Georg Hans Neuweg, *Könnerschaft und implizites Wissen: Zur lehr-und lerntheoretischen Bedeutung der Erkenntnis-und Wissenstheorie Michael Polanyis* (Münster: Waxmann Verlag, 2001), S. 25-26.

试对象的心理模型。该研究得出结论:"测试人员心理模型的质量与其创造的利润量之间没有显著相关性;解决问题时思考的质量也与所获利润金额无关。"① 值得注意的是,与教育学或心理学专业学生相比,具有相对丰富经济学知识的工商管理专业学生所创造的利润明显更低。② 研究人员发现,工商管理专业的学生丰富的专业基础知识实际上妨碍了他们的表现。③ 从隐性知识的理论模型和前文实验概述中可以得出这样的结论,关于语言沟通获取的完成任务的相关知识的受限制的方式,任何只通过调查问卷进行的业绩衡量都"不能表现出一个人的真实能力"。④

顺便提一句,这也就解释了为什么无法通过简单地询问企业家来确定创业成功的相关因素。相反,尽可能明确隐性知识的内容才是研究者们的任务。这是一次颇具挑战性的尝试,只有研究达到一定高度才有可能完成。这部分内容将在第七章进一步详细介绍。

还有另外一个与本书相关的词语是"非正式学习",它与内隐学习既有共同之处,也有区别。卡伦·E. 沃特金斯

---

① Georg Hans Neuweg, *Könnerschaft und implizites Wissen: Zur lehr-und lerntheoretischen Bedeutung der Erkenntnis-und Wissenstheorie Michael Polanyis* (Münster: Waxmann Verlag, 2001), S. 27-28.
② Georg Hans Neuweg, *Könnerschaft und implizites Wissen: Zur lehr-und lerntheoretischen Bedeutung der Erkenntnis-und Wissenstheorie Michael Polanyis* (Münster: Waxmann Verlag, 2001), S. 28.
③ Georg Hans Neuweg, *Könnerschaft und implizites Wissen: Zur lehr-und lerntheoretischen Bedeutung der Erkenntnis-und Wissenstheorie Michael Polanyis* (Münster: Waxmann Verlag, 2001), S. 28.
④ Georg Hans Neuweg, *Könnerschaft und implizites Wissen: Zur lehr-und lerntheoretischen Bedeutung der Erkenntnis-und Wissenstheorie Michael Polanyis* (Münster: Waxmann Verlag, 2001), S. 28.

第四章 行为经济学和学习理论引发的问题

(Karen E. Watkins) 和维多利亚·J. 马席克 (Victoria J. Marsick) 在"非正式学习"和"随机学习"这两个词之间做了特别区分。他们这样定义这两个词:"非正式学习和随机学习是从外部正式形成的、习以为常的、基于课堂的活动中产生的经验中习得的。"他们将"非正式学习"视为包含所有这些学习形式的总体概念,而"随机学习"则被定义为其他行为的副产品。"非正式学习"既可以按计划进行也可以不进行规划,但多数情况下,在某种程度上它是有意识产生的,毕竟这是一个学习过程。相反,"随机学习"在很大程度上是无意识的,并会内嵌在个人的信仰体系中。①

在德国联邦教育和研究部进行的一项研究中,国际研究结果表明,"近70%的人类学习过程发生在教育机构之外"。② 这里,非正式学习被定义为"工具性学习",并且"是一种达到目的的方法"。与正式学习相反,非正式学习的目的"并不是学习本身,而是通过学习,找到完成校外任务、面对挑战性的情况或是解决终身问题的更好办法"。③

研究结果表明,我们甚至可以把这一点视为非正式学习的优势,它并没有被权威教学机构限量提供或过滤,而

---

① Karen E. Watkins and Victoria J. Marsick, "Towards a Theory of Informal and Incidental Learning in Organizations," *International Journal of Lifelong Education* 11, No. 4 (1992), p. 288.

② Günther Dohmen, *Das informelle Lernen: Die internationale Erschließung einer bisher vernachlässigten Grundform des menschlichen Lernens für das lebenslange Lernen aller*, Bundesministerium für Bildung und Forschung (Bonn: BMBF, 2001), S. 7.

③ Günther Dohmen, *Das informelle Lernen: Die internationale Erschließung einer bisher vernachlässigten Grundform des menschlichen Lernens für das lebenslange Lernen aller*, Bundesministerium für Bildung und Forschung (Bonn: BMBF, 2001), S. 19.

是"由整体环境经验直接获得的产物"发展而来的。[1] 正式和非正式学习之间的最主要区别是,"一般来说,非正式学习的主要目标并不是学习具体的内容,而是通过学习更好地实现目标,也就是说,非正式学习往往与其他活动或目标有关,通常是作为一种有用和必要的辅助手段以更好地应对环境"。[2]

巩特尔·多曼(Günther Dohmen)指出了非正式学习和内隐学习概念的共同特征。这些特征如下:

- 在正规化的学习环境和教育机构之外学习。
- 在其他(并不一定是与学习有关的)环境下进行随机学习。
- 更加注重成功地行动和解决问题,而不是分析因素和推想理论。
- 在复杂的环境经验中进行直接和全面学习。[3]

不过,除了这些共同点之外,非正式学习和内隐学习强调的重点也存在差异。这些主要与涉及的意识程度有关。非正式

---

[1] Günther Dohmen, *Das informelle Lernen: Die internationale Erschließung einer bisher vernachlässigten Grundform des menschlichen Lernens für das lebenslange Lernen aller*, Bundesministerium für Bildung und Forschung (Bonn: BMBF, 2001), S. 21.

[2] Günther Dohmen, *Das informelle Lernen: Die internationale Erschließung einer bisher vernachlässigten Grundform des menschlichen Lernens für das lebenslange Lernen aller*, Bundesministerium für Bildung und Forschung (Bonn: BMBF, 2001), S. 23.

[3] Günther Dohmen, *Das informelle Lernen: Die internationale Erschließung einer bisher vernachlässigten Grundform des menschlichen Lernens für das lebenslange Lernen aller*, Bundesministerium für Bildung und Forschung (Bonn: BMBF, 2001), S. 35-36.

第四章 行为经济学和学习理论引发的问题

学习往往比内隐学习更高级。[1]

韦肯·杜（Wiebken Düx）和埃里克·萨斯（Erich Sass）认为，就学习本身而言，"在非正式环境下的学习"是非正式的，而不是指学习的环境是非正式的。这里，认清"随机学习同样发生在特别规范的环境中"是非常重要的。[2]

正如采访评估中揭示的那样，体育运动就是其中一个例子，在很多超级富豪的童年和青少年时期，体育都发挥了重要作用。[3] 2010年出版的《运动中的非正式学习》(Informal Learning in Sport)一书中，尼尔·诺伊贝尔（Nils Neuber）强调，非正式学习在体育运动中起着至关重要的作用。与其他领域相比，对学习过程至关重要的反馈在体育领域更加直接，因为儿童和青少年会直接从他们的活动中获得"第一手"效能。体验权力感的基本重要性在早期运动教育领域已有详细的记载，但仍然普遍适用于体育运动中所有的非正式学习。

实证研究表明，体育涉及对反应能力的非正式学习，"纪律、坚持不懈、自我肯定、承担责任和解决问题能力等是追求共同目标和实现个人或团体利益的基础"。[4] 这些都是创业活

---

[1] Günther Dohmen, *Das informelle Lernen*: *Die internationale Erschließung einer bisher vernachlässigten Grundform des menschlichen Lernens für das lebenslange Lernen aller*, Bundesministerium für Bildung und Forschung (Bonn: BMBF, 2001), S. 36.

[2] Wiebken Düx and Erich Sass, "Lernen in informellen Kontexten: Lernpotenziale in Settings des freiwilligen Engagements," *Zeitschrift für Erziehungswissenschaft* 8, No. 3 (2005), S. 395.

[3] 参见本书第九章第五节。

[4] Marion Golenia and Nils Neuber, "Bildungschancen in der Kinder-und Jugendarbeit: Eine Studie zum informellen Lernen im Sportverein," in *Informelles Lernen im Sport*: *Beiträge zur allgemeinen Bildungsdebatte*, edited by Nils Neuber (Wiesbaden: VS Verlag für Sozialwissenschaften, 2010), S. 198.

动的核心能力。这就表明了除了正规教育外，非正式学习经验（如体育运动）也很重要。

第六节　财富成功与正规教育

有一种假设，即学历和正规教育对创业和财务业绩的成功起次要作用，无论是在财富的学术研究领域还是在流行的自助文学领域，这一观点在美国获得了强烈而广泛的认可。在一本名为《百万富翁辍学：世界上最成功的失败的励志故事》(*Millionaire Dropouts: Inspiring Stories of the World's Most Successful Failures*)中，伍迪·伍德哈德（Woody Woodward）写了100位没有大学学位的知名人士的传记。[①]

有不少名人都曾辍学或大学肄业，或决定先不学习，包括俄罗斯百万富翁罗马·阿布拉莫维奇（Roman Abramovich）、保罗·艾伦（Paul Allen）和史蒂夫·鲍尔默（Steve Ballmer）（微软）、罗兰·巴龙（Roland Baron）、英国亿万富翁理查德·布兰森（Richard Branson）（16岁时离开学校）以及美国亿万富翁埃德加·布朗夫曼（Edgar Bronfman）等。就连谷歌创始人谢尔盖·布林（Sergey Brin）和沃伦·巴菲特（Warren Buffett）在大学毕业之前就已经是有钱人了。不过，大家普遍认为亿万富翁都没有完成大学学业，这种观点其实是不正确的。瑞银/普华永道研究[②]显示，世界上82%的亿万富豪都完成了大学学业。

[①] Woody Woodward, *Millionaire Dropouts: Inspiring Stories of the World's Most Successful Failures* (Murrieta: Millionaire Dropouts, 2006).
[②] *Billionaires: Master Architects of Great Wealth and Lasting Legacies* (London: UBS and PWC, 2015), p. 17.

第四章 行为经济学和学习理论引发的问题

尽管如此,还是有几位富豪让人印象深刻。《百万富翁的教育(2012)》[*The Education of Millionaires*(2012)]的作者迈克尔·埃尔斯伯格(Michael Ellsberg),以一系列没有学历的百万富翁的采访为依据,坚定认为正规教育并不是实现财富的重要因素。"我所采访过的以及本书提到的人中,有约90%的人确实是百万富翁,有几位甚至是亿万富翁……本书中,所有百万富翁和成功人士都对当前教育模式表示不满。"① 这本书的观点很具有煽动性,该书表明,大学所教授的内容只会帮助少数毕业生取得财务上的成功,而实际上它有可能对其他人造成阻碍。该书得到了著名投资人彼得·塞尔(Peter Thiel)和Wordpress创始人马特·穆伦威格(Matt Mullenweg)等知名投资人和企业家的热烈推荐。"教育仍然需要学会怎样才能让你赚到钱。但是目前,几乎所有实际赚到钱的教育最后都变成了实践智慧和技能的自我教育,而这些智慧和技能是在传统教育机构以外获得的。"②

2009年美国出版了另一项研究,一方面研究了学校教育的作用,另一方面研究了企业家成功的实践管理经验。该研究对采访了63名自己经营保健食品商店的企业家。他们的创业成功是以其积累管理经验的年份和所接受教育的年份[从1(小学)

---

① Michael Ellsberg, *The Education of Millionaires: Everything You Won't Learn in College about How to Be Successful* (New York: Portfolio/Pengiun, 2012), p. 10.
② 此外,虽然统计数据显示,美国大学毕业生比没有学历的毕业生大约多赚65%的钱,但作者同样质疑了这种相关性:这种对比忽略了机会成本,即完成大学学业所需的时间和财政资助。如果这笔钱反过来投资在一项回报率为8%的指数基金上,那么经济回报将大于学习所产生的回报。Michael Ellsberg, *The Education of Millionaires: Everything You Won't Learn in College about How to Be Successful* (New York: Portfolio/Penguin, 2012), pp. 10, 243 et seq。

到7（博士）〕的评级衡量的。① 结果显示：虽然"创始人的人力资本"与创业成功之间存在相关性，但是这种相关性非常小。管理经验年数和商业成功年数之间的相关性有所增强，而创业精神和学校教育或学业成绩之间的相关性则有所减弱。②

另一项针对506家意大利高科技初创企业的研究于2005年出版，研究发现，"经济学教育的性质以及创始人以往的工作经验对其发展有着重要的影响。事实上，创始人在经济和管理领域的大学教育年限对其发展有着积极影响，在科技领域的教育年限对其发展有较小影响，而创始人在其他领域的教育年限则不会对其发展产生影响。"③

对于学校教育在创造财富方面所起到的作用，德国学术财富研究界持什么态度呢？一项名为"德国财富"的研究表明，与中产阶级相比，有钱人更有可能是大学预科学校或大学的毕业生。在中产阶级中，有19.6%的人是大学预科学校毕业生，有21.8%的人是大学毕业生。就百分比来看，从大学预科学校毕业的受访者（或下面括号中已经达到大学学位的人）分成以下几组：④

---

① Gerry Segal, Dan Borgia and Jerry Schoenfeld, "Founder Human Capital and Small Firm Performance: An Empirical Study of Founder-Managed Natural Food Stores," *Journal of Management and Marketing Research* 4 (2009), pp. 3-4.
② Gerry Segal, Dan Borgia and Jerry Schoenfeld, "Founder Human Capital and Small Firm Performance: An Empirical Study of Founder-Managed Natural Food Stores," *Journal of Management and Marketing Research* 4 (2009), p. 5.
③ Massimo G. Colombo and Luca Grilli, "Founders' Human Capital and the Growth of New Technology-Based Firms: A Competence-Based View," *Research Policy* 34 (2005), p. 795.
④ Melanie Böwing-Schmalenbrock, *Wege zum Reichtum: Die Bedeutung von Erbschaften, Erwerbstätigkeit und Persönlichkeit für die Entstehung von Reichtum* (Wiesbaden: Springer VS, 2012), S. 207-209.

第四章 行为经济学和学习理论引发的问题

- 自营职业的富人占 50.7%（46.6%）。
- 富裕企业家占 44.2%（37.5%）。
- 不受雇于他人、从事自由职业的富人占 52.2%（46.8%）。
- 其他富人占 32.6%（33.3%）。[1]

这表明两点：一方面，富裕人群比中产阶级人群更愿意接受顶级教育；另一方面，在这些企业家（迄今为止本研究中最大、最富有的群体）中，大学预科生和大学毕业生的数量要远低于雇员或自营职业者的人数。布林-斯马伦布留克（Böwing-Schmalenbrock）对此做出如下解释："的确，大部分企业家是大学预科生。许多企业家在大学学习过。但是，与其他就业类型的人相比，这个人群只有少部分人获得了最高学历，尤其是最高专业资质。和理论知识相比，走创业这条路的人更需要具备技术和工艺技能。"[2]

这个解释并不令人信服。虽然企业家可能从工艺技能和技术知识中所获颇丰，但其他因素也起了十分重要的作用。其中，有两个因素对于创业成功是至关重要的：1. 某些人格特征；2. 通过内隐学习获得的"隐性知识""感知"和"直觉"。

第三章和第四章介绍的很多学者都强调了人格特征的重要性。有的学者强调了可以通过"试错"和模仿获得的学习技能的重要性。案例研究表明，大量创业学习都是实验的产物。[3]

---

[1] 令人吃惊的是，这个小组的大学毕业生竟然比大学预科毕业生还要多。
[2] Melanie Böwing-Schmalenbrock, *Wege zum Reichtum: Die Bedeutung von Erbschaften, Erwerbstätigkeit und Persönlichkeit für die Entstehung von Reichtum* (Wiesbaden: Springer VS, 2012), S. 209.
[3] David Deakins and Mark Freel, "Entrepreneurial Learning and the Growth Process in SMEs," *Learning Organization* 5, No. 3 (1998), pp. 144 - 155.

不过，本节内容证明，直觉和内隐学习起着重要的作用。雷伯指出，直觉是内隐学习过程的最终产物。[1] 而内隐学习和学术才能几乎没什么关系。雷伯、威尔肯菲尔德（Walkenfeld）和赫恩斯塔德（Hernstadt）等人认为，区分实用（内隐）智力和学术（外显）智力更加重要。[2] 许多实验证明，内隐学习的结果绝大多数是无意识的。[3]

美国心理学家罗伯特·J.斯顿伯格（Robert J. Sternberg）提出了"成功智力"的概念。根据他的模型，成功智力具有分析性、创造性和实践性。"分析性用于解决问题，创造性用于决定解决什么问题，而实践性则使解决问题的方案更有效。"[4] 斯顿伯格认为，在具体情况下，与那些只在必要时才使用技术的人相比，过于依赖分析技能的人效率更低。[5] 在一项针对实践智力的调查研究项目中，斯顿伯格对大量管理层人员进行了调查。"在我们研究实践智力期间，很多受访高管都抱怨，他们可以聘用一位商学院的顶级毕业生，也可以找到一位擅长分析教科书案例的人，但无法针对新商业产品或服务提出创新性理念。"[6]

---

[1] Arthur S. Reber, "Implicit Learning and Tacit Knowledge," *Journal of Experimental Psychology* 118, No. 3 (1989), p. 232.

[2] Arthur S. Reber, Faye F. Walkenfeld and Ruth Hernstadt, "Implicit and Explicit Learning: Individual Differences and IQ," *Journal of Experimental Psychology* 17, No. 5 (1991), p. 894.

[3] Arthur S. Reber, "Implicit Learning and Tacit Knowledge," *Journal of Experimental Psychology* 118, No. 3 (1989), pp. 229.

[4] Robert J. Sternberg, *Successful Intelligence: How Practical and Creative Intelligence Determine Success in Life* (New York: Penguin Group, 1997), p. 47.

[5] Robert J. Sternberg, *Successful Intelligence: How Practical and Creative Intelligence Determine Success in Life* (New York: Penguin Group, 1997), p. 48.

[6] Robert J. Sternberg, *Successful Intelligence: How Practical and Creative Intelligence Determine Success in Life* (New York: Penguin Group, 1997), p. 130.

第四章　行为经济学和学习理论引发的问题

布林-斯马伦布留克发现，大多数富裕人群在致富之前就已经改行了（只有不受雇于他人，他们才能成为企业家），这一点符合斯顿伯格研究的结果。"成功智力具有的共同特点就是，他们选择自己的领域，然后在该领域寻求成功。成功没有唯一标准，那些在很大程度上有所收获的人，就是那些能够在自己选择的领域（有时是自己创造的领域）中实现个人成功的人。"[1]

如果创业精神就是创造财富的重要先决条件，那么一方面，企业家的成功取决于具体的个人特质；另一方面，内隐的、无意识的学习过程使企业家拥有形成直觉性决策的能力。企业家的学业成就与财务成功之间相关性较弱也就不奇怪了。

---

[1] Robert J. Sternberg, *Successful Intelligence: How Practical and Creative Intelligence Determine Success in Life* (New York: Penguin Group, 1997), p. 153.

第五章　机会扮演什么角色

迈克尔·雷诺（Michael Raynor）、玛哈尔·艾哈迈德（Mumtaz Ahmed）和安德鲁·D. 亨德森（Andrew D. Henderson）通过计算得出如下结论：高业绩公司能够取得成功纯粹是因为它们运气好。他们的假设是："在研究了那些所谓'伟大'公司后，我们发现，这些企业多半只是比较幸运而已。"这一点"揭示出，系统性变化的结果要归因于少数人假定的特性，这是十分愚蠢的，这些人只是得到幸运之神眷顾而已"。[①]

很多有钱人和其他成功人士常常提到，好运气是他们成功的重要因素。弗朗兹·沃尔特（Franz Walter）和斯泰恩·玛格（Stine Marg）采访了来自大型企业的160位企业家和执行经理。[②] 在罗纳德·希曼（Roland Hiemann）撰写的《德国企业领导人的职业生涯》(*The Careers of Germany's Business*

[①] Michael Raynor, Mumtaz Ahmed and Andrew D. Henderson, "Are 'Great' Companies Just Lucky?" *Harvard Business Manager* (April 2009), p. 2.

[②] Franz Walter and Stine Marg (eds.), *Sprachlose Elite? Wie Unternehmer Politik und Gesellschaft sehen* (Reinbek: BP Gesellschaftsstudie, 2015), S. 19.

Leaders）一章中，有些内容尤其令人感兴趣。希曼报道称，当受访者被问及自己如何得到现有领导职位时，其中多数受访者都答道："其实，这真不在我的计划之内。"① 他补充道：偶发事件队长（Captain Happenstance）可能是适合多数传记的标题。②

然后他论证了自己的观点：承认一个人的职业生涯并没有确定的规划，并且承认运气和偶然性同样影响职业生涯，需要从两个方面考虑：第一，不应把它视为缺乏雄心和动力的表现；第二，绝不要把它误解成自己职业命运的迷失或失控……另外，强调好运的作用和上司的青睐并不会影响企业家的自我决定或自尊心，反而更充分表现这些品质。③

2008年和2009年，瑞士社会学家采访了100个人，其中很多人是百万富翁。他们引用了其中一位受访者的话："我只是碰上了这辈子最好的运气。"④ 其他受访者也同样愿意把自

---

① Roland Hiemann, "'Geplant war das alles nicht': Werdegänge deutscher Wirtschaftsführer," in *Sprachlose Elite? Wie Unternehmer Politik und Gesellschaft sehen*, edited by Franz Walter and Stine Marg (Reinbek: BP Gesellschaftsstudie, 2015), S. 39-40.

② Roland Hiemann, "'Geplant war das alles nicht': Werdegänge deutscher Wirtschaftsführer," in *Sprachlose Elite? Wie Unternehmer Politik und Gesellschaft sehen*, edited by Franz Walter and Stine Marg (Reinbek: BP Gesellschaftsstudie, 2015), S. 41.

③ Roland Hiemann, "'Geplant war das alles nicht': Werdegänge deutscher Wirtschaftsführer," in *Sprachlose Elite? Wie Unternehmer Politik und Gesellschaft sehen*, edited by Franz Walter and Stine Marg (Reinbek: BP Gesellschaftsstudie, 2015), S. 43-44.

④ Ueli Mäder, Ganga Jey Aratnam and Sarah Schillinger, *Wie Reiche denken und lenken: Reichtum in der Schweiz-Geschichte, Fakten, Gespräche* (Zürich: Rotpunktverlag, 2010), S. 182.

己的成功归功于运气。① 尽管大家都这么说，但社会学家得出的结论是："富人倾向于把自己的财富主要归因于个人品质……有钱人似乎是凭借个人价值赚取财富的。有钱人（有可能是由于他们有物质资源）会觉得自己有非凡的能力。"②

和许多富有的成功人士内在信念相反，契克森米哈赖的受访者再三强调了好运和机缘的重要性。1996年，美国心理学教授米哈里·契克森米哈赖（Mihaly Csikszentmihalyi）发表了一篇《创造力：心流和发现与发明的心理》（*Creativity: Flow and the Psychology of Discovery and Invention*）的研究，受到高度关注。1990~1995年，他访问了91名优秀人士。每一位受访者都在科学、艺术、经济或政治等重要领域做出了重大贡献。他的受访者包括14位诺贝尔奖获得者。③ 科学家、作家和艺术家的人数比商界人士的人数更多（只有三位受访者来自商界）。④

在他整个研究过程中，契克森米哈赖考虑了意外好运对受访者的成功所起到的作用。契克森米哈赖认为，"在我们问有创造力的人们如何解释自己的成功时，最常见的回答之一，也

---

① Ueli Mäder, Ganga Jey Aratnam and Sarah Schillinger, *Wie Reiche denken und lenken: Reichtum in der Schweiz-Geschichte, Fakten, Gespräche* (Zürich: Rotpunktverlag, 2010), S. 207.
② Ueli Mäder, Ganga Jey Aratnam and Sarah Schillinger, *Wie Reiche denken und lenken: Reichtum in der Schweiz-Geschichte, Fakten, Gespräche* (Zürich: Rotpunktverlag, 2010), S. 310.
③ Mihaly Csikszentmihalyi, *Creativity: Flow and the Psychology of Discovery and Invention* (New York: Harper Collins, 2013), p. 13.
④ 这一点在契克森米哈赖书中的附录A中有所体现，其中包括他为这本书采访的个人简短的传记。Mihaly Csikszentmihalyi, *Creativity: Flow and the Psychology of Discovery and Invention* (New York: Harper Collins, 2013), p. 13 et seq。

许是最常见的回答,就是'自己很幸运'。在正确的时间处于正确的位置几乎是普遍的说法。"[1] "遇到正确的人"[2] 同样也很重要。

作者总结道,运气无疑是发掘创造力的重要组成部分。契克森米哈赖介绍了一位非常成功的艺术家,他的作品卖得很好,最后挂在了最好的博物馆的墙上。他曾经遗憾地承认,至少有上千位艺术家和他的水平不相上下,而他们都默默无闻,他们的作品没人欣赏。他说道,自己与其他人的区别就是,几年前,他在一场派对上遇到了一个人,和他一起喝了几杯。[3] 他继续透露,这个人后来给予他很大的支持。

契克森米哈赖随后就用运气和巧合的巨大意义证明自己的说法。然而,强调个人作用重要性的有限还是很重要的,因为个人作用往往被人夸大。"但是,人们也可能犯相反的错误,否认个人的所有功劳……不过,很多人从来没有意识到自己正处于有利位置或遇到了合适的时机,即使在意识到这一点时,也极少有人知道应该怎么做。"[4] 他承认,这些人所取得的成功确实在很大程度上取决于运气,不过相对来看,他补充道:"除了这些好运所支配的外部因素,能让个人为提高文化修养做出努力的是一个人塑造自己生活以适应自己目标的个人决策,而不是让外部力量来支配他们的命运。"事实上,可以这

---

[1] Mihaly Csikszentmihalyi, *Creativity: Flow and the Psychology of Discovery and Invention* (New York: Harper Collins, 2013), p. 46.

[2] Mihaly Csikszentmihalyi, *Creativity: Flow and the Psychology of Discovery and Invention* (New York: Harper Collins, 2013), p. 186.

[3] Mihaly Csikszentmihalyi, *Creativity: Flow and the Psychology of Discovery and Invention* (New York: Harper Collins, 2013), p. 46.

[4] Mihaly Csikszentmihalyi, *Creativity: Flow and the Psychology of Discovery and Invention* (New York: Harper Collins, 2013), pp. 46-47.

么说,这些人最显著的成就是他们创造自己的生活。我们有必要了解他们是如何做到这一点的,因为这也适用于我们的生活。"[1]

因此,契克森米哈赖以尖锐的言辞来开篇,他认为,即使每个新想法或新产品都出自个人,也不能说这种创新一定是任何个人特定特征的直接产物。[2] 在别处他甚至说:"随着时间的推移,他们反而会受到外部事件的影响,遇到好人或坏人、好事或坏事,他们(研究中的受访者)不得不对应对遇到的事情。与其说是事件塑造了他们,不如说他们通过改变事件来达成自己的目标。"[3]

加拿大记者马尔科姆·格拉德威尔(Malcolm Gladwell)在《异类:不一样的成功启示录》(Outliers: The Story of Success)一书中,试图找出特别成功的人能够如此成功的原因。他的核心假设就是,人格特征、智力等在解释卓越人才的成功方面并不重要。"我希望你明白的是,这种关于成功的个人解释没什么用……站在王者面前的人可能看上去像是一切都是他们独自完成的,而事实上,他们始终得益于隐藏的优势、意想不到的机会和文化遗产,这些可以使他们不断学习、努力工作并且以其他人做不到的方式认识世界。"[4]

---

[1] Mihaly Csikszentmihalyi, *Creativity: Flow and the Psychology of Discovery and Invention* (New York: Harper Collins, 2013), pp. 151-152.
[2] Mihaly Csikszentmihalyi, *Creativity: Flow and the Psychology of Discovery and Invention* (New York: Harper Collins, 2013), p. 45.
[3] Mihaly Csikszentmihalyi, *Creativity: Flow and the Psychology of Discovery and Invention* (New York: Harper Collins, 2013), p. 181.
[4] Malcolm Gladwell, *Outliers: The Story of Success* (London: Penguin Books, 2008), p. 19. (马尔科姆·格拉德威尔:《异类:不一样的成功启示录》,中信出版社,2014。)

第五章 机会扮演什么角色

格拉德威尔坚信，巨大的成功并不是出众的人格特征或策略的结果，而是努力工作和好运带来的。格拉德威尔以两位特别聪明的人物为例——世界知名的物理学家 J. 罗伯特·奥本海默（J. Robert Oppenheimer）和一位很大程度上无人认识且并不成功的天才克里斯·兰根（Chris Langan）（智商为 195），以证明智力并不能保证人一定能成功。格拉德威尔认为，研究表明，智力当然是影响成败的因素，不过，这最多只适用于智商为 120 左右的人。[1] 而智商高于 130 的人并不会获得真实世界的任何其他优势。根据格拉德威尔的说法，举例来说，智商为 130 的人和智商为 180 的人同样可能获得诺贝尔奖。他认为，"实践智力"，即知道对什么人说什么话，知道什么时候说，并且知道怎么说才能获得最大效果。能做到这些要重要得多。[2] 然而，格拉德威尔认为，这些技巧不是由基因决定的，而是从学习中获得的。与父母贫穷的孩子相比，来自富裕家庭的孩子学习这些技能的可能性更大。此外，出生在哪个家庭是由个人运气决定的，这也证明了作者的假设，即运气是最关键的因素。就像契克森米哈赖一样，格拉德威尔也强调了这个事实，即比尔·盖茨这样的人物也会强调好运在成功中所起到的作用。格拉德威尔问及盖茨成功的原因时，他首先这样说道："我很幸运。"[3]

那么为什么成功人士在谈及成功时往往把成功归结为运气呢？契克森米哈赖、格拉德威尔和其他作者并没有提出这个问

---

[1] Malcolm Gladwell, *Outliers*: *The Story of Success* (London: Penguin Books, 2008), pp. 79-80.

[2] Malcolm Gladwell, *Outliers*: *The Story of Success* (London: Penguin Books, 2008), p. 101.

[3] Malcolm Gladwell, *Outliers*: *The Story of Success* (London: Penguin Books, 2008), p. 55.

题，他们更愿意接受受访者"表面上认定"自己是走运的。事实上，在成功人士被问及自己成功的原因时，他们会谈及运气主要基于如下几点考虑：

- 他们的回答中包含真实成分。生活中，遇到好运和遇到不幸的巧合同样重要。
- 他们可能潜意识地试图转移人们嫉妒的视线。
- 他们的回答往往令人困惑，因为他们并没有意识到自己是怎么成功的。

第一节 偶然事件的作用

像契克森米哈赖和格拉德威尔这样的作者往往会遵循类似的论证。如果成功人士并没有恰好在正确的时间出现在特定的地方，或并没有认识正确的人，他们永远都不会成功。哲学和历史哲学中有大量论述了机遇的重要性。在一篇《历史理论中的机遇与应变》（*Chance and Contingency in the Theory of History*）博士论文中，阿德·霍夫曼（Arnd Hoffmann）这样定义机遇："机遇是基于动机和期望的独立行动链的巧合，并会达成这样的结果，在其汇合并对事件产生影响时，只有这些机遇是无意识的、不可预测的、突如其来的、不太可能的。它们才会对行为人产生重要影响。"[1]

在历史领域，在依靠违背事实的假设来探索历史是否合理甚至合法上，有很多激烈的争辩。2005 年霍夫曼指出，过去

---

[1] Arnd Hoffmann, *Zufall und Kontingenz in der Geschichtstheorie: Mit zwei Studien zu Theorie und Praxis der Sozialgeschichte* (Frankfurt-am-Main: Vittorio Klostermann, 2005), S. 51.

第五章　机会扮演什么角色

20多年，大家对于"如果……会怎么样?"这个问题明显兴趣大增。[1] 有些历史学家甚至认为，每一种因果性解释必须包含隐含的违反事实的观察，即使这些并不是外显的。"如果没有说明某种原因或某些原因，我们就暗示，如果没有采取这样或那样的行动或一系列行动，那么事情就会有所不同。如果我们并不相信他们会那么做，我们就不应该对我们所做的事情的重要性或行为提出质疑。"[2]

在与格拉德威尔的观点相似的书中，虽然违背事实的假设并没有被明确提出，但它们具有重大意义。读者时常会遇到这样的问题：如果比尔·盖茨没有免费接触大型计算机的工作机会会怎么样？我们很难为这类假设提供一个让人满意的结局。盖茨还对在他的领域取得如此惊人的成功满意吗？如果不能，他能否以他的个人特质（例如超凡的智慧、杰出的创业素质或某些个人品质的力量和成功策略），在其他领域取得同样的成功？

成功并不取决于个人机遇，更重要的是，个人是否能够首先意识到那是自己的机遇，以及是否能够对其加以最优化利用。很有可能其他人也会遇到同样的机会，但谁都没有认识到这一点，或者即使意识到机遇来临了，并没有加以充分利用。小说家马克斯·弗里奇（Max Frisch）曾经说过："机遇为我

---

[1] Arnd Hoffmann, *Zufall und Kontingenz in der Geschichtstheorie: Mit zwei Studien zu Theorie und Praxis der Sozialgeschichte* (Frankfurt-am-Main: Vittorio Klostermann, 2005), S. 143.

[2] Arnd Hoffmann, *Zufall und Kontingenz in der Geschichtstheorie: Mit zwei Studien zu Theorie und Praxis der Sozialgeschichte* (Frankfurt-am-Main: Vittorio Klostermann, 2005), S. 151.

打开属于我的一片天地。"① 机遇能否被发现并被利用，在一定程度上取决于个人"对经验的开放性"，也就是大五人格特征理论之一。许多研究表明，企业家和富裕人士的经验开放程度要高于平均水平。

心理学家理查德·怀斯曼（Richard Wiseman）的发现也很有趣，他调查了人们如何看待机遇在生活中起的作用以及他们对突如其来的机遇会做何反应。他经过观察发现，外向性与一个人遇到意外机遇和积极加以利用的可能性是相关的。"任何再三声称自己'幸运'的人往往比其他人更加外向。这种高度的外向性意味着，这些自己宣称是'幸运星'的人会与更多的人接触，并且由于外向的人通常对其他人更为开放，所以他们往往更能够从信息、反馈及其他能在生命中任何地方增加机遇的有用暗示中获益。"②

怀斯曼给研究对象来的路上提供了两个机会：一个机会是以钞票的形式出现的，怀斯曼把钞票放在通往研究实验室的地板上；另一个机会是以潜在雇主的形式出现的，潜在雇主在咖啡馆里和研究对象接触、攀谈。"'幸运星'一下子就找到了钱，与潜在雇主在咖啡馆热烈地交谈，并在那里找到了非常感兴趣的工作。几乎所有'不走运的人'都直接越过了钱，并

---

① Arnd Hoffmann, *Zufall und Kontingenz in der Geschichtstheorie: Mit zwei Studien zu Theorie und Praxis der Sozialgeschichte* (Frankfurt-am-Main: Vittorio Klostermann, 2005), S. 56.
② Heiko Ernst, "Glück haben-Wie sehr bestimmen Zufälle unser Leben?" *Psychologie heute* 4 (2012), accessed 27 October 2017, https://www.psychologie-heute.de/archiv/detailansicht/news/glueck_ haben_ wie_ sehr_ bestimmen_ zufaelle_ unser_ leben_ glueck_ haben_ wie_ sehr_ bestimmen_ zufael.

且没有利用这次咖啡馆的谈话机会。"① 这说明,对偶然事件的识别和利用也是某些人格特征和态度的结果。

与格拉德威尔的著作相似的书,都把如比尔·盖茨和史蒂夫·乔布斯等人的大部分成功归结为一系列幸运的巧合,这就具有了固有的暗示性力量,因为这会引导读者不停地追问:如果这种单一事件或是那一点点好运气并没有发生,会有什么不同呢?作者越是把这些幸运的巧合联系起来,读者们就越有可能认为,如果这些人没有遇到那一系列的偶然事件,他们就不会在类似的领域取得成功。当然,这是有可能的,不过无法被证明。要确定这些成功人士生活中的大量负面事件或不愉快巧合并不难,而这些只能说是运气不佳。如果这些人实际上并没有取得这么大的成功,而是失败了,那么有这种不走运的暗示十分容易,这也同样可以作为他们失败的一种解释。但这样的话,就会忽略一个事实,也就是一个人对事件做出反应的方式过多,而对事件本身则很少,这就会导致特定的结果。

人们一生中只遇到好运气或坏运气的可能性非常低。平均来讲,在几年或几十年间,好运气和坏运气是可以相互抵消的。霍夫曼把这种思维方式称为"补偿理论"。这样一来,一些巧合就弥补了另外一些巧合。②

毫无疑问,偶然事件和运气确实起了作用,不过,这种作

---

① Heiko Ernst, "Glück haben-Wie sehr bestimmen Zufälle unser Leben?" *Psychologie heute* 4 (2012), accessed 27 October 2017, https://www.psychologie-heute.de/archiv/detailansicht/news/glueck_ haben_ wie_ sehr_ bestimmen_ zufaelle_ unser_ leben_ glueck_ haben_ wie_ sehr_ bestimmen_ zufael.

② Arnd Hoffmann, *Zufall und Kontingenz in der Geschichtstheorie: Mit zwei Studien zu Theorie und Praxis der Sozialgeschichte* (Frankfurt-am-Main: Vittorio Klostermann, 2005), S. 30.

用会根据所涉及的事件领域而大不相同。在强调好运作用的同时，迈克尔·J. 莫布森（Michael J. Mauboussin）也承认，不同领域和事件之间存在实质性差异。他提出了"运气/技能连续体"的说法，并以体育活动等为例加以说明。他把轮盘放在光普的"纯好运"的一端，把国际象棋放在光普"纯技能"的一端。[1] 为了决定一个事件处于光普的哪个位置，可以询问以下问题：你是否会故意输掉。很明显，在技能游戏中，你可能会有意地输掉，不过，玩轮盘赌或彩票时，你无法故意输掉。在美国，为使在线扑克合法化，律师们甚至拿这个测试作为他们的法律论据。[2]

即使机遇确实算一个因素，人们对机遇事件或偶然事件的反应一定重要得多。赢得彩票是一个天降好运的例子。不过，那些赢得彩票大奖的人在几年内就不会有好运了。[3] 相比之下，那些自力更生的百万富翁和亿万富豪失去一切后，却能在几年内重获财富。

还有一个幸运巧合的例子就是继承了大笔的财富，而继承的个体什么也没做，只是继承财富而已。他们在两三代人之内就失去财富的例子也有很多。罗伯特·阿尔诺特（Robert Arnott）、威廉·伯恩斯坦（William Bernstein）和莉莉安·吴（Lillian Wu）于2015年指出，多数超级富豪的财富都很快耗

---

[1] Michael J. Mauboussin, *The Success Equation：Untangling Skill and Luck in Business, Sports, and Investing* (Boston：Harvard Business Review Press, 2012), p. 90.

[2] Michael J. Mauboussin, *The Success Equation：Untangling Skill and Luck in Business, Sports, and Investing* (Boston：Harvard Business Review Press, 2012), p. 19.

[3] Rainer Zitelmann, *Reich werden und bleiben：Ihr Wegweiser zur finanziellen Freiheit* (Munich：FinanzBuch Verlag, 2015), S. 13-15.

尽。他们问道："从前创业时代的超级富豪的后代们，如阿斯特家族（Astors）、范德比尔特家族（Vanderbilts）、卡内基家族（Carnegies）、洛克菲勒家族（Rockefellers）、梅隆家族（Mellons）和格蒂家族（Gettys），现在都哪儿去了？……最先获得巨大财富的人都是万里挑一的天才，相比之下，这些超级富豪的后代很少是同样的万里挑一的天才……一般来说，我们发现，与人均国内生产总值的增长相比，超级富豪的后代会在每20年（或更短）时间内，将其遗产减半。今天，19世纪的巨大财富大半都已耗尽，几乎所有半个世纪前的好运气也都没有了。"[1]

不可否认，运气和机会确实发挥了作用，但是人们不太关心这一点。人们更关心经过证实的成功策略，这并不是巧合，毕竟，意识到好运和机遇对获得成功发挥了作用，但这又能得出什么结论呢？它对于人们的行为影响不大。这也就解释了，为什么说对于成功的解释更倾向于与个人有关的因素（起码在某种程度上是这样）。

第二节 幸运——对嫉妒的无意识防御

赫尔穆特·施伊克（Helmut Schoeck）在他的《嫉妒，一种社会行为理论》（*Envy: A Theory of Social Behaviour*）一书中，提出了一个假设，即"好运气和坏运气、机遇和机会"在控制嫉妒问题上起到了关键作用。正如施伊克所说，"人可以向个人命运中明显的不平等妥协，却不能屈服于对自己和他

---

[1] Robert Arnott, William Bernstein and Lillian Wu, "The Rich Get Poorer: The Myth of Dynastic Wealth," *Cato Journal* 35, No. 3 (2015), p. 2.

人都具有破坏性的嫉妒。他可以指责非个人权力——盲目的机会。"① 在成功人士提到好运的时候，这就成了对嫉妒的无意识防御。"一个取得巨大成功的运动员、男学生或商人很可能会成为人们嫉妒的对象，在这种情况下，他们会耸耸肩说：'我只是觉得自己很幸运。'……他们只是下意识地通过这种方式，摆脱可能的嫉妒。"② 这种行为指向一种"随机的、不可预测的、不可控的力量，这种力量导致了有利或不利的事件发生。"③

当一个非常成功的人称"我只不过比较走运"时，比起提及自己的杰出智慧或是出众个性，他们这样说会显得更可爱、更人性化并且使人愉快。另外，我们常把成功归结为技能，把失败归结为坏运气，这么想可以帮我们解除心理负担。"我的成功归功于我，我的失败归咎于他人"④ 是一个熟悉的解释。很多研究表明，"无论真正的原因是什么，无法达成目标或无法完成任务的人，往往会把失败归结于外部原因，比如优秀的对手、不利的环境或只是运气不好。然而，人成功了，他们认为成功应归功于自己的技术和能力，而几乎不会把成功视为对手较弱或环境有利的结果。"⑤

不过，契克森米哈赖的研究表明，那些特别成功的个人往

---

① Helmut Schoeck, *Envy: A Theory of Social Behaviour* (Indianapolis: Liberty Fund, 1966), p. 285.
② Helmut Schoeck, *Envy: A Theory of Social Behaviour* (Indianapolis: Liberty Fund, 1966), p. 285.
③ Helmut Schoeck, *Envy: A Theory of Social Behaviour* (Indianapolis: Liberty Fund, 1966), p. 285.
④ Louis Schützenhöfer, *Vom Charme des Scheiterns: Krisen für einen Neustart nutzen* (Vienna: Verlag Carl Veberreuter, 2011), S. 38.
⑤ Louis Schützenhöfer, *Vom Charme des Scheiterns: Krisen für einen Neustart nutzen* (Vienna: Verlag Carl Veberreuter, 2011), p. 38.

往认为，他们的成功是由于运气太好了，或至少假设有可能是这种情况。这其中可能有一定程度的卖弄成分。虽然关于非常成功的人经常把运气或巧合作为自己成功的原因，确实有第三个原因存在，但施伊克提到的无意识地为嫉妒辩解绝对能够成为一个关键因素。

第三节　用幸运和巧合阐释成功

在我们无法解释某个成功的结果时，我们也常常得出结论：这次成功完全是运气所致。莫布森就是这些强烈强调运气作用的作者之一。为了支持自己的假设，他引用了美国经济学家舍布·罗森（Sherwin Rosen）的《超级巨星经济学》(*The Economics of Superstars*)一书中的分析。"罗森发现，一些超级巨星（如一流演员）赚取的收入远远大于那些能力稍弱些的演员。虽然粉丝们会觉得超级巨星没有那么出色，但他认为，他们演技的差异太小无法解释他们彼此薪酬上的巨大差距。"[1]

这个例子很好地解释了这样一个现象：很多作者过度轻率地得出运气或机遇发挥作用的结论，而没有考虑其他解释。莫布森关于运气的定义运用了差减法或余值法。"从这个意义上讲，运气是剩余的部分，是从结果中减去技能之后所剩下的东西。"[2] 他认为，即使超级巨星的水平与普通音乐家相似，他们仍然会赚更多钱，这个差异不能仅靠音乐技巧来解释。"有

---

[1] Michael J. Mauboussin, *The Success Equation: Untangling Skill and Luck in Business, Sports, and Investing* (Boston: Harvard Business Review Press, 2012), p. 123.

[2] Michael J. Mauboussin, *The Success Equation: Untangling Skill and Luck in Business, Sports, and Investing* (Boston: Harvard Business Review Press, 2012), p. 16.

多种方法来评定一个人的技能或能力。例如，你可以根据歌的节奏、音调、歌词内容、发声质量和乐器来评价一首歌。不同的人可能会有不同的判断标准，或者以不同方式来评定这些品质。不过，无论我们如何评估一个人的技能，运气也同样有利于通过社会影响影响我们的观点。所以，运气不仅仅隐藏在结果的不平等的背后，更决定了我们对技能或能力的评价。"[1]

不管在什么地方，上文使用差减法对运气的定义，即运气是从"结果"中减掉"技能"的剩余部分，这种谬误是把"技能"定义得过于狭隘的直接结果。在这种情况下，错误的假设是：超级巨星能获得更高的收入是因为他们的音乐技能更高超。如果无法对音乐技能进行分类或量化，那么就只剩下运气可以作为唯一解释了。

不过，事情显然并不是这样的，麦当娜曾经是世界上薪酬最高的歌手，她的例子就可以证明。在麦当娜被问及是否有天赋的时候，她的经理，也就是曾经为麦当娜在音乐上取得成功铺平道路的人，答道："她的技能足以创作音乐或弹弹吉他……但相比较而言，更重要的是她的个性，而且她是一位优秀的演员。"[2] 在她赢得了电影《贝隆夫人》主角的机会的时候，麦当娜不得不先接受三个月的专业声乐训练。当时，她已经是世界上最有名和最成功的歌手了。她的成就和高收入并不是什么异常优秀的音乐才能所致，也不是运气或巧合的结果。

---

[1] Michael J. Mauboussin, *The Success Equation: Untangling Skill and Luck in Business, Sports, and Investing* (Boston: Harvard Business Review Press, 2012), p. 125.

[2] Lucy O'Brien, *Madonna: Like an Icon-The Definitive Biography* (London: Transnorld Publishers, 2007), p. 49.

第五章 机会扮演什么角色

这一切要归功于她能够定位和推广自己的才能。①

这也同样适用于许多企业家和超级巨星,不能把他们的成就归功于某项特殊的专业技能或某个产品功能,而应归功于出色的推广。奥地利亿万富豪迪特里希·梅特舒兹(Dietrich Mateschitz)(红牛维他命饮料有限公司创始人)和理查德·布兰森(Richard Branson)(英国维珍集团创始人)就是完美的例子。② 即使是毋庸置疑的非常有能力的投资人,比如沃伦·巴菲特(Warren Buffett),至少其成功的一小部分要归功于精湛的自我推广技巧。③

不仅那些仓促论证的学者和作者把成功归功于运气和机遇。在许多情况下,连成功人士自己都不知道或是至少无法表达清楚自己为什么成功以及是如何成功的。这就是为什么需要进行定性社会研究以填补这项空白。阿诺德-迈克尔·诺(Arnd-Michael Nohl)表示:"虽然受访者很清楚如何处理具体问题,也不能假设他们能够弄清楚成功的原因。"诺引用了德国学者卡尔·曼海姆(Karl Mannheim)的"非理论知识",这种"非理论知识"首先必须由研究人员阐述。④

学者迈克尔·波兰尼(Michael Polanyi)提出了"内隐知识"这个词。本书第四章第五节强调了内隐学习的重要性。人们通过内隐学习可能获得最多的隐性知识或直觉。不管谈论

---

① Rainer Zitelmann, *Dare to Be Different and Grow Rich* (Mumbai: Indus Source Books, 2012), pp. 79–84.
② Rainer Zitelmann, *Dare to Be Different and Grow Rich* (Mumbai: Indus Source Books, 2012), pp. 202–223.
③ Rainer Zitelmann, *Dare to Be Different and Grow Rich* (Mumbai: Indus Source Books, 2012), pp. 222–223.
④ Arnd-Michael Nohl, *Interview und dokumentarische Methode: Anleitungen für die Forschungspraxis*, 4th rev. ed. (Wiesbaden: Springer VS, 2012), S. 16–17.

的是"隐性知识"或"非理论知识",无论如何,显然,我们所知的往往比我们自己了解的或能够明确解释的要多。盖克·克拉克斯顿(Guy Claxton)将自己的论文命名为《知其然不知其所以然》(*Knowing Without Knowing Why*)。[1] 哈耶克指出,很多事情人们都"能够"做得很好,却不知道是怎么做到的。"这些技能的特点就是,我们往往无法明确地(推论性地)解释所涉及的行为方式。"[2]

正如研究所示,成功人士往往无法明确地解释他们为什么会成功。一个成功的作者能否准确解释自己是"如何"写作的?一个成功的音乐家能否准确解释自己是如何比其他音乐家取得更大成功的?由于他们的行为往往是内隐学习的产物,并且是依靠直觉进行的,所以这一点很难解释。也许这些人从来没有仔细想过这个问题,或者他们缺乏在更抽象,甚至在更科学的层面上反思这些话题的能力。即使他们仔细思考过,对于这种比较,他们往往缺乏必要的依据做出合理的解释。当人们无法认识到他们过去或现在的成功的原因时,他们把成功解释成运气或机遇也就不奇怪了。

受访者在无法明确说清楚自己的内隐知识时,他就会将其解释为好运,这也可以缓解尴尬的局面。当人们用运气或巧合来解释自己为什么成功时,这么说有三个好处:解释中包含了部分真相,对于采访者来说"听起来不错",而且可以作为一种针对嫉妒的无意识保护。

---

[1] Guy Claxton, "Knowing Without Why," *The Psychologist* (May 1998).
[2] Friedrich August von Hayek, "Rules, Perception and Intelligibility," in *Studies in Philosophy, Politics and Economics* (London: Routledge & Kegan Paul), p. 43.

第六章　意向性性格特征：
大五类人格及其他

在心理学中，"人格"被定义为"持久性地描述一个人全部特征的总和，并使一个人区别于其他人"。① 珀文（Pervin）认为，人格指的是"形成个人持久而独特的感受、思维和行为模式的心理素质"。②

目前，"差异心理学"或"个性心理学"等术语和很多同义词都被大量用来研究人格特征的倾向性。③ 这些都是"个人在不同情况下久而久之反复表达的广泛的、无条件的、去背景化的和隐含的比较特征。它指的是相对整体的（相比之下非常具体的）特质，描述了典型的（不限于特定条件或情境、

---

① Philipp Yorck Herzberg and Marcus Roth, *Persönlichkeitspsychologie* (Wiesbaden: Springer VS, 2014), S. 19.
② Daniel Cervone and Lawrence A. Pervin, *Personality: Theory and Research*, 12th ed. (New York: John Wiley & Sons, 2013), p. 8.
③ Philipp Yorck Herzberg and Marcus Roth, *Persönlichkeitspsychologie* (Wiesbaden: Springer VS, 2014), S. 13.

环境）的经验和行为。"①

这些个人特征不随时间和各种情况的变化而变化，它们相对稳定，因此可以确切估量。例如，我们使用自我评估调查问卷或第三方采访的方法。因此，人格心理学主要研究心理机能和性格。性格具有以下特征："1）不同人的性格不同；2）不随时间的改变而改变，具有稳定性；3）即使人所处情况不同，性格具有一致性。"②

人格特征是持久不变的，至少从某个年龄段开始就几乎没有变化，而"适应性特征"更加短暂，并会随着时间的推移而改变。这些适应性特征也可以通过咨询和学习有意识地发展或改变。适应性特征包括动机、目标、计划、价值观、态度、自我意象、具体技能和才能、学习方法、应对策略、防御机制以及人类个性等诸多方面。③

在描述各种人格类型的众多模型中，最近几十年间，虽然有人批评大五人格模型并指出其局限性，但是大五人格模型在很大程度上占据主导地位。④ "对大五人格模型广受欢迎的一个解释是，经过几十年的论战，现在我们有了一个统一的人格

---

① Philipp Yorck Herzberg and Marcus Roth, *Persönlichkeitspsychologie* (Wiesbaden: Springer VS, 2014), S. 5.
② Philipp Yorck Herzberg and Marcus Roth, *Persönlichkeitspsychologie* (Wiesbaden: Springer VS, 2014), S. 18.
③ Philipp Yorck Herzberg and Marcus Roth, *Persönlichkeitspsychologie* (Wiesbaden: Springer VS, 2014), S. 5-6.
④ 对于这种批判的例子，请比较以下两篇论文：Burghard Andresen, "Risikobereitschaft (R) -der sechste Basisfaktor der Persönlichkeit: Konv-ergenz multivariater Studien und Konstruktexplikation," *Zeitschrift für Differen-tielle und Diagnostische Psychologie* 16 (1995); Gerard Saucier and Lewis R. Goldberg, "What Is Beyond the Big Five?" *Journal of Personality* 66, No. 4 (1998)。

第六章 意向性性格特征：大五类人格及其他

模型，它整合了其他描述人格的模型。"①

早在 20 世纪 30 年代，第一个用于描述三个到五个关键人格特征的性格理论就出现了，不过，现今广为人知的大五人格模型是由保罗·T. 科斯塔（Paul T. Costa）和罗伯特·R. 麦克雷（Robert R. McCrae）系统地提出的。和其他人格理论一样，大五人格模型是要素分析的产物。这涉及一系列人格变量的测量和分析。这些变量应该与单个因素（如"外向性"）有很大相关性，并且不同因素之间的相关性很小（如"外向性"和"宜人性"）。② 科斯塔与麦克雷的大五人格模型定义了五个特征：神经质、外向性、开放性、宜人性和责任心。

责任心是由以下特质组成的：

- 认真（全面、细致）：与马虎相反（粗心、不负责任）。
- 勤奋（勤勉、高效）：与懒惰相反（无动于衷、无精打采）。
- 有条不紊（井井有条、一贯的）：与紊乱相反（无目的、无计划）。
- 守时：与迟到相反。
- 雄心勃勃：与漫无目的相反。
- 坚忍（顽强、坚持）：与放弃相反。

"一丝不苟的人是理智和见多识广的，也往往认为自己的胜任力较强。他们的成功部分源于他们的条理性和秩序感，这

---

① Philipp Yorck Herzberg and Marcus Roth, *Persönlichkeitspsychologie* (Wiesbaden: Springer VS, 2014), S. 44.
② Philipp Yorck Herzberg and Marcus Roth, *Persönlichkeitspsychologie* (Wiesbaden: Springer VS, 2014), S. 25.

可以让他们更高效地工作……他们追求获得高成就，所有事情都追求完美；为实现自己的目标，他们一定是高度自律的。最后，他们还有深思熟虑、提前制订计划、在行动前仔细思考的特点。他们的生活清楚地指向自己选择追求的道路。"[1]

高度神经质的人倾向于紧张不安，并经常担心会出问题。他们感到很难应付压力，所以很敏感。他们倾向于冲动反应。总的来说，他们心理上很不稳定。[2] 神经质的人还表现为：焦虑、烦躁、抑郁、羞怯、冲动和脆弱。[3] 不过，这并不意味着他们在临床意义上是神经质的。传统意义上被诊断为神经质的精神病患者在神经质这个维度上往往得分很高，但许多人在没有任何精神疾病的情况下得分很高。[4]

如第三章所示，以往的研究表明，富裕人士和企业家的特点就是责任心很强，而宜人性很低。麦克雷和科斯塔将诸如"冷酷""可疑""吝啬""敌对""批判"和"急躁"等词语结合起来用于表达低宜人性。尤尔根·赫斯（Jürgen Hesse）和汉斯·克里斯蒂安·施拉德（Hans Christian Schrader）认为，"宜人性非常高的测试对象对和谐有着明显的需求，他们可以很容易退缩，并且特别容易轻信别人"。[5]

在这种情况下，可以按照常规方式来使用词语"外向性

---

[1] Robert R. McCrae and Paul T. Costa, *Personality in Adulthood: A Five-Factor Theory Perspective* (New York: The Guilford Press, 2003), pp. 50-51.

[2] Robert R. McCrae and Paul T. Costa, *Personality in Adulthood: A Five-Factor Theory Perspective* (New York: The Guilford Press, 2003), pp. 47-48.

[3] Philipp Yorck Herzberg and Marcus Roth, *Persönlichkeitspsychologie* (Wiesbaden: Springer VS, 2014), S. 43.

[4] Robert R. McCrae and Paul T. Costa, *Personality in Adulthood: A Five-Factor Theory Perspective* (New York: The Guilford Press, 2003), p. 46.

[5] Jürgen Hesse and Hans Christian Schrader, *Persönlichkeitstest: Verstehen-Durchschauen-Trainieren* (Munich: Stark Verlagsgesellschaft, 2014), S. 95.

第六章 意向性性格特征:大五类人格及其他

和开放性"。高度外向性的人很健谈、坚定、有事业心、精力充沛且勇敢。相比之下,内向性的人往往是沉默的、优柔寡断的,并且经常焦虑和缺乏活力。开放性高的人想象力丰富、有创造力,并且对世界充满好奇心。[1]

人格特征不仅仅是习惯。相反,许多习惯与人格特征毫无关系。麦克雷和科斯塔指出,与习惯相比,"特征"与动机更为接近。"在许多方面,特征更像是动机而不是习惯,我们往往并不十分清楚如追求刺激之类的倾向是否应被称为特征或动机。'特征'似乎是更宽泛的词语,指人类一致性的动机、风格等。"[2]

无论通过第三方评估还是自我评估,人格特征都可以通过观察来测试。这两种方法哪种更准确?是第三方更可信还是自我评估更可靠?为了证明自我评估更可信,麦克雷和科斯塔做出如下报告:"每个人用一生了解自己,我们可以凭借主观经验,得知某件事是否真正令自己享受,还是让自己深感怀疑或焦虑。如果受访者能够坦诚地面对自己和研究人员,那么自我评估报告可能是测试人格特征的最佳方法。"[3] 大量研究检验了自我评估和第三方评估结果之间的相关性,报告结果高度一致。其中有两个方面相关性很高,尤其是自我评估与丈夫和妻子对彼此的评估之间的相关性。他们比别人更了解自己伴侣的

---

[1] Daniel Cervone and Lawrence A. Pervin, *Personality: Theory and Research*, 12th ed. (New York: John Wiley & Sons, 2013), pp. 265-266.
[2] Robert R. McCrae and Paul T. Costa, *Personality in Adulthood: A Five-Factor Theory Perspective* (New York: The Guilford Press, 2003), p. 28.
[3] Robert R. McCrae and Paul T. Costa, *Personality in Adulthood: A Five-Factor Theory Perspective* (New York: The Guilford Press, 2003), p. 40.

人格。①

用于这项研究的问卷与麦克雷和科斯塔的大五人格模型的研究内容有很多相似之处。该问卷有 50 个问题，每个问题有 5 个要素。该问卷是由科斯塔和麦克雷依照 NEO 五因素人格调查表（NEO-FFI）制作的，由彼得·博尔科诺（Peter Borkenau）和弗里茨·奥斯坦多夫（Fritz Ostendorf）首先翻译成德语。② 虽然刚开始翻译成德语的时候有些问题不太明晰（如使用双重否定词），但一般测试对象在分配的 15 分钟内完成问卷调查表没有问题。该问卷对神经质、外向性、开放性、宜人性和责任心等几项人格特征进行评估。③ 研究结果见第十七章。

绝大多数受访者超过 50 岁，这就产生了衡量人格特征实际上是否有意义的问题。如果经证实，一个人的人格特征是高度易变的，也就是说，如果一个人 30 岁的人格和 60 岁的人格差异很大，那么关于人格的问题就只有有限的认识论价值，或者有必要在受访者更年轻的时候探寻其人格特征。

不过，如果人格是持久不变的，或随着时间的推移变化不大，那么研究人格一定是有意义的。大量研究证实了麦克雷和科斯塔提出的观点是很有说服力的，即人在 30 岁以后，其主要人格特征就几乎没有改变。④ 实际上，大量研究表明，随着

---

① Robert R. McCrae and Paul T. Costa, *Personality in Adulthood: A Five-Factor Theory Perspective* (New York: The Guilford Press, 2003), pp. 42–43.
② Jürgen Hesse and Hans Christian Schrader, *Persönlichkeitstest: Verstehen-Durchschauen-Trainieren* (Munich: Stark Verlagsgesellschaft, 2014), S. 88 et seq.
③ Jürgen Hesse and Hans Christian Schrader, Persönlichkeitstest: Verstehen-Durchschauen-Trainieren (Munich: Stark Verlagsgesellschaft, 2014), S. 94.
④ Robert R. McCrae and Paul T. Costa, *Personality in Adulthood: A Five-Factor Theory Perspective* (New York: The Guilford Press, 2003), p. 81.

第六章　意向性性格特征：大五类人格及其他

年龄增长，宜人性特征会变得越来越强，而随着时间的推移，许多外向性特征就会减弱，[1] 不过，这些变化远远超过不可改变的人格特征的总和。

虽然大五人格模型被学术界广泛认可，但也有人批评这一模型。[2] 一些研究人员呼吁用常规因素取代开放性。[3] 关于这项研究，最相关的方法就是伯格哈特·安德烈森（Burghard Andresen）采用的方法，他试图证明冒险倾向应被视为第六个潜在的人格特型。

安德烈森指出，一次次研究证明了第六大人格特征具有独特的高阶人格维度。"从这个角度讲，寻求风险和竞争的等级在体能挑战、活动、能量、成就动机和主导地位以及自然科学、技术和体育兴趣等衡量方法上尤为重要。"[4]

他将 R 因素（冒险倾向）的复杂性描述如下："R 因素的核心是冒险倾向，同时领导水平、成就和竞争动机也占很大比例。此外，R 因素还包括公民勇气、在危机和灾难情况下承担责任并采取英勇的个人行动。"[5] 经验研究表明，具有较高 R

---

[1] Robert R. McCrae and Paul T. Costa, *Personality in Adulthood: A Five-Factor Theory Perspective* (New York: The Guilford Press, 2003), p. 62.
[2] Philipp Yorck Herzberg and Marcus Roth, *Persönlichkeitspsychologie* (Wiesbaden: Springer VS, 2014), S. 46 et seq.
[3] Gerard Saucier and Lewis R. Goldberg, "What Is Beyond the Big Five?" *Journal of Personality* 66, No. 4 (1998), pp. 495–524.
[4] Burghard Andresen, "Risikobereitschaft (R) -der sechste Basisfaktor der Persönlichkeit: Konvergenz multivariater Studien und Konstruktexplikation," *Zeitschrift für Differentielle und Diagnostische Psychologie* 16 (1995), S. 213.
[5] Burghard Andresen, "Risikobereitschaft (R) -der sechste Basisfaktor der Persönlichkeit: Konvergenz multivariater Studien und Konstruktexplikation," *Zeitschrift für Differentielle und Diagnostische Psychologie* 16 (1995), S. 223.

因素的人具有如下表现:①

- 优先考虑以经济为导向的冒险和扩大企业规模
- 优先考虑更高、更有活力和更灵活的工作需求
- 互动式领导风格和社会优势
- 有创造性、充满活力的专业人士、成功动机和创新倾向

安德烈森列出了 R 因素的关键词:②

- 意志力
- 果断
- 承诺
- 决心
- 独立
- 斗志
- 雄心
- 崇尚运动
- 竞争态度
- 领导野心
- 勇于挑战
- 动机
- 乐于尝试

---

① Burghard Andresen, "Risikobereitschaft (R) -der sechste Basisfaktor der Persönlichkeit: Konvergenz multivariater Studien und Konstruktexplikation," *Zeitschrift für Differentielle und Diagnostische Psychologie* 16 (1995), S. 224.
② Burghard Andresen, "Risikobereitschaft (R) -der sechste Basisfaktor der Persönlichkeit: Konvergenz multivariater Studien und Konstruktexplikation," *Zeitschrift für Differentielle und Diagnostische Psychologie* 16 (1995), S. 229.

第六章　意向性性格特征：大五类人格及其他

- 权力意识
- 自主性
- 追求利润
- 企业家精神

这种构成的共同特性就是"进攻性、风险性，同时具有强烈的'道德'价值取向以应对挑战、危险或困境"。①

本书第三章和第四章引用的创业性人格研究也发现，大五人格模型本身对成功企业家具体特征的衡量过于狭隘。因此，研究人员要求受访者评估自己的冒险倾向，这在本书第二部分有详细论述。从第三章和第四章我们可以看出，创业人格的冒险倾向与个人强大的乐观主义具有很大的相关性。

最后，研究人员在采访中还探究了受访者在行为上体现的教条主义或不墨守成规的程度。根据很多关于企业家特征的理论（如熊彼特理论），不墨守成规（虽然研究人员并不常使用这一术语）是企业家的人格特征之一。

大五人格模型或其他衡量人格特征的模型并不能完全解释我们的行为。除了上文已经提到的人格特征之外，"适应性特征"也是人格特征之一。该特征一方面受人格特征的影响，另一方面受环境的影响，因此它可以改变。适应性特征包括"动机"（虽然在这种情况下，动机与人格特征有很大部分的重叠）、"兴趣""价值"和"态度"。② 虽然为了调查人一生中大五人格特征的稳定性已经进行了许多研究，但关于特有的

---

① Burghard Andresen, "Risikobereitschaft (R) -der sechste Basisfaktor der Persönlichkeit: Konvergenz multivariater Studien und Konstruktexplikation," *Zeitschrift für Differentielle und Diagnostische Psychologie* 16 (1995), S. 210.
② Philipp Yorck Herzberg and Marcus Roth, *Persönlichkeitspsychologie* (Wiesbaden: Springer VS, 2014), S. 75-100.

适应性特征，仍然缺乏适当的研究。①

为了涵盖人格特征，本书将"人格"一词定义为相当广义的术语，它仍然相对恒定并可以衡量，例如使用大五人格特征模型以及适应性特征（动机、价值、态度和行动策略）。

在这种情况下，对于把致富当作人生目标的人来说，他们值得思考个性特征与财富成因之间的相关性。有人会假设，具有成为富人的人格特征的人数要远远多于真正的富人的人数。因此，识别这些人格特征可以帮助人发展自我意和开发未被发掘的潜能。行为策略、态度、信念和性格上的缺陷，实际上塑造了人格，同时行为策略、态度和信念在很大程度上是可变的。在这个程度上，分析通过努力而变得富有的人的特有态度和行为策略，肯定会对把致富作为人生目标的人发展行为模式和学习目标大有帮助。

---

① Philipp Yorck Herzberg and Marcus Roth, *Persönlichkeitspsychologie* (Wiesbaden: Springer VS, 2014), S. 132.

第七章　方法论

第一节　定量方法在财富的学术研究中的局限性

社会学研究中的定量和定性方法有其正当性，可以有目的地相辅相成。① 本书把净资产过亿的人作为研究对象，采用的研究方法是定性法。这么做是有原因的。

任何随机抽样都不可能为定量调查提供数以亿计的足够数量的样本。② 因此，本书决定对财富的学术研究采用定性方法，这是基于两个事实：第一，没有用于定量分析的适当数据；第二，目前还不清楚应该如何收集这些数据。当然，不排除这种可能性，即有一天这个问题会得到解决，并会创建一个足够稳定的数据集，这样就可以使用定量方法来研究财富精

---

① Udo Kelle and Christian Erzberger, "Qualitative und quantitative Methoden: Kein Gegensatz," in *Qualitative Forschung: Ein Handbuch*, 10th ed., edited by Uwe Flick, Ernst von Kardorff and Ines Steinke (Hamburg: Rowohlt, 2013), S. 299 et seq.
② Markus M. Grabka, "Verteilung und Struktur des Reichtums in Deutschland," in *Reichtum, Philanthropie und Zivilgesellschaft*, edited by Wolfgang Lauterbach, Michael Hartmann and Miriam Ströing (Wiesbaden: Springer VS, 2014), S. 31.

英了。

约亨·格莱赛（Jochen Gläser）和格里特·劳德尔（Grit Laudel）认为，以不能使用定量方法为由使用定性方法进行研究，这个理由过于保守了。"这个理由在今天很难适用。它可以间接地表明以关系为导向的解释策略是更好的策略，遗憾的是，仅仅因为条件不利，这种方法也不能使用。今天，我们可以进一步争论，并写道我们感兴趣的社会机制往往只能通过定性法来识别。"[1] 不过，也许有人会说，如果可以使用定量方法为研究超级富豪生成可靠的数据集，那么事实上我们也必须这么做。有必须使用定性法的争论是由于缺乏这样的数据集，而且在可预见的将来也无法实现这样的数据集，不过，这绝不意味着结果较差。因为这些方法是对调查对象唯一适用的，所以也是正确的研究方法。

研究超级富豪的最大挑战是，很难接触这个群体。一方面，这个群体非常小。另一方面，由于多种原因，这个群体比一般群体的自我保护意识更强。这些人多数都有一个团队，专门负责阻挡外界与他们接触（特别是陌生人，但也不仅仅是陌生人）。这是为了使这些人在工作时不受干扰或不会分散注意力。因为这些富裕人士担心其他群体的嫉妒，所以强烈保护自己的隐私。毕竟，时间才是这个群体中最稀缺的资源。个人在工作时间内创造的价值越大，他们就越不愿意将时间投入到既不能产生经济效益，也不能减轻工作和生活压力的事情上。与其他专业团队相比，约见财富精英成员往往必须提前几个月安排。

汉斯·默克斯（Hans Merkens）认为，"在定性研究中，

---

[1] Jochen Gläser and Grit Laudel, *Experteninterviews und qualitative Inhaltsanalyse als Instrumente rekonstruierender Untersuchungen*, 4th ed. (Wiesbaden: VS Verlag für Sozialwissenschaften, 2010), S. 71.

第七章　方法论

确保可以在研究特定实例和接触集团或机构的前提下再进行实证调查。一旦做到这一点,甄选程序就不是最重要的考虑因素了,可以根据已确定的情况进行甄选。"[1] 这次调查也同样适用。默克斯说道:"对于实际选择,在许多情况下,调查开始时并没有固定的抽样检验方法,滚雪球方法是比较适合的……采访者会请每位受访者推荐更多合适的受访者。"[2]

那么,笔者是如何接触到作为本书基础的采访对象——超级富豪的呢?笔者首先创建了一份30至40名企业家和投资人的名单,他认为这些人拥有至少数千万或上亿的净资产。他们是他私下已经认识的人,其中多数只是过去认识,还有一些是与笔者关系比较亲密的熟人。笔者要么亲自联系这些人,要么写信联系,并问他们是否愿意接受匿名的、时间为一到两个小时的个人采访。在最初的采访群体中,通过房地产建立财富的人(如开发商、基金发起人或投资人)的人数过多。他们最终代表了约一半的受访者。进行这种高度个人采访的原因是,笔者自1996年开始一直都是一名活跃的记者,从2000年开始,他做了房地产行业的顾问和投资人。

45位受访者的职业或涉足行业

房地产开发商:14人

金融业(涉足领域有资金、租赁、金融服务、融资、股票等):9人

---

[1] Hans Merkens, "Auswahlverfahren, Sampling, Fallkonstruktion," in *Qualitative Forschung: Ein Handbuch*, 10th ed., edited by Uwe Flick, Ernst von Kardorff and Ines Steinke (Hamburg: Rowohlt, 2013), S. 288.

[2] Hans Merkens, "Auswahlverfahren, Sampling, Fallkonstruktion," in *Qualitative Forschung: Ein Handbuch*, 10th ed., edited by Uwe Flick, Ernst von Kardorff and Ines Steinke (Hamburg: Rowohlt, 2013), S. 293.

房地产业（基金发起人，投资者，建筑业等）：6人
房地产经纪人或销售：4人
食品工业批发业：4人
医疗技术或IT行业：3人
咨询与服务公司：2人
制造业（钢铁、消费品等）：2人
其他行业：1

鉴于受访者中从事房地产行业的人数比例较高，这个群体似乎可能比实际情况更加同质化。大约一半的人可能涉足过房地产行业，但开发商、承包商、基金发起人和经纪人的工作是非常不同的，需要特别的资质，这就意味着，实际上这个群体比原来预期的更具异质性。

多数受访者是白手起家的百万富翁，这是十分有利的，因为与继承部分财富的人相比，这个群体回答"你是如何变富有的"这个问题会更加容易。对于继承人来说，他们继承的财富是否大大增加，或者是否只是将财富维持在相似的水平上，甚至是否耗尽了最初继承的财富，向他们询问这些是很重要的。只有在第一种情况下，才能得出与本书所列问题相关的结论。为本项研究选择对象的标准是：他们要么是白手起家获得财富的，要么就是继承了一大笔遗产。简单来说就是：把1亿欧元变成1000万欧元的人显然与本研究无关，而把1000万欧元变成1亿欧元的人与本研究有关。采访结束后，受访者被问及是否能够推荐符合这些标准的其他受访者。另外，部分受访者是由一名负责这项工作的教授推荐的，有些受访者甚至是招聘来的。总的来说，从2015年10月至2016年3月，笔者进行了45次个人访谈。每次访谈持续一到两个小时，访谈内

第七章 方法论

容都呈现在1740页的转录文本中。除了四个人外，所有的采访都是在德国进行的。这四名受访者不再住在德国（其中三人住在瑞士），但他们仍然是德国公民。

该研究采用定性法的优点主要是："'由内而外'描述生活的范围，也就是从相关个人的角度来分析。这种方法帮助人们更好地理解社会现实，并提请人们注意过程、解释模式和结构特征。这些对人们来说仍然是很隐蔽的，甚至每天忙于例行公事的演员可能也不会意识到这些。"[1]

定性法特别适用于边缘和少数社会群体，他们的生活方式在很大程度上是未知的，而且和多数人关系不大。考虑到这些群体，乌韦·弗里克（Uwe Flick）、厄恩斯特·凡·卡道夫（Ernst von Kardorff）和艾恩·斯坦克（Ines Steinke）关于定性研究价值的假设特别适用。定性研究使用的是，"作为知识的源泉和镜子，偏离规范的外来事物和意料之外的事物使未知的事物得以知晓，使已知的事物变得模糊，并因此扩大获取更多（自我）知识的可能性"。[2] 根据弗里克、卡道夫和斯坦克的说法，"定性研究往往是被推荐的方法，它研究的重点在于那些尚未被深入探索的领域，并使用'敏感性概念'作为支持。"[3]

定性研究的优势更多地在于描述社会群体和发展问题，而

---

[1] Uwe Flick, Ernst von Kardorff and Ines Steinke, "Was ist qualitative Forschung? Einleitung und Überblick," in *Qualitative Forschung: Ein Handbuch*, 10th ed., edited by Uwe Flick, Ernst von Kardorff and Ines Steinke (Hamburg: Rowohlt, 2013), S. 14.

[2] Cornelia Helfferich, *Die Qualität qualitativer Daten: Manual für die Durchführung qualitativer Interviews*, 4th ed. (Wiesbaden: Springer VS, 2011), S. 14.

[3] Cornelia Helfferich, *Die Qualität qualitativer Daten: Manual für die Durchführung qualitativer Interviews*, 4th ed. (Wiesbaden: Springer VS, 2011), S. 25.

不是通过标准化程序提供因果解释。本研究旨在证明：本研究中，超级富豪的自我概念被重建。这种重建包括他们对自己取得成功的个人解释，以及对人格特征及其经历的差异和相似之处的广泛和详细的介绍。不过，由于没有由非富裕人群组成的对照组，因此无法提供对富豪的特殊经济成功的因果解释。在最后一章中，我们更详细地讨论了这种方法的限制，其中阐述了本研究的局限性。

第二节　目标受访者群体的定义及组成

对富裕目标群体的任何调查首先必须解决一个基本问题：如何对个人资产进行评估。对德国财富的研究，采取了以下方法：首先对样本的"可自由使用的资本资产"进行评估，研究人员认为它大约占家庭总资产的1/4。[1] 这种方法的优点是，使用这种方法能够很容易地对可自由获得的资本资产进行比较准确的评估。[2] 不过，这种方法的缺点就是：目前还不确定这些资产是否占家庭总资产的25%左右。对于本书的受访者而言，情况自然并非如此，因为他们资产的很大一部分是非流动性资产（公司、持股、房地产），而这些资产没有定期估值。例如，几乎没有哪个拥有3亿欧元资产的人，会在任何持续时间内保留7500万欧元的流动资产。出于这个原因，对德国财富的研究所采用的方法（所采访的中等收入人士资产仅为140

---

[1] Wolfgang Lauterbach, Michael Hartmann and Miriam Ströing, *Reichtum, Philanthropie und Zivilgesellschaft* (Wiesbaden: Springer VS, 2014), S. 47 et seq.

[2] Wolfgang Lauterbach, Michael Hartmann and Miriam Ströing, *Reichtum, Philanthropie und Zivilgesellschaft* (Wiesbaden: Springer VS, 2014), S. 50.

万欧元）被认为是不合适的。

我们的研究使用单一标准来确定是否应该把某个人视为本书的潜在受访者：他们的净资产扣除所有未偿还债务（如抵押贷款）后是否还有 1000 万欧元？在评估这一标准时，受访者会进行自我评估。关于某个人是否属于目标群体这个问题十分容易回答，因为如果属于的话，显然他们的净资产远远超过了最低值 1000 万欧元。

开始采访之前还存在一个问题，即关于受访者的净资产，很难从受访者口中得知准确的信息。下面是产生这种担忧的原因。

1. 即使在采访保密的情况下，也并不是每个人都愿意披露自己的财务状况。解决这个问题的方法就是，明确划分资产数目类别，让受访者自己来归类。具体分类有：1000 万~3000 万欧元、3000 万~1 亿欧元、1 亿~3 亿欧元、3 亿~10 亿欧元、10 亿~20 亿欧元和 20 亿欧元以上。

2. 在计算财富净值中存在客观困难。有必要决定财富净值是否应包括业主自用不动产和（或）公司资产的价值。一些研究把业主自用不动产排除在外，但这仅仅因为该研究的委托方主要对流动资产的投资或分配感兴趣。相比之下，莱坊房地产经纪公司（Knight Frank）定期出版的《财富报告》（*The Wealth Report*）对投资和业主自用财产都有所兼顾。在 2014 年的《财富报告》中出现的超级富豪（即净资产超过 3000 万美元的富豪）中，业主自用不动产（平均每位富豪为 2.4 套房产）占其资产的 30%。[①] 关于公司资产是否应该包括在内的问题，赞成与反对的声音并存。对于许多超级富豪来说，其公司资产占其财富的大部分。对于上市公司来说，量化其资产的价

---

① *The Wealth Report* (London: Knight Frank Research, 2014), p.11.

值要相对容易一些。公司在某一特定日期的市值以及个人持有的股票数量的公开详情，都可以用来计算个人资产的价值。而对非上市公司来说，确定乃至估算其资产的价值都要困难得多。自从德国暂停评估和征收财富税以来，没有再持续进行评估活动，而且由于公司估值差异很大，所以很难得出可靠的估算结果。本书采访的大多数人是持有非上市公司股份的企业家，只有当其公司近期由于特殊原因（如计划销售）而进行估值时，才可能知道其公司的确切价值。

流动资产（债券、股票、活期存款等）的价值是最容易确定的，因为个人通常对其流动资产了如指掌。对业主自用资产估值并不那么简单。毕竟，个人通常并不了解其自用资产的当前市场价值。对于投资性房地产（租赁地产）提供公平市值评估是可能的。公平市值，简单来说，就是将不动产的净年租金收入乘以一个数学因子（"乘数"）的乘积。受访者们知道他们从不动产中取得的净年租金收入，毕竟，这是要纳入他们的年度纳税申报单的。在确定正确的乘数时，需要考虑一些因素和假设，包括地产的位置、质量和使用情况。确定了市场价值后，扣除任何未偿还按揭贷款的价值，得出的最终结果就是对个人净资产的估值。

这些考虑事项表明，准确判定一个人的财富多少并非易事。尤其是近期未对这些富人的公司或者房产等资产做出评估的情况下更是如此，因而，实际上，连他们自己都无法说清楚自己到底身价几何。对于这种情况，不必设法去确定这些人的确切财富，对这些受访者的财富进行大致分类即可解决这个问题。这种做法的优势在于，受访者会更有可能把自己归入经济状况的大致分类之中，而不愿意陈述自己准确的净资产（净资产问题在上面已概括提到，其实很难确定，个人也往往无法

第七章 方法论

确定)。另外，上述困难对于基于大类的财富评估通常没有很大的影响。即便一个人不能准确估量个人的财产，或者不愿这样做，他们也很可能愿意大致估计自己身价，比如说，3000万~1亿欧元，或者1亿~3亿欧元。

采访前，我们会进行初步电话采访来确定这些潜在的受访者是否属于目标群体，也就是说他们是否拥有至少1000万欧元的净资产。我们只需向极少数受访者询问这一问题即可。受访者在采访结束前，按要求把自己归到一个大类之中。彼德森（Petersen）观察到，在采访结束前，对统计信息以及"敏感的调查内容，即预期可能会引起调查对象的反感甚至抵触的内容"应该予以妥善处理。就同一话题，他明确指出："受访者最抵触的问题就是收入。因此，出于实际考虑，收入问题应该是最不该问的：任何可能发生的焦虑心理都不应该干扰采访的进程。如果受访者拒绝进一步回答问题，该采访自然无果，因为采访已经结束了。"[①]

受访者会在自己呈报的信息的基础上，把自己归到大类之中。如有可能，可以将这些呈报的信息与已经公开的信息进行比较，例如《经理人》（*Manager Magazin*）杂志上经常出现的清单上的详情。从掌握的财富数量上讲，本应该出现在这本杂志的名单上的许多人，实际上都未出现（这会让受访者轻松些）。只有两个人拒绝做个人财富评估，而且这两个人都没有出现在《经理人》杂志的名单上。然而，不论何种情况，我们可以知道产业估值。尽管如此，作者还是决定把其中两位受访者的资产归于比产业评估价值低一个层级的某个大类之中。

---

① Thomas Petersen, *Der Fragebogen in der Sozialforschung* (Munich: UVK Verlagsgesellschaft, 2014), S. 71.

45个受访者的财富价值·(欧元)分类
1000万~3000万：11人
3000万~1亿：20人
1亿~3亿：3人
3亿~10亿：8人
10亿~20亿：1人
20亿以上：2人

他们财富的来源
自主创业：36人
家族企业：5人
继承小企业并将其发展壮大的企业家：4人

45位受访者年龄（按年计算）
30~39岁：2人
40~49岁：7人
50~59岁：12人
60~69岁：7人
70~79岁：17人

性别
男性：44人
女性：1人

在这项研究中，财富最少的1/4的受访者净资产都处于1000万~3000万欧元。财富最多的1/4的受访者的净资产不低于3亿欧元。受访者中共有36位是自主创业者。其中大多数人都没有继承或者只继承了很少的财产。4位受访者继承了很小的企业，然后将其发展壮大，举例来说，就是把商店从两个店发展成几百个店，或是把一个小企业发展成全欧洲的大企业。有5位受访者的企业是家族企业，且其中4位受访者使家族资产大规模增值。就剩余的1位受访者而言，还不能完全确定地说有什么东西能说明这个受访者只是维持了家庭财产，却没有使其发展壮大。

受访者的年龄比较大，这也是情理之中的，因为一个白手起家的企业家财富积累到一定的规模，往往需要几十年。一半以上的受访者年龄都超过60岁，只有两个人年龄在40岁以下。在45位受访者中，有44个人是男性。对世界上最富有的人进行分析，比如以福布斯中的那些人为例，我们会发现大部分最富有的女性的财产是继承而来的。但是那些绝大部分财产都是继承而来的个人，很显然不属于这个研究范围。

第三节 选择指导性访谈法的原因

在社会科学领域已经有各种定性的研究方法。即便对于如何展开采访这个问题，也有不少方法。格拉泽和劳德尔说道："很遗憾，虽然有多种采访方法可用，但大多数缺乏系统性基础。文献中提到的采访包括'专业型采访''传记类采访''叙述型采访''定性型采访''问题中心型采访''标准型采访''半标准型采访''非标准采访''指导型采访''开放型采访''自由型采访''主题型采访'以及其他种类的采访。"[1]

---

[1] Jochen Gläser and Grit Laudel, *Experteninterviews und qualitative Inhaltsanalyse als Instrumente rekonstruierender Untersuchungen*, 4th ed. (Wiesbaden: VS Verlag für Sozialwissenschaften, 2010), S. 40.

科妮莉亚·赫尔费里希（Cornelia Helfferich）对13个采访类别做了区分，包括，"叙述型采访""指导型采访"以及"问题中心型采访"。① 在这些采访类型中，受访者在干预程度上各不相同。② 例如，在叙述型采访中，采访者会有所保留，但是在问题中心型采访中，采访者会扮演更积极的角色，会介绍以往的相关知识，拓展对话的内容。③

在本研究中，由于涉及的话题太复杂，且需要采访者更积极，因此没有采用叙述类采访法。如无明确要求，受访者无须回答与本研究相关的具体问题。

拉尔夫·博恩扎克（Ralf Bohnsack）对"重建型采访"和"标准型采访"的步骤做了区分。标准型采访的目标在于通过严格指导采访行为，尽可能消除对采访者产生的影响。这些带有约束性的指导是有必要的，因为这种方法要求研究结果基本上不受研究者或采访者的影响。理想的情况是，即使不同的研究者或者采访者，面对相同的情况，也能获得同样的研究结果。

定性型采访则无法达到这样的效果。博恩扎克解释道："在开放型采访中，最关键的是允许受访者用自己的语言，在相关的框架内使用它们自己的符号系统。这是唯一能够让采访

---

① Cornelia Helfferich, *Die Qualität qualitativer Daten: Manual für die Durchführung qualitativer Interviews*, 4th ed. (Wiesbaden: Springer VS, 2011), S. 36-37.

② Cornelia Helfferich, *Die Qualität qualitativer Daten: Manual für die Durchführung qualitativer Interviews*, 4th ed. (Wiesbaden: Springer VS, 2011), S. 41.

③ Cornelia Helfferich, *Die Qualität qualitativer Daten: Manual für die Durchführung qualitativer Interviews*, 4th ed. (Wiesbaden: Springer VS, 2011), S. 45.

第七章　方法论

者或者观察者避免把相关信息映射到个人的表达之中的方式，这种表达是没有依据的"。①

定性研究主要使用非标准型采访方法。采访者和受访者所提的问题，都不是标准的。② 非标准型采访和指导型采访、开放型采访和叙述型采访是有区别的。本研究使用了指导型采访。本书第一章到第六章提出了认识论问题、主题和假设，这些构成了访谈过程和后续评估。如果采用没有指导性问题的叙述型采访方法，受访者无法准确地讨论这些话题。

在指导型采访中，事先设置好的问题会形成一种结构，确保所要研究的问题的各个方面在采访中不被忽略。但这并不是说采访一定会按照采访指导的顺序展开。③ 安德烈·威策尔（Andreas Witzel）认为这个指导的主要作用是"有助于采访者的记忆"。迈克尔·缪泽尔以及乌尔里克·纳吉尔（Michael Meuser and Ulrike Nagel）都强调不能把它看作"标准的程序体系"。④ 本研究也选择了指导型采访方法，一方面，我们可以形成采访过程；另一方面，我们可以根据受访者的情况，开放而灵活地设置不同的采访要点或者根据谈话的进度，改变话题的顺序。

要确定合适的采访方式，我们需要弄清楚一个基本问题：

---

① Ralf Bohnsack, *Rekonstruktive Sozialforschung: Einführung in qualitative Methoden*, 9th ed. (Opladen: Verlag Barbara Budrich, 2014), S. 22-23.
② Jochen Gläser and Grit Laudel, *Experteninterviews und qualitative Inhaltsanalyse als Instrumente rekonstruierender Untersuchungen*, 4th ed. (Wiesbaden: VS Verlag für Sozialwissenschaften, 2010), S. 41.
③ Horst Otto Mayer, *Interview und schriftliche Befragung: Grundlagen und Methoden empirischer Sozialforschung*, 6th ed. (Munich: Oldenburg Wissenschafsverlag, 2013), S. 37.
④ Arnd-Michael Nohl, *Interview und dokumentarische Methode: Anleitungen für die Forschungspraxis*, 4th rev. ed. (Wiesbaden: Springer VS, 2012), S. 15.

受访者真的"知道"他们为什么取得成功吗？我们在此先对所谓的"知道"下一个定义。哈耶克指出："人的意识可控的知识只是知识的一小部分，而这一小部分在任何时候都有助于他取得成功。"[1] 哈耶克的话表明，显性知识从属于隐性知识，尤其对于企业家更是如此。本书第四章第五节指出，隐性知识以及对隐性知识的学习对于目标群体很重要。

阿恩德-迈克尔·诺尔（Arnd-Michael Nohl）反复强调：根据卡尔·曼海姆所定义的术语，受访者的知识通常是一种理论知识，尤其是按照他们的知识来办事的时候更是如此；研究者首先应把这种知识解释清楚。[2] 采访中的轶事和描述有助于阐明这种"理论"和"相关"知识。[3]

如果你问富人，他们是如何和为什么变得富有时，你会经常听到没有意义的回答或者许多陈词滥调。在对61名顶级德国经理人（他们是被纳入德国DAX指数的上市公司高管和最成功的家族企业的总经理）的调查中，他们的答案与个人成功的因素相关的有：自我激励、热情、工作乐趣、乐观态度和沟通技巧。[4] 当然，也可以直接问某人其成功的原因，但采访者不会从这样的询问中得到任何有意义的答案。所以这些泛泛的问题在本书的采访中都没有出现。受访者可能"知道"他

---

[1] Friedrich August von Hayek, *The Constitution of Liberty*: The Definitive Edition (Chicago: University of Chicago Press, 2011), p. 75.

[2] Arnd-Michael Nohl, *Interview und dokumentarische Methode*: Anleitungen für die Forschungspraxis, 4th rev. ed. (Wiesbaden: Springer VS, 2012), S. 17.

[3] Arnd-Michael Nohl, *Interview und dokumentarische Methode*: Anleitungen für die Forschungspraxis, 4th rev. ed. (Wiesbaden: Springer VS, 2012), S. 43.

[4] Eugen Buß, *Die deutschen Spitzenmanager*: Wie sie wurden, was sie sind-Herkunft, Wertvorstellungen, Erfolgsregeln (Munich: R. Oldenbourg Verlag, 2007), S. 129.

第七章　方法论

们成功的原因，但是这些知识往往是隐性的，因为他们自己极少能反思和总结，并形成自己的理论。这本属于社会科学研究者的工作。

解释型的社会科学家不会因此就认为"他们比演员知道得多，但演员们自己并不清楚自己实际上知道什么，对于他们来说要通过思考来获取隐性知识并不容易"。[①] 诺尔强调，正因为如此，才需要准确区分争辩、评价、描述以及叙述。采访者"要考虑演员的经历而不要让自己的思路被演员们的主观性的描述牵着鼻子走"。[②]

这样，所谓的"事实性的问题"就得以解决。采访者所说的话都是真实可靠的吗？如果有简单的事实可取，当然可以验证采访者可靠与否。然而，如果这不是可以验证的事情，而是采访者的自我觉察、自我辩解等，那么一定程度的克制是可取的。根据赫尔费里希的理论，如果采访者喜欢掌握事实，并觉得自己掌握的事实比受访者更可靠，这个想法就是有问题的。因为"在采访期间，相信已拥有更可靠信息的采访者会有一定期望，那就是希望受访者必须根据采访者的信息来说事。采访者对于受访者讲的内容以及要讲多少越明确，就越违背开放性原则"。[③]

开放性原则在定性社会研究方面受到格外重视。这一原则要求，"实证研究过程必须能接受不可预知的信息。在这

[①] Arnd-Michael Nohl, *Interview und dokumentarische Methode: Anleitungen für die Forschungspraxis*, 4th rev. ed. (Wiesbaden: Springer VS, 2012), S. 45.
[②] Arnd-Michael Nohl, *Interview und dokumentarische Methode: Anleitungen für die Forschungspraxis*, 4th rev. ed. (Wiesbaden: Springer VS, 2012), S. 45.
[③] Cornelia Helfferich, *Die Qualität qualitativer Daten: Manual für die Durchführung qualitativer Interviews*, 4th ed. (Wiesbaden: Springer VS, 2011), S. 98.

方面尤其重要的是与研究主题相关的各方面的重要信息。这些信息在研究中未能被理解,甚至与研究本身相冲突。开放性原则要求研究者避免盲目地把观察到的事实归结于已知类别"。① 要解释"开放性"这一概念,最好先了解它的反面,"采访者倾向于在采访中先引入自己已有的观点或者是理论知识,而最后只辨认和理解受访者说的与这些观点和理论相关的内容。"②

本研究与重建财富精英的形象有很大的关系。然而,绝不能让这种开放性导致出现这样一种情况,即只有受访者的陈词,而没有相应的批评和质疑。因此,在研究者看来,叙述型采访就不适合这项研究。合适的谈话方法允许受访者被问及他的某些解释是否仅仅是展示个人风格或为自己辩解。但是这种方法无异于走钢丝。一方面,采访者需要确保谈话不会因此而陷入尴尬境地。另一方面,采访者充分借助每一个机会发问也很重要,针对某些受访者的个人风格化叙述的关键方法,不能留到采访之后的评价阶段再去运用。

比如,第五章已经指出该如何看待富人把个人的成功看作运气和巧合的情况。在叙述型采访中,对于个人运气好的说法,不再做进一步的提问,甚至不再做进一步的观察。在问题中心型采访中,采访者会多次询问运气是不是在商业决策中起决定作用,也会询问在受访者看来,作为成功的一个因素,运气与别的因素相比,重要程度如何,也要搞清楚与幸运的巧合

---

① Jochen Gläser and Grit Laudel, *Experteninterviews und qualitative Inhaltsanalyse als Instrumente rekonstruierender Untersuchungen*, 4th ed. (Wiesbaden: VS Verlag für Sozialwissenschaften, 2010), S. 30.
② Jochen Gläser and Grit Laudel, *Experteninterviews und qualitative Inhaltsanalyse als Instrumente rekonstruierender Untersuchungen*, 4th ed. (Wiesbaden: VS Verlag für Sozialwissenschaften, 2010), S. 114.

第七章 方法论

相比，不幸的事件与状况影响有多大。

另一个问题是即便在匿名的访谈中，受访者也倾向于做出与社会需求相吻合的回答。例如，纯粹的追求金钱和财富在德国是有一些贬义的。任何人说"挣的钱越多越好"是他们的主要动机，这会立刻招致周围人的反对而难以立足，因为这样的动机在德国被认为是肤浅而物质的。当财富被证明是其他被社会接受的动机的副产品，甚至是意想不到的后果时，就会得到更多的认可（见本书第七章第四节）。相反，动机似乎也可能被重新解释。例如，可能在晚些时候建议采取目标导向的办法，作为一种更符合社会需要的替代办法（"在20岁时，我已经想做百万富翁了"）。这种说法是无法检验的，可能依据个例，最后也不过就是一次个人风格化或者自我虚构的尝试。

这就是说，在一个问题中心型的采访中，采访者会面临双重挑战，既不能简单地认为所有的访谈内容只具有表面意义，也不能把自己的价值观和解释模式强加于人。采访者应让受访者表达自己的想法，并且理解他们的想法。

在具体采访问题的可接受性方面，赫尔费里希指出了各种不同情况下哪些问题是"可接受的"，哪些问题是"不能接受的"。在叙述型采访中，采访者应引导受访者展开话题，但是不引入新话题，不能让访谈内容彼此矛盾，也不必过于追求细节。所有这些情况在对话式访谈中（比如问题中心型采访）既是可能的，又是重要的。[1]

---

[1] Cornelia Helfferich, *Die Qualität qualitativer Daten：Manual für die Durchführung qualitativer Interviews*, 4th ed.（Wiesbaden：Springer VS, 2011），S. 107.

第四节 精英采访中的社会赞许偏差问题

一个尤其需要注意的问题是,受访者按照社会预期回答问题。"社会赞许"指的是被社会成员视为友善的个人性格。[①]"当答案偏离社会期望的方向"时,"社会赞许性偏差"这一术语就常被用于社会科学中。[②]这一问题的出现,是因为"受访者想通过在文化上的适合且可接受的答案来获得认可"或者是由于被调查者想以积极的态度展示自己。[③]这种情况的出现更大程度上是因为受访者想在采访期间维护他们自己理想化的观点,而并非有意做虚假陈述。[④]

因此,有必要区分一个观点、态度或倾向是被整个社会接受还是只被一部分人接受。"个人的意见和态度可能符合一般的社会规范,也可能符合某个特定群体的规范。一个特性与现有观念相符合的程度(社会对其接纳程度)可能因群体而异。"这就不难理解:受访者会把一个通常不被社会接纳的特性归到自己身上,但这种特性往往在其所处的狭隘的社会圈子

[①] Petra Hartmann, *Wunsch und Wirklichkeit*: *Theorie und Empirie sozialer Erwünschtheit* (Wiesbaden: Springer Fachmedien, 1991), S. 43.

[②] Petra Hartmann, *Wunsch und Wirklichkeit*: *Theorie und Empirie sozialer Erwünschtheit* (Wiesbaden: Springer Fachmedien, 1991), S. 52.

[③] Petra Hartmann, *Wunsch und Wirklichkeit*: *Theorie und Empirie sozialer Erwünschtheit* (Wiesbaden: Springer Fachmedien, 1991), S. 68.

[④] Cornelia Helfferich, *Die Qualität qualitativer Daten*: *Manual für die Durchführung qualitativer Interviews*, 4th ed. (Wiesbaden: Springer VS, 2011), S. 69-70.

第七章 方法论

里广受好评。[1]

超级富豪在采访中回答问题时，肯定会有这样的倾向：给出社会所接纳的答案。这些人与社会科学研究中被询问的很多目标群体都不一样。"精英阶层的成员更习惯于在公众场合展现自己或他们的组织。"他们与记者来往频繁，因此有把采访者当作记者的倾向。因此，他们试图说出对他们外部形象很重要的事实。[2] 他们还有一种倾向，即习惯性地"打官腔"，[3] 通常来说，这让他们在回答问题时做出更加偏向社会赞许性的回答。鉴于本次研究主要关注采访本身或是受访者的期望导致出现这种社会赞许性偏差的程度。另外，在对社会精英的采访中，我们很少留意这样一种可能：迎合社会期待的回答仅仅是一种长久以来经常被使用的习惯性应答策略，且已经"根深蒂固"了。

当然，避免嫉妒之类的动机或策略可能也起到了一定作用，特别是在社会和媒体舆论的强压下，那些有钱人常常被迫采取守势。此外，"金钱"及其相关话题在某种程度上被视为"禁忌"（"不能谈钱"），人们还常以批判的眼光看待追求财富的态度和行为。所有这些肯定会促使富人提供那些社会所期许的答案。

---

[1] Cornelia Helfferich, *Die Qualität qualitativer Daten: Manual für die Durchführung qualitativer Interviews*, 4th ed. (Wiesbaden: Springer VS, 2011), S. 217.

[2] Jochen Gläser and Grit Laudel, *Experteninterviews und qualitative Inhaltsanalyse als Instrumente rekonstruierender Untersuchungen*, 4th ed. (Wiesbaden: VS Verlag für Sozialwissenschaften, 2010), S. 181.

[3] Jochen Gläser and Grit Laudel, *Experteninterviews und qualitative Inhaltsanalyse als Instrumente rekonstruierender Untersuchungen*, 4th ed. (Wiesbaden: VS Verlag für Sozialwissenschaften, 2010), S. 181.

就连当年世界上最富有的人约翰·D. 洛克菲勒，也因为他的成功和财富而承受巨大的社会和政治压力。他不厌其烦地表示财富并非他的首要目标，财富只是实现"服务于上帝和人类的谦逊愿望"中的意外所获。洛克菲勒的传记作者透露，"洛克菲勒喜欢把自己的财富看作一种巧合，是努力工作的意外收获"。[1] 但是传记作者认为这种说法不太可信。根据报道，洛克菲勒的父亲"对金钱的追求近乎疯狂"。这是洛克菲勒钦佩父亲性格的一个方面。多方信息表明，洛克菲勒从小就梦想拥有巨大财富，并给自己立下了宏大的财富目标。[2]

在《如何成为百万富翁：财富巨人的实效策略》(*How to be a Billionaire: Proven Strategies from the Titans of Wealth*) 一书中，马丁·S. 弗里德森（Martin S. Fridson）认为，百万富翁"往往会对他们在财富上的兴趣轻描淡写……商人在挣到大钱时，会设法让财富看起来不是他们追求的目标"。[3]

有一篇文集收录了与多位千万富翁的访谈记录，并于2010年在瑞士出版。它断言金钱并不是一个重要的激励因素。我们常认为金钱是他人的一种激励因素，但不愿承认自己也是如此。在被问及是否觉得"对许多企业家而言，金钱不是主要动力"时，其中一位调查对象答道，"我从没想过会从我的生意中挣到钱。实际上，情况恰好相反，这是一个巨大的风险……但是创业已经发生了变化。如今，利润是最重要的。但

---

[1] Ron Chernow, *Titan: The Life of John D. Rockefeller, Sr.* (New York: Vintage, 1998), p. 33.

[2] Ron Chernow, *Titan: The Life of John D. Rockefeller, Sr.* (New York: Vintage, 1998), pp. 29-33. 处理此类报告时保持谨慎很重要，因为引入报告的研究风格需要与最终结果保持一致，可能会高估甚至产生某种情况。

[3] Martin S. Fridson, *How to Be a Billionaire: Proven Strategies from the Titans of Wealth* (New York: John Wiley & Sons, 2000), p. 4.

第七章　方法论

是，不管我们是否意识到，我们生活在一个人人都变成了食人鱼的时代。"①

在被问及金钱和财富对他意味着什么的时候，另一位受访者答道："金钱始终不过是达到目的的手段而已。如果没有谦逊的品格，财富的积累本身就是危险的。"② 有一位受访者防备性地说道，"从本质上讲，财富并非坏事"，随之解释道："任何人只要有钱都有机会用钱去做善事。他们可以去与他人分享，支持和帮助他人。"③

在《创业秘籍》(*The Entrepreneurial Code*)这本书中，雷纳·纳雷道夫（Rainer Nahrendorf）采访了14个企业家。一个企业家认为，在某种程度上，金钱是在消极的背景下被当作主要的创业动机的，并且人们认为金钱毫无用处。"作为企业家，挣很多钱用于个人消费并不能让他产生多少兴奋感……"④ 另外一个企业家说，"追求金钱永远不是自主创业者的动机。当一个企业运转良好时，金钱只是随之而来的副产品。"⑤ 第三个受访者强调，"我们都是创造者。不能用金钱来

---

① Ueli Mäder, Ganga Jey Aratnam and Sarah Schillinger, *Wie Reiche denken und lenken: Reichtum in der Schweiz-Geschichte, Fakten, Gespräche* (Zürich: Rotpunktverlag, 2010), S. 198.
② Ueli Mäder, Ganga Jey Aratnam and Sarah Schillinger, *Wie Reiche denken und lenken: Reichtum in der Schweiz-Geschichte, Fakten, Gespräche* (Zürich: Rotpunktverlag, 2010), S. 251.
③ Ueli Mäder, Ganga Jey Aratnam and Sarah Schillinger, *Wie Reiche denken und lenken: Reichtum in der Schweiz-Geschichte, Fakten, Gespräche* (Zürich: Rotpunktverlag, 2010), S. 242.
④ Rainer Nahrendorf, *Der Unternehmer-Code: Was Gründer und Familienunternehmer erfolgreich macht* (Wiesbaden: Gabler Verlag, 2008), S. 96.
⑤ Rainer Nahrendorf, *Der Unternehmer-Code: Was Gründer und Familienunternehmer erfolgreich macht* (Wiesbaden: Gabler Verlag, 2008), S. 110.

衡量我们。"① 其中一个受访者的导师说："你必须首先把创业当作一项义务而不是个人财富的源泉。"②

然而，在谈及他们的行为动机时，受访者说道，"企业的生存、发展和所提供的工作"始终是他们最关心的。③ 其中一位企业家这样解释他的成功："我们始终保有人性……"④ 另外一位企业家提到"确保可持续发展，把一个健康的企业传承给下一代"⑤ 是他最大的动力。他引用了伟人弗里德里克的话："每一个好公民都有责任服务国家。要知道我们来到这世上不仅为了追求自身利益，而是要为全社会共同的利益工作。"⑥

这个例子很明显能说明，企业家对官方和社会期待说法的偏向性有多大：他们更愿意谈论创造就业的义务，或谈论"可持续性"和"对社会的责任"，但是甚至一次也没有承认过创业的物质动机，即追求财富，也对他决定成为企业家起了一定的作用。

企业家们习惯发表经过润色的公关性言论，这是不允许他们审核采访内容的一个重要原因。记者也尽可能避免这样

---

① Rainer Nahrendorf, *Der Unternehmer-Code: Was Gründer und Familienunternehmer erfolgreich macht* (Wiesbaden: Gabler Verlag, 2008), S. 143.
② Rainer Nahrendorf, *Der Unternehmer-Code: Was Gründer und Familienunternehmer erfolgreich macht* (Wiesbaden: Gabler Verlag, 2008), S. 178.
③ Rainer Nahrendorf, *Der Unternehmer-Code: Was Gründer und Familienunternehmer erfolgreich macht* (Wiesbaden: Gabler Verlag, 2008), S. 118.
④ Rainer Nahrendorf, *Der Unternehmer-Code: Was Gründer und Familienunternehmer erfolgreich macht* (Wiesbaden: Gabler Verlag, 2008), S. 90.
⑤ Rainer Nahrendorf, *Der Unternehmer-Code: Was Gründer und Familienunternehmer erfolgreich macht* (Wiesbaden: Gabler Verlag, 2008), S. 183.
⑥ Rainer Nahrendorf, *Der Unternehmer-Code: Was Gründer und Familienunternehmer erfolgreich macht* (Wiesbaden: Gabler Verlag, 2008), S. 182.

第七章 方法论

做，因为他们知道这些受访者常常会用这些审核过程让他们言论中过于尖锐的部分变得温和，而这样一来访谈内容就变得空洞无聊。瑞士社会学家尤里·马德尔（Ueli Mäder）、甘噶·杰·阿拉特南（Ganga Jey Aratnam）以及萨拉·斯齐林格（Sarah Schillinger），即上述采访集的出版方，授权其受访者为采访文稿最终定稿。研究者报道，在审核过程中，不少关键性话语要么被大量修改，要么被完全删除。[1] 最后的采访内容出现了不少空洞的陈词，像下面这样："在我看来，我致力于提高股东收益的工作之所以取得成功，其关键原因在于合理的价值体系和透明的'交易规则'。在监理会和执行总监以及管理层和董事会之间要建立运作良好且互相尊重的合作关系……在这样的环境下，我通过各种讨论来影响相关的利益方。关于公司利益、经济和社会利益的透明言论和可信评估是至关重要的。"[2]

我们不知道是否这样的"被美化过的说法"是公关部门在审核过程中悉心编辑的，或者说是受访者的惯用套路，但是这并不重要。不论实情如何，这确实曾经成为反对允许受访者审核本次研究采访内容的另一个论据。不管何种情况，让受访者审核采访内容都没有必要。因为和瑞士的研究不同，这次访问完全确保受访者是匿名的。在正式采访之前，采访者和受访者之间签署了一个协议，规定不论在什么情况下采访者都不得泄露受访者的姓名；如果受访者同意，在这个前提下，笔者可

---

[1] Ueli Mäder, Ganga Jey Aratnam and Sarah Schillinger, *Wie Reiche denken und lenken: Reichtum in der Schweiz-Geschichte, Fakten, Gespräche*. (Zürich: Rotpunktverlag, 2010), S. 169.

[2] Ueli Mäder, Ganga Jey Aratnam and Sarah Schillinger, *Wie Reiche denken und lenken: Reichtum in der Schweiz-Geschichte, Fakten, Gespräche*. (Zürich: Rotpunktverlag, 2010), S. 207–208.

以从采访中截取片段发表。

采访结束后,每个受访者都会收到一份采访总结,以及采访过程中涉及的一些重要对话,以确保受访者对所有语境的理解正确无误,并且采访者明确提出,不要求受访者对采访文本进行审核。其中只有一个受访者对采访内容做出了大量的更正,尽管如此,采访的核心内容仍保持不变。

在设置问题的时候,我们设法减少刺激性或诱导性因素,因为这些因素可能会导致出现社会赞许型答案或者是泛泛的老生常谈。毕竟,对大量精英的采访都明显表明对社会赞许型答案的偏向性经常被低估。

2007年,在对61名德国大公司高层管理人员(总经理、大型家族企业及DAX上市公司的首席执行官)的采访调查中,研究者简明扼要地指出,"很难确定被采访的经理在多大程度上提供了迎合社会期望的答案。同时,没有迹象表明采访出现了这种倾向。"[1] 但是研究者所说的"没有迹象"到底是什么意思呢?受访者被要求对18个因素的重要性进行排位,最后的排位结果显示,诚实、驱动力、想象力、创造力、独立性以及专业能力的排位靠前。而相比之下,权力则排在最后。[2] 研究者发现,权力在今天的自我观念中不起任何作用,这一观点似乎还不太成熟。研究者认为,权力动机已被"以公众精神和社会服务为导向的合作价值观"取代,例如,"一个人需要

---

[1] Eugen Buß, *Die deutschen Spitzenmanager: Wie sie wurden, was sie sind-Herkunft, Wertvorstellungen, Erfolgsregeln* (Munich: R. Oldenbourg Verlag, 2007), S. 10.

[2] Eugen Buß, *Die deutschen Spitzenmanager: Wie sie wurden, was sie sind-Herkunft, Wertvorstellungen, Erfolgsregeln* (Munich: R. Oldenbourg Verlag, 2007), S. 116.

为他人留些时间，否则他会变得冷漠"。① 在解说他们成功的原因时，34%的高层管理人员将其归功于诸如"团队合作意愿"等，只有7%的人承认将其归功于"雄心"。② 与他们自己的回答形成明显对比的是，当他们被问道，他们认为下一届高层管理者应具备的最珍贵品质是什么时，他们非常看重对事业的"雄心抱负"和"献身精神"。③

莱昂·费斯丁格（Leon Festinger）的认知失调理论也可以解释上文描述的社会赞许偏差问题。支持该理论的概念是个人努力维持"其观念、态度、知识以及价值观内在的和谐性、持续性与一致性，即在认知中，有一种趋向和谐的驱动力"。④ 认知失调理论与"个人想法和实际行为之间的矛盾"尤其相关。如果事实证明个人预期是错的，就会产生认知矛盾。⑤ 按照费斯丁格的说法，失调也可能是由"看起来合适或者正常的事情"与个人实际行为的不一致性造成的。⑥

---

① Eugen Buß, *Die deutschen Spitzenmanager：Wie sie wurden, was sie sind-Herkunft, Wertvorstellungen, Erfolgsregeln* (Munich: R. Oldenbourg Verlag, 2007), S. 117.
② Eugen Buß, *Die deutschen Spitzenmanager：Wie sie wurden, was sie sind-Herkunft, Wertvorstellungen, Erfolgsregeln* (Munich: R. Oldenbourg Verlag, 2007), S. 129.
③ Eugen Buß, *Die deutschen Spitzenmanager：Wie sie wurden, was sie sind-Herkunft, Wertvorstellungen, Erfolgsregeln* (Munich: R. Oldenbourg Verlag, 2007), S. 196.
④ Leon Festinger, *A Theory of Cognitive Dissonance* (Stanford: Stanford University Press, 1957), p. 260.
⑤ Martin Irle and Volker Möntmann, "Die Theorie der kognitiven Dissonanz: Ein Resümee ihrer theoretischen Entwicklung und empirischen Ergebnisse 1957–1976," in *Festinger, Leon: Theorie der kognitiven Dissonanz*, edited by Martin Irle and Volker Möntmann (Bern: Verlag Hans Huber, 2012), S. 357.
⑥ Leon Festinger, *A Theory of Cognitive Dissonance* (Stanford: Stanford University Press, 1957), p. 13.

只追求金钱和一般来说把钱看得很重的做法显然与许多人的自我形象不符,也与社会上所认定的"合适或者习惯"的做法相违背。这会导致认知失调,这种失调或多或少会被宣泄出来,这取决于相关个人。"对有些人来说,失调是一种极其痛苦和无法忍受的状态,而也有一些人似乎能够在很大程度上忍受失调的状况……"与对失调状况有较高承受能力的人相比,对失调状况忍受程度较低的人在这种情况出现时会更不舒服并且会做很大努力避免出现这种情况。[1] 这也解释了为什么不少富人会更愿意承认物质性的动机,也就是创造财富的动机。

上面提到的回复表明,要对社会赞许型答案给予更多关注,尤其是在对精英人士的采访当中。因此,采访者要通过"设置合理的问题以及采访设计来减少社会赞许型答案的倾向,从而让问题变得更加客观或中立"。[2]

本研究采用了很多不同的方法,多到几乎不能记录"中立"这一问题的所有方法。在采访中,人们对提供社会赞许型回答的倾向程度不一,有的人多一些,有的人少一些,这一点是可以接受的。[3] 彼特拉·哈特曼(Petra Hartmann)在她的博士论文中很认真地探讨了社会赞许性这一问题,还特别研究了一些可以确定个人是否存在社会赞许倾向的策略。最常见的方法是使用所谓的 SD 量表(social desirability,社会赞许性量表)。他通过分析经过全面测试的 SD 量表发现,"很难确定

---

[1] Leon Festinger, *A Theory of Cognitive Dissonance* (Stanford: Stanford University Press, 1957), pp. 266-267.

[2] Jochen Gläser and Grit Laudel, *Experteninterviews und qualitative Inhaltsanalyse als Instrumente rekonstruierender Untersuchungen*, 4th ed. (Wiesbaden: VS Verlag für Sozialwissenschaften, 2010), S. 138.

[3] Petra Hartmann, *Wunsch und Wirklichkeit: Theorie und Empirie sozialer Erwünschtheit* (Wiesbaden: Springer Fachmedien, 1991), S. 60.

在多大程度上有可能找到一种工具来消除或控制反应偏差"。[①]

简单来说，SD 量表的作用是确定受访者提供社会赞许型回答的倾向及其程度。这需要询问受访者一些附加问题，这些问题只用于确定一个受访者提供社会赞许型回答的意愿的强烈程度。这些附加问题与实际研究问题无关。

研究者需要考虑附加问题所占用的额外时间以便确认是否询问这些问题。尽管对附加问题做了限制，但回答这些问题会占用与研究有直接关系的重要问题的可用时间。除此之外，这还会暴露采访的意图，导致这种方法立刻失效，哈特曼也承认事实确实如此。在面对一系列令人不知所措的问题时，受访者会感觉很困惑，那么采访就会受到干扰。

所有这些问题都是可以接受的，只要 SD 量表能确定一个人是否存在做出社会赞许型回答的倾向且这种倾向达到什么程度。经过分析和测试证明，这种 SD 量表很难对上述问题做出解答，所以在本书的采访中并没有采用这个工具。其他一些方法也被排除在外，包括"假渠道技术"（编者注：这是一种假的测谎仪，研究者给受访者接上电子仪器，并声称通过此设备的生理指标可直接测量他们的人格），一位受访者曾被这个技术欺骗。[②]

[①] Petra Hartmann, *Wunsch und Wirklichkeit: Theorie und Empirie sozialer Erwünschtheit* (Wiesbaden: Springer Fachmedien, 1991), S. 247.

[②] 本实验中使用了一个设备。采访者需要告诉受访者这个设备可以测量受访者的意见和态度的强度和倾向。实际上，设备并没有这个功能。为了比照方便，请参见 Petra Hartmann, *Wunsch und Wirklichkeit: Theorie und Empirie sozialer Erwünschtheit* (Wiesbaden: Springer Fachmedien, 1991), S. 93 et seq.; Hans Dieter Mummendey, Ina Grau, *Die Fragebogen-Methode: Grundlagen und Anwendung in Persönlichkeits-, Einstellungs-und Selbstkonzeptforschung*, 6th ed. (Göttingen: Hogrefe Verlag, 2014), S. 187 et seq.

与哈特曼主要从事的书面调查不同，还有另外一个方法可以确定一个受访者做出社会赞许型回答的倾向有多高，这种方法可以在采访时使用，但不能使用具体的指令，即不能使用一些具体的引导和线索来分析该倾向。

格拉泽和劳德尔建议，采访者首先要用到的一种策略，即他们应向受访者指出公众对当前话题有很多看法。这会涉及完全不一样的报道或匿名的公众说辞（"许多人赞同"）。[1] 或者是，采访者可以在问题中对其他受访者所做出的社会赞许型程度较低的回答表示认可。"通过这种策略可以尝试让受访者明确一点，即不是只有他或她才有这样的经历和观点，他们属于一个与他们有共同经历的群体，而在采访中谈到一些令人不舒服的实情也是司空见惯的事情。"[2]

不到万不得已，应尽量不向受访者提出暗示性问题，虽然暗示性问题是"为了找到一个针对提供社会赞许型答案倾向的抗压策略"。[3] 当受访者以一种谨慎且令人愉快的方式做出一个不符合社会期望的回答时，采访者是在暗示这种类似的答案是"允许的"。正如彼特森反复指出的那样，"这种做法不仅可笑，而且在逻辑上就是错的"，并声称，某些提问技巧通

---

[1] Jochen Gläser and Grit Laudel, *Experteninterviews und qualitative Inhaltsanalyse als Instrumente rekonstruierender Untersuchungen*, 4th ed. (Wiesbaden: VS Verlag für Sozialwissenschaften, 2010), S. 138.

[2] Jochen Gläser and Grit Laudel, *Experteninterviews und qualitative Inhaltsanalyse als Instrumente rekonstruierender Untersuchungen*, 4th ed. (Wiesbaden: VS Verlag für Sozialwissenschaften, 2010), S. 139.

[3] Jochen Gläser and Grit Laudel, *Experteninterviews und qualitative Inhaltsanalyse als Instrumente rekonstruierender Untersuchungen*, 4th ed. (Wiesbaden: VS Verlag für Sozialwissenschaften, 2010), S. 137.

常是不可使用的。在某些情况下,"即便大部分提示性问题在研究中被证明是合理的,事实上,这些问题甚至可能是很有必要的"。唯一具有决定性的一点是向受访者提出这些暗示性问题是为了获取信息,而不是操控他人。① 彼特森认为,这种方法对于克服回答障碍以及避免受访者根据"理想化的个人形象"做出回答是很有必要的。②

有研究试图确定是否能有一个特定的"措辞"来最小化社会赞许性倾向,但是结果不尽如人意。这里有一个例子,即用"谅解式措辞"来表述问题:"社会科学家发现越来越多的人出轨。你是否欺骗过自己前任/最近的伴侣?"或者,"许多人没有时间去投票了。你参加上一次的全国大选了吗?"③ "谅解式措辞"背后的原则是一样的。"一方面,在提出敏感问题的时候,选一个'大家都这么做'的方法确实有用。另一方面,使用可以传递信息的措辞,让人明白问题中涉及的行为是:(1)采访者欣赏的;(2)是出于某种可理解的原因;(3)已经被采访者所接纳的。"④

一份针对"谅解式措辞"是否已经达到它应该达到的效果的分析报告于 2012 年发表。但在这篇分析报告中作者得出

---

① Thomas Petersen, *Der Fragebogen in der Sozialforschung* (Munich: UVK Verlagsgesellschaft, 2014), S. 210-211.
② Thomas Petersen, *Der Fragebogen in der Sozialforschung* (Munich: UVK Verlagsgesellschaft, 2014), S. 212.
③ Anatol-Fiete Näher and Ivar Krumpal, "Asking Sensitive Questions: The Impact of Forgiving Wording and Question Context on Social Desirability Bias," *Quality & Quantity* 46, No. 5 (2012), p. 1613.
④ Anatol-Fiete Näher and Ivar Krumpal, "Asking Sensitive Questions: The Impact of Forgiving Wording and Question Context on Social Desirability Bias," *Quality & Quantity* 46, No. 5 (2012), p. 1602.

的结论是并不明了。① 一篇于同年发表的博士论文指出，总的来说，就"措辞和相关技巧"而言，"这些方法具有不言自喻的重要性，这一点在教科书中提到过"，"但是它和实际展现出来的实证效果存在一种明显的不平衡性"。②

在设置一些本身就会导致社会赞许性回答的问题时，采访者能够直接要求受访者仔细思考问题的答案，不必考虑社会期望的答案。汉斯·迪亚特·莫曼德（Hans Dieter Mummendey）和艾那·格劳（Ina Grau）强调对受访者做指令的重要影响：指令能"移山"。③ "通常说来，人们可以认为指令会对受访者的回答产生巨大影响，即便是问卷调查的指令出现很小的变化，都足以使受访者给出大不相同的答案。在无数的实证研究中，指令的系统性变化均会导致行为的变化，而不必事先检查这种实验或准实验条件变量（操控证实）的有效性。"④

对于采访者而言，社会赞许性回答会在实际引导性采访中出现，但与起初所担心的情况相比，这个问题没有那么严重。泛泛而谈、善意的言论，也就是公关发言中常有的言论（参见以上对其他精英的采访实例），几乎从未发表过。这种倾向

---

① Anatol-Fiete Näher and Ivar Krumpal, "Asking Sensitive Questions: The Impact of Forgiving Wording and Question Context on Social Desirability Bias," *Quality & Quantity* 46, No. 5 (2012), p. 1612.

② Felix Wolter, *Heikle Fragen in Interviews: Eine Validierung der Randomized Response-Technik* (Wiesbaden: Springer VS, 2012), S. 72.

③ Hans Dieter Mummendey and Ina Grau, *Die Fragebogen-Methode: Grundlagen und Anwendung in Persönlichkeits-, Einstellungs-und Selbstkonzeptforschung*, 6th ed. (Göttingen: Hogrefe Verlag, 2014), S. 182.

④ Hans Dieter Mummendey and Ina Grau, *Die Fragebogen-Methode: Grundlagen und Anwendung in Persönlichkeits-, Einstellungs-und Selbstkonzeptforschung*, 6th ed. (Göttingen: Hogrefe Verlag, 2014), S. 87.

也是如此，即把追求财富或物质财富作为一种动机，或者把自己的经济成功归因于运气，所有这些都比不上本章提到的对富人的其他采访。另外，受访者应该知道有许多答案不应被解释为迎合社会期望。例如，一个受访者解释道，他喜欢其他人嫉妒他。另外一个受访者说，钱对于他来说很重要，因为钱给了他更多与女性接触的机会。

几乎得不到社会期望型回答很大程度上可能因为采访者对于当前话题过于敏感。不再问受访者有关个人成功原因的常见问题，这一点显然很重要。采访者可以向受访者询问一些实情或相关轶事。此外，坚决不能让受访者审核最后的采访文本。如果作者自己也是富豪，可能也会使其个人辩解力发挥的作用比那些不知道这件事的受访者小。

第五节　转录方法

采访全程以设备记录，然后转录给第三方。有几种转录的方法。"转录的目的在于展现采访中的词序（言语特征），同时还有语音特征，例如音高和音量（韵律），非语言行为（不论是声音上的，如笑声、清理嗓子，还是非声音的，如姿态或是视觉行为），这些特点都尽可能准确地记录在纸上，以使这种独特的对话细节更明显。"[1]

除了言语特点，是否对信息进行记录取决于大量的额外付出是否与评价中的附加产出成正比。转录方法应事先确定好，

---

[1] Sabine Kowal and Daniel C. O'Connell, "Zur Transkription von Gesprächen," in *Qualitative Forschung: Ein Handbuch*, 10th ed., edited by Uwe Flick, Ernst von Kardorff, and Ines Steinke (Hamburg: Rowohlt, 2013), S. 438.

这样只有用于分析的采访内容才会被转录。[1] 作者决定以文学风格来做转录，不附加任何特殊规则。回答研究问题没有必要使用转录的文字，也没有必要记录附属言语特征或者语言以外的特征。这种转录需要付出更多的努力，内容的可读性会受到影响，内容评价上可能存在的附加值和这一额外努力也没有关系。

但是，转录的一个要求是受访者的姓名以及所有其他个人和公司的名字、城市名字都应该用"×××"代替，这样受访者的身份就能始终保密。如果提到任何产品，有可能会涉及受访者的身份，则"产品"一词和类似的常见用词会出现在括号中。例如对受访者的位置数据也采用了类似的保密做法。对于一些特别敏感的话题，甚至包括受访者的受访序号都会在本书第二部分的讨论中被删除。所有这些措施都是为了保护资料，确保匿名。

我们需要做出几个与怎样评价采访有关的决定，具体如下：

1. 是否应该设定密码？
2. 应该提供什么样的帮助？分析是否应涉及电脑定性数据分析？

菲利普·玛琳（Philipp Mayring）提出了一种精细的体系，该方法要求将文本切分并编码成较小单位。[2] 玛琳推荐使用严格固定的规则来解释文本，以此确保文本内容可理解并在主观

---

[1] Sabine Kowal and Daniel C. O'Connell, "Zur Transkription von Gesprächen," in *Qualitative Forschung: Ein Handbuch*, 10th ed., edited by Uwe Flick, Ernst von Kardorff, and Ines Steinke (Hamburg: Rowohlt, 2013), S. 444.

[2] Philipp Mayring, *Qualitative Inhaltsanalyse: Grundlagen und Techniken*, 12th rev. ed. (Weinheim: Belz Verlag, 2015).

上可互相认证。[1] 但是不"应该把这些程序理解为盲目地从一个对象转到另外一个对象的技巧"。定性内容分析"不是既定的技术","在定性内容分析中,上下文参数应优先于过程参数"。[2]

格拉泽和劳德尔批评玛琳的程序,称其"最终是频率分析而不是信息提取"。[3] 他们推荐了另外一种评估系统,称之为"信息提取"。作者决定不进行计算机辅助的内容分析,而是采用传统的方法,因为他认为,额外的努力不与知识的增长成正比。

第六节 假设法的本质

尽管实际上已经解决了进一步的方法论问题,在这里还是要进行明确讨论:是否有必要为调查设置假设?若有必要,建立在什么基础上?而假设在定性的社会研究中有什么特点呢?

在调查开始之前形成假设对于定量型方法而言至关重要,这一点毋庸置疑;但这一直是定性研究领域中争议的主题。"准确地说,因为人们意识到知识会影响感知和行为,所以人们就希望避免研究者专注于以假设为基础的某些方面。这些假设都是来自于研究者自己的(科学和日常)相关

---

[1] Philipp Mayring, *Qualitative Inhaltsanalyse: Grundlagen und Techniken*, 12th rev. ed. (Weinheim: Belz Verlag, 2015), S. 61.
[2] Philipp Mayring, *Qualitative Inhaltsanalyse: Grundlagen und Techniken*, 12th rev. ed. (Weinheim: Belz Verlag, 2015), S. 52-53.
[3] Jochen Gläser and Grit Laudel, *Experteninterviews und qualitative Inhaltsanalyse als Instrumente rekonstruierender Untersuchungen*, 4th ed. (Wiesbaden: VS Verlag für Sozialwissenschaften, 2010), S. 199.

领域，但是与受访者的解释模式的真正相关性，一开始就是不能保证的。"①

长久以来，各方调查者一致认为，假设的内容有可能会有损于研究者的开放性，这对于定性的研究来说是必要的条件，所以从一开始就应该避免这些假设。一些研究者甚至说，研究者应该摆脱以前知识的影响，甚至应该放弃这一话题上的理论和实证研究，以免他们的开放性受到损害。②

然而坚决拒绝事前假设是有争议的，尤其是受到以克里斯特尔·霍普夫为主的研究者的反对。他们声称，假设对于定性研究的意义也很重大。核心问题就像梅尼·菲尔德所推测的那样，满足两个看起来互相矛盾的期望："一方面，满足把以往知识运用到方法论控制之中的认识论要求；另一方面，不能放弃以前的解释，要把社会逻辑分析按照真实的意思表现出来，而不是按照研究者的解释来分类。"③ 并不是假设本身遭遇固有的偏见，而是在研究过程中，缺少随时改变事先假设的意愿。

格拉泽和劳德尔也指出通过实证性调查做测试只是一个

---

① Werner Meinefeld, "Hypothesen und Vorwissen in der qualitativen Sozialforschung," in *Qualitative Forschung: Ein Handbuch*, 10th ed., edited by Uwe Flick, Ernst von Kardorff and Ines Steinke (Hamburg: Rowohlt, 2013), S. 266.

② Werner Meinefeld, "Hypothesen und Vorwissen in der qualitativen Sozialforschung," in *Qualitative Forschung: Ein Handbuch*, 10th ed., edited by Uwe Flick, Ernst von Kardorff and Ines Steinke (Hamburg: Rowohlt, 2013), S. 268.

③ Werner Meinefeld, "Hypothesen und Vorwissen in der qualitativen Sozialforschung," in *Qualitative Forschung: Ein Handbuch*, 10th ed., edited by Uwe Flick, Ernst von Kardorff and Ines Steinke (Hamburg: Rowohlt, 2013), S. 271.

"特别的变体"。"并非所有假设都实实在在地被检测过。在某些情况下，假设仅用于澄清和修正研究者的预想，从而使其被纳入调查之中。"[1] 在定性的社会研究中，假设"只应该在极少数的情况下"会被检验，比如，当它们被确认或驳回时。"然而这些假设可以指导实证性调查和评价，因为它们能提供探求知识的焦点（本研究中的问题）。假设也可以理清研究者的设想，这对调查有一定的影响，且绝对不能低估这种影响。"[2]

对于定性研究，格拉泽和劳德尔推荐过所谓的引导型问题，这与量化研究或者"关系导向型"研究中的假设相呼应。引导型问题并非理论性问题，也不能与采访中的问题相混淆，但是它们明确了需要收集的信息。有"一些复杂、突出的问题，它们的答案会产生必要的实证性材料"。[3]

---

[1] Jochen Gläser and Grit Laudel, *Experteninterviews und qualitative Inhaltsanalyse als Instrumente rekonstruierender Untersuchungen*, 4th ed. (Wiesbaden: VS Verlag für Sozialwissenschaften, 2010), S. 31.

[2] Jochen Gläser and Grit Laudel, *Experteninterviews und qualitative Inhaltsanalyse als Instrumente rekonstruierender Untersuchungen*, 4th ed. (Wiesbaden: VS Verlag für Sozialwissenschaften, 2010), S. 77.

[3] Jochen Gläser and Grit Laudel, *Experteninterviews und qualitative Inhaltsanalyse als Instrumente rekonstruierender Untersuchungen*, 4th ed. (Wiesbaden: VS Verlag für Sozialwissenschaften, 2010), S. 91.

第二部分
采访 45 位超级富豪

第八章　采访的结构与主题

本书第一部分描述了财富和创业研究的地位,并介绍了行为经济学理论和学习理论,这些对于提出假设和指导性问题意义重大。由此产生的指导型问题成为采访的基础,并列于附录中,正如大五人格测试的问卷调查所展现出来的那样。

这45次采访共有12个主题。以下是采访涉及的12个主题,具体如下:

1. 受访者青年时期的特征(在中学和大学期间,体育活动和早期的创业活动的非正式学习经验)
2. 创业动机
3. 设定目标的作用
4. "金钱"概念对受访者的重要性
5. 销售技巧对财富成功的重要性
6. 乐观主义精神和自我效能感的作用
7. 风险偏好
8. 分析性决策和直觉性决策之间的关系
9. 大五人格理论的人格特征:神经质、外向性、开放性、责任心以及宜人性

10. 应对挑战的意愿
11. 不墨守成规和"逆流而上"
12. 应对危机和挫折

最重要的任务是将这些陈述系统化，找出异同，并寻找作为一个群体的受访者所特有的模式。这些问题也确定了本书中该部分的采访评价和陈述结构。

在对采访进行评价时，一个预期得以证实：这些受访者除了具有相似性之外，还有很多不同之处，在很多情况下可以把受访者划分为不同群体或类型。例如，在某一大群体中，直觉性决策超越分析性决策占据主导地位，但在某些采访群体中，情况正好相反。另外一个例子是：在一些采访中，有一类企业家因为无法适应作为雇员要遵守的既定的企业结构和等级制度，所以选择自己创业。但是对一些受访者来说，情况并非如此。作为雇员，他们事业成功，但是他们没有耐心等待多年再进入公司的高层，于是他们选择自己创业。在许多领域，可以确定所有受访者的特征模式，但也存在特征差异。这些特征差异可以通过行为区分不同类型的人群。

第二部分的结构

第九章讲述超级富豪的早期经历、社会出身以及他们与父母的关系、在中学和大学的表现。其中有两方面特别有意义：年轻人对于体育和早期的创业活动的热情。

第十章讨论是什么促使超级富豪——几乎每一个超级富豪都有自己的公司——在自己人生的某个阶段创建自己的公司的。有些企业家由于不适应现有公司的既定结构而决定创建自己的公司的假设是否真的正确？或者说这些人能在自己所在的公司取得成功？

第八章 采访的结构与主题

第十一章调查了受访者是否设立了（经济）目标或者是否把自己的财富归结为他们经济活动的副产品，而非他们刻意计划或作为要实现的目标。

第十二章更深入地阐述了超级富豪与"金钱"这一概念有关的动机。特别是，有人询问超级富豪关于安全、自由和独立的动机、投资于新事物的可能性、自我认可以及他人认可。很显然，超级富豪的动机各不相同，对于某个富豪来讲重要的东西对于另外一个富豪却毫无意义。

第十三章着重讨论销售技巧和能力对这些超级富豪取得职业和财富成功发挥的重要作用。到目前为止这一话题在研究中一直被低估，但其重要性在采访中已被证实。在受访者看来，为在销售上取得成功需要具备哪些重要的特质和能力呢？

第十四章讨论乐观主义精神和自我效能感之间的关系、超级富豪有多乐观和他们所说的乐观主义意味着什么。第十四章还讨论了超级富豪是否考虑过过度乐观的风险？

第十五章研究了超级富豪的风险偏好，这与前面讨论过的乐观程度有关系。他们觉得自己对风险的承受力有多大？超级富豪的自我认知和外部感知之间有矛盾吗？他们的冒险倾向是持续一生，还是随着年龄的增长他们冒的风险会比其创业早期少吗？

第十六章讨论超级富豪如何做决定。直觉或分析是他们做决定的关键因素吗？当人们说他们是根据直觉做决定的时候，是什么意思？

第十七章探讨了受访者的大五人格测试结果。这五大性格特征：神经质、外向性、开放性、宜人性、责任心，有多强烈呢？

第十八章讨论超级富豪的人格包容性程度或对抗性程度以

及大五人格测试结果与采访评价的关联性。

第十九章讨论"逆流而上"的精神作用和研究促使超级富豪成功的逆向操作法。

第二十章讨论了超级富豪如何应对危机和挫折。通过这章,我们可以得知在创业过程中,他们是如何应对心理挫折,以及采取什么措施来应对重大困难的。

第一部分里的问题和主题会在每一章的开头部分重申。

第九章　性格形成时期

第一节　社会背景

此项研究以"德国财富"(*Wealth in Germany*)的调查为基础,调查对象是平均净资产在230万欧元的人士,其中大部分人(64%)来自中产阶级家庭,还有21%的人来自于父母社会地位较低的家庭,剩下15%的人来自高收入家庭。梅兰妮·伯温-斯科梅兰布洛克的主要研究结果与社会出身有关的是:

1. "一项代际比较揭示,'下层社会'中能进入富豪排行榜的人可谓凤毛麟角"。

2. "与符合当前德国社会的社会经济阶层相比,这些超级富豪更多来自中产阶级"。

3. "从社会结构上看,有钱人多成长于父母社会地位高的家庭"。[1]

---

[1] Melanie Böwing-Schmalenbrock, *Wege zum Reichtum: Die Bedeutung von Erbschaften, Erwerbstätigkeit und Persönlichkeit für die Entstehung von Reichtum* (Wiesbaden: Springer VS, 2012), S. 210-211.

比较而言,针对财富精英成员社会背景的研究发现"个人的经济地位越高,他们社会背景的作用就越大。从最严格的意义上讲,成为财富精英的机会,大多留给出身于中上阶层家庭以及上层社会的人。"[1]

前面提到的财富学术研究成果适用于《隔壁的百万富翁》(*Millionaire Next Door*),他们并非本书的研究主题也并未在本书中出现。但是哈特曼的研究成果与财富精英也有关系。这一点在本书第二章第一节中也有体现。哈特曼对于财富精英的定义主要集中在大公司的执行管理层。德国财富精英是本书的主题,指那些财产千万欧元以上的人士,这一群体一直不是学术研究的对象。

在采访期间,每个受访者都被问到其父亲从事什么职业。起初令人惊讶的是:

1. 他们的父亲极少人是蓝领阶层或者更低社会阶层人士。同样,他们也很少有人是富裕家庭的后代。绝大多数人是在中产家庭长大的。

2. 与一般人相比,自营职业父母的人数高于平均人数。在45位受访者中,27人的父亲不是雇员,一半以上受访者的父亲是企业家、自主创业人士或农民。

受访者父亲的职业

企业家:14人

个体经营者:4人

---

[1] Michael Hartmann, *Der Mythos von den Leistungseliten: Spitzenkarrieren und soziale Herkunft in Wirtschaft, Politik, Justiz und Wissenschaft* (Frankfurt-am-Main: Campus, 2002), S. 87.

雇员：9人
农民：7人
公务员：7人
蓝领：2人
自由职业者：2人

企业家

受访者中总共有 14 人的父亲是企业家，有些人来自经济收入中等的家庭，其他人来自经济收入比较高的家庭。至于哪一种分类可用并不明确。受访者父亲的职业是：

·父亲是一家中等规模的钢材企业老板；儿子继承了家族企业。

·父亲是制表公司（家族企业）的董事会成员，该公司拥有 3500 名员工，父亲拥有其 11% 的股份。公司破产了，父亲随后成了中产阶级的一员。

·父母是一家中型园艺供应企业的共同所有人，该企业由受访者祖父创办。

·父亲拥有一家屠宰厂，有一家总店和两家分店。

·父亲拥有一家化工厂，儿子 10 岁时，这家化工厂破产了。随后几年，父亲不再经营自己的生意，属于中产阶级。

·父亲拥有一家大公司，在儿子 12 岁的时候把公司转手。家庭富有。

·父亲拥有一家在国际上活跃的大企业（家族企业），下一代在企业处于极度困难的情况下接管了该企业。

·父亲和母亲拥有一家大中型企业，儿子将其发展为一家全球性企业。

- 父亲拥有一家中等规模的医疗技术公司,当时员工人数不到 100 人。儿子将公司发展成拥有 2000 名员工的跨国企业。
- 父亲拥有一家大型港口企业,该企业是家族企业。
- 父亲起初属于受雇的中产阶层工程师。后来他接管了他工作的公司,成为有钱人。
- 父亲经营一家雪茄厂,其经济水平相当于中产阶级水平。受访者强调他受来自三种不同创业家庭氛围的熏陶(生父、继父、母亲)。
- 父亲从银行接管了一些处于困境的企业,经济能力属于中产阶级。
- 起初,在父亲自主创业、扭转处于困境的企业前,他曾是公司管理委员会的一名雇员。

自营职业者

4 位受访者的父亲各自经营自己的小公司,经济能力属于中产阶级。

- 父亲是一名销售人员,出售消防安全设备。
- 父母有一家小型家具店。
- 父亲曾当过屠夫,后来经营一家小餐馆。
- 父亲曾是一位小商人兼摄影师。

雇员

还有 9 位受访者,他们的父亲(其中一位是母亲)都受雇于他人,经济能力属于中产阶级。

- 父亲曾是一家音乐发行公司的董事。
- 父亲曾是一名检验员。
- 父亲曾是一名通风系统工程师。
- 父亲曾是一名建筑师。
- 父亲曾是一家化工厂的负责人。
- 父亲曾是一家律师事务所的律师助理。
- 父亲曾是一家音乐发行公司的副总经理。
- 父亲曾是一名技术员工。
- 儿子和母亲一起长大,他的母亲是一家大公司的财务总监,不过尽管如此,她却属于中产阶层。

农民

有7位受访者的父母曾是农民,其中5位经营小规模农场,另外2位经营中等规模、大规模农场。

- 农民(大中型规模农场的农场主)。
- 富农(除了经营农场外,他们在其他行业也有公司)。
- 小规模农场的农户。
- 父亲和母亲都当过农民,并经营小本生意。
- 农民、养猪专业户,事业不成功。
- 小本经营的农民。
- 小本经营的农民,家庭贫困。

公务员

7位受访者的父亲都曾是公务员,其中5位是教师。

- 中层公务员。
- 教师（曾做过企业家）。
- 教师。
- 父母都是教师。
- 教师。
- 父母都是教师。
- 高级政府官员。

蓝领

- 父亲曾是生产控制员。
- 父亲曾是仓库管理员。

自由职业者

- 父亲曾是一名律师，但在儿子四岁时，他在第二次世界大战中牺牲。
- 父亲曾是一名外科医生，拥有当时最大的急诊中心之一，并且非常富有。

第二节 早期影响及职业规划

受访者的父母是否把他们抚养成人，让他们为金钱和财富而奋斗？这是曾和家里人讨论的话题吗？受访者都回答：不是。涉及钱的问题，受访者要么完全不回答，要么消极地回答。受访者说：在家里，父母反对他们追求金钱。许多受访者都说他们的父母是受过教育的中产阶级。

第九章 性格形成时期

受访者4：金钱更像一种禁忌。它被视为道德上的禁忌，好像任何人只要一谈到钱，就会屈服于金钱的罪恶。

采访者：是的，的确是这样。不过，很奇怪，在你父亲还是企业家的时候，赚钱对于他来讲应该是完全合乎情理的。

受访者4：是的。但是我母亲在家里更有影响力，很多事情都是她做主。

采访者：你的母亲从小就是新教徒吗？

受访者4：是的，在新教环境中长大。

受访者17：我和父母不一样，并不是因为我叛逆，但我与父母的关系非常疏远，因为他们与我的想法完全不同。他们认为赚钱是不道德的。像我父母这样典型的受过教育的中产阶级，现在基本不存在了……父母认为金钱不重要，他们的这种思想现在根本不存在。我有什么问题都会问父亲。因为我父亲接受过全面的人文教育，所以他对任何问题都对答如流。但是，他对做生意一窍不通……所以，尽管他从来没做过礼拜，但他熟知《圣经》的内容。你可以问他有关犹太教或者佛教的任何问题。他爱旅游，还知道包括韩国作曲家在内的许多外国作曲家。他对金钱从来都不感兴趣。

受访者25：在家里，没有人是我创业的榜样。我的家人不与外界接触，他们就待在自己的学术圈里。他们与现实世界格格不入，对他们来讲，创业这件事完全是陌生的……他们生活在自己受过教育的资产阶级世界里，家人都不是企业家，他们大部分人是医生或教师。家里没有我可以学习的企业家榜样，也没人指导我。我想说，我也不知道为什么自己决定采取一种迂回的方式成为一名企业家。

受访者 34：我的父亲按照 ra et labora（祷告与工作）的原则生活。他是一位非常虔诚的基督徒。我成长于一个典型的基督教家庭。对我们来说，金钱只是无关痛痒的东西。而我们的目标是有一天移居以色列，到锡安山区狂欢，这是虔诚派教徒的目标。我们以耕种为生，养育孩子。我有 8 个兄弟姐妹，家里一共有 9 个孩子。我们这里没有舞厅、报纸、电视，什么都没有，只有《圣经》、弥撒、青年唱诗班、古典音乐。这就是我的家庭背景。

采访者：……这么说，你的家人可能是以消极的态度看待金钱的吗？

受访者 34：以前是这样的。金钱对家人来说是微不足道的。你当然不应该为了金钱和自己确实不需要的东西而奋斗。

受访者 35：……从小我就认为我们应该与金钱保持距离……钱的确是相当消极的东西。

儿童和青年人不仅受父母影响，而且受其身处的更广泛的社会环境的影响。那些超级富豪在年轻的时候有榜样吗？他们是否受到其他人或者家庭的影响呢？有些人报告称，儿童和青少年会被其他亲戚或者熟人的生活方式所吸引，尤其是把那些人的生活方式与他们在中产阶级的父母家里经历的坐井观天似的生活进行对比之后。其中有一位受访者受其祖母的影响。

受访者 3：我想……之前我对金钱并不那么感兴趣，不过当然，我一直认为一个人能生活在舒适的环境中是很不错的。我父母很小气，我讨厌他们这一点。祖母在勃兰登堡有一座狩猎小屋，以前我一直住在那里，祖母总会讲故事给我听。她就是我们现在所说的贵妇。她一直生活得很好，总认为生活是美好的。我的外祖母是一位非常风趣的女性。她是一位船主的女儿。他们在柏林有一家船运公司。她的丈夫是一名军官，他的生活环境极其严苛，这与我祖母的生活环境截然不同。他们也住在柏林，以普鲁士军官家庭惯有的方式生活。① 我的另一位祖母过着巴伐利亚式的生活，更有趣、更随性。

> 采访者：这一点更吸引你吗？
>
> 受访者3：是的，这很不错。他们很棒。

另一位受访者的父母是教师，他还谈起一位朋友的家庭，这位朋友的父母是企业家。他发现他们的生活方式让他很向往。

> 受访者6：我没有什么明确的职业抱负，但一直以来，我想要的不只是生存，即使我们并不是很穷。这么说吧，我希望拥有的不仅是一个公务员的朴素生活。我一直想要更多。我在学校里有一个朋友，他的父母都是企业家。我发现他们的生活太理想了。他们不仅有天赋，而且一直努力工作，但他们的生活水平不同。
>
> 采访者：你在他们家待过很长时间吗？
>
> 受访者6：是的。
>
> 采访者：是什么对你那么有吸引力，让你会感叹，

---

① 受访者把父亲家（传统的普鲁士家庭，生活循规蹈矩，家人比较严肃）与母亲成长家庭开放、快乐的生活方式进行了对比。

"哦,我觉得这实在比我家好多啦"?

受访者6:我想可能是他们那种资产阶级式的行为方式和对生活的态度很理想吧。我是说,那不仅仅是拥有一辆更大的车。他们不只看一份报纸,家里的书架上总是放着三份报纸。他们不把钱存在错误的地方。我家崇尚的新教徒式的职业道德强调自我约束。在我朋友家,我发现一种更开阔的思维方式,它塑造了一个企业家的家庭,非常吸引人和鼓舞人心。

另一位受访者谈到了他的表兄弟,这位表兄弟娶了他们所在的市最富有的建筑公司老板的女儿。他表兄高雅的生活给他留下了深刻的印象。

受访者10:……我表兄弟娶了那个最富有的建筑公司老板的女儿。于是,我想有一个建筑公司也不错。

采访者:是什么吸引了你呢?这与你家的小资产阶级的生活大不相同?

受访者10:是啊,他们的生活比较优越……这么说吧,我总会被美丽和优雅打动。

另一位企业家的父母是普通的屠夫,为了把儿子送到萨勒姆的精英寄宿学校,他们把每一分钱都省了下来。[①] 在精英寄宿学校,这位企业家见识了另一个世界。他的很多同学来自富裕家庭。顺便说一下,有相当多的受访者就读于私立学校,包括那些像这位出身寒微或中产阶级家庭的受访者。

受访者13:当你大约10岁、14岁或15岁的时候,

---

① 萨勒姆学校是德国最知名的寄宿制和走读学校。

第九章 性格形成时期

知道其他孩子来自世界各地的最富有的家庭，这对于那时还只是个小男孩的我来说，当然感觉不舒服。我的优点是我并不嫉妒他们，或者至少不那么嫉妒他们。跟他们一起学习对我没有什么影响。我从不嫉妒别人拥有财富。这对我来说是一种激励。各种类型的人在一起学习，有的同学出身富裕家庭，有的同学的父母是名人，有的同学的父母手握权力。这对我来说不只是激励，我还要想办法实现目标，得到满足……我上五、六和七年级时，假期经常待在朋友那里，于是就自然成了那个世界的一分子了……我就是这样逐渐认识那个世界的，并且没有嫉妒之心。

接下来的两位受访者的父母并不富裕，但仍住在很多富人居住的社区。在那里，他们每天都体验富人的生活，这让他们印象深刻，也让他们燃起了希望，即有一天也能成为他们中的一员。一位教师的儿子这样说道：

> 受访者16：也许我只想躲避父母的痛苦，并且把一切做得更好。我不得不说，你很难想象目前的境况，我们每四周或每六周才去一次餐馆，因为我们总是缺钱。作为一个需要抚养三个孩子的公务员，我出门前得在家喝够水，这样去餐馆就只喝一杯可乐，就像我说的，能去餐馆溜一圈已经是特例了。我们经常在家炖汤，这样就可以把一周的剩菜吃光。如果我偶尔买了2000克火腿，而不是200克的话，家人就会要求我把火腿还给屠夫，因为火腿太贵了……当然，我不想说我们很穷，但在这么多富裕家庭中，我的家庭确实是一个经济拮据的家庭。我们住在巴登-符腾堡州一座城市的高档郊区。我们有一款老式的大

众变形。① 我们买的最新的一辆车,是一辆十年的二手帕萨特。直到1982年,我们还在看黑白电视机,因为我们买不起彩色电视机。我们的生活并不贫穷,但是过得非常节俭。当我们去度假时,我的父亲不会全速开车,因为他想省油。别人有的东西,我们一样不缺,但既不是最新的,也不是最好的。当路过商店时,我会把鼻子贴在橱窗玻璃上,希望我也能拥有里面展示的东西。我的朋友们都是地方检察官、大商人这些人的儿子。他们在高中时,得到一辆高尔夫GTI作为毕业礼物,而我,为了开得起帕萨特柴油AA,还不得不工作。

受访者18:……我们住在施塔恩贝格,你不能忽略这个。那时的施塔恩贝格是很多暴发户住的地方。周末,慕尼黑所有的上层人士都会在那里现身。

采访者:在某种程度上,这是否让你觉得,"嗯,这种生活不会那么糟糕"?

受访者18:是的,那种生活,那种生活方式。我用自己挣的5马克,买了第一辆自行车。我的朋友当时大约16岁,他们有特殊的驾驶执照,开着保时捷或美洲虎e型汽车上学。夏天他们一般骑摩托车。那些孩子都和我一起上学。当他们16岁的时候,都有一辆保时捷。当然,这让我很兴奋。

一位在房地产业行业工作的受访者,通过他父亲的同事认识了一位非常富有的房地产开发商。那个人对他的生活产生了很大的影响。他说,是那个人鼓励他坚持从事房地产行业,所以他才能过上了现在的生活。

---

① 大众变形是一款旅行车,车主通常是中低收入者。

第九章 性格形成时期

受访者36：我爸爸有个同事，也是他最好的朋友，他叫×××，是一名教授，他有一个儿子，××。×××是一个地产开发商，他为×××在法兰克福开了一家超市，或许你认识他。

采访者：不认识。你羡慕他什么？

受访者36：嗯，让我来告诉你。你肯定会笑。他还有最好看的姑娘，都是模特儿，真的特别漂亮。就像那个《勇破太空城》里面的女主角——詹姆斯·邦德。他开着豪车，总是特别快乐。他总是很风趣。他的美女和豪车都特别吸引我。那也是我想要的，所以我觉得房地产开发行业是个好行业。

然而，这位受访者是个例外，他很早就向往从事房地产行业，最后梦想成真了。其他的受访者的职业理想并没有这么远大。没有一个受访者说他从小就想成为富豪，并且很少人想过以后会成为企业家。这些超级富豪小时候的职业理想其实和其他小孩别无二致。在某种程度上，尽管他们向往过上那种他们向往的、更富有的生活，但这并不一定反映在一些特殊职业中。当问到小时候，或者是年轻时，他们有什么职业抱负，他们回答道：

我想当一名兽医。在农场的时候，我当然和动物接触很多，但是无疑我也受到了家人和老师的影响，他们早就认为我长大以后应该从事法律或商业之类的行业，并且他们已经为我做好了决定，认为我应该是一名律师或者商人。

小时候，我是想做一名火车司机，或者天文学家，或诸如此类的……

我想做一名电影导演，之后转行记者。我想当记者的原因可能是我曾参加过《南德意志报》（德国最好的一家日报）举办的竞赛，他们在学校征收最好的新闻文稿，我获奖了。

我想做牧师、研究员、医生或者心理学家。

长久以来，我一直想成为一名护林员。孩提时，我住在姑妈家，每天花很多时间待在森林里。我特别喜欢待在森林里，所以长期以来，我都想成为一名护林员。但之后……我记不清我小时候还有什么职业抱负。我不想当赛车手或者别的。

我曾想成为一名地质学家，因为我对化石很感兴趣，那是我最大的职业抱负。

我有两个职业理想。一个是想成为一名园丁，另一个是想成为一个银行家。我觉得当银行家很简单。当一个信用社或者一个储蓄银行支行的行长，那种支行每个小镇里都有，我曾觉得这会是一份很有趣的工作。这个工作就是每天穿着正装，和钱、人打交道。我那时候觉得，他们的办公室特别好，还能赚到不少钱。

小时候，我想成为一名工程师。我那时候想去达姆施塔特工业大学读书，但是后来我放弃了。因为别人告诉我成为一名工程师的机会太小了，所以我决定去学法律。我一直都不想成为一名雇员。我一直都很想做自主创业者。

说实话，我并不知道自己想干什么。

好吧，也不是，我是真的不知道自己具体想干什么。我一直坚信，在原则范围内，我可以做任何事情，并且不管我做什么，我都能成功。这是我的看法，我离开学校以后，也在意料之中从事了我现在的行业。

第九章　性格形成时期

小时候，我梦想成为一名警官，因为这个职业是很有权威的。另外，我还想过从事与旅游相关的职业，比如说开一个旅行社。

我曾想当一名飞行员，但是由于身体原因，我做不了那方面的工作。早些时候，我就知道我不能当飞行员了，因为我有一只耳朵听不见。

我想做奶酪并管理那些做奶酪的人。

我爷爷是一名称职的机械工程师。我爸爸和爷爷都认为我也应该成为一名机械工程师，我自己也想当工程师。

以前，我也不知道自己想做什么。我没什么抱负。

我想成为一名建筑师。

对我来说最主要的是赚钱，干什么都可以，必须是合法且有效的。

对我来说，我的职业抱负或者职业目标就是从事与体育运动有关的工作。体育运动对我来说非常重要。我曾参加过体育竞技比赛。

小时候，我只想成为一个好爸爸。我想要自由。我不知道该从事什么行业。我开始开着大卡车伐木。

我一直像企业家一样想做一些企业家做的事情。

我有很多想法。在十几岁的时候，我想成为一名赛车手或音乐家。但是最终，考虑到现实问题，我还是做了合理的决策。

我小时候的梦想很典型。我记得最大的梦想是成为一名护林员。我喜欢大自然。

不，说实话，我之前是没有什么事业抱负的。我中学毕业之后，就去学了宗教学。

我的梦想，嗯……小时候还没有什么明确的梦想。但是有两个人,我一直是以他们为榜样的,我觉得他们很有趣。一个是约瑟夫·内克曼(Josef Neckermann),他骑马技术很好,还是一位成功的企业家。另一个是保罗·邵克默(Paul Schockemöhle)。

我想当旅馆老板。我想开家旅馆。

我一直都不知道自己应该干什么。

我曾经是想当一名火车司机,很多男孩子在某个年龄段都会想当火车司机的,这没什么大不了的。

我曾想当一名律师。

当你觉得事情变得更明朗了,那有可能是心理原因。好吧,问了这么多人,大部分受访者想当建筑师、商人和销售员。还有一些受访者想成为工程师、建筑师、遗传学学者、医生、挖掘机司机。

第三节 与父母的关系

很多富豪的传记都会写到他们在童年和青春期中对抗权威的事情,尤其是和他们的父母、老师进行对抗。[①] 因此,我们调查的其中一个问题就是关注他们在成长期和父母的关系,关注他们是否会在青春期之外的别的阶段也会与父母发生冲突。然而,大部分受访者说他们和父母的关系很和谐。只有少部分受访者和父母的冲突比较多。

受访者 A:我从没和父母发生矛盾。我们情况不同,

---

① Rainer Zitelmann, *Dare to Be Different and Grow Rich* (Mumbai: Indus Source Books, 2012), pp. 105-114.

第九章　性格形成时期

我是五个孩子中最小的一个。我父亲曾参战，还被囚禁过，因此他很不喜欢冲突，我们之间也不会有什么矛盾。当然了，在那个年代持不同政见是很正常的，我们这一代人也会有这种情况。我们会责备父母。我们会问他们，"纳粹的独裁"为什么能为人们所认同，这种事情又为什么会发生？这些问题是每个人都会问的。但是因为我们没有触碰到父母的底线，所以我们与父母之间的关系就不会被破坏。

受访者 B：我从来没有反对过父亲。我从未反对过他的做事方式。事情看起来就像是，从最初我就一直认同并按照父亲的方式处理问题。

受访者 C：我和父母的关系也很好。实际上，他们很宽容，家庭关系很和谐，家人也很谦逊。像我之前说过的，我父亲是一名公务员，所以我们不是很富裕。我们家其他的收入都来自我母亲家里，这些钱也会慢慢花光，但是我父亲对此并没有什么想法。

受访者 D：没有矛盾的家庭都是好家庭。没有矛盾，除非你自找麻烦。

受访者 E：我从未叛逆过，但是我和父母关系很疏远，因为他们对事情的思考方式与我大相径庭。对我父母来说，赚钱是很不道德的。像我父母这样典型的受过教育的中产阶级，现在基本上不存在了……但是从我 14 岁起，我和父母在一起的时间就不多，因为我从家到学校就要花一个小时，所以大部分时间我是和朋友住在一起的。我很早就离家了，18 岁就和我现在的妻子住在一起。我认为我和父母之间几乎没有矛盾，尽管我们在对一些问题的看法上会产生分歧。回顾过往，我觉得我那时候的表现很好。不，也不是特别好。因为我很快就和父母分开住了，所以我按照自己的方式行事。

相比之下，和父母有冲突的受访者只占了一小部分，并且他们几乎都是和父亲产生冲突。下面是三个例子。

受访者F：我基本上把你不想让我做的事情都做了。我爸爸说我是自找麻烦。我做了很多别人想都想不到的事情。青春期之前，我的状态一直很糟糕。那时候一切都显得特别困难。青春期之后，我变得理智多了。那时候我爸爸说："看吧，他终于开始行动了。"从那时起，我开始从事一些体育运动。

受访者G：我和父亲之间只有冲突。

采访者：很严重吗？

受访者：嗯，非常严重。

采访者：一般什么事情会引起你们之间的冲突？

受访者：我父亲特别独裁。他特别不讲理，经常打我。

采访者：你几岁的时候挨打最多？

受访者：直到我十六七岁，他才不怎么打我了。那段时间之前，我们之间的矛盾特别多。过了那段时间，情况就有所好转了。我不再和我父亲说话，他也不和我说话。我不喜欢他，他也不喜欢我。我留着长头发，支持左翼政党和绿党。你也知道，绿党就是那些环保主义者组成的党派。脱离了绿党的话，我也不是一个左翼份子。但我当然是一名绿党成员……我爸爸认为我完全是痴人说梦。是的，他是对的。其实这也是一种与他对抗的形式。那时候我还遇到一位和我有着相同政治倾向的老师，他给我洗了脑。

受访者 H：这么说吧，我本来是不用去服兵役的，但是我父亲让我去服兵役，我为此和他吵了一架。我还是个孩子，尽管我参加了一些竞技性运动项目，但是我心脏不太好，我把它当作不去服兵役的一个说辞。但是我父亲跟别人说我的心脏没有问题，这样我就不得不去当兵了。这件事激化了我们之间的矛盾。我和父亲之间关系不和的另一个原因就是，他是一个特别以自我为中心的人。他之前是很成功的，但是他成功之后又历经数次失败，并且他还将我妈妈也拖下水，因此，他和我妈妈之间也有很多矛盾。我妈妈本来有自己的事业，但是她为了给我父亲还债，牺牲了自己的事业。这一切对我也有很大的影响。我想上大学，但是我得不到任何支持，因为我父亲还没有彻底破产，所以我没有任何学生补助，也不能贷款，我只能靠自己支付学费。

如许多超级富豪的自传中所写，这些传记的作者假设大富豪们在青春期都会与父母发生很多争执，但这一假设并没有得到证实。

第四节　中小学和大学[①]

大家都认为高水平的教育是社会进步的基本条件。本书第四章第六节里已经表明，对受教育程度越高就越能获得更多财

---

① 德国的中等教育包含三种：大致相当于初中、高中和大学预备学校。成绩有六档，即1~6，1代表杰出，2代表优秀，3代表及格，4、5、6代表不及格至成绩完全无法接受。将各科成绩综合得出平均成绩，即为最终成绩，具体到小数点后一位，比如1.5或2.7。

富的质疑是非常有道理的。一方面，从受访者来看，受过高等教育的人实际上就是比其他同龄人更有优越感。在 45 位受访者当中，29 个是大学毕业生，38 个已经完成中等教育，并已经考上大学。其中 11 个人，约占总人数的 1/4，拿到了博士学位，也就是获得了最高等的教育。记住，德国人当中只有 2% 的人有博士学位，很明显，富豪阶层中高学历的人比整个人群中的高学历的人所占比重更大。

受访者的最高学历

完成义务教育：7 人

考上大学，但是没有去读（或者中途辍学）：9 人

大学毕业生：18 人

博士生：11 人

另一方面，没有迹象表明人的学历越高，财富越多。这一点通过研究受访者就可以看出来了。这 45 位受访者当中，我们比较了收入最低的 1/4 的受访者和收入最高的 1/4 的受访者。毕竟，在收入最低的 1/4 的受访者中，他们的净资产约值 1000 万~3000 万欧元，其中有 3 个人是博士生，其他 7 个都是大学毕业生。其中，只有一个高中毕业后没有继续读大学。在收入最高的 1/4 人中，他们的净资产约在 3 亿欧元以上，其中只有一个人是博士生，其他 5 个人都是大学毕业生。其中有 3 个高中毕业没去读大学，或者也在读大学后辍学了。还有两个人高中毕业，连大学都没有考上，只是完成了义务教育而已。

受教育程度的比较

受教育程度较低的 1/4 受访者和较高的 1/4 受访者

资产最低的受访者（1000万~3000万欧元）：11人
完成了义务教育：0人
考上大学，但是没有读：1人
大学毕业生：7人
博士生：3人

资产高于3亿欧元的受访者：11人
完成了义务教育：2人
考上大学，但没有读大学的人或者中途辍学：3人
大学毕业生：5人
博士生：1人

受访者中的大多数人在学校都不是学习特别好的学生。据说他们中大多数人在学校的成绩还没有平均成绩高。下面是受访者的大学和中学成绩概览。

・在大学预备学校学习法学，名列前五名，以合格成绩获得法学博士学位。

・在塞勒姆学院——德国最有威望的寄宿学校学习；主要学习冶金术；以优异成绩毕业。

・上中学时，德语和历史成绩优秀，数学和化学成绩都很差；学习工商管理专业，并获得博士学位（成绩等级为"及格"）。

・上中学时，德语、美术和音乐的成绩非常好；其他科目成绩不太好；曾学习生物学，打算成为一名老师，但中途辍学。

・上中学时，表现一般；体育运动更好一些。大学学习法学专业，参加了第一次国家考试，拥有博士学位。

- 上中学时，一开始表现得很好，之后就不是那么好了，因为在校外赚钱变得更为重要。学习社会学和政治学（以远程教育的方式学习）。
- 在职业高中表现最好（毕业时没有获得大学的入学证书），然后成为工厂学徒。
- 中学成绩非常好；学习法学，以优异成绩毕业后攻读MBA，后来获得法学博士学位。
- 在学校和大学表现得都不好。学习农业经济学，但运动更加重要，在大学中途辍学。
- 在学校（修道院学校）成绩排在"前五名"，然后在大学学习企业管理专业。
- 在学校表现非常好，以高分获得工业工程硕士学位，后来获得博士学位。
- 大学入学成绩刚刚及格（2.9分），有大学入学证书，但未入学。
- 以令人满意的成绩（2.7分）获得大学入学证书；学习企业管理专业（毕业时成绩一般）。
- 有大学入学证书，但未入学。
- 可以进入中学学习，但未入学。
- 学习机械工程专业，辍学。
- 打算成为老师，学习企业管理专业（过去十年取得最佳硕士成绩＝0.7[①]），接受审计师和税务顾问培训。
- 辍学，没有从中学毕业。
- 高中成绩很差，随后学习成为一名测量师，并以优

[①] 在德国各州，只有极少数情况可能拿到高于1的成绩，本案例即为特殊情况。

异的成绩毕业。

·初中毕业；成为助理药剂师。

·完成中学学业，但成绩不佳。

·获得大学的入学证书，入学成绩优异（2.1分）；学习企业管理专业，成绩一般（2.0分）。

·中学成绩很差，随后成为助听声学工程师学徒；后来成为高水平技师。

·中学成绩位于平均水平；学习工业工程专业，毕业时成绩很好（1.8分）；博士学位成绩优异（2.0分）。

·大学入学成绩非常好（1.6分）；学习神学（"在我的学年组里最好的考试成绩"为2.0分）。

·中学成绩平平；以非常优异的成绩毕业于法学专业，学习企业管理专业，然后获得了法学博士学位。

·大学入学成绩一般（2.9分）；毕业于企业管理专业，成绩很好（2.0分）。

·在寄宿学校学习，表现平平；在圣加仑学习企业管理专业。

·大学入学成绩一般（2.9分）；学习经济学；在大学表现很好。

·在职业技术学校学习，表现不佳，学习工程学，最终表现非常好。

·在寄宿学校学习，表现平平；随后学习工商管理专业，并获得博士学位。

·中学；以专业排名前三的成绩进入大学学习；攻读法律专业期间做过实习生，获取博士学位。

·中学；大学入学证书成绩（3.0分）；企业管理学位成绩一般（2.7分）：做过细木工学徒。

- 大学入学成绩为平均水平（成人教育）（2.0分）；做过木工学徒和警察，毕业于企业管理专业，成绩良好（2.3分）。
- 在学校表现一般；学习经济学专业，成绩优异；后来取得经济学博士学位。
- 大学入学证成绩一般（2.5分）；学习经济学并取得令人满意的成绩（2.0分）：获得博士学位。
- 大学入学证成绩一般（2.2分）；学习机械工程专业；毕业成绩优异（1.3分）。
- 大学入学证成绩一般（2.9分）；学习企业管理专业；成绩一般（3.0分）。
- 取得大学入学证书，中等成绩，之后学习经济学但中途退学。
- 大学入学成绩非常好（1.3分）；没有入学；直接从商自己创业。
- 有大学入学证书；曾学习工业工程专业。
- 大学入学成绩一般（2.1分）；曾学习数学和生物学；中途退学。
- 大学入学成绩优秀（1.0分）；曾学习企业管理专业并取得非常好的成绩（年级组成绩最佳）（1.3分）。
- 大学入学成绩良好（1.9分）；曾学习医学但中途退学。
- 大学入学成绩很差；没有入学。

只有9名受访者称，他们在中学或大学成绩优异，并且在年级组也表现优秀。在这9个人中，其中6个的财富值属于最低的财富级别（1000万~3000万欧元），两个属于更高一级的财富级别（3000万~1亿欧元），只有一个的财富值属于财富值超过3亿欧元的财富级别。特别是其中两位受访者有着杰出的学术成绩。其中一人的大学入学成绩几乎接近满分（1.0分），并在他的大学年级组中始终保持第一或第二名的成绩。另一个则获得了过去十年里最高的硕士成绩（0.7分）。两者的财富级别都属于最低的一级。

取得最高学历（博士学位）的11个受访者的情况则是全然不同的。有3个受访者的财富级别最低（1000万~3000万欧元），5个的财富级别更高一级（3000万~1亿欧元），两个的财富级别在1亿~3亿欧元之间，还有一个受访者是亿万富翁。那些拥有着最高学历的受访者，在学校有着出色的表现和接近满分的硕士成绩。他们继续攻读博士学位并以优异的成绩毕业，但其财富级别是最低的一级。在其中的3位亿万富翁中，有一位是博士生，一位从大学辍学，还有一位只从中学毕业。尽管受访者从总体上来看比一般人的学历更高，但总体的情况是截然不同的。并没有出现一个清晰的模式能定论：一个人在学校或大学中的优秀表现应被视为取得一个非常高的财富等级的先决条件。

本书第一部分提到的第二个假设是在采访中进行验证的。这个假设就是那些持续变得非常富有的人会在他们年轻时和权威人士发生更频繁、更激烈的对抗。正如我们看到的那样，这个假设并没有得到受访者父母的认同。那么在学校的情况会有什么不同吗？

就他们在学校的表现而言，绝大多数受访者很明显是好坏参半的。许多人"叛逆"或经常顶撞老师。这里有几个例子。

一位受访者声称，他以前和他的老师们冲突不断，部分是出于政治上的原因。

> 受访者6：我经常被带到校长面前挨批，因为我策划

了针对教育部长会议的示威活动……我在学校外墙上挂上了一条横幅来抗议。我想我在班上应该是个麻烦制造者。我坐在教室后面，偷偷地看《明镜周刊》①（Der Spiege），还在桌子底下喝啤酒。这显然是要激起民愤的。除了上面说的，我在学校仍然表现得很好，但我在过去的四年中学生涯中绝对是很讨人嫌的。

接下来的这位受访者，成立了一家大型医疗技术公司。他在学校的时候也曾在政治活动上非常活跃，这也成为他和老师不断发生冲突的一个根源。在学习成绩方面，他曾在所在的年级组里排名前三，所以成绩并不是引起冲突的原因。

受访者32：可以这么说，在学校里，我非常活跃。班长、学校代表、州级学校代表，所有的这些类似的职务，我都担任过。在我的家乡北莱茵-威斯特法伦州，我还曾是该州所有中学的学生代表。

采访者：真有意思。我正想继续采访你在学校的生活。你在校的期末成绩是优、中等还是很差呢？

受访者32：我的成绩一直都前三名之内。

采访者：你叛逆吗？

受访者32：是的，当然……我总是叛逆，反抗。我现在回过头来想一想，也不确定我到底为什么这样。比如说，我在我们的中学毕业典礼上发表演讲，就引用了希特勒的《我的奋斗》（Mein Kamp）。但我提前上交我的演讲稿后，学校理事会就想让我放弃这个演讲稿……

采访者：所以，当你在学校时，你的叛逆是以什么方

---

① 《明镜周刊》杂志是德国出版的最主要的自由新闻杂志之一。

式表现出来的呢?

受访者32：主要是我不遵守规则，再举个例子：我们在校报上发表一些带有批判性的文章。接着在全国各地的学校开放日，我准备批判整个北莱茵-威斯特法伦州的学生共同责任制，学校的董事会主席就会说，"如果你要那样做，我就不参加学校开放日活动。"

相比之下，接下来的这位受访者创立了一个成功的IT公司，但在学校表现得非常差劲。他也谈到了政治实践主义，这在他保守的以拉丁语和希腊语为主导的大学预科学校成为他和老师起冲突的原因。

受访者33：我很叛逆。我在学校很努力地学习，并遵循这句座右铭："一匹好马只有跳得足够高才能越过栅栏"。我的成绩（3.0分）很一般，而且在过去几年学校变得更加严格，我就总有留级的危险。

采访者：你在学校表现得不太好，而且叛逆。这与什么有关呢？是违反纪律，还是政治方面的原因更多？

……

受访者33：两方面原因都有，但可能政治方面的原因更多一些。政治方面的原因是我与学校老师发生冲突的主要原因。当时一个典型的议题就是北约双轨制决定。那正是十六七岁的人关心的事情。然后反核运动开始了，我总是很投入，凭良心拒绝服兵役。你知道，拒绝服兵役也是一个对我来说很大的问题。那时候，每个人都被要求服兵役，但是你还得要通过一次非常大的考验才能来证明你的反战主义和良知。

采访者：这在学校也引发了冲突？

富豪的心理：财富精英的隐秘知识

> 受访者33：这导致了冲突、对抗和争论。我在一个非常保守、人道、以拉丁语和希腊语为教学语言的大学预科学校里就学。

一些受访者承认，他们与老师不断地进行权力斗争，就是为了确定谁将从对抗中变得更强。接下来的这位受访者在银行和房地产投资方面都获得了成功。他说，他"一直都叛逆"。

> 受访者42：在七年级和八年级的时候，我的老师因为我表现不好给我记过30次。在我14岁和15岁，我开始叛逆，之后我在叛逆的路上越走越远。
>
> 采访者：就你的情况而言，你的叛逆只是因为闯祸而违反纪律，还是像其他受访者一样，更多的是因为政治方面的原因呢？或者简单地说，管他呢，我就是要做我想做的。
>
> 受访者42：这不仅仅是一个反抗某些事情的问题。我意识到有些老师没有能力来管理一个班级，或者就他们的学科而言，我认为他们当中有些人并不了解他们自己的课程。所以我就和他们玩了一些小游戏，只是游戏。我挑衅老师，让他们发脾气，或者我故意制造混乱，只是想看看会发生什么。这就是我为什么挨揍的原因。

一些受访者声称，他们与老师的对抗会经常导致他们不得不转学，或者经常被停课或被开除。一位受访者将自己的行为描述成"一场灾难"。

> 受访者9：我自认为"我在课堂上表现得不好"。这造成的后果就是我搞破坏并且总是被停课。由于我的所作所为，我的父母随后总会接到学校打来的电话："你的孩

子违反了学校的规章制度,我们建议你将他带回去管教。"

接下来的这位受访者在学校也遇到过严重的纪律问题。他被5个学校劝退过,留级了3次,但中学毕业时仍取得了很好的成绩(1.3分)。

> 受访者40:提到我在学校的最后几年,我总是想方设法寻找方法才能勉强合格。就在最后,我们地区只有一所学校愿意接收我,而且那里的人说:"我们还是会录取你,但是一旦你入学了,就必须得好好表现,从第一天开始就要主修数学。"
>
> 采访者:我明白了。那么因为什么你被赶出学校?
>
> 受访者40:哦,各种各样的原因……纪律问题。我旷课,或者在某些事情上固执己见。我总是做一些愚蠢的事情。我到现在也还是这样……我总是用错误的方式惹恼别人。

一位受访者说,他的整个学业生涯总是纪律问题不断。他说他"更换学校的频率比别人换鞋子还要高"。

> 受访者45:我在学校里觉得非常无聊,但也有很多事情可以消遣。
>
> 采访者:所以说,在学校你总违反纪律。
>
> 受访者45:是的。

接下来的这位受访者,一直很富有,却离开了学校,没有得到任何正式的资格证书。他的授课老师告诉他,反正他会一事无成。

> 受访者18:就这样,我去了某市的中学。我只会学

我觉得有趣的东西。如果课程很无趣，那么我绝对不学。我只是没有再去学校了。而我的父亲、母亲无法应付这种情况……

采访者：所以你只是辍学了吗？

受访者18：是的……我可以与一两个老师相处，但是有很多老师都让我无法忍受。你要知道，当时仍有很多老师来自纳粹那个年代。而且他们仍然表现得像个纳粹党。我还记得我班上的一位老师，她教拉丁语和德语。她对我说，"×××，你永远都成不了事。"我至今对此还记忆犹新。

另一位富裕的受访者说，他在完全辍学前总是逃课，后来才幡然醒悟，最终完成职业技术学校的学业。他学习工程专业，最终成为学科里的佼佼者。

采访者：在你的学习生涯中，你认为你的表现好、一般还是差呢？

受访者30：我是一个差生，是个坏学生。因为我总是对与学习完全不相干的事情感兴趣。我经常旷课。我宁愿花时间和鸽子饲养员在一块儿，而不是去学校，这对我来说更有吸引力。

采访者：你的大学入学考试成绩怎么样？

受访者30：我最后还是回到学校，并从职业技术学校毕业。[1] 而那时正是我和学校划清界限的时候。我惹了很多麻烦……我和老师起冲突，因为我总是逃课。我知道

---

[1] 这是12年中小学教育后，一种学历较低的毕业形式，而且持这种毕业证的人没有权利进入大学学习。

第九章 性格形成时期

我妈妈很担心……于是我决定退学,因为我一点都不想待在那里了……我一直在惹麻烦,我妈妈很生气……我在八年级的某一天退学了。之后我基本上都在建筑工地当木匠和细木工……突然有一天,我内心受到某种触动,我对自己说:"就是现在,你必须这么做!"之后我回去参加了学校考试。

许多受访者声称学校没有引起他们丝毫的兴趣。接下来的受访者也是如此,他在学校就从事了许多商业活动,还赚了很多钱。他说,他对学校"一点儿都不感兴趣"。他在学校表现得并不是很好。在采访中他解释道,不是没有一点儿傲慢,他只是没有准备好"降低自己的智商"(降低到跟老师的智商一样低)。

受访者19:我在校外有太多事情要处理,而我在学校实在太痛苦,因为我对此毫无兴趣。这就是为什么我在15岁还在上学的时候就开始工作的原因。这也是我最终的学校成绩(3.4分)如此糟糕的原因……我只是和我的老师处不来。我只和一两个老师在同一个频道上,其余的我都很厌恶。他们讨厌我,因为我对他们教的课提不起兴趣,也没打算降低自己的智商来达到他们的智力水平。那对我来说实在是太蠢了。这可能是主要原因,但还有一个原因,我一直都野心勃勃,渴望独立自主。

一位受访者初中毕业,并且毕业成绩平平,但后来成立了一家非常成功并拥有数百名员工的房地产公司。他说他和他的老师们冲突不断,并将自己描述为一个"麻烦制造者"。

受访者20:是的,我就是一个麻烦制造者,在初中、大学预科中学我都是如此。我不得不在相当短的时间内退学，因为我表现得不好，我的成绩也不够好，我和老师们相处不来。然而这并没有结束……学校教育对我来说没那么重要。就我与其中一位老师的矛盾而言，我一直都觉得他对我不公平。在学校时，我一直有这种感觉。所以我去了中学，本来只想勉强应付一下，主要是因为我非常擅长运动……但是在学校仍有很多的冲突。

接下来的这位受访者，后来成立了一家成功的建筑公司。他描述了学校是如何让他深感痛苦，以及他是如何不断和老师抗争，并成为学校里的三大麻烦制造者之一。

受访者27：我的中学毕业成绩是"极好"的（2.9分），但我不得不承认其实我自己感觉一点都不好。但我实在是太懒了……我只是觉得享受学校生活是不可能的事。而且在那个时候，我不想以那种方式被鸽笼化。由于某些原因，我上学的时候，身体总是有点痛。我很擅长交朋友，但我总是忙于应付学业，这很不适合我……在学校，我的抵触情绪很大。我总是被视为三大麻烦制造者之一。

其中最富有的一位受访者是阅读障碍者，他说他至今也无法流利地阅读。当被问及他的最终成绩时，他答道，"我的最终成绩自然是很差的"。

受访者：我有阅读障碍。这意味着我无法流利地阅读。其他人在那里阅读合同，而我就会落后一大截。运营公司意味着每天都得大量地阅读文件或资料。如果你给我写信的话，我只读信的前几句和最后几句话。如果信的内

第九章　性格形成时期

容与我预期的相符，那么我很开心，并且感觉很好。如果不符合，我的秘书就会大声地给我读信。我每天大约读200页左右。

尽管在报告中，受访者与教师发生冲突的次数可能有些惊人，但这绝对不是所有受访者共有的特性。许多人讲述了自己在学校相对没有冲突的时光。一些受访者积极参与学校活动，成为学校代表或参与学校与其他官方机构的活动，并早早地承担起责任。接下来的这位受访者曾就读于萨勒姆国际寄宿学校的姐妹学校。

> 受访者2：我从来都不是一个好学生。我们有一个学校议会或学生会，它们在学校里扮演着重要的角色。例如，学校议会决定是否应该开除学生。在这种情况下，学生代表总是有发言权的，校长不能单独做出类似于开除学生的决定。在我17或18岁，学校选举我成为校内最高一级的学生代表，作为他们的直接代表和教学人员的第一联络人。我当了一年的学生代表，你可以说他们认为我是可以胜任的。早晨我读晨祷，我在用餐前会做祷告，领导每日的集会。午餐开始前，我会站在前面，宣读通知或公告、体育队和俱乐部的消息、组织事项、日常事务……我一般不是那种叛逆的人。我是值得信赖和可以依靠的。至少我一直在尝试让自己变得可靠。

另一位受访者尽管家庭背景不好，但在萨勒姆寄宿学校就读，并担任过多个重要的职位。

> 受访者13：在学校，我有很多高级职位。我就读于萨勒姆寄宿学校……学校两个最高的职位就是学生发言人

和仅位于其之下的议会发言人。作为服务俱乐部发言人，我全权负责火警和急救服务。后来我成为运动俱乐部发言人，因为我已经参加了竞技运动。这些就是我那时任职的两个高的职位。

第五节 体育运动

在45名受访者中，有23名曾是竞技运动员，或至少是有野心的业余运动员。

下面是受访者青年时期经常参与的体育运动。
- 划船，直到中学毕业前不久才停止。
- 参加网球运动的日常训练，现在还在成年男子联赛中打球。
- 8到18岁做过田径运动员；每周训练5次；参加过1000米全国锦标赛。
- 16到34岁做过竞技运动员；黑森州速降和组合滑雪的冠军；还参加过区级乒乓球比赛；有5年的手球集中训练经历，还参加过多个锦标赛。
- 塞勒姆学校的体育代言人；13岁到20岁时做过竞技运动员；参加过每日十项全能训练；取得过巴登-符腾堡州冠军，德国前十强。
- 8到18岁打过篮球；参加过第二届全国联赛。
- 15到23岁踢过足球，每周训练4次；参加过柏林最高联赛；学习运动相关专业。
- 有4年的艺术体操生涯；参加了巴登-符腾堡州的州际锦标赛。

第九章　性格形成时期

- 曾是科隆年龄组里的国际象棋大师；也曾在顶级联赛中和成年人比赛。
- 参加过马术跳跃运动（他是一名竞技运动员）。
- 马术骑师（在德国国家队待了10年；奥运会第7名）。
- 曾进入在德国军方的专业帆船运动组，该组由10人组成；参加过帆船赛。
- 有4年的滑雪选手生涯；巴登-符腾堡州冠军。
- 做过田径运动，中距离（1500米），参加州级锦标赛。
- 13到17岁参加竞技游泳；威斯特伐利亚洲冠军。
- 10到14岁参加强度训练骑马；参加了儿童锦标赛。
- 6到16岁打网球，做过4年职业选手。
- 6到19岁都在打排球，其中6年都是竞技运动员；该队经常是地区冠军，并在州锦标赛获得第三名。
- 12到18岁划船，也是职业选手；已经赢得了好几个帆船赛。
- 6到16岁是柔道竞技运动员；是北莱茵-威斯特法伦州队队员，并与其团队一起赢得了该州的冠军。
- 有10年的田径运动生涯，中距离（800米、3000米）；全州前三强。
- 15到20岁，从事田径运动；1000米长跑的国家冠军。

以上运动大多数都不是团队运动，而是个人单项运动，如田径、体操、网球、滑雪、骑马、乒乓球、国际象棋、柔道和游泳等。不过也有真正的团队运动，如手球、足球、排球和篮球。一些受访者讲述了竞技体育以及在之后的职业生涯中获得和使用的技能是如何塑造了他们的。一个在同行竞争中的佼佼者说道：

受访者1：在职业生涯中……想要成为最好的那一个，野心也是至关重要的。你要学会触碰到你的极限并超越它们，你也必须能够在心理上和它们共处。作为一名管理者，这是我选人时最重要的标准之一。尽管处于不稳定的情形，你是失去了勇气还是能保持"头脑清醒"？此外，取得竞技体育的成功需要牺牲生活中许多愉快的事情。体育运动增加了我的自信心和社会接受度。

许多受访者强调，在他们之后成为企业家的时候，更倾向于招聘竞技运动员，因为他们认为这些运动员最有可能在他们选择的行业里取得最高成就。

受访者5：我聘请了很多竞技运动员作为员工。因为我一直认为，竞技运动员也可能成为工作中的顶尖人物。我聘用一个网球运动员，他现在是×××的总经理。当遇到困难时我总会告诉他："现在你必须全力以赴。"他非常清楚我在说什么。所以我认为，当你……即使他们非常年轻，大多数运动员都有一个清晰的想法和明确的目标，并以极大的决心和雄心来实现这些目标……基本上我喜欢竞争，我认为竞争是振奋人心的。它是公平合理的，当我还是小孩的时候就喜欢做这件事。我不喜欢失去，但我也发现当人们没有赢的时候，那些输不起的人很可怕。在工作中，有时候你可以更放松些，你明白吗？而当我想要完成某件事时，不管多大年纪，我都会全力以赴。

一名受访者已参加了10年竞技田径运动，并在德国锦标赛上参加了1000米长跑。他虽出身平凡，但在他20岁出头时就已是百万富翁。体育运动教会他即便处于不利地位，也有可能实现伟大的目标。

第九章　性格形成时期

受访者7：我曾是一个成绩中等的运动员，但我在很早以前就发现，通过严格和艰苦的训练，你可以成为最棒的运动员。这正是我所做的，我成为中距离跑步比赛的国家冠军，并得到了德国锦标赛的参赛资格。这在其他领域也同样适用。我知道通过坚持不懈的培训，即便是天分平平的人也可以从最初艰难的境况中脱颖而出。体育运动让我知道，一切皆有可能，并且你能赢。

接下来的这位受访者，现在在食品行业拥有8家公司。他说他根本就没有排球天赋，但是他和他的团队花费了6年时间才把他们的团队打造成强队。他和他的团队经常能赢得区域锦标赛，甚至在州级锦标赛中进入前三强。体育运动告诉他如何通过不懈的训练来克服"天赋的限制"。综上所述，运动帮他建立了较强的自信心。

受访者37：我根本没有什么天赋，但我不知疲倦地训练，试图去超越天赋的限制。这使得我能在体育事业中走得很远，但我并不是冲着好成绩去的。除了国际象棋，这个我们之前还没有谈到，在我年轻时，排球是我生活中的稳定因素。我在课堂上下棋，并且总是这样，老师也乐意看见我这么忙，而且我这样也不会太打扰别人，因为我不下棋的时候就总会给别人捣乱。每周的5个下午，有4个下午，我都在打排球，并且每年9月到次年3月的大部分周末，我的时间也是被排球所占据。16岁那年，我开始担任助理教练，17岁时负责整个12~16岁的青少年队。这需要很强的责任感，这也使我成熟起来。我认为排球也赋予了我激情，因为当时所有有意思的、聪明的女孩都在打排球，但不幸的是，对我来说，她们中的大多数人都是

"可望而不可即"的。除了坚信"练习"的价值，我还明白了比赛的结果是可以改变的，而且总会有"逆转的5分钟"，但这是我直到后来才明白的……运动使我的生活稳定下来，它让我远离了很多在这个地区当时非常流行的事情，比如吸毒、抽烟、酗酒等。那个时候我意识到，我永远不会成为最盛大赛事的赢家，但在整个赛场上，我在我的位置上发挥着智慧引领者的作用，对此我已经非常满意了……运动让我充满自信。

另一位受访者自少年时起，直至35岁左右，都一直大量地参与竞技体育活动，为此他懈怠了中学、大学的学业以及工作。他说自己曾是一个非常不守纪律、爱惹是生非的少年，在学校里经常和别人发生冲突。他通过竞技体育懂得了要守纪律。体育教导他，凭借其有限的天赋，可以达到自己最好的水平，并激发出自己最大的潜能。

受访者9：在某一刻，我开始变得更加理智了。那时我的父亲说："他终于振作起来了。"也就是从那时起，我开始参加体育运动。

采访者：是的，那时你多大？

受访者9：16岁。

采访者：好的。那你后来参加了真正的竞技体育吗？

受访者9：是的。我参加了两项运动，一项是滑雪，一项是田径，不过仅仅是跑步而已，中等距离的。事实上，当我十八九岁时，我每周至少训练五到六次。即使没有跑步，我也会想办法让自己汗流浃背……

采访者：你还参加过锦标赛吗？

受访者9：是的，德国锦标赛等。只要有比赛，我就会去参加。不过要说明的是,我的水平距欧洲锦标赛或世界锦标赛还有一定差距……

采访者:你认为,你在体育方面所做的事情,以及后来在商业和金融领域所做的,两者之间有什么类似的地方?

受访者9:是的。你知道,小时候,我完全没有组织性和纪律性,也不擅长做任何事情,而运动真正地让我有了一种很强的纪律性,并且教会了我设定明确的目标,让一切都清晰明了。但是,更为重要的是,当时我尽力了。当我在跑步比赛中遭遇更强的对手时,能取得第六或第八的名次,我也非常高兴,即使是当我知道他们实际上也就比我快了30秒……体育让我明白了什么呢?自那时起我就常常想这个问题。那就是,当人们提及自己的能力时,往往是多么的不现实,并且我认为,对于自己究竟能达到怎样一个水平,要能认清并且有一个现实的想法,这是体育运动中最重要的事情之一。我确信自己没有足够的天赋成为德国冠军,但我竭尽全力了,在这个过程中我知道我是能跟上的,我尽力做到最好。

下一位受访者是一名成功的十项全能运动员——他曾取得过州冠军,在德国国内排名第15位,并多次参与了国际性赛事。体育教会他"要超乎寻常的坚定和要竞争到底"。这段职业经历,让他受益终身。他补充道:"你这样保持了十年,那么,你会很自然地将此带入以后的生活。"在曾经的某一刻,他就已经意识到,他没有天生的潜能使自己成为最优秀的那一个。当他认识到这一点时,他从竞技体育中退役了。

受访者13:所以如果你要从事十项全能运动,你必须很坚强，对吧？十项全能并不适合每个人，而且也不是谁都够资格的……从事十项全能运动，你得经历两天的比赛，而且在这之前，你必须为每个项目都训练几个月，所以，你必须坚强。你必须要有耐力。你必须奋战到你崩溃的那一刻。除此之外，在十项全能比赛中，你还得有团队精神。十项全能运动员与短跑运动员是不同的。短跑运动员纯粹专注于自己，并忽略他们周围的一切。而在十项全能比赛中，即使是在与他人比赛，也总要有团队精神。而且，你必须得超乎寻常的坚定，并且能够拼出一条路。所以，当然，这样的信念会一直与你同在。我这样保持了十年，那么，我会很自然地将此带入今后的生活中。

下一个受访者是一位成功的马术运动员，他甚至还参加过奥运会。他说，总有一股力量一直驱使着他前进，并且从不满足于自己已经取得的成绩。然而，当他意识到错失了下一届奥运会的比赛资格时，并没有像过去遇到挫折那样影响到他，他仅仅是觉得"曾经的成就已经足够了"。

受访者27：对于像这样的事，我总是惊讶于会有如此多不同的动机。我有点惊讶，体育运动是很好的例子，但是，骑马也可以作为其中一个例子，它是你每天都要做的运动，因为你有一匹马。有些人根本不想把事情做得更好，他们没有认真关注细节，没有关注那些构成整体的单个细节。即使是在运动中，也会涉及很多管理方面的事情。在马术运动中，你需要管理的就是马。这其实与管理人是一回事儿。有的人总想让事情变得更好，然后就问："下一步是什么？"而且从来得不到满足。我从来都不希望看到这样的事。这不是一个好的选择，而是应该说：

第九章 性格形成时期

"这样就行了,这已经很好了。"那样的事情,在我身上就发生过一次。那是在2000年,也就是悉尼奥运会那年,我在冬天精心地准备着比赛,我以前从来没有为一件事情如此付出过。我请了一个私人教练、一个驯马师,并且我每天都在马背上训练3到4个小时。除了我的学业,我真的花了大量的时间和那两匹马待在一起。因为这是第一次,我准备了两匹马,而且这两匹马都被认为是可以去参加奥运会的。结果,我甚至没能让我的马得到第一次展示的机会,因为这两匹马都跛脚了……当我意识到自己失去比赛资格时,对我来说,这成了一个转折点。因为如果是在过去,我可能会痛哭整整一个星期。如果这件事情发生在我16岁的时候,我可能就自杀了。但那时,这件事对我没有丝毫影响。当我失去参赛资格的时候,我说:"嗯,这可能会发生在任何人身上,只是这次恰恰是你,仅此而已。"原则上说,这样对待失败其实不算是一个不好的态度,对自己说:"好吧,下一次你得做得好点儿。"对我来说,那个时候我能想到的就是"你已经获得足够的成就了"。不知怎么的,我那时就是缺乏最后的动力,那种在运动中所需要的能让你继续前进的动力,尽管从年龄上来讲,那时的我还处在马术运动生涯的早期。现在回头看看,我相信其实当时我还可以有很多的好机会。但那一刻,我觉得已经足够了;那一刻,我想我不需要更多了,因为事实上,我很满意于这样的结果。然后我说:"我只是运气不好而已。"

一个成功的投资者在这群受访人的财富排行榜上跻身前1/4,如今仍然是一个充满热情的运动员。对他来说,体育比赛的动机,正如商业领域的动机,就是需要通过与他人较量来审视自己，与他人竞争，并击败他们。

受访者41：我过去划船。那就是我参加的竞技体育运动。我甚至在国际比赛上划过船，也代表过德国国家队，甚至当我十几岁还在上学时，就进入了国家队男队，并且我曾经还参加过大学冠军赛，在单人双桨比赛中，我进入了决赛。那是我的主项……是的，我在八人和四人的划船比赛中也获胜过……我也曾在一条运河上参加过划船比赛，但我不记得那条运河叫什么了。我参加过八人队和四人队，也接受过单人项目训练。

采访者：你认为，在那段重要并对未来生活产生重大影响的时间里，在进行体育运动时，你是否在不经意间学到了一些东西，并且在今后的生活中学以致用？你是否从中积累了经验，或者从能力或品质方面来说，你会如何做概括？

受访者41：我认为，那时我自身的主要感受就是，一说起运动，我就变成一名斗士，现在也依然如此。我不想说我是个糟糕的失败者，但也我不愿意输得那么惨，我喜欢赢。现在，我喜欢打高尔夫球。看，这是我赢得的一个大奖杯，我还有很多这样的奖杯，大概有20个放在家里。所以我喜欢挑战，并通过与别人的较量来衡量自己。在一切事情中，在所有的运动中，一直以来我都是这样，即使当我还是个孩子时。在军队的时候，我训练排球队，在武装部队的时候，我也踢足球，当然，还参加田径运动。我最擅长的项目是跳高。

下一位受访者是金融和地产界的富商，曾是一名颇具竞争力的柔道运动员并从事柔道运动十年，还效力过北莱茵-

威斯特法利亚州的柔道队。他描述了一些心理学家称之为自我效能的体验，即自我实现："我可以控制它，它完全在我掌控中"。

> 受访者42：我学会了专注、团队合作以及如何坚持自己，当然，还有纪律。如果我放任自己，我将一事无成。你必须对某些事产生热情。

> 采访者：你还有什么别的想法吗？你从运动生涯获得的，并应用于今后生活的重要关键词是什么？

> 受访者42：公平。努力终会有回报。是的，如果我训练得多，那么我就会成功。就战胜对手这个层面来说，我做一些事情，这些事情会产生后续的影响，会有一个结果，并且我是可以控制它的。认识到我能控制它，它就完全在我的掌控之中了。我不需要任何天赐，我可以判断哪些是属于我的机遇，我可以决定自己的未来和发展方向。

接下来的两名受访者是田径运动员，他们都强调，知道自己能够并愿意"磨砺自己"的重要性，他们尤其懂得其中的内在逻辑，即"训练越多，效果越好"。他们后来还把这些付诸于他们的职业生涯。

> 受访者43：嗯，一方面我要说的是，训练所涉及的常规事项以及自律，也是你需要做到的，而且要克服自己意志力的不足，当气温只有两度，外面还下着雨夹雪，但你仍然要去跑步。你可以说，这可以磨炼意志，这也是我认为的重点所在。

> 受访者44：当然，对于跑步者来说最基本的逻辑是，更多的训练，会有更好的结果。那就是座右铭。而且，就我个人而言，要成为一名有耐力的跑步者，就需要一直训

练。天气是否良好，是否有人给你传了一个好球，这些都无关紧要。所以我知道，不管严寒还是酷暑，不管你是过生日还是过圣诞节，你都得训练。不管是为了比赛，还是在训练中，你都需要保持训练的连贯性、耐力，另外，高度的自我激励也是必须要有的。赛跑运动员总是有点孤单，他总要激励自己前进。这种自我激励，使人学会了坚持，即使是受了轻伤或膝盖非常肿胀的时候。

这些受访者在运动中是成功的，但也不是非常成功。他们本可以靠自己所从事的运动养活自己。有些人退出竞技运动，因为伤痛，或者因为他们意识到自己因为先天条件不足而无法达到他们所从事运动的制高点。一位受访者没有参与运动项目比赛，但以同样的训练强度练习拉小提琴，而且小提琴拉得非常好，他说："在我意识到我永远不会成为世界明星的那一刻，我就把它放在一边了"（第4号受访者）。

第六节　创业生涯早期

正如在本书第三章第二节中所提到的，有一些研究表明，创业的天赋在这些创业者很年轻的时候就已经显露出来了。出于这个原因，受访者会被问道，在他们年轻的时候，他们是否挣到钱并且是如何挣到钱的。许多受访者在上中校或大学时就开始挣钱了。但是，令人震惊的是，大多数人没有从事典型的、学生们常做的工作（比如，酒吧服务员、出租车司机、工厂的临时工）。他们有自己的想法和方法。他们倾向于售卖和分销商品，而不是为时薪而工作。他们学会了如何组织、管理和运作项目。他们中的一些人甚至在十几岁时就创办了自己的第一家公司。

受访者在中学或大学期间销售、生产商品或组织各种事务，这些商品和事务所涉及的范围之广，简直令人难以置信。他们中的一些人可能只从他们的企业赚到了相对较少的一部分钱，但是很多人通常每个月能额外赚几千德国马克，而在某些情况下，他们有的人每年能赚到几十万德国马克。

- 通过结构化的分销渠道销售化妆品；
- 售卖私人冬季花园；
- 销售保险产品；
- 销售二手车用收音机；
- 销售二手车；
- 销售皮革手包并挨家挨户提供服务；
- 出售备用车轮轮圈；
- 组织家庭作业监督，监督事项由他人完成；
- 拆解旧摩托车并出售零部件；
- 提供自行车修理服务；
- 翻新并出售旧摩托车；
- 将使用过的蛋箱作为隔音屏障出售；
- 向加油站出售洗车系统；
- 有偿调校助力车；
- 自制收音机并出售；
- 出售珠宝饰物给零售商；
- 出售房地产投资基金；
- 出售公司股票；
- 饲养、屠宰和出售动物；
- 饲养和出售鸽子；
- 从事股票交易、认股权证及其他衍生工具交易；
- 提供建筑业相关服务；

- 买卖房地产；
- 出租公寓；
- 编写及出售关于调校助力车的书；
- 以直销方式售卖家具；
- 创建电影俱乐部并利用其收入来投资改造旧火车站；
- 将一座旧工厂大厅改建成政治工作交流中心。

以下是关于企业家早期创业活动的一些例子。

一位受访者17岁时做股票交易。

受访者1：……我很早的时候就参与了股票交易。这不是我从父亲那里学到的东西，这是我自己想做的事情。

采访者：你那时多大？

受访者1：那时我17或18岁。当时我投资了一些钱，钱不多，那时我也没有太多钱。在完成学业之后，我在军队里度过了两年，作为一名军官，我得到了一笔可观的遣散费，我将这笔钱省了下来。那是我的本钱，它见证我念完大学，并且通过股票赚了一些钱。

另外一个受访者在大学时利用自己的戒指生意赚了很多钱。

受访者3：当我在读大学的时候，我初次尝试创业就是从戒指生意开始的。我一个朋友的父母经营他们自己的珠宝生意，他们与珠宝制造商有往来，其中一个人有银珐琅饰品需要卖，这种饰品在20世纪70年代是很流行的。所以，我和我的朋友直接从一个制造商那里买了些戒指，然后将戒指卖给商店，我们每个人大概都会跑12家左右的商店，不是珠宝商店，而是牛仔服商店。那时没有人造珠宝，也没有像 Bijou Brigitte 这样的珠宝公司，或者类似的公司，不像现在有这么多的珠宝公司。所以，我跑12家店，他跑12家店。我们买了些自动贩卖机：这些机器是白色的，里面装有许多蓝色的塑料彩蛋，我们可以把戒指放在里面。每两个星期的星期四晚上，我们打电话询问店里在这个星期卖了什么，他们会告诉我们，两个红色的、两个绿色的、四个蓝色的，等等。在星期五一早，我们就会开车到制造商那里，收集新的戒指，然后在星期五下午，重新整理自动售货机并取出我们的收入。我们大约花了8.5德国马克买下戒指，牛仔服店付给我们19.5马克，但是他们只有在戒指被卖掉后才会给我们钱，他们出售戒指的价格在38~50马克。这个生意我们做了很长一段时间，而且运作得很好。这从来都算不上一个真正的大生意，但对于我们每个人来说，每个月能赚3000到4000马克已经足够了。这对学生来说是一大笔钱，尤其是考虑到，两个星期中我们只用花一个上午的时间和牛仔服商店的老板见面，在装自动售货机的时候还能喝葡萄酒……这在当时的确是很多钱了。我现在仍旧记得，那时我的父母每月给我1000马克，这在当时就算挺多了。但是自己赚到3000马克，甚至比这更多，就真的太令人惊喜了！

下一位受访者在中学和大学时，作为一名电台主持人，每月能挣到20000马克。

受访者 6：自从 10 岁或 11 岁起，我总是能获得许多极小的工作机会。我从小事做起，慢慢地就开始做起了大事。开始时，我在杂货店里帮忙，能挣上几马克。然后我成了一名收银员，并开始赚到不少钱。那时我还很年轻，这意味着即使我在学校的时候，我的口袋里也总有几百马克。对于一个还在上学的孩子来说，那当然是一大笔钱……而且我能挣那么多，是因为我总是努力工作。而其他人则是在下午和晚上踢球，那时的我则在工作。但我很喜欢这样，对我来说这并没有那么难。我基本上整个中学时期都在打工。除了要兼顾我的学业，我通常还会做一两项工作……

受访者 6：当时，我在电台一个名为"早上好"(Morning Man) 的节目里做主持人。这是我第一次真正挣到钱，并且那时我还在上学。这就是为什么我只在每天的第三节课上才露面……我在大学时继续投身于电台工作，直到大学毕业后我才把我的电台工作搁置起来，在那之前，我一直兼顾着工作与学业。同时做两件事其实很容易。因为我实际上没有工作很长时间，一个节目大约持续四五个小时，我每小时能挣 150 马克，因此不必工作太长时间。所以，我每月工作 30 天就会有一笔很可观的收入了。有时我主持两个工作电台，一个是主持早上的节目，一个是主持下午的节目，好的时候一个月我能挣 15000 到 20000 马克。我父亲是一名教师，但是我的收入高出他工资两三倍。电台的工作没有影响我的学业。

另一位受访者在大学期间做有关结构性融资的销售工作，每月收入高达 1000 马克。

第九章 性格形成时期

> 受访者9：当时我住在斯图加特，我在那里建立了一个销售团队，后来在纽伦堡又建了一个团队。我在这两个城市之间来回穿梭，挣到了我的第一笔钱……所以，这正式开启了工作和大学学业并行的生活……我也有其他几种选择，请求休假，混日子，或者不去完成所有的课程……然后我在×××工作，那段时间充满了挑战，几个月我挣了10000马克。而当时的实习生或管理培训生，估计每月也就挣1800马克左右。那个时候，我失去了真正想学习和毕业的动力。我对自己说："你为什么要学习？你现在已经能挣这么多钱了。"

这位受访者22岁时，在坚持学业的情况下，成为"德国最成功的销售人员"。

> 受访者10：我总是会同时兼顾很多事情，其中一个是复习课的兼职老师，它对我帮助很大。这个课的上课时间是：每星期四晚6点至9点。那些在大学里挣扎的学生需要额外的零用钱。然后我以佣金的形式为×××售出了许多的投资产品。那时我是德国最成功的推销员……他们对我是这样评价的："实际上，这个人不会卖东西，他的成功来自于他的好性格和产品知识。"所以我自己也一直认为，"我不会卖东西。"在22岁时，我成为当时德国最成功的投资销售人员。

另外一位受访者从一开始和父母同住，用6个月的时间进行股票交易并从中赚取4万欧元，并用这笔钱买下他的第一套公寓。

> 受访者12：我不记得具体是什么时间了，但是……

从我会思考的那一刻起,我就一直在挣钱。我基本上是从卖李子开始的,那些李子是我自己从李子树上摘下来的。后来,我开始卖东西,并且在我父母家的前院开了一个小商店。我想在前院开一家餐馆,但是我的父母不认为这是个好主意。当我的年龄再稍微大一点儿的时候,我开始做促销工作,每天穿梭于各个酒吧之间。我会这么推销:"现在,我们要进行一场比赛,参加比赛的条件是,在我们这里留下你们的地址。"根据收集的地址,我会后续跟进销售。接着我在一个呼叫中心工作了一段时间,为一家葡萄酒经销商做预约和客户挖掘工作。然后我又做园艺工作——砍树,还把我的朋友也拉了进来,作为准分包商,我派他去我的祖父或邻居那里砍树。我一直在打工,甚至还发传单,但我最感兴趣的不只是那些连傻子都会做的事情。我感兴趣的事情是:那些我可以左右的事情,可以掌控的事情,以及其他我可以快速、高效完成且能赚到与之前提到的事情相同或更多收入的事情,或者可以在更短的时间内完成的事情……

采访者:你从中学毕业后做的第一件事是什么?

受访者12:我开始投身股票市场。我用自己的钱进行交易。但是一次暴跌,让我和我的朋友知道了,股票市场可能会疯狂地波动。我一毕业,就开始做强制性社区服务,但由于我过大的扁桃体,我一直开着病假条没去上班。我告诉他们,我总是咽喉疼痛,而当我生病在家时,我在股票市场上进行交易。大概过了4个月,我去了社区服务中心,我问社区服务中心的工作人员:"我在这里工作的话每小时能挣多少钱?"他们说:"每小时大约5欧元。"所以我回答说:"我倒给你15欧元,这样我就不用再来了。"由于社区没有接受我的提议,于是我去找医生,让他又给我开病假条。后来,我开始在股票市场上交易权证、证券和衍生品,并以这种方式赚到了我的第一桶金。基本上,在我上完中学之后的6个月,我就有能力买下我的第一套公寓了。

采访者:你的股票利润如何?

受访者12:6个月后我大约挣了4万欧元。我从早上很早一直忙到晚上很晚,每天都是如此。我把自己从社区服务中挣到的每一分钱都省下来,然后我把我所有的东西都卖了,加起来一共有4万欧元,那时我还住在我父母的家里。我用那笔钱在柏林-泰格尔买下了我的第一套公寓。

在19岁上大学之前,下面这位受访者创办了一家建筑公司。

受访者16:年轻时我什么都做,当然,我读大学时父亲每月会给我500马克,但那还远远不够用。所以,我必须再挣500马克。我16岁起就一直在打工,虽然我还在学校读书,但这对我来说很正常……当我在大学时就自主创业,那时我19岁半或20岁。我就从那时起开创我的事业——×××。这个公司到现在都还在,公司的名字叫×××。那是家注册公司,我从那里起步,一切都从那里开始……在开始从事社区服务之后,我正式注册了这家公司。我在毕业后一直做社区服务,但其中一直有个问题,在社区服务结束和大学开学的第一天之间,有大约6个月的时间间隙。人们或多或少地被迫以失业者的身份来登记领取救助金。但我不想那样做,于是我开始自己做生意,因为我不想成为一个失业者……于是我拆除并重建了地下室的隔离壁,使它们看起来很好看。我把墙上的灰泥刮掉,然后再重新抹上。我清除了废物和垃圾,铺设了电缆,像一个瓦工一样,改造了一个个小公寓,那就是×××。我当时并不是一个注册的工匠,而且当时的情况比较严格,任何不具有工匠资格的人,是不能开建筑公司的。但是我悄悄地装修浴室和公寓,以及任何我可以装修的东西,并称之为建造援助服务。

在 15 岁的时候,另外一位受访者出了一本关于调校助力车的小册子,并从中挣到了钱。19 岁时,他就完成了他的第一笔房地产交易。

> 受访者 19:我从来不会向父母要钱。这就是当我 15 岁的时候,我开始调校轻便摩托车(电动自行车)来赚钱的原因。留级那年,我学得很快,我在那段时间里写了一本关于调校轻便摩托车的小册子,放到一本摩托车杂志上卖。我在杂志上打了一小块广告:"出售《摩托车调校手册》",这是一本调校轻便摩托车和助力车的参考手册,每本我卖 20 马克。那次赚的钱在当时来说是一大笔钱。我对自己说:"广告成本 80 马克,你必须要得到 4 个以上的订单才能收回成本。"我最终得到了 600 个订单。因此后来我对自己说:"再多打 3 个以上的广告,你就能够接管×××了。"尽管后来事情的发展并不如我所愿。

【大学时期】

> 受访者 19:我以手册的版税为生,维持了一段时间。我一直在卖我的手册,并且持续赢利,每月 400 到 500 马

克。那是在 1980 年或 1981 年，那时你可以用 500 马克租一套公寓了。我从自己的收入中拿出一笔钱买了一辆摩托车，作为自己 18 岁生日的礼物，在我 19 岁的时候开始做人生中第一笔房地产交易。当时我叔叔就住在旁边一所曾经被烧毁的平房里。他是个成功的饮料批发商，但我从来不理解他怎么能忍受住在那样一所房子里。在房子里还能闻到烧焦的气味。所以，有一天，我问他："你为什么不买下它呢？"他说："你知道，整个事情都太复杂了，太难了。它将被×××拍卖，没有人敢碰它，我甚至不确定其中有什么风险。"我问他，烧毁的平房所在的这片土地应该值多少钱，他告诉我，那片土地值 5 万马克。我又问他："那这条路上其他的地呢？如果没有烧毁的平房呢？"他说："其他地值 10 万马克。"然后我说："行，那我去吧。"所以我直接去了×××。当时我有一个银行账户，里面至少还有 400 马克。我告诉他们，我想买我叔叔家旁边的那块地。我看到办公室里所有的人都探出了头，因为他们觉得这里来了一个蠢蛋。就在那时，我才知道如果想买地产，就需要抵押品——证券。我以前并不知道。因此，长话短说吧，我在周二抵押了我的摩托车，并于周五签署了一份合同。晚上，我去了俱乐部，我们有自己的俱乐部，并告诉大家我做了什么，我向他们说我刚刚买了一所房产。他们问我哪个公证人参与了。我说："我没看到公证人。"他们说："那么你就没有买到任何地产了。"我说："不，我买到了。两名当地储蓄和贷款银行的职员签署了该房产的合同，我认为不需要公证人。"结果，他们仅仅卖给了我一笔债务，而我买下的是一个他们并不履约的贷款。那时我不得不自己组织拍卖，但这一切都很顺利。最终凭一己之力买下了那所平房。我有一个朋友，他已经被学校开除，现在为一家建筑公司工作。我问他，拆除这所平房要花多少钱。他说："我帮你干，你给我1000马克。"我说："不，这不是我们要做的。你做这事我会给你2000马克，但要在我卖掉它的时候支付。"我是星期四买下的这块地，星期六它就被拆除了。我站在花园里，我的叔叔也在，就在隔壁，他盯着我看，无法相信眼前的这件事。在这之前我没有告诉他任何事，你知道，因为我认为他可能会嫉妒我。我向他招手，把他叫了过来："谢谢你的提示，我刚买下了它。"两个月后，我以10万马克的价格将其出售。我去了×××，并且说："首先，我想把我的摩托车赎回来。其次，你还有其他类似的地产吗？"于是，我就这样做起了房地产生意，在卡尔斯鲁厄和萨尔兰州之间来回奔波。有时我要花6个月的时间把房子卖掉。

下一位受访者从15岁起就开始卖东西，在19岁时他买下他的第一份地产。

受访者20：我一直卖东西。举个例子，当轻便摩托车和助力车很流行的时候，我们调试它们，这并没有什么特别之处。我们用润滑凝胶来加固气缸盖，然后安装一个较长的螺钉。

采访者：做这个事情你赚了多少钱？

受访者20：当然，我每次能挣20马克或者50马克。后来，我和我的一个朋友，×××，我们为×××卖家具。那是直销。哪里有房子刚刚建成，我们就去哪里。

采访者：你做这事的时候多大？

受访者20：17岁。

采访者：那基本上是陌生销售，你挨家挨户地敲门卖家具？

受访者20：是的，我们按门铃然后问："你在装修房子吗？"那时位置不太好的郊区建有许多独栋住宅，很多家庭在那里盖自己的房子，或者至少是他们其中的一所房子，他们通常星期六的下午都在那里。我们有时会去帮忙，帮人家铺地毯，给那些铺地毯的人做代理。或者我们买皮包，然后以返佣金的形式出售。我们以5马克或10马克的价格买入，然后以30马克的价格售出。

采访者：所以你基本上一直在卖东西。

受访者20：是的，我一直都在卖东西。销售技能对我来说非常重要。

受访者20：我曾在一家药店工作，那时我遇到了我的妻子。我的父母已经过世了，我们住在我父母的公寓里。这座房子属于一家建筑公司，我们简单地改装了一下公寓，并且做得非常出色，而作为回报，业主说可以免掉一段时间的租金或者可以保证不涨租金。后来业主破产了，房子的所有权转归银行，而银行想出售公寓。因为我们的公寓是最好的公寓，所以大家都想买。这让我找到了房地产融资的门道。我跟银行说："好吧，我要买下这栋房子。"这是一个疯狂的主意，我的妻子开始恐慌："你在药店工作，而现在你却想买那栋楼？"银行拒绝了我，我知道他们为什么拒绝我……因为我的资产太少。所以我们去了另一家银行，第一次被那家银行拒绝告诉我，我需要做不同的准备。因此，第二家银行批准了我的融资申请。

另外一位受访者还在学校时就创办了一所业余电影俱乐部，俱乐部吸引了来自 40 所学校的会员，他利用这笔收入为一个旧火车站的翻修提供资金。

受访者 22：……我一直像一个创业者一样思考问题，想做一些创业的事情。我开始做这些事情的时候还在学校上学，我组织了一些活动，就像做生意一样。我真的很喜欢那样……当时我参与了一个针对年轻的天主教学生的团体。德国铁路公司给了我们一个老车站。这个火车站当时非常破旧。当然，我们这个年轻的团队并没有钱来翻修它。当我想到在科隆建立一个电影俱乐部的时候，通过学校宣传，我们每月组织一次电影放映。最终，我们每月在科隆地区为 40 多所学校的学生放映电影，观影人数多达 1000 人，并且我们向电影俱乐部成员出售门票。随着收益的增加，我们赚够为火车站的翻修的钱。

采访者：那是一个商业性质的企业，但不是一家为自己赚钱的企业吗？

受访者 22：为自己赚钱不是我的本意。我们为翻新火车站筹集到了所需的钱，这对我来说就是受益了。

采访者：你还能举出其他的例子吗？许多其他受访者都告诉我在他们十几岁时所从事的商业活动。

受访者 22：好吧，作为一个学生，我也想多挣一点钱，但是我不想挣时薪。我提供家庭作业辅导服务。我是组织者，我自己也参与其中，但是大部分的家庭作业辅导是由其他人完成的。

还有一个受访者在学生时期就租下一个闲置的工厂，重新改造,然后将其买下,并作为一个政治工作的活动中心出租。

> 受访者25:我就是从那时起开始做房地产的。很巧的是,当我还是一个学生时,我在某市的旧工业区偶然发现了一个闲置的工厂,先把它租了下来,然后又将它买下。我们把它改造成仓库和配送中心,主要储存和配送来自发展中国家的产品。我们将货物交付其他零售商,我们的生意慢慢发展壮大起来,并且还创造了工作岗位。然后,通过一家赞助商,我参加了一些其他慈善组织和政治组织。我与合伙人一起租了那个工厂,占地4000平方米,面积一点也不小。我很快就承担起了总经理的职责。我负责组织一切事务,这是我的新角色,我因此也有了一份收入。有一个慈善组织后来成立了一家有限公司,公司是商业性质的,经营地产,我是那家公司的总经理。那是我第一个主要的房地产项目……大约四年……除了重新开发工厂外,我还经营了另外两个房地产项目。

下一位受访者在18岁的时候开始兼职销售保险产品,19岁时,他做起了化妆品分销。

> 受访者29:刚满18岁的时候,我参与了分销,销售保险产品。这是一个相当残酷的学习过程,我不得不面对许多客户的拒绝和同事的嫉妒……
>
> 采访者:你做这个做了多长时间?
>
> 受访者29:我做了两年,直到我参军。在销售员大会上,那些完成了大笔交易的销售人员受邀参加这个大会。对于那个年龄的我来说,赚到可观的收入是有可能

的……

受访者29：然后我意识到，也许销售保险产品并不是最适合我的事情，所以我改行并加入了一个化妆品销售团队，做化妆品销售……

受访者29：我先通过朋友、家人、熟人出售化妆品，每个人一开始时都这样做，不是吗？我很擅长说服女人，让她们看看只要化一点妆就会更美。后来我邀请我的几个女性朋友帮我卖化妆品。我就是这样开始组建自己的销售团队的。

采访者：你当时多大？

受访者29：我那时应该是19岁。我快从高中毕业了。

采访者：然后你参军了。

受访者29：是的，但我继续做销售工作。

采访者：你在军队的时候？

受访者29：是的，我在军队的时候。我记得很清楚，我拿了整整一箱防晒霜，入伍后就把这些全都卖给我的战友们了，有了防晒霜，他们的脸看上去会好些。我还卖他们喷鞋的喷雾，喷过之后鞋子会很光亮，也不需要再擦了。诸如此类的东西，我卖的就是这些。

还有一位受访者在17或18岁时开始做汽车和车用收音机生意，然后他又参与了家庭冬季花园的销售。

受访者34：我是从报纸上开始做汽车生意的。我会买进一台车，然后在接下来的一周，在报纸上刊登广告，将车转手。不久我的朋友就知道了我所做的事。就这样，一旦我认识的人决定要买一辆车时，他们就会来找我："×××，我需要这样的一辆车，你能帮我买一辆吗？"所以我就去帮他们买车。我不跟我的朋友收取全价。如果我认识的某个人想卖掉他们的车，他们也会来问我："你能帮我把车卖掉吗？"卖车用收音机也是这样。如果有人需要收音机，他们也会问我是否能为他们找到一个。

采访者：你做了几年汽车买卖呢？

受访者34：总共得有3到4年。

采访者：每月通过买车、卖车你能挣多少钱？每个月的收入会有差异吗？

受访者34：卖一台车，我能赚1000马克。以当时的年龄来说，那就是一大笔钱了。

采访者：那你卖了多少台车？

受访者34：我每个月卖2台或3台。这样每个月我能挣2000到3000马克……

受访者34：后来一位朋友来找我，说他在斯图加特开了一家公司。那时×××公司就已经存在了。他们主要定位于出售家庭温室和冬季花园。我的朋友问我是否愿意做一名销售代表，我很自然地就答应了。所以我开始做这件事情，并且迅速扩大了业务范围。那时我还做地产扩建工作，组织规划并取得施工许可，承担打地基的工作，还有一切与之相关的事情。我非常成功。我很快就在一年里赚了10万到11万马克。这部分收入仅仅来自于我作为销售代表的佣金。

下面这位受访者读书的同时靠卖鸡蛋箱、拆卸和组装摩托车挣钱。

受访者37：我们得到了免费的鸡蛋箱，因为我朋友的父亲是一个鸡蛋加工企业的经理，他那里总有成堆的箱子。我经常问自己能用这些鸡蛋箱做些什么。然后我想到了学校里的乐队，年轻人在室内练习他们的音乐并制造了很多噪音。如果用鸡蛋箱盖在他们的房间上，就解决了噪音问题。所以我们开始推销我们的解决方案，这是一个生意。18岁起，我开始为我所有的朋友做摩托车维护。最后我开了一个很大的摩托车商店，大约占地1000平方米。那个地方以前可能是一个马厩或铁匠铺。那儿周围有很多二手摩托车，所以我们把它们拆开，卖那些零部件。靠挣到的这些钱，我才能一直为自己交学费，读完大学。一直到我父亲去世之前，我都过得很快乐。

采访者：让我直说吧，你不修理摩托车，你只是把它们拆下来然后卖掉这些零部件吗？

受访者37：有时把它们拆下来，有时把它们装上去。

采访者：那时你做与旧摩托车有关的生意？

受访者37：有时用旧的零件来组装新的摩托车，或那一类的东西。当时流行什么我就做什么。我也花了很多时间在汽车上，帮朋友焊接汽车，调整转向或更换轴头之类的东西。我几乎每个周末都穿着工作服在工作。每个周末。

采访者：你做这件事的时候多大了？

受访者37：我在18到23岁做那个生意。那时我真的很快乐。我有很多摩托车和汽车。

采访者：平均来说，你大概能挣多少钱？

受访者37：5000马克……而且只在周末工作。

另外一位受访者把洗车设备卖给加油站，以此来挣钱，同时还在上大学。

20岁时，当他还在大学时就开始了自己的销售生涯。

采访者：上大学时，你做什么来挣钱呢？

受访者38：正如我告诉过你的，那时我做销售。我的一个朋友有一家公司，他的公司为加油站洗车。这家公司今天仍然存在。我和朋友把这些洗车设备卖给加油站……那个时候，洗车这个事情才刚刚开始。那些是我们销售的东西，我就是从销售中挣到钱的……

采访者：你还记得平均每月挣多少钱吗？

受访者38：让我想想。我有一份正常的学生补助，即每月300或350马克。算上每月挣的钱那时我每月平均的生活费是1500到2000马克。生活很轻松……

采访者：你还卖别的什么吗？

受访者38：是的，我后来还卖地，组织出租，诸如此类的事情。

采访者：那么当时你多大？

受访者38：那时我还在上大学。我应该满20岁了。

采访者：那你在房地产方面又做了些什么？你是房地产经纪人吗？

受访者38：是的，我是一个房地产经纪人。我不是正式的房地产经纪人，但是如果我听说了什么事情，我就把大家聚到一起。例如，如果我听说有些做零售的房子是可用的，我就会跟几个人谈这事。

另外一个受访者在16岁的时候销售车轮轮圈，同时也在上学。除了卖车轮轮圈，他还在一家房地产公司工作。

受访者40：我曾经住的地方有一个大车轮轮圈制造商。我不知道现在的柏林人是否听说过这个名字。我能拿到那些漆面受损的次选轮圈。我们靠售卖轮圈获取佣金，这意味着我们可以先把东西拿走卖。我们卖掉一些轮圈后，老板再付钱给我们。我们把东西卖给汽车修理站和汽车专卖店。在埃森，我们把东西卖到汽车影院以外的市场，或诸如此类的地方。

采访者：那时候你多大？

受访者40：那时我应该是16或17岁。这是真正的轮圈生意。这些次选的车轮轮圈，仅仅是有些划痕而已。商店里一组轮圈售价大约2000马克。我们以600或700马克的成本获得车轮轮圈，用调色板上的颜色盖住划痕……以约1300马克卖给买家……

采访者：你卖轮圈卖了多长时间？

受访者40：直到我完成中学学业。

采访者：我想每个月挣的数目是不一样的，但如果平均来说每月能挣多少钱？

受访者40：我记得非常清楚。我和全职工作的人挣得一样多。当我还在学校的时候，我每月能挣2500到3000马克。

这位受访者学习过工业工程。他学习的时候，还从事金融销售工作，而且非常成功。通过销售工作，他挣了几十万马克。

受访者41：我做销售时，虽然那时我是公司里最年轻的销售员，但我创造了最高的销售纪录。

采访者：你卖什么？

第九章 性格形成时期

受访者41：举个例子，我在公司里出售股票。这些公司包括×××和欧洲投资管理公司。因为会说英语，我被派去了美国，因为公司无法从德国本土的投资者那里筹集到足够的资本。他们派我去谈判……和其他销售员相比，我带来了更多的业务，我对业务也有了更深的了解。我是集团的非官方发言人，基本上就是为了整个集团商谈条件。我要求改进产品以便促进销售。

采访者：在大学时，你能记得当时赚了多少钱吗？

受访者41：虽然还是学生，当时我也能赚到六位数了，而且是很高的六位数。我买卖土地和地产，甚至为自己买了一些……不只10万马克，而是更多，即使作为一个学生来说，我也赚到了这么多钱。

采访者：你每年赚大约10万马克？

受访者41：不，不是10万，那只是其中的一小部分，是几十万。

采访者：有很多人会说："现在我都挣这么多钱了，我为什么还要学习，为什么不退学呢？"

受访者41：是的，但我雄心勃勃，想取得人生中的一些成就。我从来没有告诉过我的同学们："看，我的银行账户里有一大笔钱了。"当然，我给自己买了一些不错的东西。我有一辆漂亮的车和一间公寓，等等。但总的来说，正是我的雄心壮志激励着我。我还有一个动机就是，我必须帮我的母亲摆脱困境。

另外一个受访者从10到18岁从事动物养殖方面的创业活动。

受访者43：我6岁起就一直在工作，为钱工作。我主要经营小型农场业务。我饲养动物，给它们喂食，屠宰之后把它们卖掉。诚然，这是相当小规模的，但那就是我一直所做的。

采访者：当你开始做这个生意的时候，你有多大？如果我可以称之为生意的话？

受访者43：我是……让我想一想……那时我应该是10或11岁了。

采访者：这个生意你一直做到多少岁？

受访者43：这个事情我一直干到18岁。

采访者：那个生意实际上就是动物饲养和销售？

受访者43：确切地说，是的。虽然它的规模非常小，但是每当我想为自己买些东西时，我是买得起的。

所有这些活动的共同之处在于，这些受访者在他们年轻时没有为了时薪而工作，而是依靠他们的销售技巧或组织才能来赚钱。在很早的时候，这些超级富豪就明白了"时间不是金钱"，相反，销售技巧、人际网络和组织能力决定了你能挣多少钱。

中期研究结果

大多数受访者出身于中产阶级家庭。他们并不是命中注定就有钱的。然而，令人震惊的是，60%的受访者的父母是自主创业人士——如果以德国总人口作为基数来比较，这个比例要高出十倍。受访者的父母通常是企业家、小企业主或农民。他们中的大多数并不富有，受雇于他人时也是如此。那些受访者长大后会自己创业，也是意料之中的事。剩下的40%的受访者的父母都是雇员或公务员，只有两名受访者的父母是蓝领工人。

第九章　性格形成时期

　　不要低估人的榜样作用，这一点也是很重要的。在受访者年轻时，朋友们的有钱父母、富有的亲戚、寄宿学校的校友或富有的邻居，他们的生活方式给一些超级富豪留下了深刻的印象。然而，很少有人为自己定下一个具体的目标，那就是有一天也要成为百万富翁。那些想成为非常富有的人的早期职业抱负，与其他孩子或年轻人的早期抱负并没有什么差别。

　　正如早期研究所揭示的，财富精英的招募与经济精英在本质上基本不同。而在大公司工作的顶级业务经理的父母往往来自大资产阶级。习性在整个职业生涯中扮演着关键的角色，而加入财富精英行列的选择过程截然不同。同样的，对这些超级富豪来说，学校和大学的教育也并没有起到决定性的作用。

　　虽然大多数受访者都接受了高质量的学校和大学教育，但在这方面，他们与许多同龄人没有什么不同。他们在正规教育中的表现往往是很普通的。他们在学校或大学中的表现与个人的财富水平没有相关性。那些在学校或大学取得最多成就的人并没有进入富裕阶层。1/3 的受访者因继续积累大量财富而没有上大学，1/7 的受访者甚至没有完成他们的中学教育。

　　非正式学习理论认为，大约 70% 的人的学习都是在正规的教育机构之外进行的。[1] 内隐学习的理论表明，学习过程通常是无意识的，而不是有意识的。当然，这种学习还可以在正式的环境中进行。有很多走上致富之路的人曾经是非常叛逆的。当他们在学校时，他们学会了如何进行对抗，如何面对主

---

[1] Günther Dohmen, *Das informelle Lernen：Die internationale Erschließung einer bisher vernachlässigten Grundform des menschlichen Lernens für das lebenslange Lernen aller*, Bundesministerium für Bildung und Forschung（Bonn：2001），S. 7.

导性规范和行为规范，如何对抗权威人物。这使他们在后来的生活中受益，这是他们不符合规范的早期迹象，也是他们逆袭的能力，这突出显示了许多想成为企业家的人的特点（欲了解更多细节详见第十九章），或者他们学会了承担责任。他们经常说他们曾是班长或学生代表，他们在学校报纸上发表过文章或组织过政治活动。

更重要的则在于他们的课外活动。几乎所有的受访者都参加过竞技运动，或者他们以不典型的、创业的方式赚钱，很少有例外。在45位超级富豪中，只有6个不是这样的。超过半数的受访者参与了竞技体育运动，而那时他们还在学校上学。在许多情况下，通过体育运动所学到的知识，比在学校里学到的东西更重要。作为运动员，他们学会了如何处理胜利和失败的关系以及如何击败对手。他们学会了应对挫折，并对自己的能力建立起自信。参与团队运动的人也培养了团队合作的技能。但是大部分受访者并没有参与团队项目，他们都是作为个体参加比赛的。他们中有田径运动员、滑雪运动员、马术运动员、游泳运动员、网球运动员或柔道运动员。他们取得了令人印象深刻的运动成绩，赢得了区级、州级冠军，甚至参加了国家锦标赛。但在某些时候，他们承认缺乏能够使他们在最高水平上竞争的先天条件。他们中的另外一些人则由于受伤，被迫放弃了他们的运动生涯。

有些超级富豪在中学或大学上学的同时，还能赚钱。这一事实令人震惊。青少年或学生可以参与的典型工作，即那些按小时付费的工作，并不在他们挣钱的工作之中。他们各种各样的想法和举措，显示出了巨大的创造力。他们销售各种不同的东西，从化妆品到家庭冬季花园，从轮圈和摩托车到汽车清洗，从二手汽车和摩托车到保险产品和封闭式基金，从自己饲养动物到珠宝首饰，从手工制作收音机到二手的车用收音机。毫无疑问，这些经历塑造了这些受访者，他们得以在后来成为创业者。他们学会了组织、销售，像创业者一样思考。他们往往是无意识地学到的，并且获得了对任何企业家或投资者来说非常重要的隐性知识。他们早期的创业经历，为他们在后来的人生中建立自己的事业，奠定了良好的基础。

第十章　自主创业的动机

在通往财富之路的初始阶段，受访者们面临着是否创立自己的企业的选择。45 名超级富豪中有 40 人在他们的一生中或大半生的时间里都是自主创业者。其中只有 5 位受访者不是这样的情况，他们是董事会成员、公司董事，要么持有这些公司的股票，要么拥有这些公司的股份，要么除了主业之外他们还是成功的投资者。然而，5 个人中有 3 个处于最低的财富级别（1000 万~3000 万欧元），还有两个人在这一级别之上（3000 万~1 亿欧元）。

财富的学术研究表明，大多数富人都是企业家。对超级富豪来说更是如此，因为在德国，一个受雇的管理人员要积累价值千万或上亿的净资产并不容易，只有对小部分 DAX 或 MDAX 的董事会成员，或者有相当规模的大公司的董事会成员有可能积累这么多资产。一方面，自主创业是致富的先决条件；另一方面正好相反，大部分自主创业者永远也不会致富。失败的概率是如此之高，正如本书第三章第二节所描述的那样，研究人员投入了大量的努力来解释为什么人们即使面临着不利的风险-回报率，也要选择自主创业。

对此，有一种解释是："许多企业家是不善和人共事的、

第十章　自主创业的动机

难以做雇员的人,他们创立自己的公司是因为他们不愿意服从权威,并且很难在一种组织化的环境下工作。"[1] 他们"因为缺乏服从权威和接受组织规定的能力,所以成为企业家。"[2]

这种"超级富豪不善共事"理论能得到证实吗?受访者被问到了他们创业的动机。特别的是,曾经作为雇员工作过的企业家们,被问到他们是否曾想过在现有公司中发展?答案五花八门。本章第一节提到了一些超级富豪,他们有的从未想象过自己作为雇员工作或发展,有的则经常说,他们很难融入一个已有组织架构的大型公司。

但是,实际上也有另外一群人,不属于上面所讲的情况。本章第二节所提到的这些人作为雇员起步,在职业阶梯上迅速上升,并且还有可能升得更高。但是,在某个点上他们停下了脚步,因为攀爬职业阶梯对他们来说需要的时间太长,或者他们意识到,作为雇员收入增长的潜力太有限。

还有第三类人,这类人从未考虑过做雇员或是自主创业的问题。他们的父母通常都是自主创业者,他们在学校或大学之外挣钱,所以他们从来就没有认真考虑过做一名雇员。又或者他们是企业家的后代,明白他们最终都会进入家族企业,所以根本不需要认真考虑其他选择。本章第三节将对这群人进行讨论。

---

[1] Robert Hisrich, Janice Langan-Fox and Sharon Grant, "Entrepreneurship Research and Practice: A Call to Action for Psychology," *American Psychologist* 62, No. 6 (2007), p. 582.

[2] Kets de Vries, Manfred F. R., "The Dark Side of Entrepreneurship," *Harvard Business Review* (November 1985). Accessed 27 October 2017. https://hbr.org/1985/11/the-dark-side-of-entrepreneurship/ar/1.

第一节 "我可能永远当不了员工"

不善共事假说提出，企业家是局外人，无法在规定的组织和层级中找到自己的位置，这个假说适用于这位受访者，他现在是一家公司的董事长，同时也是大股东。他中学一毕业便进行了自主创业。他称自己从未有过以雇员身份工作的想法，并解释说这是因为他是一个难搞的人，要想让他做一名雇员，你得"给他下药"。他简直太叛逆，太自以为是了。

> 受访者16：我觉得我是一个难以相处的人，而且我年轻的时候比现在还难相处。可以说，我花了27年才成为一名真正的雇员。我从未有过所得税卡或工资单。现在我是一家上市公司的董事长，所以严格来讲，我也是一名雇员。难以想象，如果27年前我做了一名合格的雇员，会发生什么事。我那时只不过是还没做好准备，也不够成熟……我必须努力成长。首先我必须积累经验。如果那时，有人想把我变成一个合格的雇员，我就不会有现在的成功了。如果你想让我做雇员，就得"给我下药"。
>
> 采访者：我想那是因为你那时太叛逆了。
>
> 受访者16：我是太叛逆了，这一点我比谁都清楚。不管对或错，我都一直站在最前面，就算前面是错的，那我也是错在最前面的那一个。

另一位受访者打了几年工，最终成为一家市政公司的总经理。虽然他那时也算成功，但他认识到，从长远来看，他不适合这样的职位。他在那里都快要"疯了"，他再也无法忍受那种状态了。"那样我会进疯人院的。"后来他成立了自

第十章 自主创业的动机

己的公司。

> 受访者 25：后来我辞职了，因为在市政公司里，像商人一样工作会让人发疯。那简直让人无法呼吸。要是一直那样，我会进疯人院的。在市政公司里，哪怕一丁点儿的自由，你也得挤破头去争取。这太累人了，尤其是那时，市政公司还只是一个很小的公司……后来发生了一场很荒谬的、说不清的、歇斯底里的政治辩论。我那时经常到市政厅去见×××先生，去探探口风，想知道他整天在想什么。

> 受访者 25：然后我说："好了，我已经受够这些了，我不干了。"我跟他们谈好了遣散费，他们也很乐意给我。这个遣散费有一点金色降落伞的意思。其实他们并不需要这样做，但他们那时很高兴，还说："你做事总是做得那么好，超级棒。"后来我就用这笔钱开始了我自己的生意。他们付给了我 12 万德国马克……然后我就成立了自己的公司。

第一类人里也包括下面这位受访者，他在大学期间就开始自己创业，还赚了很多钱。因为这个原因，他从大学毕业的时候，甚至从未考虑过去找一个稳定的工作。"我从来就没考虑过这件事。"之所以这样做，决定性因素是他渴望独立。尤其是，一想到有可能会为一个他觉得还不如自己的老板工作，他就会被这种想法恶心到。他不想违心地"卑躬屈膝"。能否赚更多钱从来都不是他最关心的。

> 受访者 3：对我来说，重要的是要自己做决定，就是说，我不需要每天早上醒来，去某个地方，做一个工作，还有人跟我说："这是你马上要做的工作。"我要自己做

决定。这对我来说一直都很重要。

采访者：我知道你从没打过工，但你觉得你有没有那样的人格特质，让你可以做一名雇员，每天都有人告诉你做什么？或者那是否会引起很大的冲突？

受访者3：不，我永远都不想做一名雇员。我根本不可能以这种方式发展事业，对此我非常肯定。

采访者：为什么不能呢？

受访者3：只有在理想的世界里，主管们才是优秀的和那种让人佩服的人。当你遇到能力还不如自己的主管时，你会在心里说："这人怎么这么白痴"，然后又向他点头哈腰，说道："这又是你的一个伟大的想法，史密斯先生……"

另一位受访者是参与这次研究的人里面最富有的人之一，他大学毕业后做了两年雇员。虽然他的老板是一个极好的销售人员，但在其他方面他就是"一个灾难"。结果，这个受访者向老板提出了两种可能：要么他继续以自由职业的方式为公司做事（同时也可以为其他公司做事），要么大家就分道扬镳。

受访者22：我很快就明白了，我从来没有想过在×××或×××的职位上发展自己的事业，但我应该为自己做点什么。但这与你刚才提到的那种财务目标无关。

采访者：但是你从未考虑过长期以一个雇员的身份工作，即使你曾经做过好几年的助理？

受访者22：是的，那是在大学刚毕业的几年。但是最初的两年过后，我就很明确我不想做雇员了。

采访者：你做雇员的时候是怎样的状态？我这样说吧，有些人永远不会成为好员工，因为他们要么太任性，

第十章　自主创业的动机

要么很难与其他人相处。你也是这样的吗？或者你过去基本上算是个好员工？还是与别人有冲突？

受访者22：问题是，你衡量的标准是什么呢？

采访者：呃，根据潜在冲突的程度吧。你那时是不是不得不经常处理你和老板之间的冲突，或类似的事情？

受访者22：当然，并且我的老板不习惯这样。但我在这里必须说清楚，那是我刚刚大学毕业的时候。我完成考试之后就马上加入了他们的公司，两年后，我告诉他："现在我要么以自由职业的方式给你做事，要么咱们就各走各的路。"

采访者：那么是什么促使你自己创业的呢？

受访者22：我想完成我认为自己能做的事，而且没人命令我不准做……×××先生，那时是×××公司的×××，在很多方面都很优秀。他是一个了不起的销售员，我从他身上学到了很多。但同时，他在很多方面又像是"一个灾难"。最后，我走过去对他说："从长远看，我们是无法共事的。天才和"灾难"的组合，其合作的基础是不牢靠的。

因为父亲的要求，下一位受访者从一个大公司开始他的职业生涯，并且参加过内部的主管培训项目。四周后他离开了那家公司，不再参加那个培训项目。他之前建立了自己的房地产经纪公司，并很快意识到他不适合在大公司上班。他认为自己是"阿尔法型"人格，他感觉公司一开始就想"给他来几个下马威"。

受访者40：我当年11月在那家公司入职。我曾向父亲承诺我可以做一名好员工。但这很难……当你加入一个高管培训计划，你又是一个阿尔法型的人，不用说，他们肯定开始就会让你碰钉子。他们想把你击败，因为没有哪个大公司想要阿尔法型的雇员。所以，四个星期后，我去找我的室友。他是我现在最好的朋友之一，当时我们一起住在一个小公寓里。那时刚好是圣诞节前，我告诉他："好吧，我要收拾行李了，我要离开这里。"我对此至今记忆犹新。

采访者：……所以，让我来回顾一下。你可能永远也不会在大公司里发展事业。

受访者40：是的。

采访者：因为你那时太任性，又太固执？

受访者40：的确，你说的对。后来，在不到六个星期后，我就走了。

采访者：是什么触发了你做了这个决定？当时是个什么情况呢？

受访者40：我心中的热情，完全在为了其他的事情而燃烧。公司让心理学家也参与培训。每一次演讲都被拍摄下来，然后对修辞、肢体语言、手势等进行分析。这太极端了，是吧？所以我收拾好行李，去了×××。母公司在×××，然后我直接到人力资源主管那里，跟那位女士谈了话，那位女士今天78岁，现在我和她关系还非常好……我走进去，她说："你不能就这样辞职。你已经与公司签了雇佣合同。如果你想尽快离开，就得赔偿公司的损失。因为不是说我们随便找个人来，就可以填补这个职位的。"然后我告诉她："我没有钱，一旦有钱就会马上还钱，但是我现在就要辞职。"然后她让我坐一会儿。我们最近还拿这整件事情来说笑呢。她问我，离开后想做什

第十章 自主创业的动机

么,我告诉她,我想开一家房地产公司。她告诉我,如果我能把我生意的进展告诉她,她会觉得很棒,并且我不用担心我合约里面的损害赔偿条款。

一些受访者起初是雇员,但是他们在做固定工作的同时,就开始创立他们自己的事业。下面这位受访者就是这样,他当时是一名电台主播,同时又是一名独立的房产经纪人。他用自己挣的钱给自己买了一辆捷豹,把它停在电台外面显眼的位置,来炫耀自己的经济独立。几年后,他放弃了他在电台的高薪工作,从那以后,作为一名房产经纪人,他获得了非凡的成功。

> 受访者6:我从来没想过依靠我的老板,我用我第一个大单赚的钱,给自己买了一辆捷豹。这不是因为我特别需要一辆捷豹,而是因为我想站在电台外面,向老板宣示:"我根本不需要你。"那时,他已经几乎把所有人都赶出去了,他的助手走到他面前,问他是否看见×××开着一辆捷豹。然后他走过来,问我是不是在电台工作赚了太多钱。我告诉他:"不是。我还有另一份工作。"当然,我是需要一份工作的。甚至说我也想要那份电台的工作,但我也想独立。我想告诉每个人:"我一点也不需要你们。"

下一位受访者称,他名义上做了一段短期的雇员,仅仅是因为成为一名税务顾问需要那样的条件。不过,他几乎从不来上班,基本上做他想做的事。他为公司赢得了利润丰厚的生意,不久就挣得比老板还多。

> 采访者:也就是说你基本上从来没做过雇员,这一辈

子都没有？你直接就从一个企业家起步了……

>受访者10：是的，我从没当过雇员。我有过一个名义上的工作，因为我必须这样，才能成为税务顾问。我永远也不会做雇员。即使那时，我有那个名义上的工作，我一周只在那里待半天，基本上我想做什么就做什么。

一些受访者以嘲弄的口气谈论普通员工必须完成的任务。下一位受访者，在他的一生当中，没有做过一天雇员，他承认，他无法想象这样做会是什么情况。按小时付费对他来说毫无吸引力。他刚离开学校，就开始成为一个股票交易员。

>受访者12：最让我感兴趣的，不是那些连白痴也能做的事，而是那些在某种程度上，我可以影响或控制的事。那些事我可以做得既快速，又高效。那些事可以让我在更短时间赚到相同甚至更多钱。

下一位受访者在一家公共部门公司工作过一段时间。因为他那时在打理公司的房地产生意，所以他签了一份包括丰厚利润分红的合同。仅仅12个月后，他自豪地说道，他赚的钱是德国总理的3倍。接下来，他在一家房地产经纪公司工作，他80%的工资是以业绩为基础的。即使业绩最差的一年，他也能赚110万德国马克。但即便如此，也不能满足他的雄心。半年后，他在房地产开发和出租公寓私有化领域以妻子的名义暗地里成立了自己的公司。

>采访者：那时在公共部门公司工作的时候你赚得不多。你只有一份普通员工的工资，是吧？

>受访者19：那时我的收入非常高，因为我帮公司打理房地产生意。当时我们有七八个人，我们从房地产生意

第十章 自主创业的动机

中赚了很多钱,然后我还有了利润分红……12个月后,我现在还记得很清楚,我挣了3倍于德国总理挣的钱。我心想:"你做得很好,不是吗?"

采访者:也就是说,其实那时你不是一个真正的雇员,是吧?你更像是自雇人员。

受访者19:后来我去了一家房地产公司,他们给我开了个价,开了个我无法拒绝的价。然后我在×××做了五年的总经理。即使在业绩最差的年份,就是1995年,我估计我还赚了110万德国马克。

许多企业家抓住了生活带给他们的机会,把他们的公司卖了一大笔钱。一般来说,他们这样做是有条件的,他们公司的新老板还会继续雇他们几年,他们因此成为一个更大公司的雇员。对许多人来说,这是一个痛苦的经历,就像下面这位受访者那样,他在之前和之后都是自雇人士,在这短短几年里他意识到,他不适合大公司雇员的生活。正如他自己所说的,他"总是有问题",经常与监理会还有其他人发生冲突。

受访者20:实际上,我在那里觉得非常不舒服,这是我在×××的问题之一。即便我有很好的建议,我还是得先填好几百张表格,然后把我所有的建议提交董事会审批。而我想要的交易机会,在我得到授权时,已经没有了。那些需要快速的直觉反应和决定的交易,真的是很好的机会。而那些需要填几百张表格,需要把事情翻来覆去地描述的交易,最后都无果而终。

采访者:所以那个时候你就意识到这让你发疯。

受访者20:是的,就是这样。这是一段很好的经历,刚开始的两三年还好,但是后来,在某个时候,我就意识到自己不太适合这个体系。

下一位受访者说,他在学校总是惹麻烦,快把老师逼疯了。他从中学毕业后,就进了一家银行工作,后来去了美国继续学习。他学的是数学和生物学,但6个学期后就辍学了,在美国当投资银行家。当然他成功了,但他发现即使在那里他仍然有许多"问题"。

采访者:你在银行工作了多久?

受访者42:两年半。

采访者:那你在银行工作时,有没有像你在学校的时候那样,有过什么问题?或者有没有什么事?

受访者42:只要有纪律我就总是会有问题的……

采访者:那你一生中总共做了多久的雇员呢?你在那家银员做了两年半的雇员。

受访者42:就那两年半。之后我去美国读书了,但我又辍学了……

采访者:让我们退一步,如果在银行当职员,你认为能为自己发展一份事业呢,还是会遇到太多问题?或者说随着时间的推移,在美国事情变得好些了吗?

受访者42:我有了一定的自由,但我时不时地惹麻烦,当然比以前好点了。在大公司做一个员工,对我来说,舞台总是不够大。

第二节 "这些公司的办事效率太低了"

许多受访者称,他们当然可以通过打工来开展其职业生涯。下面的6位超级富豪就是这种情况,在决定闯出自己的一片天地之前,他们的职业生涯起步于银行业(这组受访者中的许多人都属于这种情况)。

第一位受访者,最开始做了4年银行职员。他本可以在那里发展自己的事业。他创业是出于经济方面的考虑。他总结道,雇员的生活简直"在收入上太无法让人接受了"。他回想起一次在夜里与同事一起开车时,那位同事承认说:"你知道吗?这么大的一个机构,在里面你无法真正掌控你自己的命运,从长远来看,这对我来说没有意义。很快,我就要做我自己的事。"当被问到做这个决定的动机时,他是这么回答的。

> 受访者5:我想,我基本上不是满足于那种生活的人。我当时在×××银行的一个小部门里,也可以为自己的事业谋求发展,但我受困于经济收入问题,那种感觉强烈又歇斯底里。这也是我对那家银行的顾问委员会主席×××先生所说的,我告诉他:"×××先生,一直待在这里,我无法接受现在的薪水,因为我现在的薪水是×,照这样下去,十年后,当我成了家,有了两三个孩子,我没法负担他们的生活。我得换条路走。"
>
> 采访者:所以你很清楚,作为一个雇员,你挣得不够多,这是常有的事。
>
> 受访者5:从收入上来说,是的,你没有机会挣大钱。

下一位受访者做了4年的银行职员。但没过多久,他兼职创业所得的收入,就是他全职工作所得的3倍。在这组超级富豪中,这种经历很普遍。他们并不总是一开始就有勇气创业,而是通过兼职工作获得自信,并意识到这给了他们快速赚到更多钱的机会。于是他采取行动,辞去一份固定工作,开始全职自主创业。这当然是正确的做法。

受访者13：我在银行工作的时候，在银行经理的批准下，我和朋友晚上一起购买、翻新和倒卖公寓。我们每天晚上都工作。我那时一点钱也没有，但我朋友有。我知道该怎么做，而他有钱，我们就五五分成。我在下午6点结束银行的工作，然后去翻新公寓，组织所有的事情，然后把它们卖掉。

采访者：你用了多长时间就挣得比你的全职工作还要多呢？

受访者13：不到一年。一年半以后我所挣的就是银行所得的3倍，而这部分工作仅仅是在晚上做。我意识到我不能再像过去那样继续工作了，所以很快我就开始四处寻找新项目，更大的项目，最终我在慕尼黑找到了一个这样的项目。在银行工作了4年之后，我辞职了，买下了慕尼黑的那个地产……

采访者：好的，然后你很快又赚了更多的钱。让我们把重点放在你做雇员的那段时间……有些人成为企业家，他们说他们发现在银行工作很困难，作为一大群员工中的一个，有太多的冲突或类似的事。你那时是一个随和的员工吗？

受访者13：创业的种子一直在我心中，毕竟我是在一个创业家庭中长大的。而且我的许多朋友，还有他们的父母，基本上都是创业者。在大部分时间里，我身边都围绕着创业者和商人们，不管是在自己家里还是在朋友家里。当我在银行工作了大概两年的时候，我的上司得到了一枚奖章，奖励他为那家银行服务了10年，我走到他面前对他说："真的很抱歉，×××先生，但我永远也得不到

第十章 自主创业的动机

那枚奖章。"他没有把它当回事,他告诉我基本上他也是这样想的。我有创业基因,我清楚有一天我会为自己做点事情。

采访者:这是你成为自主创业者的主要动机吗?

受访者13:我的动机包括自由、自主,还有机会赚更多的钱。我是受这3个动机共同驱使的。

和前两位受访者一样,下面这位受访者也是从银行开始工作的,总共工作了14年。他晋升得很快,36岁时,已经是一家银行的董事长。但是"每5年需要重新确定这家银行的董事长",这样的未来让他觉得没有激情。他做了个决定,成了一名自由职业的资产管理者。

受访者31:就在那时,我意识到,未来的25年里一直做那件事,这种生活不是我想要的。所以我对自己说:忠于自己,做自己的事业。这就是我在1981年所做的。

受访者31:不仅如此,我更想发挥自己的能力。比起每5年就重新确定银行董事长,我想要的更多。我的意思是,在36岁的时候,我就已经成功坐上了董事长的位子,直到65岁也不会离开,这是我无法想象的事。所以,合乎逻辑的结果是采取冒险行动,我就是这么做的。这是我一生之中做过的最棒的决定。

下一位受访者在一家银行工作了3年,在那里他也做得很成功。但是如果要达到最高职位,需要花的时间太长了。

受访者36:我认为,到达顶峰的路,对我来说太长了。原则上说,我也不反对成为×××银行的董事长。如果成为银行的董事长,我会有一个专职司机、订制西装,这看起来总是那么讲究。当然我也会很喜欢这样。

采访者：你的创业动机是什么呢？

受访者36：非常明确，赚更多钱。如果你是一个首席执行官，可以做任何事，这种感觉非常好。办公室的层层组织很耗费时间，我再也不想重复这样的日子了。

下一位受访者，在念大学的同时，也在做生意，而且做得很成功。但他毕业后，一开始去了一家银行子公司工作。从一开始，他就一直有自己经商的目标，并把他在银行工作的那段时间仅仅看作"经商所需的学徒期"。

受访者38：大学毕业后我开始在×××工作，是一名销售和分销雇员。起薪是每月1700德国马克……所以，我在那里待了两年半。然后我就去做自己的生意了。

采访者：如果我理解正确的话，你一生之中只做过两年半的雇员。

受访者38：对。

采访者：然后你就有了自己的生意。

受访者38：但是，基本上在进入商业领域前我就有一些学徒经历。我参与了租赁工作，因为作为一个刚从学校毕业的人，这是参与董事会和管理层谈判的唯一途径。因为房地产租赁那个级别的财务决策，只有董事会和高管才能决定。

采访者：那个工作就是销售。那你为什么自己经商了呢？毕竟，我认为你做销售，收入也已经很可观了。

采访者：当我离开×××时，我们拿的是最低固定底薪，加上根据销售和业绩决定的提成。我那时挣的超过200000德国马克。

第十章 自主创业的动机

采访者：在那个时候，那个年纪，这是很高的工资了。

受访者38：是的，那时也算是高薪了。后来我就做自己的生意去了，跟我的前搭档一起，他是从×××公司出来的。我们创立了×××公司，你知道吗？我离开银行时的情景是这样的：我走到老板那里，他问我："你为什么要走？你在这里薪水又高，又有很多机会。"我回答道："在这里，我唯一想要的工作就是你的职位，但我是不可能得到的。"对此，他回答道："是的，你当然是得不到的。"就这样，我告诉他我要自己创业了。

下一位受访者在一家投资银行完成了实习，然后在那家银行待了10年。他爬上了职业上升阶梯，但在某一刻，他有一种感觉：他的工作所包括的任务，既没有对智力的挑战，也不能给银行带来特别大的利润。

受访者43：是的，我从一个基本的分析师晋升到了团队领导，最后发展成为首席战略家。我本可以在银行继续我的职业生涯。我离开的时候，在事业阶梯上，我还在快速地上升。其实不是说我性格不好，或者我不得不自己创业。只是因为我受够了已有的工作。

采访者：是什么动机让你说出"我要走了，去自己创业"？

受访者43：一方面，我对银行系统有些担心；另一方面，这可能是关键因素，就是在投资银行，有太多事，我不得不做，仅仅因为它们必须要做。那里有太多服从，太多官样文章，还有太多缺少智力挑战的客户，并且也没能真正给银行带来什么利润。这个体系根本上是一团糨糊。所以我就离开了，自己去经商。

另一位受访者，作为一名员工，他享受到了非凡的成功，甚至说服了他所在公司的管理层，暂停对他的部门的投资禁令，因为他提出了一个令人信服的概念。在某一刻，他觉得自己可以做任何事，所以他创立了自己的公司，继承并优化了他的前任雇主的经营理念。

采访者：是什么促使你说出"现在我要走了，去自己创业了"？

受访者18：我那时在×××工作，按当时的标准来说，我已经很成功了……那里对投资是完全禁止的，整个高层管理人员队伍都已经被洗脑了。我提出了一个有吸引力的概念，对董事会来说也有吸引力，……结果我成功地让他们暂时解除了投资禁令。

采访者：在这件事上，他们破了个例。

受访者18：对。

采访者：然后，在某一刻，你说："我要去创业了。"

受访者18：我已经拥有自己创业所需的所有技能。

下一位受访者在一家很大的公司做雇员，而且做得很成功。在做这份主要工作的同时，他还以自雇形式为另一家公司工作。他最后放弃了他的主要工作，买下了他工作的另一家公司的10%的股权。除了财务动机外，他还受到另一个实际情况的驱使，就是那家大型跨国公司的组织结构让他很生气。正如他所说："所有这些委员会的胡言乱语，完全把我搞得不正常了。"

受访者11：我已经决定了，因为真的没有别的选择，在某个时候不再为×××工作，这样我就可以专注于×××上，自己做一份事业，这是我绝对可以做到的，但长期来

第十章 自主创业的动机

看,我不能两者兼顾。

采访者:当然,你不能兼顾。但那当然也是一个决定。现在回想一下,你和×××的友谊不会是你做这样一个决定的唯一原因吧?是什么让你说出"我要走了,我不能继续走这条路"?

受访者11:我和×××在一起8年,将近10年时间。对我来说,那正是对的时候,去做一些全新的东西,并且那也是我真正想要做的。通常,我做事是因为我享受做那些事,我也想与×××一起做事,这当然很有意思。这样你可以获得成功,发展事业,完全投入。这是我喜欢的,所以我就那么做了。

采访者:从长远来看,可能比做员工赚得更多。

受访者11:这也是一个因素……但那真不是最有决定意义的因素。我确定我可以在×××赚很多钱。你总得区分一下,但如果你在×××公司或者像×××这样的公司担任高级职位,那就不像一般人一样,需要担心贫穷。我就是不喜欢它。顺便说一句,这也许是另一个很重要的原因,我对×××的整个制度都不满,你知道吗?一切都由委员会决定,但是那些委员会成员说的都是废话。那真的让我心烦,完全把我搞得不正常了。和创业有关的享受和快乐都没了。

下面这位受访者,在很多方面都比较反常,他在独立销售代表、企业家、投资者、银行主席和高级经理之间切换角色,这意味着他既是高级经理,又是自营企业家。在职业起步的时候,他是一名销售代表,销售金融产品。

采访者:你那时是一名独立销售代表。

受访者7:嗯,我过去是一名独立销售代表。我过去一直在市政公用事业公司工作，后来我自立门户，成了一名销售代表。

采访者：你本可以留在那家市政公用事业公司？

受访者7：是的，我本来可以。

采访者：那你为什么不留在那里呢？

受访者7：嗯，当时我是一个会计文员，对我来说，这样的工作节奏简直太慢了。在×××这样一个市政公用事业公司，你未来40年的职业生涯都已经被安排好了。

受访者7：……并且那时有人问过我，我觉得这个问题用在这里很合适，他们问："那么，你是一个企业家还是一个管理者呢？"我想，当时如果换作你，你也会那么问我……然后我告诉他们："我实际上是一个企业家型管理者。"一个企业家型管理者，是一个在公司里有管理角色的人，但他并不像传统管理者那样行事，他是一个不受组织层级束缚的人。当然，我会让自己去适应组织架构，让自己融入其中，但是我可以自己决定。我采取创业的方法，在银行工作，我尽可能运用我的知识和理念，如果那家银行是属于我的，我也会做同样的事。

下面这位受访者的情况与上面那位受访者几乎一样，也觉得在一个大公司，要想获得晋升需要花太长的时间。他受到了重用，迅速被提拔。但是，要做到首席执行官这个位置，要走的路就"太长"了，他不准备"排队等10年"。所以他就辞职了，和一个朋友一起开了自己的公司。

采访者：你做了5年的雇员，如果我理解正确的话。有一些员工，他们建立自己的公司，是因为他们意识到，这个角色不是他们想要的或适合的，他们总是有许多问

第十章 自主创业的动机

题,并且想要闯出自己的路。你也是这样的吗?或者,也有其他一些人,他们本来也想过在一家大公司发展自己的事业。你属于哪一种呢?

受访者27:我想我肯定能开创一份属于自己的事业。从第一天起,我就从队伍里脱颖而出,一次次地被提拔。大概有7000员工在那家公司工作。我想我可以说,我是×××最喜欢的人。我最初是他的助理。但很快他就提拔了我,我只做了他3个月的助理,他就让我走出来,自己创业。我当然也可以在那里发展自己的事业。那时我一直都是最年轻的那个……人事部的头总是对我说,我想他这么说也是对的,他说我在那里会有一个美好的未来。他们总是对我有信心,认为我或许有一天甚至会经营那家公司。我对自己很满意,从一开始就是……在×××的历史上留下了我的印记。我有一个司机,他开车带着我到处转,也会参加监事会会议。这大概就是当你还是学生时,梦想中的大千世界吧。那里会有很多积极的讨论,当你像那样被提拔的时候,也总是一件好事。我想我具备大公司需要的那种品质。我有政治敏锐度,当5位董事对一个职位有争议,而这个位置又需要填补的时候,基本上只有两个人可以胜任这个工作,我就是其中一位,我就是他们会一致同意的折中结果。所以他们总说:"×××先生,他能行。"到最后,我也没好好利用它。两三年后,一旦当初的兴奋劲儿过了,面对无数的重复工作,我意识到我不再进步得那么快。就在那时,我和公司的关系恶化了,我很不高兴。公司没有真正改变,但是我已经变了。这不是公司的错,只是我变了。

采访者：那么你为什么自己经商去了呢？这么大的一个公司都不适合你，你感觉在自己的商业世界里情况会好些吧？或者，你是否认为，在这样一个公司里，你永远也实现不了你追求财富的雄心壮志？你的动机是什么？

受访者27：对钱的事情我从来就不感兴趣。那不是我的主要或首要目标。我想那最终只是一个副产物。当然，有钱也让人很开心，金钱带给我的不仅是自主和自由，但我的目标是独立，能够为自己设定目标并实现它。说实话，在这样一个大公司，通往首席执行官的路太长了，而我的人生太短了。我不想排队等10年……在这样的公司里，工作进展的速度太慢了，要升到一个手握重权的职位要花很长时间。这大概就是我个人不满意的原因，参加许多会议，却没怎么取得实际成果，我不是一个凑合做事的人。我想过一种自由的生活。

第三节 "我从来没想过给人打工"

你问许多受访者：为什么他们成了企业家，而没有去申请一个雇员职位，这时候他们很惊讶，因为他们从来没把这事当成现实的选择而认真考虑过。这种情况常常跟一个事实有关，就是他们在大学学习的时候，就已经能赚到很可观的收入了，下面这位受访者就是这种情况，他在大学读书的时候，每年平均赚200000德国马克。

受访者29：我从没给别人打过工。
采访者：什么，一辈子都没有？
受访者29：从来没有。

第十章 自主创业的动机

采访者：为什么你从来没考虑过做一名雇员？

受访者29：这对我来说是一个陌生的概念，因为当我还是学生的时候，我就为自己创立了一份真正的事业。我还是学生时候，一年能赚200000德国马克，那是相当大的一笔钱，相对来说，是吧？

（他父亲后来给他施加压力，让他去一家银行完成实习。）

受访者29：然后，在大学放假期间，我父亲逼我去维也纳的×××公司做实习生。但我那时已经在做自己的事业了，我那时还在读书。想象一下，当我还是个学生的时候，我在一个星期日飞往维也纳，在×××的兼并和收购部门实习，从星期一直到到星期三，这些都是为了让我父亲高兴。然后星期四我飞回家，周四、周五和周六做我的房地产生意。

采访者：那个实习期有多长？

受访者29：3个月……可能实际上还会长点儿，但3个月后我说："好了，我受够了。"3个月的时间是比较合适的，因为我父亲在那里很受尊敬。

采访者：打工对你来说从来不是一个现实的选择？

受访者29：我想独立。我想在财务上独立，但我也想，作为一个个体，在我做的事上也要独立。但做一个雇员，那永远不是一个选项。

下一位受访者描述了他家族的3个分支，他们都是企业家。这为他提供了一种"永久疫苗。"在某种意义上，这意味着他根本不会当一名雇员。

受访者39：是的，我们家族有3个分支，每个人都

307

是企业家。我只考虑商业和创业，即使我的父母并没有直接让我参与过……我骨子里就是个创业者。在某个地方做个雇员，那不是我考虑的事情。但这并不是说，我曾经拒绝这个想法。

下面这位受访者，在他的一生中，也是一天雇员也没有做过。在读大学期间他就做销售工作，每年挣几十万德国马克。他说，他从来没有想过要当一名雇员。在他还是学生的时候，他靠出售金融产品赚了很多钱，这是一个具有正面意义的经历，他清楚地知道他应该继续为自己工作。

采访者：你毕业后，第一份工作是什么？你做过雇员吗？

受访者41：没有，从来没有。

采访者41：你从来没想过做一名雇员？

受访者41：这从来不是我的选项。

采访者：你已经赚这么多钱了。

受访者41：我已经赚了这么多钱，建立了我的公司。我能赢得×××作为我的客户，同时给他们也带来了高收入，一切都很顺利。

采访者：如此说来，你从没想过要为别人工作。

许多受访者直接进入了他们的家族企业。对于他们来讲，这是自然而然的选择。在早期，他们的目标就非常清晰，那就是：他们将作为家族企业的接班人接管所有业务，尽管早期人们并不会经常谈起这件事。

采访者：你曾经说过，你很早就下定决心要从事家族产业。那么促使你下定决心的原因是什么？

第十章 自主创业的动机

受访者2：其实并没有什么特殊原因。我父亲的企业已经做得非常大了……这是一项非常重要的事业，我从未真正思考过选择这项业务是对还是错。如果说有质疑或者疑虑的话，那大多是考虑我是否能把这项事业做好。当然，关于我是否真的愿意做这件事，我不需要反复考虑。

我总有这样的感觉，我父亲相信我能做到。这是我一直都相信的一件事：我是这个家族商业帝国的接班人。并不是说在某种意义上这使我可以凌驾于任何批评之上，而是因为我拥有一切机会以及父亲的信任和支持。他倾其所有，确保我能够完全胜任这个角色。

下一个受访者说，他和他的两个兄弟从一开始就很清楚，未来是由他们来接管家族的生意。这位富有的受访者讲述了在他成长的过程中，他的家族企业接班人地位是如何不言而喻的。

受访者24：从一开始这一切就很明了，我们的父亲有意让我们三兄弟参与家族生意，当时我们三兄弟分别是12岁、13岁、14岁，我是次子。他把我们兄弟三人都作为他的继任者来考察，这种考察贯穿了我们的教育、生活教养。虽然没有明确表示过，但这是我们必须面对的现实。我们三人都埋头各自的生意，观察生意怎么做，会有哪些事发生。在我八九岁的时候，父亲就带着我们去了解所有的生意。由此说来，从我父亲的角度看，我们成为他的继承人是显而易见的事情。我可以说是按照父亲的这种期望长大的。

另一位富有的受访者的父亲也是一个企业家，但他选择60岁就退休，把家族企业交到了儿子手上。那时，他的企业有17家分公司。当这位受访者退休50年后，分公司的数量已经达到了600家。员工总数已经从不到100人增加到了2000多人，他认为将来对公司的管理也完全没有任何问题；这种问题甚至从未出现。

  采访者：你在什么时候知道你会接管家族事业的？是在什么时候开始接的管呢？

  受访者32：这个问题从来没有被问过。

  采访者：所以这其实是不言而喻的。你和家人从来没有明确地讨论过这件事吗？

  受访者32：甚至从来没有人想过这个问题。

下面这位受访者在一家跨国公司做得风生水起，但后来他离开这家公司加入了家族企业。他把家族公司发展成为一家跨国公司，现在他已成为全世界最富有的1000人之一。

  采访者：在你作为雇员工作的期间，你觉得你是那种经常和老板发生冲突、很难相处的员工吗？还是你认为自己很随和、很好相处？

  受访者26：不，我不认为自己好相处。我一开始的职位是总经理助理，两个月后，我就当上了总经理。

  采访者：我遇到过很多企业家，他们认为自己很难相处，所以事业不能平步青云。你也是这样认为吗？

  受访者26：不，并非如此。如果我没有家族企业做后盾的话，我是不会离开上一家公司的。我带回家一份利润分红……并且分红的数额很大，当我回家时，父亲看到我的工资单时简直不敢相信。

下一位受访者在大学毕业后，并没有马上进入家族企业；

他自己先创办了一家公司。直到后来,他觉得有责任继续经营家族事业,才加入了家族企业。

> 受访者28:我的曾祖父创办了一家生产磨粉机的机械工程公司,当时这家公司的规模非常大。而我的成长方式并没有要我改变这一切。对我而言,继承一个家族企业或者部分家族业务更像是一个任务。你必须为此工作并坚持下去直到取得成就,然后传给下一代。我是家族企业第六代继承人,但我不会说:"现在,我要从第五代掌门人手里接管家族企业,成为第六代接班人,我就是那个将来要逍遥度日、挥金如土的人。"

另一个企业家,在年轻时就加入了家族企业,现在已经是最富有的100名德国人之一。他原来想去上大学预科学校,因为他初中成绩很好,但现在回头看,他很高兴选择了一条不同的道路,因为他已经把他的家族企业发展成了一家重要的跨国公司。如果他当初去上大学预科学校,而没有从事家族生意,他现在可能也就是一个"高级地方政府官员"。

> 受访者15:我当时16岁半,那段时间真的非常有意思。在不知道后来会发生什么的情况下,送我去预科学校继续读书本来是顺理成章的事。从没有人说过我应该留在农场,做一个学徒。如果我当时去读了大学,我应该在1963年就完成学业。在那时返校读书的人都是衣食无忧的……但在这群人中,几乎90%的人并不是真的衣食无忧,可能这样说不太正确,但他们当时的确拥有过最佳的机会,不是吗?
>
> 采访者:但是谁又能说得准,或许如果你当时去读书了,可能你今天就没有这么成功了呢?

受访者15：现在就到了有意思的地方了，对吧？如果我当时去读书了，最终可能成为一个高级地方政府官员。

中期研究结果

许多受访者都证实，有关企业家不善于和别人共事，作为很难相处又叛逆的雇员，在现有公司里很难做出成绩的这一假设是成立的。他们自认为是很难相处的人，过于特立独行以至于很难融入预定规则中或接受他人驱使。

一些人用极端的措辞表达了这一点——有位受访者认为要让自己做一名员工，得像给自己下了"药"一般才行。他太叛逆，太自以为是。另一位受访者则说道，要是在国有公司工作，他会被逼疯的。他根本就不能忍受"那种环境"："我会被逼进疯人院的。"另一个受访者声称，一想到可能为一个不如自己的老板工作，还不得不迫使自己对他"唯命是从"或者做他的应声虫，他就非常反感。而另一个人在仅工作了4周之后就从公司辞职了。他觉得自己属于"阿尔法型人格"，并有种公司准备开始"打击一两个这种人"的感觉。

但除了这一群体，很多超级富豪并不适用于这一理论。在创办自己的公司之前，他们最初都在大型公司工作——大多是在银行工作——并且也取得了巨大的成功。对他们来说，要不就是在这些大型公司里个人事业发展得太慢，要不就是他们预见到自己的收入前景有限。一位受访者说，鉴于他的经济需求极高，他不能在"经济上允许"自己继续从事银行工作。另一名超级富豪早在36岁时就荣升为银行行长，然而"每5年重新任命银行董事长"的计划对他没有任何吸引力。有位受访者在银行工作了3年，同样取得了非常成功的业绩。但是对

第十章　自主创业的动机

他来说，在这个领域里想爬到事业巅峰所需要的时间太漫长了。"我是不会在那家银行一直发展的，那需要太长的时间。"另一个受访者声称，通过在一个大型公司里的排名来升职，仅这一项对他来说都太漫长、太难实现。他在公司里获得了很多人的支持，并得到了迅速提拔，然而他距离事业巅峰——执行总裁的位置依然"很远"，他并不想就这样"排队等10年"。

第三组受访者甚至都不用在自主创业和给别人打工之间选择。他们只会为自己工作。其中有一位受访者一生从未做过雇员。在大学期间，他就通过销售挣到了成千上万德国马克。他声称，和其他一些受访者一样，他从来没有考虑过要为别人工作。同样，很多接管了家族企业的受访者也是这样想的。对于这组的大部分受访者来说，他们从童年时代开始就很清楚自己要继承家族企业，这一点虽未言明却是显而易见的，他们压根就没有其他的选择。

对于某些接管家族企业的受访者而言，他们的确具有不善与人共事的特点，但仅仅一小部分人而并非所有家族企业继承人都具备这一特点。当然，有很多超级富豪曾经在大型公司里努力奋斗个人事业，或者说他们是本应该如此的，但因为他们在这些大型公司中攀登到事业巅峰所需要耗费的时间太长了，而且潜在收入对他们来说已不再具有吸引力，所以他们做出了辞职的决定。

第十一章　把追求财富作为人生目标吗？

对于特别富裕的人群来说，设定预期目标有什么作用呢？从拿破仑·希尔的经典作品——《思考致富》这本书开始，畅销的财富文学作品都由一种财富观念主导，也就是先写出定量精确的财务目标，并设定完成此目标的期限，这就是致富的先决条件。目标设定理论最初是由埃德温·A. 洛克（Edwin A. Locke）和加里·P. 莱塞姆（Gary P. Latham）两位研究者提出的，在这之后，数百例实证研究（详见本书第三章第二节）也证明了该理论的正确性。该理论认为，相对于概念模糊不清的目标，设定具有挑战性和明确的目标实施效果更好。那些把目标设定得具体清晰的人，比那些要么设定模糊目标，要么不设定目标的人来说，能取得更大的成功。J. 罗伯特·鲍姆（J. Robert Baum）认为，目标设定理论的期望值与企业家精神的关系也都可以从研究中得到实际验证。[1]

---

[1] J. Robert Baum, "Goals and Entrepreneurship," in *New Developments in Goal Setting and Task Performance*, edited by Edwin A. Locke and Gary P. Latham (New York: Routledge Taylor & Francis Group, 2013), p. 463.

第十一章　把追求财富作为人生目标吗？

弗朗茨·沃特尔（Franz Walter）和斯坦·马格（Stine Marg）对160位企业家和德国大型公司的董事会成员进行了采访，他们发表的研究结果则得出了相反的结论。[①] 对于如何获得高级执行官职位这一问题，受访者通常的答案是自己以前并没有认真规划过自己的职业生涯。[②]

因此，在本书的采访中提出一个问题：这些接受采访的富人们是否为自己设定了具体的目标，特别是财务目标。如果他们的答案是肯定的，那就继续追问他们是否把这些目标写下来了，多久写一次目标计划，以及是否用过一些方法来实现他们的目标。

但调查结果依然不明确。关于财富的著作提出一种假设：只有那些把自己具体设定的财富目标写下来的人，才能获得巨大财富，但这一假设并未得到证实。很多受访者都坚定地否认这种方法的有效性，并明确表示目标设定在他们的生活中没有发挥任何作用，其他人则认为两者毫不相关。更多观点，见本章第二节。另外，超过40%的受访者都强烈声称，自己会定期给生活各方面设定目标——绝大多数是书面形式。

第一节　"如果把目标写下来，今后就可以核对"

一位受访者表示，在过去的30年里，每年一月份他会写下自己的目标。他已经养成了这种习惯，每次都会节食一周。

[①] Franz Walter, Stine Marg, eds. *Sprachlose Elite? Wie Unternehmer Politik und Gesellschaft sehen* (Reinbek: BP Gesellschaftsstudie, 2015), S. 19.
[②] Roland Hiemann, "'Geplant war das alles nicht': Werdegänge deutscher Wirtschaftsführer," In *Sprachlose Elite? Wie Unternehmer Politik und Gesellschaft sehen*, edited by Franz Walter and Stine Marg, (Reinbek: BP Gesellschaftsstudie, 2015), S. 39-40.

在这个星期里，他会思考自己的目标，把它们写下来，并拟定实践计划。

受访者5：很早以前，我认识了一个人，他传授给我很多关于自我意识和敏感训练的知识。他教给我的第一件事就是：必须用准确的词语来描述你的目标，然后，如果可能的话将这些目标可视化。从那之后，我总是在每年一月份写下自己的年度目标，而且总是写得很多……很多年过去了，我每年一月份都会进行斋戒，并在此期间设定目标，然后把它们写下来。

对于其中一个最年轻的受访者来说，具体成文和可见的目标对成功都起着重要作用。据他所说，他在很小的时候就开始给自己设定目标：要在30岁之前做到经济独立。后来，他又给自己定下了赚1亿欧元的目标，当然，这个目标他现在还没实现。他还很年轻，而且正在顺利接近这一目标，于是又提高了自己的目标。在他的办公室，他在门的上方（"从我的桌子上抬头可见"），写着数字"1000000000"。

受访者12：对，这个数字还是用粗体写出来的。我向所有人展示这个数字，但是我不仅告诉他们这是我的目标，还告诉他们我一定要实现。对此我从不怀疑。但是，这也只是另一个暂定目标。这就是我做事的风格。我认为用"目标"这个词语其实不对，你觉得呢？当你设定了一个目标，然后实现了这个目标，好了，完成了。目标没有错，这是我在任何情况下都要达到的目标。这就是我一旦达到我的暂定目标，将再设定一个新的目标的原因。

目标可视化对他来说至关重要。

第十一章 把追求财富作为人生目标吗？

> 受访者 12：目标可视化是一件让我完全沉迷的事情。我对所有大事、小事、不大不小的事都会不断想象。我是冥想大师。是的，我会专注于那些完全铭刻在我头脑中的东西，然后它们就会具象地出现在我的眼前。

在采访中他向我展示了他电脑上的列表和电子表格，他每天都会打开、更新和回顾，看看他离他的临时目标和主要目标又接近了多少。

> 受访者 12：我有一张电子表格，就在这里，我可以给你看……一切都在列表中列出来，我有不同的版本，因为这个列表对我来说至关重要。这是一个 Excel 表格，并且还有其他相关列表，这是现在正在加载的。把一切都写下来，将一切都可视化、具体化，即使最小的目标也如此。一旦我为自己设定一个目标，我就把它写下来。"今年我的目标是什么？我这个月的目标是什么？我的整体目标是什么？"我会把一切都写下来。

可视化也是下一位受访者的重要工具。他开始给自己设定成为一个百万富翁的目标，但并没有把这个目标写下来。一旦他实现了第一个目标，就开始把后续的目标都写在纸上。他为这个过程做了一些仪式，还请了一名风水顾问在他的房子里建了个"财富角"，用来每天在那里祷告求保佑他能实现财务目标。

> 受访者 19：一旦达到了我的初始目标，我就坐下来写下我的下一个目标，我想要在 40 岁前身价达到 1000 万德国马克，然后我实现了目标。几乎就是一天不差地实现了，你可能会称之为"极度精确"。

采访者：那真的很有趣。那么你会用笔记本写下目标，还是把你的目标贴在墙上？

受访者19：我请了一名风水顾问重新设计了我的房子。我不得不说，这对我帮助很大。我一路上有太多障碍，好多事情不顺，而在请了风水顾问后，突然就一切都顺利了。当然，你可以把这叫作自我实现的预言……但我倒不在意这个。结果最重要，而这一切都实现了。风水顾问为我建了一个"财富角"，每天我都在那里祷告一两分钟。在"财富角"里有张照片，我把我写的目标贴在了照片后面。然后，我实现了我的目标，你几乎可以称之为"极度精确"。

下一位受访者认真遵循了财富类著作所给的指示。他是从经典著作中获得灵感的，例如他带着极大热情阅读了拿破仑·希尔的《思考致富》和约瑟夫·墨菲（Joseph Murphy）的《潜意识的力量》（*The Power of Your Subconscious Mind*）等。他17岁时就开始阅读这些书，并设定了自己的目标。他一直对以下问题着迷：为什么有些人能成功，而其他人则不然。

受访者29：这些是典型的成功法则。我始终如一地相信一个目标，在某一刻，也许会以不同的形式，目标就会实现。一切就是这么回事。

采访者：所以你经常给自己设定目标，包括财务目标？

受访者29：毫无疑问，是的……嗯，我常喜欢借助图像来思考。你知道吗？我给自己找了一份法拉利产品目录。我把图片都剪下来，然后每天看。这会作为一个目标，提醒我为了什么而努力工作……

第十一章 把追求财富作为人生目标吗？

　　采访者：那就是法拉利。法拉利之后呢？你计划的下一件事是什么？

　　受访者29：在某一时间段，我的目标是拥有自己的房子。那需要相当一大笔钱，我想在财务上独立。这就是那时我最大的目标：要在经济上独立。

　　采访者：你是否把目标具体到了一定数额的钱？

　　受访者29：的确。当然，你想在某个时刻赚取你的第一个百万。这是一个很大的数字。这似乎是无法实现的，但你对自己说："当然，我想赚一百万德国马克。"

利用书面形式和可视化目标来设定目标的方法并不仅限用于金融领域。下一位受访者是医疗技术领域中非常成功的商人，他说，在他16岁时，他就开始写下自己的目标。在订婚和婚礼的五年前，他就把这两个日期写在石头上，交给了他未来的妻子。他自豪地说，他确实在确切的日期订婚并结了婚。直到他30多岁，他一直坚持写下他所有的目标。然而，到那时为止，他已经没有必要再这么做了。目标透过他的意识直达潜意识。

　　受访者32：我非常专注于写下我的目标。

　　采访者：你这样写下你的目标有多少年了？

　　受访者32：可以说，一直到我35岁吧。

　　采访者：那之后，你为什么不再写了呢？

　　受访者32：基本上是因为我不需要再写下来了，你知道吗？

　　采访者：但你一直在这么做，做到了三十多岁。

　　受访者32：我设定了一生的所有目标……我问自己：70岁的时候想在哪里？然后我把7年划分为一个时间段。

我甚至每年都把所有事计划一遍。我非常专注于我的计划，甚至每日计划……设定自己的每日目标，特别是问自己：你对自己满意吗？有些人会说："我做得一点儿都不好，事情就是不顺。"这要么是因为他们不知道他们已经取得了什么，要么是关乎他们的期望，就是，当他们做得差的时候，他们根本就不知道他们几时能做得好。但如果他们给自己设定每日目标，可以每天晚上看看每日目标，这样他们就能对自己已经完成的部分有积极的认识。他们会说："你做到了。"而且这对他们实现下一个目标很有帮助。我精心规划了自己的时间。

采访者：这些目标是否总是适用于很多领域？你可能把这些目标分成公司、家庭、健康和健身，诸如此类。

受访者32：这些目标涉及我生活中的各个方面。这绝对是正确的……

采访者：你总是把目标都写下来。我只是想知道为什么在35岁你却停止记录目标了，毕竟你的人生还有大把时间。

受访者32：嗯，因为养成了习惯。事情会通过你的意识进入你的潜意识。这样一来，对于任何我们必须学习的东西，都不需要再去明确地阅读说明书。因为一旦你学会了开车，你就不需要继续查阅操作手册了。

采访者：好吧，但你还有目标。

受访者32：当然，我仍有目标。我确切地知道我想要什么，我想实现什么目标。

许多受访者说过，他们写下过具体和宽泛的目标，正如下面一位在IT行业中致富的受访者一样。他在1990年休假期间写下了一份人生计划。这份人生计划涵盖范围如此广泛，以至于他的单项计划竟然装满了一个"厚厚的文件夹"。除了这个人生计划，他还写下了七年计划和年度计划。

>采访者：你把哪些事纳入了七年计划？
>
>受访者33：七年计划涉及方方面面，甚至包括盖房子、心愿等这样的私人事务，也是你想拿来犒劳自己而又比较可行的事情。计划还包括营收数据、客户群体、利润目标、员工人数。
>
>采访者：计划都是与你的职业和个人生活有关的？
>
>受访者33：是的，计划涉及职业和生活，不是用Excel电子表格写成的，而是以散文的形式，用完整的句子来写的。我画了一个图并配以文字，来说明实现我的目标会是何种感受。

并非所有从开始写下目标的受访者都是这样做的。下一位受访者说，他总是设定目标，但他到了35~40岁才开始系统地把目标写下来。

>受访者36：我有非常清晰的规划。这就是我学到的东西，我也是这么做的。从一开始，我的脑海里便有一幅图像、一个愿景，而且它们一直在我脑海里。我十几岁时结交的一些朋友对我说："当时你总是眉飞色舞地告诉我们，你要开一辆捷豹汽车，还要有个美丽的家。"我总是过着美好的生活，一个有许多女人和很多乐趣的奢华生活。这就是我一直在脑海中想象的画面，我甚至大概想象了自己的房子会是什么样子的……所以，我想说的目标是，我总是说，我想变富有，从18岁或20岁起就把它当作人生目标。35到40岁我真的把目标全部写出来，然后看看我到底赚了多少钱。今天我要做的事更多。我也会写出每周的目标，我为生活的每个领域都设定了目标。

富豪的心理：财富精英的隐秘知识

一位来自食品行业的企业家在43岁时开始设定系统目标，并制订了未来30年的书面计划。他所设定的目标之一是，他的财富每年至少增长10%。但是，这些目标不仅仅局限于金融领域。他根据生活中各个方面的目标达成情况不断地检查书面目标。此外，他每隔三四个月，将各个问题以书面形式列出来进行检查。

采访者：你把这些目标写在什么地方？

受访者37：我总是对照目标的实际达成情况进行检查……我一直都这样做。我不是在年初做决议的那种人；我总是检查，总是微调。我还有一个200个问题的目录，我会不时重新回答一遍。

采访者：那些都是什么样的问题呢？

受访者37：它们是对我来说很重要的事情。我对生活的态度是否已经改变？我想为孩子实现什么？我想为妻子实现什么？它们只是我需要专注的事情。

采访者：你把这一切都写下来了吗？

受访者37：是的，我已经收集了很多很多年。我也从其他调查问卷中收集了几个问题。

采访者：你多久回顾一遍这些问题？

受访者37：每隔三四个月。

采访者：你回答所有问题需要花多长时间？

受访者37：半天……我不是把所有问题挨个儿过一遍。我会选择一个主题，比如说"钱和资产"，然后认真回答相关问题，并且这会让我再次意识到一些问题。或者我采用主题"妻子和家庭"，或者"朋友"这个主题。在每个主题下，我都标有问题，比如说，"在不久的将来你不想与谁有牵连"？或者，"你想经常见到谁"？然后我试

第十一章 把追求财富作为人生目标吗?

着为自己构建一切。

一位 70 多岁的受访者强调,她大概在 15 或 20 年前才开始写下目标。这些目标是每年设定的,涵盖生活的方方面面,并且在设定新的目标时,她会对现有目标进行审核,看看这些目标是否已经实现。

> 受访者 14:我一直都会设定目标。我每年都给自己设定目标。
>
> 采访者:那我们就把重点放在目标上吧。在新的一年里,你会在什么时候设定目标?
>
> 受访者 14:我在新年前夕、年底前的一段时间开始设定目标。
>
> 采访者:你是否将目标写在纸上?
>
> 受访者 14:是的,我把它们全部写在纸上。
>
> ……
>
> 采访者:你为自己设定了什么类型的目标呢?它们可能涉及你生活的各个方面。
>
> 受访者 14:嗯,它们涉及了我生活中的许多不同领域。
>
> 采访者:你是从什么时候开始写下你的目标的?
>
> 受访者 14:我已经这么做了 15 年或 20 年了,但是确切的时间我说不好。
>
> 采访者:那么久了?
>
> 受访者 14:是的。
>
> 采访者:你是怎么想到这个主意,要写下你的目标的?
>
> 受访者:我也无法确定。我无意中采用了这个方法,

而且我也为我的员工定目标，给他们设定销售额目标等。

采访者：你会量化那些目标吗？会具体到数字吗？

受访者14：是的，这正是我所做的。

采访者：这是衡量你是否达成了目标的唯一方法。

受访者14：是的，否则你没法确认目标是否已经实现，那还不如不设定任何目标。

采访者：……所以你每年做一次。那你是否会在一年中再次看看你的目标，用来提醒自己，或是会把它们全部牢记在心？

受访者14：我当然是要再次看看这些目标以提醒自己。我一年里可能会看一两次，但不会更频繁。当我给自己设定新目标时，我都会再看一次，看看究竟是什么让我又一次没能实现目标。

采访者：这肯定很有趣。这意味着你的目标设定与你生活的不同领域有关，你的目标是否包括财务目标？

受访者14：我为自己设定的目标，是在40岁之前获得我想要的一切。在私生活方面，我的目标是成家，然后生儿育女。我要在40岁的时候做到经济独立，这一点对我很重要。

采访者：你有没有想过经济独立对你意味着什么？是一个数字？

受访者14：是的，当然……

另外一位受访者也是70多岁，在他40多岁的时候第一次为自己设定了一个书面财务目标。他强调了以书面形式设定目标的重要性。他认为，每一个目标都需要记录下来，否则就会太模糊而无法核实目标是否已经达成。

第十一章 把追求财富作为人生目标吗？

受访者26：我给自己设定了一个非常具体的目标。雨果飓风（Hurricane Hugo）来袭时，我在波多黎各（Puerto Rico）。我不确定到底那是哪年，但肯定是在20世纪90年代初。我对自己说："你银行里必须要有2000万马克现金，来确保你是经济独立的。"于是我写下了这个目标。

采访者：那时你大概什么年纪？

受访者26：那是在20世纪90年代初，我大约40岁。

采访者：你写下这个目标？

受访者26：是的，我总是在纸上写下我的目标。每5年我会设定一次目标，并把它们写下来。

采访者：你这样把目标写下来，已经坚持多久了？

受访者26：这是我一直在做的事情。一直如此。

采访者：你的一生都如此？

受访者26：是的，一生如此。

采访者：即使在你年轻时，也是如此？

……

受访者26：……不，只是从我开始工作之后。

采访者：所以，你从30岁开始设定目标的？

受访者26：是的，自从我开始工作以来，我一直都把我的目标、我想要实现的那些事情写下来。这与我们在业务上的目标没什么不同，不是吗？我们有季度目标、年度目标和三年目标。

采访者：但是你也为自己设定了个人目标？

受访者26：是的，这很清楚。一些东西，你要把它们写下来，才能去检查和核实，否则它们就太不明确了。每个目标都需要记录下来。

325

下一位受访者说,他一直设定自己的目标,但后来才开始正式写下来。他所有的早期目标都与特定的财产组合有关,但后来他扩大了目标设定范围,包括了财富目标。

> 受访者6:我不总把这些目标写在纸上。我真正开始这样做,是在我意识到作为一个商人,我需要更系统地工作,有必要设定自己的正式收入目标时。从那时起,我开始写下我的收入目标。
>
> 采访者:那是什么时候?你那时多大?
>
> 受访者6:那是在我30岁到35岁的时候。我现在45岁,所以应该是10年或15年前……然后在某个时候,我明确了我的房地产投资组合应该有多大。
>
> 采访者:你的目标具体到了想要多少套公寓吗?
>
> 受访者6:那是我在35岁时定下的目标。衡量投资组合时,我一般会从公寓楼这方面考虑,然后分配一定数额给公寓楼,这就是我设定目标的方式。我想:"这就是我想要的、值得做到的事。"

许多受访者会定期用书面笔记来记录并反思他们设定的目标是否正确。就像许多其他受访者一样,下一位受访者会在每年一月份写出他的目标并反思。

> 受访者20:每年11月或12月,我会反思:"我是在做正确的事情吗?"然后,在1月我会设定新一年的目标。
>
> 采访者:所以你不只是为自己设定目标,还会问自己:"我的目标是否正确"?
>
> 受访者20:是的,因为我相信,如果你能一直把力量与精力用在一个目标上,那么你必须走进自己的内心并对自己说:"我想要在×××拥有120名员工,还是只要60

第十一章 把追求财富作为人生目标吗？

名？不要那么多，我们还是做成一家精品店吧。"你必须质疑你当时所做的事。你必须问自己：是否已经取得了不错的成就。这就是我给自己提出的问题。

采访者：你是给自己设定了定性目标，还是设定了数字来具体量化你想要在不同领域达成的目标？

受访者20：我会设定具体、可量化的目标。我的所有员工都知道我设定了可量化的目标，例如×××需要获取一定的销售收入，或者我们需要招聘什么样的新员工。除了圣诞派对之外，我们还会举办新年活动。在新的一年里，我们通过这些活动给公司带来新的动力。

采访者：你只是为公司写下目标，还是也会为自己这么做？

受访者20：我也会为自己这么做。

不是所有的受访者都会像上述受访者那样宽泛或系统地写出他们的目标。下一位受访者是一名房地产企业家，他决定在40岁以前成为一个百万富翁，在50岁时拥有数千万的财富，在60岁时拥有数以亿计的财富。他现在50多岁。

受访者34：我的目标不是说来唬人的，也不代表我要靠疯狂工作来实现它。相反，我对自己说，你应该在40岁时成为百万富翁，在50岁时成为千万富翁，在60岁时成为亿万富翁。这些都是我的目标。

采访者：你什么时候设定这些目标的？

受访者34：我从大学毕业后就开始设定这些目标了，那时我第一次涉足房地产。我对自己说："你40岁的时候就应该是个百万富翁。如果到时候你不是，那就没有办法了。"

下一位受访者确实设定了具体目标,但最初他并没有将这些目标与他有一天想拥有的特定数额的钱绑定在一起。10 年前,他具体计划了一笔钱,可以让他仅靠利息就能过着一种"奢华的生活"。

> 受访者 13:在 35 岁左右,我都算好了,这笔钱得是多少才能无论如何也无须动用本金。我父母的经济担忧一直影响着我,所以我想仅靠利息就能过上一种奢华的生活,而不必动用本金。
>
> 采访者:虽说 10 年前的利率看起来与今天的利率差别很大。
>
> 受访者 13:是的,那时候的利率高得多,这也是为什么我在某个时候增加了本金金额。
>
> 采访者:没错,这取决于你投资的方式,但是即使假设你的利率是 3%,即使是现在赚钱也不那么容易了,是吗?
>
> 受访者 13:所以,大概在 10 年前,我把本金金额提高到 2000 万欧元,而且这是现金资产、资本资产。我的私人住宅不属于资本资产,它实际上是消耗钱的资产。你明白吗?

下一个受访者的目标不是字面意义上的,而是具有象征意义的事实,他想要实现无限财富。也许这与阿诺·施瓦辛格(Arnold Schwarzenegger)所使用的技术相似,他在训练过程中将他的二头肌想象为山脉,[①] 当然他也充分认识到它们永远不

---

① Bill Dobbins, Arnold Schwarzenegger, *The New Encyclopedia of Modern Bodybuilding* (New York: Simon & Schuster, 1999), p.402.

会真正达到实际山脉的高度。

受访者4：在某个时候我设定了一个非常高的目标。你可以称之为有远见的目标，甚至是一个疯狂的目标。

采访者：那是什么时候？

受访者4：当我在某市时，我一直在考虑一个极大的数字。它可能是数以百万计、数以亿计、万亿、亿兆。而且我就是迷上了"亿兆"这个词，我对自己说："我会努力奔着赚一个亿兆努力。"

……

采访者：你也把这个目标写在某个地方了吗？

受访者4：我会时时想着我的目标。我每天想N次这个目标，一想到它我自己就会沉浸其中。

第二节 "财富只是碰巧获得的"

大量受访者说过，他们以书面形式和丰富的细节，有意识地规划自己的未来。这表明，以书面形式设定目标确实是帮助许多人积累财富的重要工具。相比之下，还有其他受访者断然否认了曾为自己设定过财务目标。当被问及他是否曾为自己设定过成为百万富翁的目标时，以下超级富豪这样回应。

受访者7：说实在的，设定成为百万富翁的目标？没有，从来没有设定过这个。

采访者：从来没有？

受访者7：从来没有。

采访者：那么就是说，你是碰巧成为百万富翁的？

受访者7：也不是，我一直想独立，这是我做事的动机。我现在可以告诉你。我们这个访谈是匿名的，对吧？从来没有"成为"百万富翁这回事。对我来说，这只是一个关于独立的问题。自由与独立是对我最重要的。

下一位受访者是德国最富有的人之一，他对与目标、规划和战略有关的一切都持怀疑态度。他非常肯定，对于他后来所获得的一切，他从来没有设定过相应的目标。恰恰相反，财富只是碰巧获得的。

采访者：你有没有想象过把事业做得更大？还是你不需设定一个具体的目标，就能把事业做大？

受访者15：我非常确定这从来都不是一个目标。

采访者：所以财富只是碰巧获得的。

受访者15：这一切都是碰巧发生的。如今每个人都在谈论战略，每年都在为下一年制订更多的新计划。我没什么战略。我总是用三个选择来看事情：有一个好的战略，一个坏的战略，或根本没有战略。坏的战略是灾难性的，运用这种战略你会破产。好的战略当然是理想的。虽然我经常开玩笑说，你只能事后才知道哪些是好的战略。

下一位受访者也提出了类似的观点。当被问及他是否设定自己的财务目标时，他的回答是否定的，并表示现实生活"总会跟想的不一样"。他甚至担心设定目标有可能会"轻易地把自己引入死胡同"。

受访者35：不，不，不。我在你的书里读过这些，但我不曾做过这种事情。我从来没有写过目标，从没说过："我想实现这件事或那件事"。正如我所说，我认为事情发展总会跟想的不一样。如果你设定了自己的目标，

第十一章 把追求财富作为人生目标吗？

这很可能轻易地把自己引入死胡同。至少，这不是我曾做过的事情。我从没写下过任何重大决定。在我为自己设定目标的时候，生活总会有不同的结果。

这些超级富豪们强调，钱不是他们行动背后的动力。

> 受访者17：我不相信金钱是一个驱动力。我是在某个时刻想经营自己的生意。对我来说，这关乎自我决定。说实在的，金钱从来都不是驱动因素。我一直说，一旦你有了自己的生意，那就有了创造事物的自由，钱会随之而来。

下一位受访者强调，他从不曾根据自己能挣多少钱做出创业决策。

> 采访者：我采访过的一些人告诉我，他们在一生的某个时刻已经为自己设定了财务目标。有人告诉我，他想在30岁前成为一个百万富翁。还有一些人从来没有做过这样的事情。有些人甚至写下了他们为自己设定的非常具体的目标。你会设定具体目标吗？
> 受访者18：不会。
> 采访者：你没有设定目标，就把事业做成了现在这样。
> 受访者18：坦白地说，我从来没有按照自己能挣多少钱来做创业决定。
> 采访者：你有没有说过："以后我想要……"
> 受访者18：没有，从来没有。

当然，许多企业家为他们的公司设定了书面目标，但并不一定意味着他们对自己的个人生活方面或财务方面也是这样做的。

采访者：你曾经为自己设定过目标吗？一些我所采访过的人会在每年1月份写下他们当年的目标。

　　受访者24：我没有设定过个人目标。

　　采访者：你没有设定过财务上或职业上的目标？

　　受访者24：没有。

　　采访者：你没有设定过目标吗？

　　受访者24：我们有我们的计划。

　　采访者：但是，那是对公司的，而不是对我个人的。

　　受访者24：我没有任何个人目标，就是"明年我要做这件事或者那件事"这种意义上的目标。我没这么做过。

对许多企业家来说，成功、伟大和认可远比实现财务目标重要得多。下一位受访者，作为企业家和投资者在金融行业取得了成功，也设定了销售目标，但他承认，他的主要动机是战胜和优于其他公司，如果这意味着销售排名更高，他甚至会牺牲更高的收益。

　　受访者44：我没给自己设定任何财务目标，我给自己设定了销售目标。当然，刚开始，我就设定了能租一套更大的公寓或购买一辆更大的汽车的目标。那些是我的物质目标，但我从来没有设定过财务目标。我设定了销售目标。我真的只是一直希望比隔壁办公室的人做得更好。我想要比城市里的每个人都好，比全国的每个人都好。我想要变得更好。我想成功，成功往往会获得金钱上的回报，不是吗？但是，销售成功本身对我而言更为重要。有人曾经对我说："如果你获得更高的销售收入，你将会攀升到销售排行榜的顶端，但我们不能再为这些额外的销售额付给你额外的佣金。"即便如此，我还是会去猛追销售额。

采访者：我明白了。你可能会把那些销售目标写下来吗？

受访者44：是的。

采访者：按一定的时间间隔，或每年一次？你是怎么做的呢？

受访者44：每个月一次。

中期研究结果

对于许多受访者来说，设定书面目标起了重要作用。其中，一些富人遵循畅销财富类著作所给予的建议。他们为自己设定具体的财务目标和确切的完成期限。数量惊人的受访者描述了他们每年一次的详细的目标设定过程。他们花时间确定第二年的目标，同时回顾他们过去一年为了评估他们取得的成就而设定的目标。

一些受访者会在更短、更规律的时间间隔里进行回顾——每个月一次，有些人甚至每天一次。许多人强调，这样的规划需要以书面形式进行。只有书面和可量化的目标才是能够最终核实的。一些受访者广泛记录了他们设定的目标。他们制订了生活计划，七年计划、五年计划、月度计划，这些计划甚至都能装满一个厚厚的文件夹，或者保存在电脑的 Excel 文件中。

许多人描述了设定目标的详细的具体技巧或仪式，他们确信这些能帮助他们实现目标。一位受访者与风水顾问合作，在家中建了一个"财富角"，每天为实现财务目标而祈祷，还有一个人在他办公室门上用大大的数字写下了他梦寐以求的"1000000000"。另外，有人给自己提了 200 个问题，并定期以书面形式回答。还有一个人每年的年初都会禁食一周，并在这期间确定他未来一年的目标。

对于许多受访者来说,他们不仅局限于设定财务目标。例如,一名受访者也为他的体重设定了目标。另一位受访者在石头上写下了他未来订婚和结婚的确切日期,并把它交给了他未来的妻子。有一位受访者说,他已经写下了自己想要的下一个女朋友的具体形象。有一位受访者强调:"如果你尽可能精确地定义你的目标,那么你最有机会本能地朝着实现这些目标的方向努力,以便能真的达成这些目标。"顺便说一句,他是那些没有设定自己的财务目标的人之一,但后来他很后悔没有这么做。他说:"我真的应该也这样做,这样会使事情变得容易很多。"

我们发现,设定更具挑战性和有明确定义的目标非常有帮助,这一发现与本书第三章第二节中描述的目标设定理论相一致。这是一种已被众多研究证实的心理学理论,该理论认为,具有挑战性且明确的目标,能够促成比模糊的概念或想法更好的结果,而设定具体目标的人也会比那些设定模糊目标的人或者不能设定任何目标的人更成功。

然而,并不是所有受访者都采用了这样的目标设定方法。多位受访者解释道,虽然他们为公司设定了销售目标,但他们并没有设定任何个人财务目标。另一些受访者则质疑设定人生目标是否可行或者有何意义。畅销的财富类著作的这一假设,即只有通过书面设定具体的、可量化的财务目标,并不断地使这些目标可视化,才能实现巨大的财富,尚无法证实。这可能是一条通往财富的道路,但绝不是唯一的一条。看起来,就拿破仑·希尔在撰写《思考致富》一书期间所采访过的人中,也并非人人都用书面形式并且一致按照他所描述的方法来设定他们的目标。即使希尔声称已经采访过大量的要么富有,要么

第十一章 把追求财富作为人生目标吗？

在其他生活领域非常成功的人，但不可能确切地核实他们使用的方法，并且，不要忘了，希尔的书并非学术著作。

另外，一些研究声称财富精英的人生大部分并非是规划而来，而是一系列偶然情况的结果，对此也应该持怀疑态度。本书第五章和第七章试图将成功归功于一系列幸运和巧合的受访者，很可能是潜意识地采用了嫉妒防御策略，或者可能是在采访过程中审时度势地给出了采访者所认可的社会期望的回答。

第十二章　金钱对你意味着什么？

对超级富豪的传记和自传的分析表明，人们渴望获得财富的原因有很多。因此，有些富人相对于他们的物质条件来说，他们生活得比较节俭［沃伦·巴菲特（Warren Buffett）就是一个突出的例子］，而也有些人则正好相反。[1] 在这些访谈的过程中，还有一点也很清楚，即对于变得非常富有的好处，受访者的排序各不相同。

为了更好地了解他们的动机，受访者被要求解释他们把什么同"金钱"概念相关联。这是一个更为开放的问题，以减少本书第七章第四节所述的社会赞许型回答。由于每个受访者都拥有大量的资产，这一问题是从受访者拥有大量财富这个无可辩驳的假设开始的，间接获得的有关他们行为动机的更多信息则无须直接提问。

受访者被要求在 0 到 10 的范围内对与钱相关的事情进行打分排序。在初步对话的基础上，我们确定了六个潜在的答案，不过，在采访结束时，每个受访者都被采访者特地询问是

---

[1] Rainer Zitelmann, *Dare to Be Different and Grow Rich* (Mumbai: Indus Source Books, 2012), p. 273 et seq.

否遗漏了什么，以及是否还有另外一个与金钱相关的因素没有包括在这些因素中。大多数受访者表示事实并非如此。对于每个可能的答案，受访者能够使用从0（对我完全不重要）到10（对我非常重要）的完全可调范围进行选择。

·A：安全性，即"除非我犯了大错，否则我不会有任何财务问题"。

·B：自由与独立。

·C：创造新事物。有机会把钱用于新事物，去做投资。

·D：负担得起更好的东西。

·E：自我肯定，即拥有财富是对个人能力的证明，说明你做了许多正确的事。

·F：认可。拥有大量金钱，尽管富人有时会被人羡慕或嫉妒，但会得到更多的认可，并有机会结识有趣的人。

下表列出了45位受访者对这六种表述中的每一种所给出的打分情况。

表 12-1 受访者对与金钱相关因素的评分

受访者序号	A	B	C	D	E	F
1	—	10	3.5	9.5	—	0
2	没有答案					
3	没有答案					
4	1.5	9	8	7	3	6
5	10	10	6	8	6	5
6	1.5	9	1	9	1	0
7	没有答案					

续表

受访者序号	A	B	C	D	E	F
8	8	-	4.5	3.5	5	2
9	没有答案					
10	"我是一个赌徒"					
11	8	8	9	2	4.5	2
12	10	10	10	10	10	10
13	7.5	5	8	7	6	6
14	2.5	8	10	3	3	0
15	7	8	10	2	10	5.5
16	0	10	10	5	0	0
17	6	10	10	3	7	4
18	5	8	-	6.5	-	5
19	8	10	10	10	8	10
20	2	8	10	4	8	8
21	3	10	-	-	-	-
22	8	10	5	2	0	4
23	7	6.5	7	1	9	8
24	7.5	10	8.5	6	9	4.5
25	0	10	10	2.5	0	0
26	10	10	7	5	-	-
27	8	10	8	3	5	2
28	10	-	-	8	-	-
29	8	10	4	4	5	3
30	6	9	10	9	8	8
31	4	7	9	3	4	8
32	10	8	3	8	3	3

续表

受访者序号	A	B	C	D	E	F
33	9	10	5	7	4	5
34	2	6	6	5	3	3
35	8	8	6	2	4	-
36	10	9	4.5	8	6	8.5
37	10	10	7	4	10	9
38	10	10	5	5	7	10
39	8.5	10	-	-	-	-
40	8	10	9.5	5	3.5	3
41	10	10	8	6.5	8	9
42	3（更早的）	10	8	6.5	7.5	7
43	3	10	10	3	5	5
44	8	10	6	7	6	7
45	10	10	8	9	5	0

注：受访者在应填写分值如"6或7"的地方，加了小数点，填写的是6.5。"没有答案"，意味着由于各种原因，这个问题没有得到解答。

下面的总结详细列出了将某一因素评为不重要（0~3分）的受访者人数和对同一因素认定为重要（7~10分）的受访者人数。

表12-2 对与金钱相关因素的评分及对应的受访者人数

单位：人

与金钱相关的因素	评分为0~3分的人数	评分为7~10分的人数
安全性（A）	9	23
自由与独立（B）	2	34
创造新事物（C）	1	23

续表

与金钱相关的因素	评分为 0~3 分的人数	评分为 7~10 分的人数
负担得起更好的东西（D）	10	13
自我肯定（E）	8	12
认可（F）	12	11

如表 12-2 所示，大部分受访者将"自由与独立"评为与金钱最紧密相关的因素。在这方面，只有 5 名受访者选择了 7 分以下。23 名受访者认为"安全性"这一因素很重要，只有 9 名受访者认为"安全性"并不重要。只有两名受访者给"负担得起更好的东西"这一因素打了最高分。仅有的两个没有把钱与"自由与独立"联系起来的受访者们回答道：

受访者 8：很奇怪，我真的不会把"自由与独立"跟钱联系起来。知识独立性对我来说更重要，可这一点我不需要用钱来获取。

受访者 28：对我而言，自由和独立意味着能让自己从所有的预约、会议、时间压力及其他类似的东西中解脱出来。我这一生恐怕都无法实现自由和独立。我一直受到预约的束缚，不管我有多少钱。我的承诺永远不会允许我有这样的自由。

通过比较受访者对与金钱有关的因素的重要性或不重要程度的评分（如图 12-1 所示），可以知道，认为自己是"自由而独立的"对于这些富有的受访者很重要。几乎所有受访者，包括 70 岁以上的受访者，都会定期工作，并投入大量时间在工作上。尽管事实是，他们中没有一个人因为经济原因而不得不工作。当被问及自由和独立的重要性时，一位受访者这样回答。

第十二章 金钱对你意味着什么？

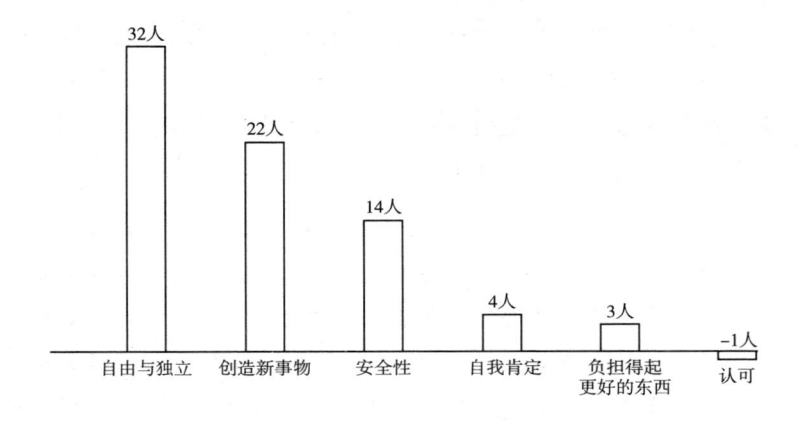

图 12-1 评分的受访者人数

> 受访者 25：我甚至曾经对一群人开玩笑说，我唯一想回应的上级，就是跟我做生意的银行，还有上帝。

另外，并非所有的受访者都觉得"负担得起更好的东西"能让股票增值。有 12 位受访者认为这是一个非常重要的因素。他们十分重视汽车、房子和假日。相比之下，有 10 位受访者认为，这个因素既没有发挥任何作用，也不是一个重要的动机。受访者中最富有的人之一因禁欲苦行的生活方式而闻名，他对"负担得起更好的东西"这一因素做了很短的评价。他答道："继续下一个问题，这一点对我并不重要。"对于这位富有的受访者来说，钱只不过是执行某些创业任务所需要的工具。"我总是只看到任务和我想要创造的东西，而我需要用钱去完成这些任务以及创造新东西。"另外一位受访者简短回答了金钱对于他扮演了什么样的角色以及是否已能让他"负担得起更好的东西"："对此我一点儿兴趣也没有"。还有一个人简单说道："我不这样想。"它给这个因素只打了一分。

然而，有其他人同样有力地对此给予了肯定的回答。当被问及在 0 到 10 分内，为"负担得起更好的东西"这一因素的重要性打分时，一位受访者回答说"100%会打 10 分"。另一位受访者，给这个因素打了 8 分，他补充道：

> 受访者 36：毫无疑问，我赚的钱对于生活来说早已绰绰有余。但有钱意味着有幸福、美好的生活，意味着能够旅行，你知道吗？假设你刚刚认识了一个人。我已经数不清我带去卡普里（Capri）或威尼斯（Venice）等地的人有多少了。如果没有钱，你就不能做那些事，对吧？这不是我吹嘘或炫耀，或者我必须要住酒店套房，这是只要你想就能去任何地方旅行而已。你可以和刚认识的人一起出发，或者在天气好的时候去滑雪。能够做喜欢的事情，这就是我认为非常重要的事。

"拥有大量金钱，尽管富人有时会被羡慕或嫉妒，但会得到更多的认可，并有机会结识有趣的人。"有 11 名受访者认为，虽然他们有时遭到嫉妒，但是他们因为财富获得了更多的认可。有 12 名受访者则强调，"认可"并不起重要作用。他们认为，事实上他们在社会中也享有独立于财富的认可。

受访者中有 12 人认为金钱以及企业决策和投资而使财富增长的程度，可以证明他们在一生中做了许多正确的事情。但有 8 位受访者表示，这个因素对他们并不重要。有位受访者非常重视道德行为以及他对那些把钱托付给他的投资者的承诺，他解释了为什么他不把财富视为在一生中做了许多正确的事情的证明。

> 受访者 22：我知道有太多赚了很多钱的人确实是这

么认为的,而他们的钱都是从别人口袋里赚来的。这并不是说他们做了正确的事。我一点也不这么认为。

所有受访者都被问及是否还有其他因素与金钱有密切关系,没有被涵盖在这特定的六种因素中。有些人强调赚钱是为了做慈善,为了有机会在经济上帮助他人,或者成为资助人。当然,这些人也承认一开始他们致富并不是为了这些,但是现在他们拥有了财富,这些方面对他们来说就有重大意义了。

受访者43:能够把钱用来做善事,或者对感兴趣的领域提供资助或者做些好事,这些对我来说也很重要。我可以回馈社会,或者为社会创造一些东西,一些我非常在乎的东西。这对我来说很重要。财富绝不是我的动力,但对于今天的我来说拥有财富很重要。

受访者5:这么说吧,我喜欢财富的原因之一是我还可以把一些钱分给那些没有钱的人。在这一点上我会打8分。这确实对我造成了一定的影响。

受访者8:帮助别人,不一定非得花钱。这听起来有点滑稽,但你没法用钱来帮助大多数人,对吧?但是如果不需要去算计每一分钱,你当然可以帮助其他人。像我刚才说的,不是给他们钱,而是因为你有那种专注于关心别人并为他们寻求解决办法的机会。如果人们忙着维持生计,就不会有那种自由了,是不是?

受访者14:是的,在有机会去帮助别人这一点上可以打10分。例如我,在这个年纪,刚从另一个国家回来。我在那里有一个心脏导管研究室,目前研究室成立了一个心脏病慈善基金会。这是一件特别棒的事情,我想说我现在想要做更多这样的事情。当然,这涉及大笔捐款,但我最近在那里有幸观看了四台手术……有七八名医生一整天都在做手术，他们都非常尽忠职守，我想这样的事情我一定要优先考虑。这就是我拿钱能做的事。

许多受访者还做了补充，提到钱，他们就会想将来有机会把这些钱传给下一代。

受访者17：好吧，一般来说，如果考虑保障问题，那就不仅仅是为了自己，也是为了家庭……可能刚刚没有提到一点，就是想要把一些东西传给下一代。那么你可以开始讨论遗产税的问题……不管是对还是错，这是一个非常重要的问题，也是一个哲学问题。所以，尽管我在没有继承任何财富的情况下取得了财富成功，我还是会觉得如果下一代能得到很好的支持会比较好。虽然我相信他们自己会做得很好，但是我还是会这么认为……这很明显是重中之重。比如，我卖了一些房产得到一笔钱，我不会想着要花掉，而倾向于继续投资，让这笔钱翻一番，并且把它传下去……这一点很重要，刚刚好像漏了。

有几位受访者还提到了一些很可能对其他受访者也起作用的动机，但那些受访者可能觉得这些动机不符合社会期望，所以并没有提及（关于社会赞许偏差的更多详细内容，见本书第七章第四节）。例如，有两位受访者特别提到一点，就是金钱让他们对异性更具吸引力。

受访者：在我看来，钱对于女人来说也是很重要的，特别是对我女朋友来说。我相信就算我没钱了，也不会一点女人缘也没有。不过在我女朋友身上，我一直都很舍得花钱。我确实认为如果我对她付出了，就会有更好的回

第十二章 金钱对你意味着什么?

报。对我来说,这点比有一辆豪华轿车要重要得多。我从来都不需要用财富来自我肯定。这就是为什么我给这个选项打了很低的分数,但是对我和女朋友的关系来说,"负担得起更好的东西"这一项对我来说真的很重要。这绝对是主要的动力。

> 受访者:当有人跟我谈论漂亮姑娘时,我脑子里就会想象,要是一个公车司机,他想得到姑娘的芳心,就必须成为世界上最有魅力的男人,你说是吧?

有些受访者只是确认了一些被认为符合社会期望的、更容易说明白的激励因素(如自由和独立),而另一些人认同了一些性质完全不一样的理由,这一现象并不奇怪。即使只有少数的受访者公开讨论了这类激励因素,但还是可以假定,这些因素不是只对他们来说很重要。在一个案例中,一位受访者承认,当其他人嫉妒他的财富时,他很享受。

> 受访者:你不劳而获,他自怜自哀;你努力所获,他万分眼红。更让我自豪的是他们羡慕我。这我完全接受。实际上,我也非常想看到他们羡慕我。我不想让别人觉得我可怜。我要他们羡慕我。

还有两位受访者承认,在他们的人生中,对贫困的恐惧是一个关键的刺激因素。"你有钱了,然后恐惧就消失了。"对"总有一天落到贫困的境地"的恐惧,对他们来说是一个非常重要的赚钱的动力。

> 受访者34:你应当问我这一因素的影响到底有多大,以至于我要避免在贫困中度过一生,或者说避免这种恐惧,你知道吗?对我来说,我要做我能做的一切让自己不

会在贫困中了结此生,这有多重要?我认为这个很重要,我尽一切努力保证自己不会陷入贫困中。你要是问我,我肯定会按照你的标准给这个因素打 9 分或者 10 分……人们越有钱,就会更加担心失去一切。

如果这个问题的提问方式更明确的话,可能会有更多的受访者选择这一点。其中一位受访者甚至承认对他来说这是"主要动力"。

>采访者:我一直认为这份清单很全面,但最近有人告诉我,说我漏掉了一点,后来我想想他可能说对了。他提到了一点,人们会担心自己会再次变穷。这对你有影响吗?
>
>受访者 37:是的,影响真的很大。
>
>采访者:如果你必须给它打分呢?我之前从没想过这个动力,但那位受访者是对的,对吧?
>
>受访者 37:这是我的主要动力。

另一位受访者说他曾经做过的一个对他造成很大影响的梦,梦见自己最终在大街上无家可归。

>受访者 42:我在大概 17 岁或 18 岁,做过一个梦。醒来的时候,我全身都湿透了。梦里我看到自己在一座桥下面。这个画面一直萦绕在我的脑海中,它使我意识到自己只有两个选择,要么非常成功,要么最后无家可归,在街上流浪,住在桥下。对我来说,很明显,我只有这两个极端的选择。

另一位受访者表示,对于他来说,金钱是做许多决定的"最重要的标杆"。不管是在私人生活中还是事业上,金钱都会促使人们采取合理的行动。如果不这样做,钱就会变少,只

第十二章 金钱对你意味着什么？

有合理行事，才能保证钱会变多。

> 受访者23：赚钱很难。这需要你明智地做决定。"不能影响挣钱"，这样的准则一直主导我的行为……金钱是决策的最重要标杆。

另一位受访者认为金钱是衡量个人成就的标准。

> 受访者4：过去我经常看到金钱的魔力，你知道吗？那是让我能够实现自我的魔力，但是现在我对这一点能批判性地看待了。

> 采访者：确切地来说，你指的是什么呢？

> 受访者4：实际上我的意思就是，消极地看，用金钱可以换取权力……只看积极一面的话，金钱可以促使我成长。可以这样说，金钱是衡量个人成就的标准。另外，金钱也可以衡量和检验面临的最大挑战。

> 采访者：类似运动员？运动员一般都知道自己跑一段距离需要多少秒，对吗？

> 受访者4：确切地说，是的。

> 采访者：那么按照你说的，现在我手上有一笔钱，这笔钱就可以说明我战胜了多大的挑战？

> 受访者4：没错，就是这个意思。

> 采访者：在体育界，通常都存在竞争，这点也适用于我采访过的一些人士。我的另一位受访者告诉我："我总想成为第一名，就像在体育运动中想成为冠军一样，而我的衡量标准就是要比其他人更有钱。"这也是影响你的一个因素吗？

> 受访者4：是的，这是一个主要因素。我从事音乐事业，这是我所热爱的，也是贯穿我生活的主旋律，并且延

富豪的心理：财富精英的隐秘知识

续至今。我对钱、音乐、音乐会，诸如此类的东西，真的非常感兴趣，但是在我意识到我不可能成为世界级明星的那一刻，我把音乐放在了一边。

下面这位受访者把金钱形容为维护"充实生活"运转的马达。

受访者12：确实，这绝对是一种自我实现。对我来说，这一切都是显而易见的，很多人总说他们想过什么样的生活，但实际上他们并没有照他们说的那样生活。人生只有一次。一旦你认识到这个事实，并且真正地把这个意识植入大脑，那么金钱就会成为维持"充实生活"运转的马达。在我们的世界里，金钱就是马达。

接下来这位超级富豪对此做出了一个不同寻常的解释，让人把与金钱有密切关系的因素 A 至 F 大声地读给他。

受访者：我告诉你，这些问题都挺好的，问得挺对，但它们跟我没关系，你明白吗？

采访者：所有的？

受访者：没有一个适用于我。我是一个赌徒。

采访者：你是什么意思？能否请你解释一下，你具体指的是什么呢？这真的很有意思。

受访者：对，我是一个赌徒。我在一张牌上押注，然后为了胜利奋斗到底……有人经常这样问："你会去赌场吗？"我回答："不，我从来不去赌场。"我的工作就是赌博，你知道吗？我下注，永远不知道它的结果，但我会为它而战。

中期研究结果

一说到金钱，也就是拥有一大笔财富，受访者们就会想到在生活中金钱带来的各种好处。为了更好地理解受访者的动机，我们向所有受访者展示了6个与金钱有关的因素，并要求受访者根据每个因素对其自身的重要性，按照从0（一点儿也不重要）到10（非常重要）为每个因素打分。

结果的多样性则反映了动机的广泛性。"负担得起更好的东西"（昂贵的汽车、房子或节假日等）对13名受访者来说是非常重要的动力，有10人则声称这对他们一点儿也不重要。而对于其他受访者，这个因素既没有那么重要，也并非一点儿不重要。大约一半的受访者认为"安全性"特别重要，但还是有9位受访者表示，这个因素对他们来说一点儿也不重要。

只有一个因素几乎得到了所有受访者的认可。那就是"自由与独立"。财务自由的观念几乎得到了所有人的认可。没有哪个因素能得到这么多、这么高的评价。只有5名受访者给这个因素打了低分。在受访者中，总共有23人在给这个因素评级时给出了最高的分数，即10分。

"创造新事物"这个因素被23人评为非常重要，只有一位将其列入次等重要的等级。

当提到金钱的重要性及赚钱的激励因素时，需要考虑个体会提供符合社会期望的答案的可能性，这一点很重要。可以推断除了在这次采访中公开的激励因素之外，还存在其他因素。有一些受访者确实提到了其他相关因素，例如，金钱可以增加赢得女性芳心的机会。还有一位受访者公开承认他喜欢别人羡慕他很富有。还有三位受访者承认他们害怕变穷，这是他们行为的关键驱动力。

有些人强调慈善事业的重要性，愿意用钱帮助别人，或者以资助人的身份帮助其他人。虽然他们承认这不是他们最初的动机。"致富并不是为了这些，但现在这些对他们来说有重大意义。"

第十三章 销售技巧的重要性

最早,以维尔纳·桑巴特为代表的一些人认为,销售技能是企业家的决定性特征之一。一位企业家需要"与其他人谈判,通过最大限度地利用对方的现状,证明对方的不足之处,让他采纳你的建议。谈判不过是一场智力较量。"① 不管是企业家想吸引最好的员工、销售产品还是进行一项重要的企业收购,都需要这些技能。从本质上讲,能否说服对方确信签下合同会有好处,一直都是企业家面临的问题。② 要做到这一点,企业家必须引起对方的兴趣、建立信任并激发对方的购买欲望。具体如何做到这些并不重要。即便企业家使用强硬的手段也可以,因为其目的是让对方自愿签订合同。③

---

① Werner Sombar, *The Quintessence of Capitalism: A Study of the History and Psychology of the Modern Business Man* (London: T. Fisher Unwin Ltd., 1915), p. 54.

② Werner Sombar, *The Quintessence of Capitalism: A Study of the History and Psychology of the Modern Business Man* (London: T. Fisher Unwin Ltd., 1915), pp. 54-55.

③ Werner Sombar, *The Quintessence of Capitalism: A Study of the History and Psychology of the Modern Business Man* (London: T. Fisher Unwin Ltd., 1915), p. 55.

最近的创业研究对企业家这方面的技能关注得比较少,通常这种技能被称为"销售技巧"或"销售才能"。不过,美国财富研究员托马斯·J.斯坦利(Thomas J. Stanley)说过,他所调查的百万富翁中有47%的人认为,他们的销售能力(推销想法和产品的能力)是其获得财富的关键因素。[1]

具备销售能力是大多数受访者的共同特征。每个受访者都被问道,他们是否会被别人形容成好的销售人员,并且,如果答案是肯定的话,采访者则会向受访者补充提出下列问题:这方面的能力为你经济上的成功贡献了多少?在你自己看来,作为一名好的销售人员,最重要的能力和策略是什么?

在本书第九章第六节中,相关描述显示许多超级富豪在青年时期就开始销售产品或服务,并从中赚到了人生中的第一桶金。在采访中,2/3的受访者解释说,他们的销售能力是他们在经济上取得成功的重要因素。超过1/3的人甚至认为他们成功的70%至100%归功于销售能力。

基于自我评估,销售能力在这些受访者创业中或财富成功中所扮演的角色:

- "我首先是一个销售人员。我爱我的工作。截至今天,我一直在做销售员工作。"
- 销售能力发挥了极其重要的作用。
- 成功的80%归功于销售能力。
- 销售能力为他的财富成功贡献了70%。
- 销售从小就让他着迷,是他成功的"决定性因素之一"。他做销售的时候,"简直其乐无穷"。

---

[1] Thomas J. Stanley, *The Millionaire Mind* (New York: Bantam Books, 2001), p. 45.

第十三章 销售技巧的重要性

- 22 岁他已经是德国行业内首屈一指的销售人员了。
- "如果没有销售能力,任何想成功的人都不可能如愿以偿的。"
- 销售能力为他的经济上的成功贡献了 70%。
- "销售可能有魔力。"她的销售技巧是使她成功的关键因素。
- 他认为成功的 50% 取决于他的销售技巧。"我一直是一个很好的销售员。"
- "我是一名彻头彻尾的销售人员。"
- 销售才能为他的成功贡献了 80%。
- 他之所以能成功 100% 是因为他的销售能力。
- 他的成功 80% 归功于他的销售技巧。
- 他的销售能力获得非常高的评价。销售能力为他的成功贡献了 40%。
- "我成功的 70% 取决于我的销售技巧。"
- 如果按照从 1 到 10 的等级打分的话,他给销售能力的重要性打 10 分以上。
- 他的成功 80~90% 直接取决于他的销售能力。
- 他的成功 70% 取决于销售技巧。
- "一切皆销售。"他的成功 80% 归功于销售能力。
- 他的成功 80% 归功于销售能力。
- 他的成功至少 80% 由销售决定。"不管我们做什么,我们都在做销售。"
- 他的成功有 80% 取决于销售。
- "我是一个很优秀的自我推销者。"
- 他成功的 50% 归因于他的销售能力。
- 他不是一个好的销售员。

- 销售技巧对于他的成功起了98%的作用。
- "销售是我成功的一个至关重要的因素。"
- 销售能力为他的成功做出了70%~90%的贡献。
- 销售能力为他的成功做出了50%的贡献。
- 他认为自己是一个优秀的推销员。他不是一个循规蹈矩的人。

第一节 "不管做什么,销售是我们一直在做的事"

很多人谈起"销售员"一词都会有负面的联想。值得注意的是,绝大多数的受访者不这样想。他们对"销售员"有着积极的看法,并为这个职业做出了广泛定义。他们不仅将销售与卖产品和提供服务联系起来,而且他们赋予了"销售"一词更为全面的含义——类似于桑巴特对"商人"这一概念的理解。

一名受访者表示,他的成功50%归功于他的销售才能。他认为,仅仅"产品好"是远远不够的,展示产品的方式也很重要。

> 受访者26:不然的话,你可以不用做销售了。如果产品的销售方式不对,你还是待在家里比较好。这是显而易见的。如今,产品品质好是远远不够的。无论你做什么,你必须要把它卖出去。对我来说,虽然我的销售方式可能不一样,但是我一直都对销售很在行。

另一名受访者在上大学的时候,有时通过销售金融产品每月可以赚取10000马克。"所以我对自己说,'既然这样做,

第十三章　销售技巧的重要性

可以赚更多的钱,那我为什么还要上学呢?'不管怎样,看到自己卖了这么多东西,这种感觉令我着迷。我很享受这种感觉。"销售能力是他成功的"关键因素之一"。"我非常享受这种感觉……达成一笔交易时,我可以说,'我又搞定了一笔买卖',随之而来的还有成就感。"他曾经在销售公司总代理举办的一次销售比赛中胜出,因为他的销售量最高。他说:"我已经准备好外出跑业务,白天黑夜地工作。"结果出来后,他站到领奖台上,收到一枚金表作为奖励,这使他激动万分,尤其是他甚至战胜了年龄是他两倍的销售员。他将这种对销售成功的野心比作运动员要赢得比赛的野心。他说:"我完成了39笔交易,我在商业上的野心就像运动员要赢得比赛的野心。"

受访者对销售技巧的高度评价并不受他们所在的领域影响。一位拥有一家研究公司的富豪受访者解释说:"我认为没有销售能力的话,任何想成功的人都不可能如愿以偿。"当被问及成功的根本原因时,一位从事食品行业的富豪受访者表示,她事业成功的80%归功于她的销售才能。在她看来,最终一切都归于销售,因为她不得不推销她的想法和构思。

> 受访者14:我热爱销售。销售大概有魔力。我的意思是,一直以来,我都认为自己很擅长做销售,是一个很好的销售人员。我一开始是在商店工作,全靠自己慢慢摸索。

当被问及她现在的成功有多少是归功于她的销售才能时,她是这样回答的。

> 受访者14:销售绝对很重要……我的成功80%归功于我的销售才能,因为我必须要把我的想法推销出去。我

必须向别人解释清楚我的构思和想法,并给他们留下好印象,赢得他们的支持。其他人甚至提出更多的构思和想法。

一位审计员通过投资赚了大钱,他形容自己是一个彻头彻尾的销售员,不过大部分人只知道他具有审计和税务方面的专业技能。他并不认为自己的成功主要归功于专业技能。相反,他将成功归结为自身拥有的建立人际关系网的能力。

采访者:如果有人问你,你会认为别人会把你看作一个好销售员,一个擅长赢得新客户的销售员吗?

受访者17:我是一个彻头彻尾的销售员。

采访者:那么,现在先不谈你的投资,是什么使你成功的?

受访者17:人脉。我的成功归于人脉。我建立了一个人际关系网。

采访者:那么,你认为你的成功80%归功于人脉吗?

受访者17:是的……我的成功不取决于我的专业知识。要想把工作做好,你必须有一定的人脉。因为销售人员必须认识到自己并不非常擅长处理日常审计工作,所以需要与真正的专业审计员一起合作。这就是我们职业内的平衡关系,需要结合两方面的才能,才能赢得客户,并完成审计工作。如果一个审计员从来没有赢得过客户,那么他就需要一名销售员。而销售员也需要一名真正专业的审计员。很少有兼具审计能力和销售才能的人才。这样的人可谓屈指可数。

一位企业家在医疗技术领域实现了财富积累。他强调:"一切皆销售。"每个想法的实现和每次成功的谈判皆可归功于销售。他将自己成功的80%归功于销售技巧。

> 受访者32：其实，一切皆销售。我早在16岁就开始学习演讲了，你知道吗？销售是我的强项。你必须推销一切东西，包括想法、产品。一切皆可销售，不是吗？你得能正确判断你的同伴和客户，并说服他们。
>
> 采访者：如果你必须定个百分比，来表示"销售才能为我的成功做了多少贡献"，你会怎么回答？
>
> 受访者32：80%。每个想法的实现和每次成功的谈判，皆可归功于销售……说服别人就是销售。每次谈判都是在贩卖想法。你必须能够说服别人做事。当你和其他十个人坐在一起时，你得说服他们。这恰恰就是销售。

地产开发商的工作是相当复杂的。他们需要拿到地皮，说服规划主管部门和银行，最终将项目出售给个人买家或金融机构投资者。一位非常成功的地产开发商总结道："不论做什么，其实我们都在做销售。"

> 采访者：如果你必须说出一个百分比，那么，你觉得你的销售才能对你公司的成功起到多大的作用呢？
>
> 受访者34：至少80%。无论做什么，其实我们都在做销售。当我发放贷款时，我在销售产品。当我雇人时，我把公司当作最适合他们的地方推销给他们。这些全部都是销售，只是形式不同而已。我们做销售时，通常都要让别人明白他们的选择是正确的。如果我想获得规划部门的批准，我必须说服那些笨蛋以我想要的方式批准，而不是其他方式。

另一位受访者从事食品行业，他拥有8家公司，也认为在

更广阔的范畴内理解销售是非常重要的。当请他评估销售技巧对他个人成功的贡献程度时,他答道:

> 受访者37:你知道吗?确实,我就是一个优秀的自我推销者。
>
> 采访者:那么,如果一定要具体到百分之几……
>
> 受访者37:50%。当然,销售并不只是卖产品……它还意味着在谈判的时候销售整个公司,有时意味着卖给人们一个他们也许根本不需要的方案。销售就是吸引并说服其他人。同时无论如何要做真实、可靠的自己。

一个受访者在投资银行和房地产领域都取得了成功,他强调了销售的重要性,并指出,说到底人们都是在推销自己。

> 采访者:那么你认为你事业上的成功有多大比例是归功于你的销售才能呢?如果现在让你自己说出一个百分比,那会是多少呢?
>
> 受访者42:70%或者80%。最终,我们都是在推销自己。有了特定的意图后,我就会一直努力说服别人采纳我的想法。

受访者们不是传统负面的刻板印象中的销售人员。这是因为他们不是作为"典型的"销售员出现的,他们不断地用言语影响其他人,其中一名受访者还只是学生,但是已经在节税金融产品的销售上取得了巨大成功,他解释道:"我22岁时就成为德国节税产业中最成功的销售员……我可以专业、客观地回答所有问题。"他在销售领域成功的秘诀是专业知识、理性的销售方法以及对所销售产品的绝对信心。在他看来,关键的一点是他当助教时学到的,要"简单地解释事情",要"理性地与他人交谈"。他说:"我是德国最成功的拿佣金的代理人……别人对我的评价是:'事实上,这个人不会销售,但他之所以能成功在于他的执着和他掌握的产品知识。'"我很认同这个评价。

下面这位受访者有这样的观点,即一个好的销售员,并不总是像其他人以为的那样。

> 受访者22:我认为人们不会把夸夸其谈的人当作优秀的销售员。人们通常认为有说服力的产品或方案才是销售成功的关键。

另一个在房地产行业取得成功的受访者,一开始说自己不是销售人才,但随后更正了自我评价。他认为他并不是"大多数人谈到的具有典型销售特征的销售员"。

> 采访者:别人会说你是一个好的销售员吗?
>
> 受访者45:这个问题很有意思。我肯定不会那样说自己,但也许我的自我认知有偏差。别人说过我总是很擅长用自己的想法影响别人,这一点确实属实。
>
> 采访者:那为什么你从来不说自己是一个好的销售员?
>
> 受访者45:因为我没有通常用来形容一个好的销售员的特质,比如善于拉拢别人……如果你把我送去上那些销售培训课程,别人看我一眼就会说:"我的天呐,他有太多东西需要学啦。"他们说得也许没错,但是大家还是会来我这里,而且每个在我桌子对面坐过的人都会买我的东西,因为他们相信我。
>
> 采访者:那些被其他人看作优秀销售员的人或许根本不是好的销售员吧?你知道,有这样一个说法:最好的销售员是那些让其他人甚至察觉不到他是在销售的

人。大家会说,"这个人很可靠,我相信他。我会从他那里买东西"。

受访者45:那样就太好了。但是,你事先假定了你谈到的这些人知道那些看起来很优秀的销售员实际上根本不是好的销售员。大多数人提到的典型销售员的特征不太适用于我。但是我认为我是很会销售的……因为我跟客户交流时,并不指望他们买东西。见面的最终结果不重要。这一点真的很重要。顾客从我这里会获得所有信息,还包括有我的意见。另外,客户也会感觉到我并不在乎他们是否买我的东西。当然,你应该牢记目标,这没错。但如果你一开始与客户见面就决定必须让对方从你这里买东西,客户会感觉到的。一个有教养的人从一英里之外就能感觉到这一点。

第二节 "说'不'不一定表示拒绝"

桑巴特认为销售过程对企业家是至关重要的,他把这个过程比作"智力的较量"。当销售员遭到顾客"拒绝",他们需要扭转局面获得认可的时候,销售过程就正式开始了。好几个受访者都说过这是他们最享受的过程。其中一位受访者是房地产商,他对此解释道:"说'不'并不表示拒绝",也许客户想说:"好吧,说来听听"。他讲述了他如何深入解读客户拒绝他的理由,以及如何消除客户的疑虑。

受访者4:确实,在我刚开始工作时,我就很快意识到要深入研究"不"这个词的含义。这不只是一个销售技巧。现在的销售人员受到的教育是,"不"是销售的起

第十三章 销售技巧的重要性

点,但我总是把它当作客户的一个要求:"亲爱的销售员,请在我身上多花点时间,多做点努力"。客户所要表达的意思就是:我想和你有更好的关系,一种更深入、更开放并且更牢固的关系。说"不"并不真正意味着"不要"。它真正传达的是:"好吧,请证明给我看。"至少,我一直都是这么理解的,现在也是一样。

采访者:关于你如何处理这种情况,能否举个例子呢?这样我能更好地理解你说的话。

受访者4:……你必须提前了解客户会有哪些拒绝的说辞。然后,你要将可能遭到拒绝的地方合理化,甚至在客户发现问题之前就把它们处理好。你们沟通的时候,就要把这些问题解决掉。我可以给你举一个我做销售时的例子。比如,现在有一间公寓,是专门为某一类潜在的房客准备的。你很清楚这间公寓与他们的要求相匹配,但你也知道哪些地方会遭到客户的否定。你得了解这间公寓最大的问题会是什么。

采访者:你要在客户明确拒绝你之前就把他们的疑虑一扫而光。

受访者4:是的,你得提前处理好一切,甚至在你给客户推销某些产品之前,就得处理客户拒绝的情况。但如何处理这些情况,才是问题所在,是不是?不要总是一板一眼的。我给你举个例子:有一个房地产开发项目的附近有一片红灯区,还是在开发项目的可视范围之内。显然,80%的客户会因为这个原因拒绝你,对吧?那么,你必须一开始就和客户讨论这个问题,当然,你不能直接说那个项目附近有红灯区,也不能说那个项目的地理位置不好,更不能说怎么开发的问题。你必须在个人层面上与客户谈这个事。

个人层面是什么意思呢？你怎么才能把问题转移到个人层面上或心理层面上？我们都知道在我们周围甚至我们自己身上，总有一些事情并不总是对的、好的、接受得了的，也不总是符合我们理想中的样子，但是，这不正是我们世界的一部分吗？你必须强调这一点，再问客户一些问题，比如"你的生活是怎么样的，有没有一些让你不开心的事，一些你很想摆脱，但又不得不接受的事呢？你的身边有没有一些本质上不好的人，但是你还得与他一起生活，或者试着接受那些实际上很糟糕的事？"

采访者：一些你得忍受的事。

受访者4：你得忍受它们。"或者甚至是一些你可以改变的事，一些你莫名其妙卷进去，但是随后又发生变化的事情？"如果我在一开始谈话的时候，就让客户在这个话题上放松下来，那么就可以很自然地展开对话，并使其更深入进行。然后，我可以说，"你看，在我们生活的世界中，有太多让人不开心的事情了。我给你讲点我自己的事……"然后我可以从自己的立场出发解释："情况会有所改变。我分析过这个房地产项目有五年期的租赁合同。租约一到期，我们能确保解决这个问题。"总之，有一些事情你必须要面对和处理，之后才会有变化，就像你刚刚告诉我的一样。这没错吧？

受访者经常说，最有成就感的时候就是让说"不需要"的客户改口说"好的"。其中一位受访者形容这种感觉"太棒了，没有比这更让我开心的了"。

采访者：有人当面对你说"不需要"，但是你能够扭转局面让他改口说"好的",这会让你觉得特别开心吗?

受访者5:那简直太棒了。没有比这更让我开心的了。

接下来的这位受访者讲述了,在遭到大多数人反对的情况下,他是如何"扭转乾坤"的。他甚至用"操纵"这个词来形容这个过程。

受访者16:我可以让一屋子10个上流社会受过良好教育的人,突然用不同的方式思考,最后放弃之前持有的观点,改变主意。这听起来可能有点滑稽,但你确实能够操纵一切。一切都是假象,但是作为商人,你可以决定人们接受哪种假象。

下面的内容大量引用了一个受访者的话,他非常清晰地描述了他成功地将一个潜在买家强调的"不需要"变为"好的"。

受访者29:我认为,如果你想成功,就必须准备好接受别人的拒绝。在你认识到客户说"不需要"并不真正意味着"不需要"的时候,你是不是开始兴奋起来了?这时你得问自己:"我是不是有什么地方做错了,还是潜在买家误会了什么?"

采访者:你能想起具体的例子吗?具体是在什么情况下你会觉得:"我真的特别享受这种感觉,一开始断然说'不需要'的人,竟然被我改变了?"

受访者29:有两件事情让我记忆犹新,不过有些说来话长了。

采访者：没关系。慢慢说。

受访者29：第一件事要追溯到我做第一个房地产开发项目的时候。那个项目是典型的多户型住宅房地产开发项目。我肯定想把房子卖掉。银行就盼着我能多卖几套出去。这个相当重要。当时有一个买家想要一套大户型的房子，这需要他付一笔巨款。一切都准备就绪。有一天他来我办公室，特别不巧，我刚好不在办公室，那天他等了大概5分钟。我甚至都不知道他在我办公室。当时，他到了我办公室就坐下来了，我的秘书也没有特别关照他。当时他等得特别恼火，直接站起来就走了，还说他不打算跟我买房子了。我秘书告诉我："他刚刚来了，不过又走了。"于是，我给他打电话，他说："不，不，×××先生，这件事没得谈了。我再也不想在你这买房子了。你就让我在你办公室里傻坐着。"显然，他觉得自己被冒犯了。我就问自己："我现在要做什么？"然后我告诉他，"你是对的，但是请给我一个机会，我想和你谈谈。""不，你没必要过来见我。"但我还是去找他了。我还是开车去的……在突发状况发生之前，我们都定好了见公证员的时间。我们本来计划那天晚上开车去见公证员，结果那天下午，所有的事都碰到一起了。所有事情都已经确定好了，也得到了双方的同意。合同当时都已经签好了，一切都安排好了。现在一切又回到了原点。简而言之，我到他那里之后，跟他道歉。我一进门就先跟他道歉……随后我请教了他很多问题。我问他："你能跟我说说你的问题吗？能告诉我哪里做错了吗？"诸如此类的问题。他告诉我他接受不了等那么久。我越来越觉得他的问题和房子没什么关系，更多的是与他的性格有关。问题的根源在于他觉得自己没有得

第十三章 销售技巧的重要性

到足够的重视。他在生活中经常遇到这种事,刚好,我也做了同样的事。所以要让他相信我根本不是不重视他。

采访者:你是怎么做到的呢?

受访者29:我只是让他明白我理解他。我说不出来具体是怎么做的,我只是触动了他内心敏感的地方,他才松口了,先说"我考虑下",然后又说"行,好的,那就这样决定了,我们现在就去"。然后我们一起开车前往公证员那里。我们开车过去大概用了30分钟,一路上还在聊个不停,他的情绪渐渐稳定下来了,后来也签了合同。

如下是受访者举的第二个例子。他讲述了如何让一个说"不行"的人改口说"好"。

受访者29:第二个例子跟我在海德堡买的酒店有关。这个酒店是从一个经营酒店的家族那里买的……我们一起坐在公证员的办公室里,跟公证员谈了3个小时,谈话涉及一幢大型建筑的合同,合同内容非常之多。我们已经准备签合同了。他突然站起来说:"不行。"……然后他就走了。那么接下来我做了什么呢?正如我说过的,"不行"并不表示"不需要"。我和税务顾问坐了一会儿,绞尽脑汁地想弄清楚当时的情况。我想弄清楚酒店老板的想法。最后,我终于明白,他的问题更多是跟家庭和许多其他事有关,和常见的情况一样,与他的决定本身没有多大关系。这次,我又成功地扭转了局面,两个月后我们又坐在公证员的办公室里,签了合同,而且到最后因为我占了上风,合同中的条款甚至比原来的对我更有利了。所以,你看,客户说"不行"并不是真的表示"不需要"。许多人,可能是大多数人,处不好这种情况,遇到客户说

"不行",事情就没有下文了。

第三节　成功的销售人员需要具备的素质

在请受访者们透露他们在销售领域成功的秘诀时,他们认为除了要努力工作和具有奉献精神之外,销售人员还要具备以下品质:同理心、谈话技巧、专业知识和人脉。

许多受访者都说到同理心的作用。在被问及是否会把自己说成好的销售员的时候,下面这位受访者是这样回答的。

受访者4:毫无疑问,我是一名优秀的销售员。销售技巧是不能习得的。当然,你必须要一直努力,不断进步,但销售更多的是和一个人的同理心有关。你需要换位思考,评估当前情况。了解那个坐在你对面的人是谁。凭直觉弄明白他的想法,确定你理解他的感受,然后相应地调整你的策略。

有一位从事食品行业的超级富豪,他强调自己善于把握谈话对象和谈判对手的心理,这一点非常重要。他将自己形容为一个"超级敏感的家伙"。

采访者:你有没有觉得自己身上有某种特质,能让你认为"我具有销售天赋,而且事实证明这种天赋确实很重要?"

受访者37:我可以详细地给你描述一下。我能很快发现别人在乎的东西,包括他的问题,并且总能想出对策。我的客户非常欣赏这一点。他们觉得有人对自己嘘寒问暖,有人给自己提建议。他们觉得我给他们的建议非常有用。很明显,我很擅长把握别人的心理,是不是?我的理解力很强,也善解人意,这两种品质是密不可分的。但是,其他人跟我说过

第十三章 销售技巧的重要性

很多次,我自己也觉得,我能设身处地为别人考虑问题,无论是个人问题、公司问题,还是技术问题等。对处理这些问题,我挺在行的。我就是个问题"杀手"。

下面这位受访者,从事房地产行业,他强调自己最重要的能力就是"善于领会对方的意图"。在他看来,你需要打破人与人之间的"壁垒",才能"另辟蹊径"说服别人。

> 受访者41:我给你举一个例子,它是关于心理学或分析技巧的,足以证明我很会看人。这就是说我有机会消除与别人的隔阂,找到新方法来说服他们。
>
> 采访者:你能详细地描述你是怎么看人的吗?
>
> 受访者41:我自认为看人还是非常准的。这个能力是怎么来的,我也不清楚。我没有特意学过这个。

许多情形下,这只是和如何看出对话者的恐惧有关,以及深入解读他们的内心然后找到合适的处理办法有关,正如下面这位受访者所强调的。

> 受访者5:基本上,我都会站在客户的立场上为他们考虑。恐惧是一个大问题,所以我需要了解他们在害怕什么,找到这些恐惧背后的原因,消除他们所有的疑虑。这些是基本方法。这个方法就是从他人角度出发,换位思考,准确地判断对方的想法。还有身体语言也非常重要。我观察客户的坐姿,了解他的姿势向我传达了什么信息,甚至我自己的表现。

另一位受访者一直都在说,了解客户的问题远比能够提出解决问题的方案还要重要。

> 受访者8:我认为在服务行业我们必须赢得客户的信任。

这一点非常重要，对不对？要赢得客户的信任就意味着你得了解客户以及他们遇到的问题。如果你能给客户提供解决方案，那就太好了，你说呢？不过我认为，如果你能说出"我们看看能否为你找到解决方案"，你就已经成功了一半。在我看来，这是极为重要的，会让客户感觉到，你理解他，明白他的问题所在，你也在努力找解决方案。

目前，房地产开发商面临最大的挑战之一就是与规划部门打交道，开发商的工作必须得到规划部门的许可才能开展。这很需要换位思考，而开发商们觉得这做起来真的是让人心力交瘁。这位开发商强调，准确地理解谈判对象的"不同的思维方式"真的是太重要了。

> 受访者25：根据我和别人打交道的经验，我觉得很多事情都可以归结为"同理心"。"同理心"可以指对坐在你桌子对面的人的同理心。你需要了解对方的喜好、恐惧以及对他来说很重要的事。这表示你要真正地设身处地地为他着想，从他的角度看问题。你应该考虑：对方现在想什么？他的动机是什么？他为什么反对在他的地产旁边正在规划的建设项目？有时，根本不可能找到一个双方都能接受的解决方案，因为双方在利益分配方面完全谈不拢。但是，有时双方产生矛盾更多的是因为一些莫名的不安或先入为主的观念，或者有些事情对方还没有真正想通。在很多情况下，你是能够让事情步入正轨，并且设法在一定程度上解决这些问题的。

他强调，特别是在与官员打交道的时候，理解他们的立场和工作方法更是至关重要的。不过他补充道，他现在一般都先派员工与政府部门的官员打交道，因为他的员工做得比他好。

第十三章　销售技巧的重要性

受访者25：我的很多同行完全不知道政府部门的运转方式。他们觉得政府部门的管理和自己公司的经营没什么区别，但是事情完全不是这样的，政府部门的工作方式与我们有很大差别。政府部门执行法律和规章制度。他们的想法跟我们的完全不同。你如果明白这一点，就知道怎么去寻求他们的支持了。现在，仍然有许多官员，可以说，简直是顽固不化，固步自封。你不得不认真思考怎么接近他们才是最好的。

采访者：我听过一种说法："理解就是宽恕"。但是，当你遇到理解不了的人时，你该怎么办？这种情况下你会说："这人是个傻子吧？"

受访者25：这些时候，我意识到了自己的底线在哪里。以前，我就像受虐狂一样几乎对一切都完全接受。最后，我差点得了胃溃疡。从那以后，我就再也不这么做了。我知道我的底限在哪里了。

采访者：你有请别人代为应对那种官员吗？

受访者25：有时候，我一旦意识到与我打交道的是这种人，就会把这项工作交给我的员工。不然最后我肯定会火冒三丈。我肯定会说："哼，你完全就是个傻子，我受够了。"当然，我不能那么做。

正如一些受访者强调的那样，很多情况下，事情还只是停留在销售过程的表面。有位投资银行家叙述了自己如何成功签下一个价值1.5亿美元合同的案例，而这份合同的签订还得归因于他和客户谈到自己的一个爱好，也正是因为那次交谈，他们之间建立起了信任，感觉彼此之间有了共同的利益。

受访者42：这里有一点。如果你手上掌握着一项工程、一只股票或一家公司，而有人想把这些卖了的时候，以我的经验，和你打交道的每个人都有一个触发点，你需要触碰它来达成交易。你必须找到这个触发点。你不能靠说来判断，必须学会倾听。这才是最关键的地方。只有掌握客户的信息越来越多时，才能大概知道那个触发点是什么。我还记得，在纽约时，我们参与一次大型的首次公开募股。此次公开募股和地产投资信托公司所持有的一家大型购物中心的股份有关。我们在卢森堡和基金经理见了面，谈了很长时间，还邀请他看巡回演出，但他口风很紧，好像合上壳的蛤蜊。有一次和他通电话的时候，我们开始谈到了应用于第二次世界大战的飞机。刚好，我与祖父母很亲近，小时候和他们在一起生活了很长时间，而我祖父在二战期间是空军飞行员。所以我非常了解飞机，熟悉梅塞施密特战斗机、海因克尔战斗机等各种不同型号的飞机。不管怎样，通话的时候，我可以明显地感觉到客户对二战时的飞机也很感兴趣，结果我们就飞机这个话题聊了一个多小时。如果我没记错的话，第二天，他就为这次IPO（Initial Public Offerings，首次公开募股）开出了一份价值1.5亿美元的股票订单。这就是那个触发点，碰到它的时候对方就明白这一点："我在和一个特别的人打交道，我喜欢与他聊天，而且我相信他。因为我们的爱好一样。"这实际上相当正常。我们突然站在同一战线，他被我说服，买了股票……最终，一切都只不过是我们在寻求互相认可或希望关系融洽，尤其在涉及对我们都很重要的事情，以及我们客户看重的东西的时候。有了共同利益或者说共同点，双方的关系就会越来越融洽。无论你与谁打

第十三章 销售技巧的重要性

交道,如果你想让对方理解你,那么明白这一点非常重要。

除了同理心,许多受访者强调说服他人的技巧对销售也很重要。一位在金融服务领域相当成功的企业家强调,他不仅善于换位思考,说起事来也很在行,他能够用简单的话说清楚自己的想法。

> 受访者44:首先我善于从对方的角度看事情,了解他们的动机和目标。我非常有礼貌,也很谦恭。我花很长时间倾听,能够用简单的术语和概念描述问题。我擅长直观地将事情与每个人都能立刻明白的日常事件联系起来。我没有搞不定的谈判,因为对方还没搞清楚的时候,我已经向他们做了说明。我总是用生动的语言描述事情,这总是有效的。

另一位受访者说过,他利用自己的两种能力——看透问题症结和讲清楚事情,只花了三分钟,就说服了伦敦最大的投资基金的经理向他的股票投资5000万欧元。

> 采访者:你把经济上成功的百分之几归功于你的销售技巧?
>
> 受访者31:我认为我成功的70%归功于我说服他人认可我想法的能力。
>
> 采访者:那么你是如何做的呢?具体是什么使你如此有说服力?毕竟,每个人都有自己的方式。
>
> 受访者31:……当人们问我这个问题时,我总是给他们讲我与伦敦最大的投资基金经理的故事。我做了极其充分的准备,做了一份30页的募股章程。一个人走进来,

他很年轻，看起来可以当我儿子，对我说："你有三分钟时间，向我解释我为什么应该买你的股票。"那时我不得不放弃我之前准备好的发言，并在几秒钟内决定，我该对他说些什么。三分钟过后，他说："谢谢。我们会投资5000万欧元。"如果按照你们现在的说法，我想这表示我很会推销。我认为，我用自己说服他人的能力让对方相信我，向他说明白，在这个特定的情形下，买这些股票是一个好主意。

受访者们对专业知识在销售成功中的重要性所持有的观点各不相同。一位企业家坚称专业知识只不过处于从属地位，而情感因素更加重要。

受访者27：当然，我不可能100%地确定如何评价自己的销售技能，但我会说，考虑到我所在的行业中达成交易的方式，我是个好销售员，这一点是最重要的因素之一。曾经有人对我说，我是那种大家都想和我做生意的人。当你对正在做的事和做事方式很有信心时，就会对正在做的事充满热情，而且能把这种热情传达给别人。如果你能打破行业内的常规，做你的客户没想到的事，如果那碰巧成功了，就能说你是个好销售员。

不过，大多数受访者很清楚，特别是与复杂的产品和服务有关时，专业知识是必不可少的。一位最富有的受访者说道，按照从0到10的等级打分，他会给销售技巧对成功的重要性打10分。与许多其他受访者不同，他认为专业知识是最重要的。比起股票市场公司经理，丰富的专业知识是家族企业的企业家们具有的优势。

第十三章 销售技巧的重要性

*采访者：*所以你是说专业知识对销售起关键作用？

*受访者26：*对。

*采访者：*你可以为我展开来说一下吗？这对你个人意味着什么？

*受访者26：*首先，你必须明白，我们的产品涉及的领域很广泛。有时候，当我在拜访一个大客户时，我最初都不知道我要卖给他什么，但当我离开他时，总会卖掉一些东西。这意味着，你必须对你的产品以及你还能给客户提供什么有深入的了解。所以，如果你身边有个心气儿太高的人，他（她）每两年就要换一个行业，那么，这种人对以上那几个问题，绝不会有深刻的理解。

*采访者：*你的意思是说，专业知识在销售中很重要？

*受访者26：*是的，专业知识非常重要。为什么家族企业比大公司更好？因为家族企业的所有者拥有所有的专业知识。而其他人呢？他们跳槽、换公司。我总是说，两年后，你不会再和在大公司的同一个人打交道。如果那个人做得很好，他应该已经升职了。如果他做得不好，他应该已经被炒掉了。不论从哪种情况来说，他都不会在那个位置上了，对吧？

成功的销售过程从成功地赢得客户开始。赢得客户的决定性因素是人脉，这一点几位受访者提到过。下面这位受访者将其事业成功归功于他当时能够建立人脉。据他说，在30到45岁之间，他每天晚上都外出走动，建立并扩展他的人脉。

*受访者17：*建立自己的人脉网需要做大量工作和具有奉献精神。正如我告诉年轻伙伴们的，当我回顾自己的处境时，就像来自一个重视教育但没有任何形式的创业人

脉的大家庭的我所做的那样,我不得不非常努力地为自己建立一个人脉网。而那意味着在30到45岁之间我每天晚上都要外出走动。

采访者:那你都去哪里呢?

受访者17:我哪里都去。我记得年轻时参加过那些无聊的活动,很多人我都不认识,现场有300人,可我只认识其中的两个人。而5年之后,我再去参加同样的活动,能认识50个人。在某些时候,人脉本身就会起作用,你真的不需要做任何事情,人们就会主动与你联系。这需要大量的辛勤工作和努力,这就是我告诉年轻人的。无论如何,有很多不同的途径来开发客户。可能是在某一次行业活动中,或者可能在扶轮社,可能是在一个慢跑组,在打高尔夫球时或打网球中,无论什么地方你都可以开发客户。唯一不能开发客户的地方就是家里。当然,去叙尔特岛(Sylt)或圣特罗佩(Saint Tropez)度假比去梅克伦堡-西波美拉尼亚州(Mecklenburg-Western Pomerania)露营要好得多,[①] 因为在梅克伦堡-西波美拉尼亚州你可能找不到多少客户。但我经常说的一句话是:你做什么都没关系,重要的是你做了一些相关的事。我认为,低端市场地区的保龄球俱乐部比不上高消费市场地区的高尔夫球俱乐部。

认识正确的人,当然是实现财富成功的关键因素,因而受访者非常努力地工作并专心致志地建立必要的人脉。一位受访

[①] 受访者将圣特罗佩的财富和魅力与德国叙尔特岛与梅克伦堡-西波美拉尼亚州进行对比,后者是德国东部相对贫困和人口稀少的地区,很受露营者和低收入度假者的欢迎。

者认为，他的成功70%都归功于人脉。他解释了建立人脉的方式。

采访者：就个人而言，你认为建立人脉的秘诀是什么？你能否举一个实例，来说明你是如何进行商业联系的？

受访者12：要建立人脉，重要的是，想办法跟别人发展共同兴趣。我知道，一名学生很难说："好吧，我要邀请×××共进晚餐。"

采访者：那么你打算说什么呢？你能给客户提供些什么？

受访者12：我考虑合适的话题和双赢的事。我完全不能忍受的一件事：有人一见到我，就立马问我问题，而他们一张嘴就说："快透露点儿房地产的内部消息。"过一会儿，我问："我们怎么会在这里碰到？"他却说："因为我想跟你了解一下房地产的相关消息。"但是，正如我所说，这种会面，我能从中得到什么呢？

采访者：不能只你一个人得利。

受访者12：建立人脉的方法就是你和别人合作要让双方都受益。这一点非常重要，你明白吧？

采访者：你可否举例说明一下你是如何获取人脉的？这种具体例子就是那种你会说："这可真让我激动。这事可没那么简单，或者这真是一次绝妙的会面！"

受访者12：当然，我与×××银行的主席成了朋友，我就拿这个事情来举例吧。这对我来说是非常重要的，因为他们为我的许多项目提供资金。

采访者：你是怎么和他结交的呢？

受访者12：我一开始认识的是这家银行的几个中层

管理人员。后来，在其他活动中我又认识了×××银行的发言人。我直截了当地告诉他："你看，我有几个大计划想让×××银行参与进来。"这件事很重要，我要和最高层管理者谈。另外，我必须能够平等地与他们对话。我说："我知道要采取什么方法、投资多少。我想和最高层管理者谈。"后来，这事就这么成了。当然，这事让中层管理人员一片哗然。他们知道我是直接跟银行董事长打交道的。

采访者：从那以后你的地位不同了，是吧？

受访者12：是的，确实如此。人脉在与银行打交道时始终很重要，这在生意往来上也适用。我这样形容自己：有点精明，并且善于变通。我学习能力很强。

采访者：你可否举一个实例，这些特质在什么情况下体现得最明显？

受访者12：好的。我参加过一个活动。我意识到："哟，这个公司的秘书来了。"于是，我就上前和他们攀谈，等我确定这家公司的老板认为我对他的公司很了解，秘书就把我引荐给了他。我总是眼观六路，耳听八方。我从来不会站在那儿对自己说："让我们瞧瞧。没准儿你就是那个幸运儿。"我总是靠自己的双手来抓住运气。

当被问及是否喜欢积累人脉时，一位来自房地产行业的受访者回答说，他最喜欢的是在房地产交易会——慕尼黑国际商业地产及投资专业博览会（EXPO REAL）上与5000人握手的感觉。"最重要的是，你得对他人真心，喜欢和他们见面，乐意去了解他们，然后想方设法获得他们的支持。"

受访者5：慕尼黑国际商业地产及投资专业博览会的

第十三章　销售技巧的重要性

规模绝对是超级大。我握了5000人的手，然后在三个鸡尾酒会上流连整晚。如果我的身体吃得消，我可以在慕尼黑国际商业地产及投资专业博览会花五天时间，完全不理会其他工作。这个博览会是最好的。

采访者：你的秘诀是什么？你能告诉我成功拓展人脉的秘诀吗？你如何联系到真正的大人物？如何搞定那些你想和他谈真正大生意的人？

受访者5：你要掌握正确的技巧，得能够很得体地展现自己。我要说的是，首要原则是你要真诚地对待别人。只有真心对待别人的人才能领导他人，当然，我不会领导我的收购合作伙伴。最重要的是，你得对他人真心，喜欢和他们见面，乐意去了解他们，然后想方设法争取到他们。你必须是真正喜欢做这种事，而后你才能把事情做得完美。

人脉只是迈向销售成功的第一步。回顾本章开头阐述的观点，一名销售人员通常都会遭遇太多拒绝，重要的是要认识到"大数法则"是成功销售的基础。接下来的受访者将其100%的财富成功归功于他的销售天赋。

受访者19：卡萨诺瓦（Casanova）说起过大数法则，至少我相信这个法则是由他提出的。就像这段话所说的，"我不知道你和女人之间是怎么回事，我也不知道你为什么没有女朋友。如果我在街上搭讪10个女人，第二天我就能跟其中一个滚床单，那对我来说就足够好了。"

下一位受访者将其98%的成功归功于他的销售能力，他一直都在统计自己的销售成功率。

> 受访者40：这是我作为一个好销售员一直在做的事情。每天我会回想自己敲开的十扇门，然后对照我的结果进行统计……
>
> 采访者：你仍然保留着你统计的数据吗？
>
> 受访者40：是的，但是这些数据只给我自己看。我可以打印出我所有的销售任务。我一直在做销售。即使是现在，我也一直关注公司的营销。我一直都统计、记录所有的预约，也一直在做销售。但我不想跟有些人做生意，甚至都不想让他们记住我。不过这只是我为自己做的决定。但跟其他人，我都能成功地达成交易。我翻看日记，发现他们都会回来找我。每次与我们开完会回去，他们总会说："太好了，我们能一起工作了。"

中期研究结果

维尔纳·桑巴特认为销售能力是商人的一个属性，同时销售能力也是最重要的创业技能之一，但在最近的创业和关于财富的学术研究中，作为一个成功的因素，销售能力的重要性被低估了。销售能力对富豪的财富成功做出了重要贡献，这一观点得到了受访者们的一致回应，不管他们从事何种行业。如本书第九章第六节所述，许多富豪在很小的年纪就开始积累大量的销售经验。

2/3 的受访者表示，销售能力对他们的成功做出了决定性的贡献。超过 30% 的受访者甚至将其成功的 70% 到 100% 归功于他们的销售才能。尽管事实如此，可许多受访者，至少在乍一看时，似乎并不符合通常人们对销售人员的印象——实际上，这也是他们取得销售成功的秘诀之一。一些负面的特征，与"销售"或"销售人员"有着千丝万缕的联系，但与这些

第十三章　销售技巧的重要性

受访者怎么也联系不到一起。对受访者来说，销售绝不仅仅只是简单地推销一种工艺、一个产品或一项服务。他们在更广泛的范畴内把销售定义为说服他人的过程，比如，说服政府官员批准一个房地产开发项目，说服一位优秀人才加入公司，说服员工分享其构思，或者说服银行家批准一笔贷款。一位受访者这样说："一切皆销售。"

在销售初期，销售人员经常遭到拒绝，在这些受访者看来，这完全不会影响他们。很多受访者说道，让说"不"的人改口说"是"，这个过程带给他们无法比拟的乐趣。要做到这一点，需要换位思考，这是许多受访者所强调的事实。他们认为"读懂"他人意图的能力很重要，要凭直觉就能了解客户的恐惧，读懂封闭的内心以及掌握他们的反对意见，如此才能消除与客户的隔阂。有好几位受访者都形容自己特别敏感，像一个不错的心理学家。

除了换位思考外，专业知识也是非常重要的，尽管这需要结合适当的谈话技巧。受访者经常提到"能够清晰地解释事情"在一次成功的销售中是至关重要的。他们也反复强调人脉的重要性。受访者讲述了他们如何用自己的勤劳、奉献、毅力和专心建立人脉，为他们取得财富成功打下基础。

第十四章 乐观主义和自我效能感

乐观主义一直是创业研究和行为经济学的深入研究课题。乐观和过度乐观是普遍现象,丹尼尔·卡尼曼甚至认为它们是最重大的认知偏差。[1] 如果企业家没有乐观的天性,很有可能大多数人都不会自己创业。马修·L. A. 海沃德(Mathew L. A. Hayward)、迪恩·A. 谢普德(Dean A. Shepherd)和戴尔·格里芬(Dale Griffin)提出,过度乐观有助于我们理解,为什么尽管失败的可能性很高,人们还是会创办公司。[2]

因此,乐观和过度乐观对受访者的成功确实起到了重要的作用。当受访者被问道:"如果你必须用悲观主义-乐观主义量表来给自己打分(-5=极度悲观主义者,+5=极度乐观主义者),你会给自己打多少分,你个人对乐观主义的理解是什么?"如果受访者认为自己是极度乐观主义者,则对其补充问以下问题:"乐观是企业家和投资者的一个重要特征,但有些

---

[1] Daniel Kahneman, *Thinking, Fast and Slow* (New York: Farrar, Strauss and Giroux, 2011), p. 315.
[2] Mathew L. A. Hayward, Dean A. Shepherd and Dale Griffin, "A Hubris Theory of Entrepreneurship," *Management Science* 52, No. 2 (2006), p. 169.

第十四章 乐观主义和自我效能感

人认为过于乐观可能是一件危险的事情,尤其对处在困境之中的企业家和投资者来说。"回顾你自己的人生和职业生涯,有没有遇到过什么情况,你现在看来乐观未必有帮助?

受访者的自我评估显示,他们都非常乐观。在40名受访者中,35人认为自己属于极度乐观主义者的范围内(分数处于+3到+5)。

所有受访者都被要求按照-5(极度悲观主义者)到+5(极度乐观主义者)的等级给自己评分。

受访者序号	评分
1	+5(极度乐观主义者)
2	-
3	-
4	-
5	+3
6	+4.5
7	+4.5
8	+1
9	+3.5
10	-
11	+3 或 +5(其他人的看法)
12	0(投资),+5(私营)
13	+3.5
14	+5
15	+5
16	+3
17	+4
18	+3

受访者序号	评分
19	+5
20	+4
21	—
22	+2~+3
23	"至少+4"
24	+4
25	+3
26	+3
27	+5
28	+4（曾经），-1（现在）
29	+5
30	+4.5
31	+5
32	+5
33	+3
34	+3
35	+4
36	+3.5
37	+5
38	+3
39	-1
40	+5
41	根据大五类人格特征，评分在负向范围
42	+4
43	+2.5
44	+5
45	+4

第十四章 乐观主义和自我效能感

正向范围（+1 到+5）：40 名受访者中有 37 人在此区间
极度乐观（+3 到+5）：40 名受访者中有 35 人在此区间
中立范围（= 0）：　　40 名受访者中有 0 人在此区间
负向范围（-1 到-5）：40 名受访者中有 2 人在此区间

可以这样说，高度的乐观主义不是富人的专利，一般来说，乐观主义者会比悲观主义者多。德国阿伦斯巴赫民意调查研究所（Allensbach Institute for Public Opinion Research，AIPOR）在 1992 年至 2007 年发布的调查报告[1]指出，51% 到 57% 的德国人自认为是乐观主义者。但是，在本书被采访的超级富豪中，乐观主义者的比例远高于 95%。更令人震惊的事实是，超过 87% 的受访者将自己划分在极度乐观的范围内（+3 至+5）。

大五类人格测验的结果也显示出高度乐观主义的主导地位。乐观或悲观方面的问题得到了高度一致的答案，这种高度一致的程度是其他 50 个问题中任何一个都无法比拟的。在 43 名受访者中，有 38 人对"我认为自己属于悲观主义者"的说法断然否定，即他们认为自己是乐观主义者。另有三人有所保留地否定了这个说法，这意味着他们也是乐观主义者。只有两人表示自己部分同意这个说法，他们认为自己更悲观些。由于此类人格特征相对稳定，因此很可能这些富人并非是因为成功而变得乐观，而是从青年时期起，就已经具有此类特征了。

很重要的一点是，对于这些受访者来说，乐观主义与他们整体上开朗的举止毫无关系。他们对这一说法做出了明确的回应："其他人肯定会说我是一个快乐的人。" 43 名受访者中只

---

[1] 德国阿伦斯巴赫民意调查研究所 4070、5062、6042、6052、7092、7098、和 10002 号问卷调查。

有 10 人对这一说法完全同意,另有 12 人表示赞同,但有所保留。表示不清楚或不同意这种说法的受访者人数,与表示同意的人数大致相同。

许多受访者称,企业家和悲观主义者是互相排斥的。当被要求评价自己的乐观程度时,并对其他人给予的评分发表意见时,一位股票和房地产投资者这样回答:

> 采访者:绝对的悲观主义者打-5分,极度乐观主义者打+5分。你给自己打几分?
>
> 受访者31:嗯,如果你问我的朋友们,那么我的得分会是+5,因为他们认为我是典型的职业乐观主义者。但我一直觉得,如果你是一个乐观主义者,你必然会成为一名企业家。我的意思是,一个悲观主义者同时又是企业家是完全不可能的。

第一节 "只要你有能力,总能找到解决办法"

在采访过程中,我们很快意识到,当超级富豪使用"乐观"这个词时,他们的意思与心理学家所说的"自我效能感"是一样的。自我效能感描述的是在特定的,甚至是极具挑战性的情况下,一个人对自己掌控局面的能力信任的程度或强度。我们做一件事情会受到信念的影响:"我们相信我们能做到"(高自我效能感)、"我们认为自己无法做到"(低自我效能感)。[1] 相

---

[1] Daniel Cervone and Lawrence A. Pervin, *Personality: Theory and Research*, 12th ed. (New York: John Wiley & Sons, 2013), p. 438.

第十四章 乐观主义和自我效能感

比其他以往的测试和所研究的人格特征，自我效能感的概念具有更大的解释力。正如本书第三章第二节所述，许多实证研究表明，成功的企业家在自我效能感方面的得分高于其他人。

一位从事金融行业的受访者，在悲观主义-乐观主义量表中给自己的评分是"+4（较强的）"，对他所认为的乐观做了如下解释。对他来说，乐观主义意味着相信"你有能力、人脉，或者智慧，所以你总能找到问题的解决方案，并能战胜任何挑战。"这符合自我效能感的定义。

> 受访者42：总的说来，我所说的乐观是指你总是相信杯子是半满的，而且即使在不利的情况下，你也总能找到方法前行。所以，意识到风险的同时，也会相信积极的事情会发生。而且基本上，由于你有能力、人脉，或者智慧，所以你总能找到问题的解决方案，并能战胜任何挑战。

一个非常成功的房地产投资者，在悲观主义-乐观主义量表中给自己的评分为+2至+3，他强调乐观态度绝不是一味积极地看待一切，更多的是指相信自己有能力解决问题。他把乐观看作"对自己行为的自信"，这也是对自我效能感的教科书式的描述。

> 受访者22：乐观主义基本上是一种感觉：无论你遇到什么情况，都会积极地摆脱困境。你总能找出解决方案，这种感觉使得你能掌控具体情况。我认为乐观不仅指太阳总能照耀在我身上，也指，我能够以某种方式从内而外地发光、发热。所以乐观主义也与一个人做事情时的自信有关。乐观主义者不是仅仅相信一切美好的事情都会到来，毫无障碍。那不是我所说的乐观主义。

385

另一位受访者是一位投资银行家，也是一位房地产投资者，他将乐观主义定义为相信自己有"塑造事物的能力"，并且相信自己有解决问题的能力。他坚信，10个问题中有7到8个是可以解决的，他把这种基本的信念称为乐观。在悲观主义-乐观主义量表上，他给自己的评分在+2和+3之间。

> 受访者43：我很相信自己塑造事物的能力。我有很多选择，所以当我面对10个问题时，我知道我能解决其中的8个。我知道我永远无法解决所有问题，但我能够解决7到8个。如果我有10个谈判，我并不能确定这些谈判的最终结果，但我知道，我能将其中的6到7个谈判引入正确的方向。这对我来说就是乐观。

其中一位受访者承认，在他所从事的行业中，他被认为是对整个市场的总体发展"持怀疑态度并在某些方面不那么乐观"。但是，（受访者6说）"对我个人来说，我总是很乐观的，因为我就是有一种感觉：车到山前必有路"。在悲观主义-乐观主义量表中，他的自评分在+4到+5之间。正如他所看到的，乐观并不意味着以乐观的态度来看待周围的世界，而是意味着坚信即使在艰难的市场环境下，他也会找到出路。不同的受访者都表达了以下相同的看法。

> 受访者4：是的，我在各种情况下都能看到机会。即使一切都在崩塌，我仍可以相对快速地从这种局势中学习。我能立刻发现机会。

IT行业的一位企业家承认，乐观或积极地看待事物并不总是理性的，但这种"自信"是创业精神的一个基本先决条件。

受访者33：自信可能并不总是理性的，但它是（创业的）基本要求……本质上，它也是创业精神的一部分，那就是，你能以积极的态度来做事。

第二节 "我从不抱怨问题，而是寻求解决办法"

在受访者看来，乐观主义者需要纠正大家认为普遍存在的悲观情绪。一名企业家在悲观主义-乐观主义量表中的自评分为+5，他解释道，周围总有那么多"唱反调的人"，除非你采取一种完全乐观的态度来抵御他们的嘲讽，否则你根本没希望。

受访者29：作为一名企业家，你需要乐观，越乐观越好，因为你总会遭遇到那些动不动就说"不，这根本行不通"的人——那些总是试图阻止你做些什么的人。当然你得考虑市场条件和总体市场情况。有很多因素会使投资或经营理念失效。如果你不乐观，那么我不认为你能成为特别成功的企业家……不幸的是，我们周围有很多唱反调的人，他们只想迫使我们就范，让我们没有机会。如果你不以乐观的态度对待事物，你连一丝希望都没有。我不是在说投资，那些你都可以说得很清楚。我想说的是，你应该尽量不犯错。但是如果你犯了错，就需要乐观地说："好吧，这是我的失误。我可能损失了50%的股份，但我从中学到了宝贵的经验，这是一件好事。"

一位在医疗技术领域取得了巨大成功的企业家也认为，乐观是一种必要的纠正措施，专门针对"所有那些只会说'行不通'的人"。他认为，乐观主义者会把时间花在寻找问题的解决办法上，而不是浪费时间去抱怨。

> 受访者23：我是乐观主义者。
>
> 采访者：如果悲观主义者得分是−5，而乐观主义者得分是+5，你会给自己打几分？
>
> 受访者23：好吧，我至少给自己打+4……我喜欢迎接机遇和挑战。我也从不抱怨问题，我会寻求解决方案，并且永远是积极的解决方案。我只是受不了那些只会说"行不通"的人。他们应该继续做他们应该做的事，寻求解决问题的方法，尝试换个新的视角。我天生就很积极。我什么都不抱怨。

另一位在悲观主义−乐观主义量表中对自己的评分也是+4的企业家认为，悲观主义者会以自己的方式设置障碍。对他来说，乐观主义意味着专注于"可行"，而不是把时间花在可能使某事变得"不可能"的因素上。当被问及他如何界定乐观主义时，他答道：

> 受访者45：在每一种情况下，我都专注于"可行"，而不是把时间花在可能使某事变得"不可能"的因素上。典型的悲观主义者会以自己的方式设置障碍。
>
> 采访者：怎么会这样呢？
>
> 受访者45：因为他们认为什么都行不通。我的办法是，分析整体状况，当我认为可行的时候，事情就必然可行。

受访者将乐观态度与前瞻性态度联系在一起，这意味着他们专注于未来的机会，而不是只回头盯着过去的问题。一位金融业的超级富豪在悲观主义−乐观主义量表中给自己的评分达到了+5.5分。

> 受访者44：我奉行的乐观主义一直都是，"坚持不懈，一切都终将有解决办法。"
>
> 采访者：你认为最终必能成功的那种信念是从何而来的？
>
> 受访者44：这都是因为我从不向后看。我从不会因为错误而长时间懊恼。我只会说："还行。幸好我们在这里而不是在那里，但是我们要从这里走向哪里？我总是向前看。我眼里的乐观，就是向前看，去思考未来的机遇，而不是去关注昨天的问题。"

其他受访者强调了另一个方面的重要性。如果你想激励员工，就需要乐观。在困难的情况下，领导者需要能够以积极的视角来展现自信和感染他人，这也是为什么乐观被认为是如此重要的另一个原因。在悲观主义-乐观主义量表中，下一个受访者开玩笑地用"+8"来评价他的乐观。

> 受访者37：激励别人是很重要的。其他人只想贬低别人，用高人一等的口气与人讲话。除非一直努力去做好正在做的事，否则没有人能够成功。这意味着你必须相信你正在做的事情。你知道这意味着什么吗？我们都会遇到问题。

另外一位受访者在悲观主义-乐观主义量表中给自己打了+5分（"我是一个乐观主义者。一个彻底的乐观主义者。"）他解释道："乐观主义是'激励员工'的重要因素。我必须用我的乐观来感染他们。"

第三节 "他沉醉于自己的成功"

正如第四章第二节所述，创业研究人员和行为经济学家发出了强烈的警告，要小心乐观和过度乐观所产生的后果。受访者面临这些警告，并被询问他们是否同意"乐观有时是危险的"这个观点。正如以上证实的，大多数受访者所理解的乐观主义并不是在任何情况下都只看积极的一面，而是对自己解决问题的能力有信心，他们往往没有意识到过于乐观可能带来的不利后果。

一位来自金融业的受访者将自己归类为"彻头彻尾的乐观主义者"，但他也承认这是他的弱点，并且他说："我过去认为20世纪70年代、80年代和90年代的经济增长会无限期持续下去，但这根本就是个错误。"

采访者：我认识到乐观主义可能会带来一些不好的结果……

受访者1：对我们所有人来说都是这样，因为你高估了自己，膨胀得太快了。但是，在我年轻的时候，我从没想过事情会走下坡路，我以为一切都会顺利进行。我是个彻头彻尾的乐观主义者。那也是我的弱点。

采访者：你怎么解释这个弱点？

受访者1：嗯，因为经济上涨不能永远持续……在我们这一代，经济几乎总是增长。你知道，在1973年到2003年，或至少到2000年，事情一直走上坡路。德国统一后，经济复苏。一直到20世纪90年代末，经济一直保持持续增长的势头，这种情况一直持续到2000年或2002年。然后我们遭遇了经济危机。

另一位在金融行业非常成功的受访者，在悲观主义-乐观主义量表中给自己打+4分，但他也承认，如果过度乐观的情绪导致人们高估自己，事情就变得危险了。

第十四章 乐观主义和自我效能感

> 受访者7：有人说，"他沉迷于自己的成功"，"他认为自己无所不能"。有个叫弗劳尔斯的先生，就是到处收购银行的那个人，你还记得吗？后来事情变得很糟糕，他彻底破产了。在某些情况下你会犯错，因为你认为自己是无敌的、坚不可摧的，那就是你犯错误的开始。

很多受访者过于乐观，但为了在必要时打压自己的乐观主义，制订了对策，特别是在与天性不乐观的合作伙伴共同做决策时更要如此。一位房地产开发商与一位伙伴合作，他们共同做商业决策。

> 受访者3：我基本上比×××——我的业务伙伴，要积极得多。我的业务伙伴总是过于谨慎，往往会把玻璃杯看成半空，而不是半满的。
>
> 采访者：但是，如果一个合作伙伴想踩油门，而另一个合作伙伴却要踩刹车，那不是一件好事吗？
>
> 受访者3：是的，当然……虽然我处理事情总是按照自认为合理的判断来，但我并不鲁莽。我不是那种总说"对，我不在乎"的人。我想知道事情会有什么样的后果。一切总是经过非常仔细的计划，我们总是尽力用我们的产品做最好的事情。但我想每个企业家都会那么说。
>
> 采访者：你的合作伙伴对你进行一些纠正，这难道不是一件好事吗？
>
> 受访者3：当然。有一些事情，×××的老板会说我认为这个真的很好。有一次别人问他："为什么×××这么成功？"他答道："因为我们比竞争对手说'不行'说得更频繁。"

另一位在悲观主义-乐观主义量表中给自己打+3分的受访

者认为,他与别人交谈是为了"纠正别人"。

> 受访者5:我基本上是个有团队精神的人。通常情况下,我总是和别人合作。我与其他人交谈涉及的范围很广,即使我必须自己做决定,我也总需要谈得来的人提一些意见。

一位受访者给自己的乐观程度打了+3分,他说,由于经历过一些不好的事,他在自己周围创造了一个环境,保护自己免受过度乐观的负面影响。

> 受访者16:50岁左右的人一般都处在一个连自己都不大清楚的境地,但也还没因此而失去很多东西……但我已经创造了一个让我远离过度乐观的环境。举例来说,我建立了一个组织构架,包括监事会、主席、联席主席,他们都有投票权,我会自觉地询问:"我在这里,在前面。你们会站在哪里?"而且我甚至默认:"你们认为我们不应该如此吗?好吧,我本想这么做,但你们不希望这么做,那就算了。"这是一个特意在自己周围建立制约机制的例子。我告诉你,我的妻子在风险防范方面对我的影响最大。她只要说:"不,作为你的妻子,我可不想牵扯上这样的事情。我并不准备承担这种风险。"然后,我会任由我的妻子打消我的念头,即使我一个人原本也可以往前走。

在大型企业中,与乐观主义相关的风险较低,因为大型企业的决策一般不是由个人做出的。一位受访者与合作伙伴共同拥有一家非常大的跨国家族企业,他在悲观主义-乐观主义量表中给自己打的分数是+4,他对"是否乐观情绪也具有破坏性"这个问题做出了如下回应。

> 受访者24：乐观主义肯定需要受控制，你绝对正确。
>
> 采访者：是的，乐观主义要受到控制。但是你是怎样控制乐观主义的呢？
>
> 受访者24：即使兄弟之间，也会有很多不同的意见……但最重要的一点是我们制定了一个基本规则，做任何非常重要的决定前必须做好充分的准备，越充分越好，而且我们周围还有一些非常优秀的人，包括销售人员和市场营销专家及其他部门的人，他们会帮助我们为重大决定做准备……最后你需要自己做决定。但是，在做出重大决定之前，我们一直非常充分地做准备。这并不意味着我们不愿承担责任。我们只是收集尽可能多的信息，客观地、尽我们所能地做好充分准备。我们不需要用五年的时间来准备，而要在接下来的8个星期里就完成这些准备工作。

受访者普遍很乐观。有一位成功的投资者涉足私募股权领域，他说，他在应对一些令人沮丧的消极事情时，变得更加悲观了。按照悲观主义-乐观主义量表的评分标准，他的自评分数是："过去是+4分，现在是-1分。"

> 受访者28：如今，我的自评分数是-1分，我已经变得更加悲观了。而十年前，我会说我可能是+4分。在过去的几年中，我的乐观情绪有所下降。
>
> 采访者：怎么会这样呢？这真的很有意思。
>
> 受访者28：这是由于我经历了各种失望，对人、对合作伙伴、对合作事业的各种失望。我对一切都持怀疑态度。我再也不会马上对某件事狂热，也不会再追逐什么了。我变得非常善于分析。首先我会问自己10个问题，

找出某些东西可能不奏效的原因，或者陷阱可能在哪里。我以前不会这么谨慎。以前我更乐观。

采访者：如果要你比较一下这么多年来作为一个企业家所取得的成功，我们把这作为一个思维实验，那么如果你以前是-1分的状态，你还会如此成功吗？

受访者28：我觉得不会。悲观主义毁了很多机会，不是吗？

采访者：但乐观主义也可以毁掉很多事情。

受访者28：你说得对，人必须找到适当的平衡。对于我来说，我认为从纯粹的认知层面上，虽然负面经历更少，但是这些经历在我脑海中已经无法抹去了，而且带来的影响已经超过了那些好的经历。我不会压制负面的体验，我会告诉自己，一切都会顺利解决。我确切地知道问题出在哪里，并且确切地知道在参与某件事之前，我做的调查不够。我进行各种调查，提出问题，并结合自身的经验，试图调整我的悲观态度。但如今，我已经65岁了，只是不愿意再像30多岁，冒同样的风险了。

这个例子表明，即使是极度的悲观态度仍然有助于长期的成功。房地产开发公司是房地产中风险和回报都最高的公司。在这个领域，能像这位受访者的公司这样存在这么久的，少之又少。显然，悲观情绪使得这位受访者自己和他的公司能够规避过高的风险。他在悲观主义-乐观主义量表中，给自己打-1分。

采访者：我们制作了一个悲观主义-乐观主义量表。在这个量表中极度悲观主义者得-5分，极度乐观主义者得+5分。

受访者39：我的回答稍微有点儿不一样。把半杯水放在桌子上，我承认我通常会把那个玻璃杯看成半空着的杯子，而不是半满着的杯子。

采访者：那么，这是否意味着你更倾向于悲观？

受访者39：是的。

采访者：我想这真的有助于你在行业内可以立足这么久。

受访者39：很可能是。当有人问我，"事情进展得顺利吗？"我总是很难回答"一切都很顺利"。

采访者：按照这个-5到+5的打分标准，如果让你给自己打个分……

受访者39：那么我可能会认为我只能得-1分。

采访者：-1分？我相信正是悲观使你在这个行业生存了这么久。作为局外人，这是我的观点。

受访者39：是的，绝对是。

中期研究结果

创业研究人员和行为经济学家都在关注乐观和过度乐观这一课题。对富有的企业家和投资者的采访，清楚地证实了一个假设，即绝大多数的企业家都是乐观的。在采访的问题中，所有的受访者对这个特征做出的自我评估结果呈现出高度的一致性，几乎所有人都认为自己是特别乐观的，这是唯一一个得到如此一致认同的性格特征。量表的评分范围从-5（极度悲观主义者）到+5（极度乐观主义者），40名受访者中有37人将自己划分至正向范围，将自己归类为乐观主义者。其中35人甚至把自己划分至+3到+5极度乐观主义者的范围。大五类人格测验也显示出他们具有高度乐观的态度。43名受访者中有

38人强烈否认了这一说法"我认为自己更像是悲观主义者"。

在采访中，很明显，超级富豪们理解的"乐观主义"一词的含义与心理学家所说的"自我效能感"概念完全吻合。这一表达描述了在某些情况下，甚至是极具挑战性的情况下，一个人对自己掌控现场的能力相信的程度或强度。受访者用他们自己的话将乐观主义定义为信念，即坚信"你的能力、人脉或智慧，能够帮助你找出解决办法，并帮助你克服任何困难"。对他们而言，乐观主义也是"对自己行为的自信"、"对自己的信心"以及对自己的"组织能力"和解决问题的能力的自信。这证实了对创业和财富研究的结果，即高自我效能感是企业家和富人所具有的重要特征。

同时，受访者也非常重视秉持乐观主义精神，以此对"唱反调的人"进行纠正，那些人只会抱怨问题，却不解决问题。乐观主义精神，特别是在困难情况下，有利于激发员工的积极性，让他们相信共同的愿景。

只有少数受访者表达了过度乐观存在问题的对立观点。他们认识到了过分乐观的态度可能会导致企业家承担过高的风险。在这方面，一些受访者提到，他们已经建立了起平衡作用的决策机制，例如一个通常不那么乐观的合作伙伴。

第十五章　风险偏好

高风险偏好是成为有钱人中的佼佼者的先决条件吗？学术研究对企业家和富豪们的风险偏好做了各种不同的假设。

假设1：企业家具有较高的风险偏好。来自芝加哥大学、以弗兰克·H.奈特（Frank H. Knight）等社会科学家为代表的芝加哥学派（The Chicago School），将企业家定义为主要的风险承担者。[1] 这所学校的倡导者主要从风险承担的角度理解创业思维和行为。[2] 当代学术财富研究也得出结论：获得巨额财富的机会随着风险偏好增高而增加。同时，一个倒"U"形的相关性尚未得到证实。[3] 这与研究人员提出的第二个理论有关。

---

[1] Stefan Lackner, *Voraussetzungen und Erfolgsfaktoren unternehmerischen Denkens und Handelns: Eine empirische Analyse mittelständischer Unternehmen* (Hamburg: Verlag Dr. Kovac, 2002), S. 18 et seq.

[2] Stefan Lackner, *Voraussetzungen und Erfolgsfaktoren unternehmerischen Denkens und Handelns: Eine empirische Analyse mittelständischer Unternehmen* (Hamburg: Verlag Dr. Kovac, 2002), S. 21.

[3] Melanie Böwing-Schmalenbrock, *Wege zum Reichtum: Die Bedeutung von Erbschaften. Erwerbstätigkeit und Persönlichkeit für die Entstehung von Reichtum* (Wiesbaden: Springer VS, 2012), S. 229.

假设2：适度的风险偏好和成功呈非线性关系。这一理论认为，成功企业家的特征之一是具有适度风险偏好。风险太小，对他们来说挑战不够，但他们也会避免过高风险。假设风险偏好与成功呈非线性关系。在一定程度上，风险偏好与成功是正相关的，但超过某种程度，风险的高偏好则会有不利影响。

假设3：主观风险认知。另一种方法解决了主观风险认知问题。这个假设是，即使其他人认为他们的行为是有风险的，但是他们自己并不这么认为。赫里斯（Hisrich）、兰根·福克斯（Langan-Fox）和格兰特（Grant）指出，企业家在其高风险偏好上与非企业家并无区别，但在主观风险认知方面两者差异很大。这意味着企业家的特征之一是具有较低的主观风险认知，这会导致外界认为其具有高风险偏好的错觉。[1]

第一节 风险等级

采访期间，受访者被要求将他们的自身状况按照风险量表进行评分。量表评分标准从-5（"只购买国债的公务员"）到+5（具有非常高的风险偏好）。中立值被设定为0。许多受访者对年轻时和年纪比较大时的风险偏好分开打分，这将在本章第三节进一步探讨。如果遇到这种情况，研究者则取较早的值，因为早期的值被认为是适用于大多数受访者创造财富的年龄阶段的。

根据假设2和3，大多数受访者应该将自己置于中立范围。毕竟，假设2认为企业家有适度的风险偏好，避免过度风

---

[1] Robert Hisrich, Janice Langan-Fox and Sharon Grant, "Entrepreneurship Research and Practice: A Call to Action for Psychology," *American Psychologist* 62, No. 6 (2007), p. 583.

险。而假设3则认为，虽然企业家确实承受了高风险，但他们并不认为这些风险很高。实际上，45名受访者中只有3人分布在中立范围内。5人处于负向范围（-1分到-5分），这意味着他们认为自己是审慎和安全的。绝大多数受访者，即45名受访者中的35人，给自己的评分都分布在正向范围内。令人惊讶的是，45名受访者中有25人甚至将自己置于风险量表的最高值范围，介于+3和+5之间。这代表他们与大部分人之间有显著差异。针对德国阿伦斯巴赫民意调查研究所提出的一个问题，即询问受访者是喜欢简单且相对安稳的生活，还是喜欢有很多赚钱机会但风险很高的生活。77%的受访者表示，他们更喜欢安稳的生活，只有12%的受访者表示愿意承担更高的风险，有追求更多财富的雄心壮志。[1]

受访者的风险偏好

- 高风险偏好（+3到+5）：45名受访者中有25人在此区间
- 正向范围（+1到+5）：45名受访者中有35人在此区间
- 中立范围（= 0）：45名受访者中有3人在此区间
- 负向范围（-1到-5）：45名受访者中有5人在此区间

虽然这些结果并不能证实假设2和假设3，但是有一些受访者的回答与这些假设完全吻合。许多受访者已明确指出了主观风险认知与实际风险偏好之间存在差异，他们明确表示，那些不太愿意冒险的人对自己做出的评估，与他们周围的人给他们的评价有很大差异。

特别是，往往逆向投资者认为相对安全的事，其他人却认

---

[1] 德国阿伦斯巴赫民意调查研究所第11050号调查报告。

为其具有高风险,而反之亦然,一些被其他人认为相对安全的事,逆向投资者会认为其具有很高风险。一位受访者这样描述了他的投资。

> 受访者19:其他人说,柏林的轻工业房地产业充满了巨大的风险,他们会说:"天啊,他知道他在做什么吗?那种大型建筑物的房产税可比租金收入都高啊。"他们说的全是这类话。但是,我认为在柏林的某个地方,以总建筑面积为基准,按照每平方米80欧元的价格入手房产,这是最没有风险的选择。其他人认为这是有风险的,但我不这么认为……在我所做的事情里我甚至看不到一丝风险。我心里想:"你是很疯狂的那类人。你能买到租售比仅仅为1:24的房子,基于180欧元/平方米的租金价格,而且是在库达姆大街(Kurfürstendamm)[①] 上,这可是我连做梦都想不到的划算买卖。我没喝醉。"

一位经营股票和房地产生意的受访者,给自己评分"+1分到+2分",他也承认其他人更有可能给他打+4分。他这样解释这个差异。

> 受访者43:这个问题很难回答。我会认为我只有+1分到+2分。我不会给自己打更高的分数了,这可能会让你吃惊,但我得解释一下:在我的职业生涯和投资中,我所承担的许多风险都是充分考虑和分析过的风险,这意味着它们最终都算不上风险了。我并非赌徒。这是一方面。我认为,另一方面,整体的业务能力,就是要承担你清楚

[①] 库达姆大街是柏林最负盛名的位于市中心的购物街,街两旁都是高档的零售店铺和写字楼,在德国相当于纽约市的第五大道。

第十五章 风险偏好

自己能够承受的风险，这样你才能得到适当的回报。这样做的话，实际上承担的风险会变小。例如，如果我有一个很长的投资期限，那么我可以承担一定的流动性风险，如在股票市场上的小型股，或者可能是陷入困境的中小企业的债券，甚至是每三年才能出售的房地产。当我做这些投资的时候，它们看起来似乎很有风险，可实际上并没什么风险，因为我知道我的投资期限，我也知道我可以撑得过去，而所产生的现金流经过风险调整后，实际上并没多大风险。

采访者：那其他人，他们怎么评价你？

受访者43：他们只看到结果。他们可能会给我打+4分……据我所知，典型的企业家能承担三种风险。第一，他的投资集中在一个行业，几乎100%地集中，并且不会多样化。第二，他唯一的资产是完全非流动性资产，而他的财富是与此资产挂钩的。第三，他的投资杠杆率非常高。如果我自己考量这三方面的话，我的投资非常集中。一方面，我几乎全部的财富都直接或间接地投资在了德国房地产业。另一方面，我的投资广泛分散在许多不同的房地产项目中，而且我绝不会把很多这类投资作为独立投资，仅把它们作为多元化投资组合的一部分。所以我想说，集中和多元化，各占50%。当然，我的投资组合是非流动性的，相对于许多其他企业家来说，甚至几乎没有流动性投资。如果我想的话，我相信我能在一年内变现一半的投资组合。这有点儿问题。当然，我的投资的流动性不高，但仍然还是可以变现的。而在杠杆方面，我的投资杠杆率属于中等水平。

另一位受访者解释道，他认为自己可以适度地规避风险。

在风险量表上，他给自己打-1分。不过，他觉得其他人会认为他非常愿意承担风险，并可能会给他打+3分。

  采访者：在风险量表中，我们以-5分评价追求绝对安全的人，以+5分评价很高的风险偏好的人。按照这个风险量表的评分标准，你会给自己打多少分？

  受访者27：得+5的人是冒险狂吗？我个人会给自己打-1分。但是别人会给我打+3分。

  采访者：这种差异从何而来？……

  受访者27：很可能……我不太确定。首先，如果有人是综合全能马术比赛的骑手，其他人就会认为：“他很勇敢，什么都不怕，他很能冒险。”跟这种想法相反，我举一个我特别疯狂的兄弟的实例。他是一个十足的冒险狂。只有当我坚信我有能力去完成任务的时候，我才会做这件事。一方面，能站在高山顶上和相信不管怎样都能回得来，两者之间是有很大区别的。另一方面，我在较低海拔山区练习三次，然后说：“好吧，现在该攀登峭壁了。”而对我做所有事包括工作，我总是全力以赴。现在我们有流程和人员能够更好地评估风险。而且在完成大约2000个项目之后我就能够预测风险了，同时风险也不会有你想象的那么大。这意味着我会对站在外面的人进行不同的风险评估。

最后三名受访者可以给假设3的提出者作为案例研究，因为他们的主观风险认知和外部的实际风险之间差异非常大。

大多数受访者认为他们承担的风险是可控的。很少有人能有意识地遵循"都是风险或没有风险"的策略。与许多其他受访者相反，下面这位受访者认为，相对于追求风险的偏好，自己的风险偏好更安全。他不愿意承担可能彻底击倒他的风险。他说："我只承担可控的风险。"

> 受访者22：你知道，我试图找到自己的位置，如此，我就能待在一个我认为对自己有利的位置上。这意味着我永远不会把自己置于一个要么到处都是风险、要么毫无风险的位置上。这取决于未知的未来。那种情况对我来说是一个非常不舒服的处境。赌徒才会把自己置于这种境地。但是我想要处于这样一个位置，即使掌握了所有已知和未知的信息，在最坏的情况下我也能获得一个不错的结果。

> 采访者：现在你得到的比以前多得多，不是吗？

> 受访者22：是的，是这样。这一切都源于我所说的可控风险。当我看到这些备选方案时，我会撇开那些看起来像可能导致全部损失或全部收益的方案，因为通常方案和方案之间是紧密相连的。当然，我也会努力保留选择权，并将风险保持在可控的范围之内。我再说一次，我确实会承担风险，但我更偏向自己有信心可以控制的风险。

> 采访者：你创建了一个巨大的安全边际，但又从来不把它用于实际工作，这就是为什么你获得这么好的成果的原因吗？

> 受访者22：是的，在一定程度上是这样的。如果这样做，实现我所瞄准的最低目标有很高的概率，同时又确保回报没有上限。当一切都很顺利的时候，你就可以退后，让事情自行运转，但与此同时，我想确保至少能有一个最低标准的正向结果。

与上述受访者不同，大多数受访者认为，自己是具有极高的风险承受力的。他们往往认为这是一个弱点。谈到他们人生经历过的低谷时，他们认为就是他们的高风险偏好才让他们损失了那么多钱。下面这位受访者在风险量表中给自己评了+5分，并且在采访期间多次强调"我是个赌徒"。"我在一张牌上押注，然后为了胜利奋斗到底。"他继续说，"我的工作就是赌博，你知道吗？我下注，永远不知道它的结果，但我会为它而战。"但是他从来不去赌场，因为他把自己的投资视为他的赌局，特别是他的房地产投资。

受访者：几天前我损失了数千万，但我从来不把情绪表现出来……我认为我曾经最大的一次损失是在一个房地产项目上损失了5000万欧元。事实上，让我更苦恼的是我没赌赢……人们总说我，"他到处扔炸弹，不管落在右边，还是落在左边，他都会照常继续下去，甚至连眼皮都不眨一下。他最多就是拿个手帕，掸一掸灰。"

为做成这件事，我努力了两三年。我当然会紧张，感到压力巨大。但是，当我最终知道自己损失了5000万欧元的时候，那种感觉很像上学时，你真的很刻苦地学习，去参加考试然后通过了。而就在考完第二天，一切就都忘得一干二净。就连紧张也消失得无影无踪。我认为我是一个在行业里经历过大起大落的人。如果你以前赚过大钱，就有可能大笔输钱。这就像在《旧约》中所说的，"赏赐的是耶和华，收取的也是耶和华"。你没法决定结果……我所相信的是，人们思考，上帝指引我们。"人类一思考，上帝就发笑"。我从来没有体验过能够准确预测风险的感觉。我有我的想法，而且有时我的判断是对的，但我不得不说，每次都是猜测而已……你知道陀思妥耶夫斯基（Dostoyevsky）的《赌徒》（*Gambler*）吧。当然，你不会看到我变成那本书的赌徒。我也不想让我的家人看我变成

第十五章　风险偏好

那个样子。但是，归根结底，这只是一场赌局。

那位受访者的态度并不典型，其他大多数受访者都已立即否定。然而，有几个人承认非常热衷于追求冒险。这种风险承受力往往表现在，他们为了挑战更高的风险，决定放弃稳定的职位。

采访者：你能说说你与风险的关系吗？如果要求你按照量表里的标准给自己打分，你会给自己打多少分？

受访者7：我至少给自己打+4。

采访者：那么你是否曾经做过一个重大的经济决策，你现在回想起来认为它导致的结果很好，但实际上风险太大了？你做过这样的决策吗？

受访者7：是的，当然。我曾经做过这样的决定，从×××银行辞职，然后去×××上班。我赚到了很高的薪水，放弃了×××银行的高层管理职位。我是在危机当中做这个决策的。

采访者：这意味着，这总是一个关键点，你基本上是一个雇员，那么你大致赚了多少？

受访者7：我不完全确定，但一定是五十万左右。

采访者：你放弃了这份稳定的工作。

受访者7：是的，我还放弃了在×××银行的职业生涯……

采访者：你本可以在那里为自己创造一个好的职业前景。

受访者7：嗯。我却进入了一个我一无所知的行业。

采访者：但是总有个原因让你放弃在银行的一切，并投身到另外一个行业吧？

受访者7：是的，那就是挑战自我。

有几位受访者表示，他们在私人生活方面有很高的冒险偏好，例如喜欢极限运动。对于下一位受访者来说，情况就是如此，他在风险量表中给自己打了+5，甚至谈到对"高风险"很上瘾。

受访者6：我讨厌那种安全第一的心态。我知道在我们德国有一个安全狂热活动，这真的让我失望。这完全是对安全的过分渴望。

采访者：那么这是否意味着你不介意，甚至享受某种程度的创业风险，自然而然地故意接近风险并对其充满觉知？

受访者6：是的。我年轻时曾经参加过一些赛车比赛、滑雪比赛，这超出了人们通常所能做的。我曾经多次承受极端的风险。不幸的是，有人甚至死了。年轻时，我渴望冒险，并沉迷于高风险。这促使我与朋友和家人谈过很多次。

采访者：那些只是极限运动而已吗？你都做过什么？

受访者6：我曾在没有任何安全设备的情况下爬上阿尔卑斯山脉。爬这座山通常需要使用绳索、冰镐和冰爪。但是，这项运动神奇地吸引了我。我不得不去做。我爬上了山顶。而后我又活着爬了下来。那时在山上的那群人说："他完全疯了，他想自杀。"但是一切都很顺利。而当我滑雪的时候，我冲过了渠道，那时我相当兴奋，我明白我做的这些事情，只要犯一个错误，我就要付出生命的代价。我距离危险越来越近。人们从来没有专注于生命中如此危险的事情，比如你承担风险的时候，那一刻你活在当下，只想着把事做好。尽管你做的每件事都是相对的，但你还是会对它有点儿上瘾，不是吗？

另一位企业家也详述了他在私人生活中对风险的强烈渴望。他的母亲甚至预言他有一天会意外死亡。显然，这不仅仅是一种只在他的事业中表现出来的性格特征。

> 受访者1：我能承受风险……即使在我的个人生活中，我也有意识地去承受相对较高的风险，有时甚至摔得脸朝下。不过，谢天谢地，事情还不算太糟。但我绝对愿意冒险。
>
> 采访者：你的个人生活？这是什么意思？
>
> 受访者1：……大约在半年前我曾幸免于难，当时一头水牛想杀我。你们在我这个年纪的时候，不需要经历这些。当我在锻炼身体或骑马时，我并不总是很小心。我母亲过去常说我会死于意外。她死了，而我还健在。从来没人认为我小心翼翼。事实的确如此。

对风险的高容忍度与明白摔倒后能重新再站起来的自信密切相关。一位受访者说，他愿意接受高风险，因此，他经常不得不将自己的企业登记为资不抵债。然而，从一开始，他就一直有这样的态度：他能挽回损失，因为他知道"怎么做"。

> 受访者29：这意味着，当你从未有过当一名员工的经历时，你就不会了解害怕失去某些东西是什么感觉，因为你从一开始就没有什么可失去的。另外，我一直对自己说："好吧，即使失去了拥有的一切，我明天也能把它们赢回来，因为你知道该怎么做。"你了解这种感受吗？

第二节　控制的错觉："我正坐在驾驶座上"

受访者均被问及他们主观意识对风险的偏好和实际的风险行为之间是否存在差异。其中一个标志是其在自己的公司中所拥有的财富的百分比，以及对风险的认识程度。一些受访者曾拥有独立于自己公司的财富，例如股票和房地产投资。即使他们的企业破产，也不会导致个人财务崩溃。高度注重安全的企业家倾向于把大笔资金作为红利，然后投资"安全"资产，如房地产。

当然，这意味着，如果企业家将公司的大部分收益用于投资其他领域或将其存到银行，公司的发展机会更有限。一些受访者没有长时间挪用公司资金，也没有把自己的全部收益都用于再投资，以便为公司的发展和壮大提供资金。结果他们大部分的财富都被自己的公司所占用。

这两种策略都是有效的，既可将小额资金作为股息分配资金，也可以在提取收益的基础上采取偏向以分红为导向的策略以便在公司外部积累财富。很多情况下，将收益用于再投资的策略的确能促进公司发展，但这个策略同时也存在高风险。许多受访者同意这个观点。

一名受访者称在风险量表中给自己打0分。当被问到别人会如何评价他时，他坦言他的女朋友会给他打+5分。他承认自己的行为风险有时堪比切腹或在刀锋上行走。因为他投入的成本太高，如果突然丢掉一份生意，就可能损失惨重。他也承认把75%的个人财产与自己的公司捆绑起来有风险，在之前的十年里，有八年他"没有从公司拿走一分钱"，而是领取固定工资。他目前正在考虑卖掉公司，因为他觉得将75%的个

第十五章 风险偏好

人财产和公司捆绑所面临的风险太高了。另外,他相信自己和潜在的买家联手可以获得协同效应,让他的公司加速发展。不过,这位受访者认为把大量个人财产和公司捆绑在一起有风险,这让他成为受访者中的例外。

大多数受访者并不赞同他的观点。他们都被问道,将大部分个人财产和自己的公司捆绑是否有风险。毕竟,这种行为就像投资者把自己的钱全投在一只股票上,而不是把钱分散在投资组合里。事实上,企业家这样的做法面临的风险只会更高,因为当他们的财富和自己的公司捆绑起来时,就变得没有流动性、不可替代,但股票可以随时买入、卖出。受访者不会接受这个警告。他们指出,这样做的好处在于公司由他们自己掌控,就像一名受访者所说的,"方向盘握在自己手里"。在一些财富类畅销书中,这个例子被多次提及,被称作"盲目乐观"、不能主观感知实际的风险,这在本书第三章第二节、第四章第二节和第四章第三节中对这个问题做了详细分析。

下面举一个受访者的例子,这位受访者是受访者里最富有的人之一。他不认为把大部分个人财产和公司捆绑有很高的风险,因为公司是他自己管理的。他认为,只要"公司由自己管理"并且"不犯任何错误",就没有风险。他是一个十分成功的企业家,属于世界上最富有的1/1000的群体。可以理解,这让他高度自信。另外,他认为今后自己——如他所说——不会犯大错,这可能吗?

> 采访者:你认为,把几乎全部的财富和公司长时间捆绑,这样的做法有风险吗?你会说"这种风险你愿意承受"吗?或者,你从来不觉得这样做有风险吗?
> 受访者26:我从来没有感觉这样做有风险。
> 采访者:我能了解一下原因吗?

受访者26：因为公司是我自己管理的……只要公司是我自己管理，并且不犯任何错误，就不会有风险。

　　采访者：但谁都会犯错，不是吗？

　　受访者26：是，但是不要犯大错，你明白我的意思吗？即使犯很多小错，也没关系。但是一个真正的大错就会把我击垮。但如果公司由我自己掌控，就不会出现大错。

　　采访者：我猜归根到底还是取决于你的杠杆率有多高。你的杠杆率高吗？

　　受访者26：我尽可能降低杠杆率，不然，依赖性就太强了，不是吗？

　　顺便说一句，这名创业者在接受采访后就卖掉了自己的公司，他现在以多元化投资组合为基础经营着一家资产管理公司。

　　许多受访者的创业领域是房地产开发行业。要充分理解这一事实，有必要认识到在房地产行业，开发者面临的风险回报最为极端。他们有机会赚取巨额收益，但与此同时倒闭的公司也极其多。一名受访者正是在房地产开发行业创业，这个行业机会很多，风险也很多。这名受访者自创业以来，几乎没在自己的公司之外积累多少财富。他说，他的资产管理人跟他说"×××先生，你是在孤注一掷"，而他回复"是的，但一切都在我的掌控之中"。他反驳道："船是我在掌舵……如果我是投资房地产基金或股票基金，我无法知道基金的负责人能把基金管理得多好。"同时，他承认计划在未来几年内减少风险。他会通过多元化和收购自己公司以外的资产来减少风险。

　　下一位创业者是在医疗技术领域致富的，属于很少从其核心业务中获益的那部分受访者，他们更愿意把所有收益用于再投资，使公司业务获得进一步增长。一开始，他就说这样做并不会有风险，只要公司"是我说了算"。不过，接着他就承认，正因为如此他才扩大业务范围、投资房地产，想在核心业务之外积累财富。

> 采访者：所以你从来没有从公司套现过一大笔分红？
>
> 受访者23：很少。只有一次例外，那次不是出于个人需要，而是我的房地产公司需要启动资金。我们不得不分红，而且那是一笔个人性质的提款，因为我们需要将这笔股权收益投资到新公司，这样新公司才能发展起来。新公司需要启动资金，必须一开始就到位。但除了那次之外，我们会保留所有的收益，并进行再投资。
>
> 采访者：你从没觉得把自己的很多钱和公司捆绑在一起有风险吗？
>
> 受访者23：没有，只要公司是我在管理就行。
>
> 采访者：虽然这样说可能有点挑衅，但我还是认为这种做法不就像把所有钱投资到单一股票上吗？一般没有人会这样做，不是吗？
>
> 受访者23：没错，但我们的业务从那时起就已经开始多样化了。1975年我开始在房地产行业创业，那时还创立了一家投资公司，我们把这家投资公司做起来了，现在又投资另外一家公司。

另一名医疗技术领域的创业者也让大部分的个人财富和自己的公司捆绑在一起，他在风险量表中给自己打+4分，风险量表的评分范围是-5到+5。和许多受访者一样，他面带微笑地说："是的，我从不害怕风险。"他这种听天由命的态度很有代表性，许多受访者的态度和他一样。也许宿命论是应对高风险的一种方法。

　　采访者：你把所有钱投进了自己的公司，你从来没有担心过吗？如果你的公司因为什么原因严重受挫了，怎么办呢？

　　受访者32：那我就会很惨，很不幸。但我会把你说的那种情绪视为恐惧。我一直想获得成功，但我也总是确信，不论发生什么，我都可以靠自己的律师事务所渡过难关。

下面这名受访者也抱着明显的听天由命的态度。

　　受访者25：我绝不可能陷入贫困。但如果我不得不因为某些超出自己掌控范围的事情，比如遭遇经济危机而令我失去一切，我也会接受。如果这种事情发生了，我个人的房地产投资项目也会受影响。那会是真正的危机局面。在这种情况下，我不知道问题最后能不能解决，也不知道怎样渡过难关。那么我会接受它，我会说："好吧，我会在西班牙的一座小房子里度过余生，并对此感到满意。"对我来说不会有什么问题。我不是很在乎地位，所以我不会很怀念财富所象征的地位。更可能的情况是，我会回顾过去，然后告诉自己我曾经过得很好，做了一些很不错的项目，仅此而已。

第三节　"无疑，我想的事情比以前多"

　　本书第三章第二节中提到，一个人开始创业时承担的风险和他在现在的公司里工作时承担的风险有很大的差别。有必要

第十五章 风险偏好

区分在创业初期企业家的风险承受能力，以及一旦他们的公司建立起来并稳步发展后他们的风险承受能力。许多受访者表示他们与风险的关系随着时间的推移而变化。几年后，他们对风险的承受度降低了。实际上这可能是他们获得成功的秘诀之一：创立公司、发家致富需要更乐于承担风险。一旦他们实现了目标，就会避免采取过度冒险的行为以免让公司或财产面临风险。这样，个人所面临的风险就减少了。

在房地产开发商的经历中，我们可以很明显地看到这种发展历程。他们刚开始创业时，通常所承担的金融负债远超过自己所拥有的资产价值。单个项目的失败，可能意味着彻底破产。随着事业发展，他们逐步降低所面临的风险水平，具体而言，是指：

- 他们宁愿选择无追索权的融资，也不承担全部责任。
- 他们宁愿使用更多的夹层资本，也不用自己的资金。
- 他们在公司外建立资产基础。

不过，许多其他行业的受访者也经历了风险降低的过程。他们越来越不想承担风险的原因各不相同。其中有一位受访者从事食品零售业，她说："我年轻时，经常用的就是借入资本。现在回想起来，当时我真挺勇敢的……但我爸爸常常为我担心。"随着受访者年纪增长，她的风险承受能力也降低了。"没错，因为你能更准确地评估风险。你的经验更丰富了，能看出哪里出了问题或者可能会出问题。这是在你年轻的时候不会多加考虑的东西。"之所以能够规避更多的风险，其中一个原因就是你积累下来的经验足以让你发现其中的风险，而年轻的时候，你很难发现风险。

一位从事金融业的企业家认为人年纪越大自然而然地会变得越来越谨慎。

> 采访者：随着时间的推移，你已经变得越来越谨慎。那你觉得自己是从什么时候开始变得越来越谨慎的呢？
>
> 受访者1：我觉得是在55岁左右吧。没错，就是那个时候。
>
> 采访者：因为你不想再拿自己所拥有的东西来冒险了。
>
> 受访者1：事情不是这样的。我从没这么想过。我只不过是改变了对风险的看法。我不是不愿意去承担失去一切的风险，而是我没想过那些。
>
> 采访者：但是……
>
> 受访者1：但是，把年轻的军官们派去战场打仗，而把50岁的年长军官们送回家是有充分的理由的。一个人的年纪越大，想得就越多，对风险的看法也和年轻时有所不同。
>
> ……
>
> 受访者1：我年轻时，的确认为一切会变得越来越好，那个时候我还背负着个人金融债务，这是现在的我绝对接受不了的。事情可能很顺利，但也可能变得非常糟糕。所以说到谨慎，现在年龄大了，我绝对不会让自己像过去那样背上那么沉重的债务。

许多受访者称他们不愿意再让自己辛苦经营起来的东西蒙受损失。

> 受访者4：我给自己打+5分。虽然我得限定一下，

第十五章 风险偏好

我改变了很多，每天都会提醒自己："现在，就一分钟。你已经获得一定的保障。你拥有无忧的生活，不要再贸然冒险了。"

采访者：我在和其他受访者聊天时也了解到这一点，他们说："随着年纪增长，我对风险的渴望好像慢慢减弱了。"

受访者4：嗯，没错。我就是这样的。我年轻时，员工们就跟我说："×××先生，你不能这样做。我们不能把公司的收益全部押在这一场广告宣传上，也不能为了这一个战略就赌上全部。"当然，我还是会这么做的，虽然也不是每一次都成功，但我总是把一切都赌上去。如今，我可不会那样做了。我要对自己的公司和180名员工负责。

因为知道从头再来的辛苦，所以人们行事才会更加谨慎。

受访者9：因为我告诉自己："如果我在这里摔倒了，就没有精力再重新开始了。"很明显，我在年轻的时候对风险的承受能力更高。

一名企业家这样评估自己的风险状况："以前，我是+5，现在我就是0。"他是这么解释的。

受访者21：我对安全感的渴望已经变了。一度，我成天想的就是做出点新花样。那时我觉得，哪怕会遇上把弓折断的风险，也比从不拿弓或是松了弓弦要好得多。现在，我最想要的一样东西就是安全感。首先，我要有把握。我会衡量安全和风险。每个项目都存在一定的风险，但这个风险必须是可控的。

几名受访者提到，他们之所以会变得越来越想规避风险，是因为他们对家人有责任。一名企业家在谈到自己的风险偏好时说,随着时间的推移,他的风险偏好分值从+5变成了+3。他是这么解释的。

> 受访者42:是啊,以前,我的风险偏好分值肯定是+5,而现在,说实话,我女儿已经11岁了。我一共有4个孩子,在第一次把一个女儿抱在怀中的时候,我的想法就变了。我有家了,在这个世界上,我不再是孤身一人,不再是一人吃饱、全家不愁的光棍了。

许多企业家担心风险投资可能会对子女继承遗产有影响,高风险会加重家人的负担。

> 受访者31:随着年纪慢慢变大,我对风险的渴望确实降低了。现在,75岁的我不会再冒更大的风险了。因为我的几个孩子很能干,妻子总是为我着想,我不想因为自己冒险而让他们以后的日子不好过。

如果要根据风险偏好给自己打分,分值在-5到+5之间,另一位私人股本业的企业家给年轻时候的自己打+4分,现在打0分。和其他几名受访者一样,他说,随着年龄增长,自己变得越来越会规避风险。他指出,重要的是看清一个人为了实现自己的目标愿意承受多大的风险。

> 受访者28:每年安永会计师事务所都会评选出"年度企业家"。通常,获得"年度企业家"称号的这些人两年后就会销声匿迹。我会问自己:"为什么呢?"在我看来,他们更多的是利用了错误的风险结构来创造了当选年度企业家所需的超额利润。换句话说就是,一位企业家走进赌场,直接走到轮盘赌桌边,把所有赌注压在数字13

第十五章　风险偏好

上。然后，他回家了，说"我真是一个很优秀的企业家"。然后，×××也说："你真是一个很优秀的企业家。"这种人绝对不会说："我只不过是运气好罢了。"他们只会说："我只是脑子比其他人的好用罢了。" 就是这样，他带着这种想法在第二年又去了赌场，然后又把一切押在了一个数字上。这次他把一切押在数字4上，因为他知道，根据计算概率的标准和1/37的中奖概率，同一个数字不可能出现两次。所以，他把一切赌在数字4上，一轮过去，他输掉了一切，他崩溃了，因为他不能接受之前的胜利只不过是运气好。他坚信他是靠自己的聪明才智赢的……许多年轻的企业家把所有东西都押在一张牌上。要是有一百个人这样做，成功的最多只有一个。人只有百分之一的机会能赢，还有九十九个人也试了，不过失败了而已。他们的智商未必会有差异……我想说的是我已经变了。人年纪大时，就不想把三个球一起抛向空中了。如果你的业务是像杂耍一样把三个球同时抛向空中，每个球都有风险，这些风险叠加起来，局势就可能失控。所以，一次我只会把一个有风险的球抛向空中，然后等它安全地落到手里，风险消失，再抛下一个球。

最后，这个过程中还有另一个动机。一般情况下，使用的借入资本越多，人承受的风险也就越高。但是，由于大多数受访者的主要动机是想获得"自由和独立"，因此他们就处在了矛盾中。一位从事食品行业的企业家表示，他很少使用债务融资，他通常都是拿自己的钱当公司的经费。他的公司价值几十亿欧元，但资产负债表上只有5000万欧元的债务。他的竞争对手们选择了和他完全不同的方式，他们的公司发展速度更快，但代价是要背负几十亿欧元的债务。"而我无债一身轻。"

他担心如果他负债了，就失去了创业的自由。他说如果自己现在有机会用25亿欧元买下另一家公司，他也肯定能拿出所需要的资金。"但是那会让我很头疼，因为我会没了自由。"

中期研究结果

研究人员深入研究了企业家及有钱人风险偏好的问题。一些研究人员确认风险偏好、创业成功及财富这三者之间存在一种很强的正相关关系。相反地，另一些研究人员发现企业家对风险的渴望处于中等程度。第三组研究人员的发现则支持另一种假说：虽然企业家的做法在外界看来可能是在冒险，但是企业家们自己并不这么认为。

研究表明，有意识地承担风险——尤其是在创业初期有意识地承担风险——并且在公司发展过程中降低这些风险，是成功获得可持续财富的必要条件。没有准备好承担高风险的人不能成为成功的企业家或投资家。另外，任何面临极高风险时间过长的人都有失去他们积累的财富的风险，即使不是失去全部，也会失去大部分。这种情况在人的一生当中出现得越晚，东山再起的可能性就越低。其中许多受访者称他们对风险的渴望随着年龄的增长而减少了。重要的是要时刻牢记在本书研究中接受采访的超级富豪都是将自己的成功延续到现在的人。当然，很多企业家没有获得长期的成功，可能是因为他们一直面临过度的风险，却没有及时采取行动降低风险。

有一种假设是企业家和有钱人的风险状况比较适度，但受访者们对此并不认同。这肯定与这些超级富豪们创立公司、积累财富时期的情况不相符。绝大部分的受访者认为自己的风险偏好较高。这和他们在巩固业务阶段的情况相反，在后一种情况中，他们越来越不愿意承担风险了。在企业家的这个人生阶段，风险偏好适度的假设是成立的。

还有一种假设是企业家和有钱人在外界看来在承受高度风险，但他们自己并不这样认为。受访者们并不完全认可这种假设。大部分受访者对于自己的高风险状况有着充分的认识。同时，许多认可最后一种假设的受访者认为自己的风险偏好是适度的，但他们也承认外界会认为他们对风险的承受能力很高。另外，采访证实了，从客观来说，许多受访者面临的风险都很高，要么因为他们的投资组合缺乏多样性，要么因为他们的钱都在自己的公司，但他们自己并不认为这些是风险。这给了他们一种尽在掌握的错觉，其实，不过是这些受访者盲目乐观的结果或表现。

第十六章 做决策依靠直觉还是分析?

本书第四章第一节引用了各种不同的研究,这些研究得出了一致的结论:高层管理者在做决定时尤其依靠自己的"直觉"。根据上文的假设,比起高层管理者,这种结论在企业家身上应该更加适用,因为企业家不必和高层管理者一样向第三方(委员会、监事会等)证明自己所做决定的正确性,而且相比那些管理者而言,只有少数企业家有工商管理方面的背景。在本书第四章第一节所提到的研究中,研究者对连续创业家进行了采访和心理测验,结果证实了上述结论。特别选择连续创业家是因为人们认为他们能获得多次创业成功不可能只是由于运气好或某些偶然的外部因素。我们请这些连续创业家做了一个测验,来衡量他们是倾向依靠分析还是直觉来做决定。研究人员在不同国家做了相同的测验以进行进一步调查研究,证实了直觉在高层管理者和企业家的决策过程中的重要性。[1]

---

[1] Christopher W. Allinson, Elizabeth Chell and John Hayes, "Intuition and Entrepreneurial Behaviour," *European Journal of Work and Organizational Psychology* 9, No. 1 (2009), p. 41.

第十六章 做决策依靠直觉还是分析？

实际上，直觉并没有那么神秘。其实，它就是内隐知识的表达，是内隐学习的外在表现。

这一系列和决策有关的采访问题十分重要。受访者会在多大程度上凭借直觉进行决策？他们什么时候更愿意依靠自己的分析来做决定？什么时候会信任直觉？受访者被问及直觉和分析在决策过程中起的作用有多大。

做决策时，你主要靠的是直觉还是分析？

1. G 60%靠直觉。
2. G 大部分靠直觉。
3. G 70%靠直觉。
4. G 90%靠直觉。这位受访者说："我做事完全凭直觉。"
5. G 直觉起决定性的作用，还有占星术也有用。
6. G 50%靠直觉。这位受访者说："比起分析，我更依靠直觉。"
7. U 这位受访者说："我的大多数决定都是靠直觉做出的，但要做复杂的决定时，我会更倾向于依靠分析。"
8. A 这位受访者说："我做的决定中有2/3是靠分析得出的，但我错了。如果我对直觉重视一些，损失就会少一些。"
9. G 90%靠直觉。
10. G 这位受访者说："我靠直觉做决定。我把手放到一份文件上，就能知道它是骗局、谎言还是废话。"
11. A 70%到80%靠分析。
12. G 80%靠直觉。
13. G 60%靠直觉。
14. G 这位受访者说："直觉比分析重要得多。"
15. U 过去，70%靠直觉，30%靠分析；现在是30%靠直觉，70%靠分析。

16. U 这位受访者说："所有事情都以分析为基础，之后100%靠直觉做决定。"

17. G 60%靠直觉。

18. U 50%靠直觉。

19. A 100%靠分析，不管直觉。

20. G 70%到80%靠直觉。

21. U 50%靠直觉。

22. A 70%靠分析。

23. G 最多60%和最少40%靠直觉。

24. A 20%靠直觉，80%靠分析。

25. G 主要靠直觉。

26. A 大部分时间靠分析。

27. A 70%靠分析（分析适用于日常事务的决定，直觉在重大决定上作用更大）。

28. G 主要靠直觉。

29. G 60%靠直觉。

30. A 主要靠分析。

31. A 2/3靠分析，但更多的时间花在对自己潜在合作伙伴的了解上。

32. G 80%靠直觉。

33. G 至少75%靠直觉。

34. U 直觉和分析各占一半。

35. A 40%靠直觉，60%靠分析。

36. G 这位受访者说："我不再做任何违背自己直觉的决定。"

37. A 70%靠分析。

38. A 这位受访者说："由于银行的强制要求，我70%靠分析。"

39. U（这位受访者没有给出评价）。

第十六章 做决策依靠直觉还是分析？

40. G 70%靠直觉。
41. A 75%靠分析。
42. G 2/3靠直觉。
43. G 80%靠分析。
44. G 70%靠直觉。
45. A 80%靠分析("很不幸")。

(G=主要靠直觉,A=主要靠分析,U=直觉和分析各占50%或情况不明)

如果一位受访者的决策行为随时间发生了变化,变化前的行为也会记录在调查结果里。

超过半数的受访者(45人中有24人)称他们主要靠直觉做决策。1/3的受访者(15人)更倾向于依靠分析做决策。还有6名受访者要么一半靠直觉和一半靠分析做决定,要么说不出到底更倚重哪一个。只有一名受访者说自己根本不会靠直觉来做决策。即使是那些自称主要依靠分析做决策的受访者也提到,他们所做的决定中,有20%到40%是靠直觉做的。

与我们的访谈结果相比,德国阿伦斯巴赫民意调查研究所进行的调查显示,[①] 在做决定时,有39%到51%的德国人认为自己"做决策更多的是靠理性分析",有27%~36%的德国人认为自己"做决策更多的是听从直觉"。其余的人尚未给出明确答案。

第一节 "直觉意味着你只是不确定"

不管受访者在做决策时更多的是依靠分析还是直觉,对他

---

① 德国阿伦斯巴赫民意调查研究所7058号、10062号和11044号调查报告。

们而言直觉指的是什么呢？他们如何感知直觉，又如何定义直觉？一位受访者说，他的决策有2/3是依靠分析做出的。他对此感到遗憾并认为，如果他更多地相信直觉，他的投资失误会减少，因为"遗憾的是，直觉有时是对的"。他对直觉的描述很有趣，他说"直觉是一台电脑，但你不需要弄懂它是如何运转的"。在被问到能否举例说明依靠直觉会让情况变得更好的时候，他是这样回答的。

> 受访者8：买一块地产或一只股票，这两种项目是我经常投资的，现在回想起来，当时自己有点心神不宁，我应该当即停止投资的，是不是？分析结果都显示我是可以投资那些项目的。但有可能分析得并不周全，毕竟，任何分析都不能充分考虑环境的变化和巧合因素，对不对？因为分析的结果只能以百分比的形式呈现。比如，我回家的路上，有5%的可能性我会被车撞死。如果事情真的发生了，百分比根本没有意义，不是吗？这就是直觉发挥更大作用的时候了，因为事情的发生常常是随机的。直觉没有那么理性，它的运作机制与分析完全不同。直觉就像一台电脑，但你没必要弄懂它的运转方式……但很多时候直觉是对的。

许多受访者强调直觉不是与生俱来的，相反，直觉来自于积累的经验。本书第四章第一节提出了相关理论，该理论认为直觉是内隐知识的产物。有时候灵感会突然出现，其实它不过是多年积累的经验所形成的思维模式触发的意识。这里的灵感可以理解为直觉。下一位受访者在被问到做决策时倾向于依靠分析还是直觉时，他答道：自己倾向于依靠直觉。

> 受访者10：我倾向于依靠直觉。尽管我们在9个月

第十六章 做决策依靠直觉还是分析？

大的时候还没有直觉。直觉是你对过去所做判断的总结，不是吗？许多人，包括我自己在内都依靠直觉做决策。如果你跟我说"这就是你要的全部文件"。虽然说起来有点夸张，但我只要一看到这些档案，就知道它们的内容是欺诈、谎言还是废话。而其他人要慢慢研究这些档案才能有所发现。很多时候，只要给我十分钟，我就能告诉别人这些文件是不是说了一堆废话。

采访者：一名非常成功的房地产投资商说，他在进行决策时70%靠分析，但同时他也承认直觉很重要。不过，他也发现直觉是多年经验的产物。

受访者22：我认为直觉指的就是经验、情绪和对自身处境的准确理解。我想说，我们所说的这种直觉是刚走出校门的大学生所不具备的。除了你之前提到的纯粹的分析之外，直觉是你的所有经验的总结。

下一位受访者也认为直觉与经验和"职业生涯中的经历"密不可分。因此，他在工作中做决策时，越来越依靠自己的直觉。在问到主要依靠直觉还是分析做决策时，他回答道：

受访者29：我想可以这么说，随着时间推移、经验积累，如今直觉起的作用非常大。

采访者：你能说出直觉起作用的百分比是多少吗？

受访者29：我做决策40%靠直觉。如果我依靠直觉判断某事不能做，那么我就不做。

采访者：我明白了。那你觉得直觉到底是什么吗？你能说得再详细一点儿吗？

受访者29：直觉涉及很多东西。首先，你要有经验。这种经验和数字无关，而和你工作中经历的事情有关。其次，你接触的人。这对我来说非常重要。如果我感到心慌，那么我宁愿放弃那个生意，因为经验告诉我它有可能出问题。如果我凭直觉感觉到某件事有一些负面的东西，我宁愿不做它。这样，我又多了一次经历，让我在未来可以更加相信自己的直觉。

采访者：你刚说的想法很有意思。随着时间推移，你越来越依靠直觉了。

受访者29：是的。

采访者：这也许是因为你积累了越来越多的经验，是吗？

受访者29：是的。

采访者：你的意思是不是你年轻的时候，依靠直觉和分析的比例和现在是不同的？

受访者29：没错，当然不同……一开始我是完全依靠数据分析做决定的。那时情况和现在完全不同。现在，我做决策时40%靠直觉，60%靠分析。

采访者：我最近采访过一位十分成功的投资人，他说一个人在学生时代是不可能有直觉的，因为没有机会获得必要的经验。

受访者29：毫无疑问，他的观点很正确。

下一位受访者也说，随着时间推移，他在做决策时对分析的依靠程度逐渐降低，而对直觉的依靠程度相应升高。他承认，虽然现在他在做决策时75%靠分析，但这个百分比曾经更高，达到了90%。他也认同直觉是经验积累的产物。

受访者41：我做决策时70%或75%依靠分析。创业时，我做决策时90%靠分析。

第十六章 做决策依靠直觉还是分析？

采访者：为什么比例变了呢？

受访者41：可能因为我变得更放松、更不容易受外界影响，也可能因为我没有在个人问题上花太多时间，所以，根据我的经验，我现在更相信直觉。

采访者：也可能因为直觉是多年所积累的经验的一种表现形式，是吗？

受访者41：是的。

采访者：所以你会告诉自己："我有这么多年的经验，这些集合在一起就形成了我现在所说的直觉。"

受访者41：现在我做决定的速度相当快。我不需要说："好吧，我先坐下来看资料，汇总信息。"过去我总这么做。

采访者：在什么情况下你会说"我要慢慢分析研究再做决定"？或者，正如你刚刚说的，直觉对决策的作用大小要视实际情况而定。

受访者41：我想说的是，我有一个长处：一遇到问题，我就能很快弄清楚具体的症结在哪里。我的意思是，在解决问题方面，我比其他人强得多。如果你总能掌握全局和问题的具体症结，以及这两者之间的关联，就能更好地处理事情。这正是我擅长的，也正因为如此，我认为，和我打交道的人比起来我更占优势。这些年，我越来越这么认为。现在，不论和哪个行业的人谈判，因为我能看清全局、换位思考，所以我有绝对优势。

许多受访者称直觉有警示、告诫的作用，因为直觉让他们得以避免做出许多糟糕的商业决策。说到生意和投资，好几位受访者强调，最好的生意常常是你一开始绝对不会做的生意。在这些情况下，直觉发出的警示信号能起关键性的作用。下面这位受访者在工作中做决策时只注重分析,他靠投资变得富有,并且做投资决策时直觉起着决定性作用。

> 受访者 17:我坚信最好的生意是你决定不做的生意。我之前拒绝过很多商机。
>
> 采访者:你是因为自己的直觉才"拒绝"那些生意的,还是这是你分析得出的结果?
>
> 受访者 17:我的直觉反对我做某笔生意。直觉究竟是什么呢?直觉不过是你不够自信。你对某件事情没有把握。

下一位受访者从事房地产行业,他在做决策时 70% 靠分析,上文已经提到过他了。他也强调直觉就像一个警示系统。他以房地产投资决策为例说明,完全依靠数据分析进行决策可能把投资家引入歧途——对于那些欠缺经验的投资家来说更是如此——因为低质的房地产项目常常在开发初期显得利润丰厚。在这种情况下,直觉起到了警示的作用,它要求投资者对那些数字更加深思熟虑,这样他们也许会得出不同的结论。

> 受访者 22:不经过深入分析,我根本不相信自己的直觉,但一旦深入分析后,我的直觉就变得非常重要了。一旦我的分析得出了正面的结果,我的直觉就变得非常重要。那时,我会说:"没错,我正打算这么做。"我是说,在分析的时候,你必须弄清楚你列出的条件、做出的假设是不是足够现实,还有如果事情和你的分析结果不同会怎么样。即使我的直觉还不错,我仍然要求情况尽可能贴近现实。
>
> 采访者:即使数据是正面的,你的直觉可能会告诉你那件事不能做……

第十六章 做决策依靠直觉还是分析？

受访者22：这种事在房地产行业经常发生……在缺乏经验的员工处理低质房地产项目时，这种情况时有发生。低质房地产项目通常一开始看起来很有吸引力。你可以轻松地分析这些情况。但遇到价格十分高的房地产项目时，你要通过计算得到一个正面的结果就不那么容易了，因为很难单纯靠数据分析做判断。在第一种情况中，你会说，如果一样东西很便宜，一般都是有原因的。如果你发现了一个便宜货，你会问自己："它真是物美价廉吗？还是说其实它本来就不贵，只是我在分析的时候忽略了它的不足？"它怎么会这么便宜？比如，为什么空房率这么高？如果你说"没事，我可以在接下来的两年里解决这个问题"，那你可能有点天真了。等你走过那些房间，看见它们的照明有多差，就知道事情真正做起来可能比你一开始想的要难得多。你可能需要改变你的假设。这时，分析和直觉就要结合起来了。

下一位受访者有2/3的决策是根据自己的直觉做出的，他也强调了直觉的警示作用。在他看来，心神不宁的感觉就暗示着你还没有把事情考虑周全。他认为不能忽视这些警示信号，事实上，"发现并且重视这些感觉"十分重要。这种心神不宁的感觉让他得以避免做出许多糟糕的决定。

采访者：你能再详细地说明一下你说的直觉是指什么吗？直觉什么时候出现？

受访者42：我觉得直觉很重要。每个人天生就会听从直觉。你经常会遇到这种情况：你必须做一个决定，或者做一件事情，又或者考虑怎样做最好。但是你考虑某些方案时，会觉得不安。最后你告诉自己："我应该还有地方没有考虑到，现在想到的解决方法是有问题的。"一些人会说："那不重要，必须要这么做。如果是我，我就会这么做，只有这一种解决方法。"解决方法永远不会只有一种，而且解决方法因人而异。总会有好几种解决方法能让你达到目的。但你必须抱着开放的心态，体会这种心神不宁的感觉，并且认真对待它，这一点很重要。这种心神不宁的感觉让我得以避免做出很多糟糕的决定。

我们能明显看出，之所以有这么多受访者重视直觉的警示作用，是因为他们曾经因忽视直觉而得到了不好的结果。一名受访者认为，自己进行决策时直觉和分析起的作用各占50%，他承认有时直觉占上风，有时他倾向于相信分析。

受访者18：不，有时你必须凭直觉做决定，不是吗？我是说，分析只能根据数据和条件告诉你可能得到的最佳结果。但除此之外，你需要一种感觉，就是直觉。你需要对具体的市场行情有一种直觉。比如，你没法分析某一名官员两年后是不是仍然当权，对吧？对此你只能估计。就拿杜塞尔多夫市的×××来说，他之前的情况可是十分危急的。如果他3个月前死了，我们就没法实现我们的×××了，不是吗？你没法分析某些事情时，就需要依靠直觉了。

采访者：……最近有个人跟我说："我有时忽视了自己的直觉，我很后悔，事后我知道自己本应更相信自己的直觉。那时我对那个项目的感觉很不好，但是我还是决定做那个项目。"

受访者18：嗯，我也有过这种经历。这方面我正好有个案例可以讲一讲，有一次针对一项房地产项目做决策

第十六章 做决策依靠直觉还是分析？

时，我感觉很糟，但我没有理会这种感觉，因为当时公司顾问对那个项目做出的评估很好。结果决策失误了。虽然那个决策并不完全是错的。但那套房地产项目的收益确实不好，其实在那套房地项目上，我可以说是零收益。说明直觉很重要的例子还有很多。我想说，如果我听从直觉，事情会更顺利。证明直觉和分析对决策的重要性的例子有很多。但我觉得，对于我来说，我要先建立一个决策机制。这个机制需要数据分析，同时，我还要依靠自己和其他人的直觉。我必须了解其他人的感受，知道他们的感觉是怎样的？他们的直觉是怎样产生的？不过，直觉是必需的。有时，直觉和分析的比例不是各占一半，而是各占70%和30%。在招募员工时，情况也是相同的，不是吗？

另一位超级富豪坦言，他曾经因为忽视直觉而亏损了600万欧元。在那之后，他再也没做过任何有违直觉的决定。

受访者36：我曾经因为忽视直觉就做了决定，结果至少赔了600万欧元。还有一次，我违反直觉物色了×××银行的一个人担任常务董事和授权代表。结果证明那个任命是错的。从那以后，我再也没做过任何违背直觉的决定。俗话说：吃一堑，长一智。

采访者：你会如何描述你的直觉？它是一种感觉，还是一种经历？

受访者36：直觉是一种感觉。我觉得直觉比感觉要更敏锐。至少我是这么理解的，感觉和直觉这两者我都体验过。直觉能感知到的东西远比感觉多。不论你对一件事的感觉是好还是坏。直觉是一切感觉的集合。当一个人走进房间，你就知道自己对他的感觉是好还是坏。顺便说一下，男人要比女人容易通过直觉做判断。如果是女人，你的直觉未必准确。男人一走进房间，大家就对他有了印象。无论对方是好还是坏，根据第一印象，你正确评判他们的概率在80%左右。

下一位受访者称，他的决策80%是依靠分析做出的，但是他后悔了。他认为应该更依靠自己的直觉。有时，他的直觉反对他做某件事，他就不会去做。但他认为需要经常用心感受自己的直觉，对直觉更有信心。

采访者：我们进行下一个问题。我们做决定的时候既要依靠直觉，也要依靠分析。所以直觉和分析都在起作用。就你自己而言，你在做决策时对直觉和分析的依靠程度各占多少比例？

受访者45：很不幸，我太依赖分析了。我做决策时，80%依靠分析。

采访者：你为什么要说"很不幸"？

受访者45：我认为自己在进行决策时应该更依靠直觉。

采访者：你为什么不这样做呢？

受访者45：这是我内心的悲观主义在捣乱。因为我担心自己考虑得不够周全。

采访者：你不太相信自己的直觉？

受访者45：确切地说，是的。

采访者：那么可以说，你需要对事情进行透彻的分析。

受访者45：没错。就是这样。

采访者：好吧。你有没有遇到过这种情况，你的大脑

第十六章 做决策依靠直觉还是分析？

告诉你"我分析好了，我要这么做"，但是感觉很心慌。你会不会想"不行，直觉告诉我不要这么做，所以我不做了"？

受访者45：我的确就不做了。

采访者：所以，在做决策时你的直觉在起着主要作用。

受访者45：当我需要它起作用的时候。

采访者：我明白了只有你需要的时候，它才会起作用。当你不需要直觉时，你还会感觉到它吗？

受访者45：不会。

正如本书第一部分对行为经济学有关理论的回顾所示，那些强调直觉在决策中的重要性的学者，比如卡尼曼（Kahneman）和吉仁泽（Gigerenzer），特别强调直觉可以加快决策过程。这和一位房地产行业的受访者的观点一致。这位受访者之前是一名独立的企业家，卖掉自己的公司后，他在一家等级分明的大公司里负责决策事宜。他发现自己经常被迫做一些违反直觉的决定，但这些决定往往都有分析的支持。

采访者：我们每个人都要同时依靠直觉和分析做决策。但如果要你给出一个比例，就是说直觉和分析在决策中各占多少。你会怎么说？

受访者20：70%到80%靠直觉。

采访者：……你是否曾经告诉过自己："如果我不听从自己的直觉，做出的决定就会很糟糕"？或者反过来也是这样？

受访者20：之后我就会觉得心神不宁。在我做过的事情当中，有的并没完全依靠直觉，这时，我的直觉就会发出"啊"的一声。例如，公司的决策流程就让我无所适从。其实，我的内心一直感到不安。那种情形下，我完全不知所措。以前我要想做点什么，就会有上百份表格必须要填，所有的提案也要提交以供审核。而等我得到批准去跟进项目的时候，我要签的那些合同早就没影了。其实，只要是涉及瞬时直觉反应和快速决策的生意，结果都挺不错的。而牵涉上百份表格和思虑再三的生意通常都会无疾而终。

下一个受访者也是如此，他说自己有70%的决策都是凭直觉做出的，可以称得上是个快速决策者。

采访者：直觉对你意味着什么？你可以稍微详细地描述一下吗？

受访者40：直觉是一种感觉。换句话说，在生意上我靠直觉做决定。当然，任何决定都是基于一定程度的分析做出的，但是因为我的直觉很准，所以直觉在我做决策时起更大作用……而且你知道吗，我做决策真的很快。我们能不能像他一样？那么，我们也这么做。这句座右铭是我生活的准则，有时候你说A，然后也必须说B，之后却以C为准则生活，这就是现实情况，不是吗？虽然我做过很多的决策，结果发现都是错的，但是我从不浪费时间去抱怨，我是一个乐观主义者，生活还得继续，你就只能这么活着。这就是我人生的座右铭。

采访者：你有没有遇到过这样的情况，单纯依靠分析，你就决定应该怎么做，即使感觉不好，哪怕违背自己的直觉，也要继续做下去？

受访者40：我没遇到过这种情况。本来我应该严格按照分析得出的决策,因为有些投资看上去前景非常好,但是我感觉不太好,所以我选择不继续做下去。

采访者:你不会继续做下去。

受访者40:不会,绝对不会。

第二节 "你不能让一个审计师去分析人的性格"

在被问及依赖直觉所做的哪方面决定对其影响重大时,许多受访者都提到了直觉在对他人性格评估的决定上作用更大。一位私人股本业的投资者解释了他为什么凭着直觉就做了70%的决策。

受访者44:你要知道,我做的大部分决定都是和人有关系的。我在考虑要不要给一家公司投资的时候,从数据上看,它或许很有潜力,但是往往我会想"我真的相信他们吗?他们能如我所愿地完成他们的承诺吗?"归根结底,就是在读懂人、评价人,但是你不能用数字去衡量人。你看不到他们身上是不是被打上了官方质量记号,对吧?你不能让一个审计师去分析人的性格。你不能用一堆数字读懂一个人的性格。商业决策、投资的背后,归根结底还是参与其中的人,人还是要靠直觉来做决定。我就盯着这些数字,想着你手上拿的要是一个完全不合适的产品,或者是一堆非常糟糕的数字,那你就要有一个理性的机制去做决策,来保证你能让这些东西增值。

采访者:有人会说,数据是决策过滤的基础。

受访者44:但是过滤之后,靠的还是你的直觉……

我之前有过几次投资机会,产品看上去都不错,市场也很繁荣,但是这时候我就会跟自己说:"我不想跟这个人共事。他听不进去别人的话,一味地自己说,完全不接受别人的建议。"所以我就走了。

采访者:你回想一下,还有哪些情况下,除了看人很准之外,你会觉得直觉对决策的影响很大?当然,直觉在评判人方面的作用是比较明显的。

受访者44:扩张公司的时候,我们拿到最疯狂的数据。我还记得当时我们进入市场的时候……现在再想起来,与我说"我的直觉告诉我……一切都会好,……我们就进入那个市场吧"不同的是,成堆的数据都说我们不行,但是我们还是成功了。那都是直觉的功劳。

下一位受访者也是私人股本业的投资人,他主要的工作就是收购或者入股公司。在解释他为什么凭直觉做大部分决定的时候,他说是因为所有生意说到底都是人在做,你不可能仅凭着一张表格来评估人、分析人,你只能靠直觉。问到他在自己做的决定中,有多少是凭"直觉"做的,有多少是靠分析做的,他回答说:

受访者28:嗯,因为关键因素是做生意的人以及他们生意上的所作所为,所以自然而然,任何对人的评价都很重要,你就不能单纯只靠分析了。你必须要靠直觉。我非常愿意和优秀的、可靠的、聪明的人做生意,即使他们的产品稍次一等,也不想和那些就算有一级棒的产品,人品却"次一等"的人做生意……我和生意伙伴见一次,两次,三次,四次甚至五次。了解生意伙伴是当务之急,特别是和小公司合作的话,你知道,这种公司大多是靠个

第十六章 做决策依靠直觉还是分析？

别人撑起来的……不幸的是，不像你做商业计划评估，一张列出 20 个要点的清单不可能帮你搞定一切。就跟你说的一样，在这些方面你完全要靠你的直觉，因为你不能把人放到一个僵化的评价系统里。你必须从大局入手，既要考虑到商业计划，也要想到生意伙伴。而且，我觉得生意伙伴比商业计划重要得多，归根结底，我的总体决策还是靠直觉……在我们的例子里，尤其如此，因为我们的生意不涉及那种化工业数十亿的收购项目，在那个行业，你可以或多或少地调换人员。但是在比较小的公司，运营公司的负责人远比去美国收购一个大型化工企业的×××重要。

另一位受访者靠房地产开发融资赚钱，他强调花时间去适当地了解人还是很重要的。他的父亲曾经跟他说过，他几乎从没决定过人事方面的事，都是带着妻子去见应聘的人，也就是受访者的母亲，因为他认为在看人方面，女性的直觉更准。在决定任命一个高管之前，受访者的父母常常会请候选人和他的妻子吃饭。他感觉现在很多人在做决定之前，根本不会用足够的时间去考虑，这非常不利于他们做决策。

受访者 5：过去，事情不会进展得这么快，人们会给自己留下更多的时间考虑。现在回过头去看，我必须得承认，曾在一家公司上赔了很多钱，即使不是什么新业务，但我还是失败了。那时候，我妻子总是说"我永远不会和×××打交道"。最后，我赌输了。尽管我同×××的合作是成功的，因为我和他联合经营了很多家企业，有这些，就行了。但是我们还是回到你问的直觉问题上来吧。首先，我的直觉很重要。另外，我也看重女人的直觉。因为我认为女人对事情的感觉和我们男人是不一样的。

采访者：你说你在一个人身上能看到别人看不到的东西，能举个例子吗？

受访者5：比如说，在"你能不能相信这个人"的话题上。那就是我说的软事实。这非常重要。你的直觉告诉你：他可能是一个各方面都非常优秀的人，但是你真的会相信他吗？他并没有完全得到我的信任。我指的就是这种事情，你知道了吗？

受访者继续讲述，他是如何根据自己对别人在放松状态下的评价来对别人做出判断的。

受访者5：我觉得和我做过生意的公司和人，只要我到他们办公室见过他们之后，我就可以给你写一份相对精确的心理记录表，它的正确率很高。我会观察他们的接待工作，他们的洗手间怎么样，他们怎么摆放擦手巾，以及他们的会议室是什么样的。我有一种感觉，如果有一个地方不值得我去，我从1000米之外就可以感觉得到，因为我知道他们负担不起我的"出场费"……×××需要让我知道他有什么和他能做什么。我现在要谈的是办公室，或秘书应该是什么样，他们怎么送咖啡，以及他们是不是心胸狭窄。我的直觉来源于以上那些细节。我是做收购的。一开始最重要的是想清楚我要注意哪些方面，因为我不想把太多时间浪费在错误的、没有好处的事情上……一开始我看他怎么安排和我的会面，他的秘书怎么做事。大量的细节让我能非常迅速地了解全局，这对我真的帮助很大。所以在我决定要不要在一家公司参股的时候，我会去了解他们怎么安排商业计划，怎么展示计划，公司的人又是怎么展示他们自己的。

第十六章 做决策依靠直觉还是分析？

下一位受访者靠股票和房地产积累了大量财富，他认为自己是那种2/3靠分析的人。不过，他承认在看人方面，直觉还是很重要的。如今，比起在实际商业计划书上花费的时间，他更多的是把时间放在考虑潜在的业务和谈判伙伴上。这也是直觉的用武之地。

受访者31：我2/3靠分析，还有1/3靠直觉。对我来说，直觉肯定是有用的。

采访者：在什么情况下，直觉会起作用呢？

受访者31：比如说，在我仔细观察坐在我对面的人的时候。有几笔前景非常好的生意正在筹划当中，而我没有参与其中，其实是因为我不相信坐在我对面的人。

采访者：你是怎么感觉到直觉的呢？

受访者31：其实直觉里面掺杂着很多东西。它就是一种经验积累。那个人是如何做事以及怎么回答问题的？感觉所有事情都是对的，或者不对，又或者只有一部分是对的？这一切在我的脑海中形成了一幅图。后来我做生意的时候，会跟我的员工讲："比起根据实际的商业计划书做生意，我会花更多的时间去考虑我到底要不要和这个人合作。"

采访者：我明白了。请你跟我说一下你是怎么决定合作伙伴的。我觉得这非常有趣。

受访者31：这与我刚刚讲的一样。一个人手上有一块地，开始的时候，他想把它卖了，价格越高越好，而我呢，想用最低的价格把它买到手。这时候，我就分析了很多问题。周围的地理环境怎么样？这块地本身的情况怎么样？租约怎么样？租金增长的可能性有多大？在这个过程中，我会不断地问卖家问题。如果我只得到糊里糊涂的答案，或者根本没有答案，又或者甚至是错误的答案，那我自然而然就会有想法，会提醒自己："小心点儿。这里你要仔细点"。很多生意就是败在了这一点上。

那些在特定行业活跃的受访者们，他们身处的行业不会影响他们做决定的方式。在那些大家观念里觉得应该以分析为主的行业中，其实，占主导地位的往往是直觉。一位在信息技术产业里发家致富的企业家，解释了他为什么凭自己的直觉做了75%的决策。

> 受访者33：嗯，就是关于客户，我和他们打交道的时候是什么感觉。我怎么惹他们生气了。我怎么找到专家来填上这些数据的。那就是直觉的一部分。你可以说，用户给生活带来了软件项目，他们接受不断改进，他们得到了支持。这在很大程度上跟直觉有关系。现在，用户体验设计师（UX就是用户体验的缩写）在人数上，几乎和软件工程师相差无几。因为现在的软件不仅要好看，还要好玩。正确的零件要放在正确的地方。从整体上讲，软件行业在时间上和汽车行业里亨利·福特（Henry Ford）造出T型车一样久远。我觉得那是工程师造的最后一辆车。之后，就是设计师的天下了。现在，他们慢慢转向了软件领域，说实话，这中间是有冲突的。有的软件工程师有二十年的经验，现在来了刚刚走出校门的青年设计师，就去教他们怎么做。软件工程师转过身说道："万岁。我可等了你们一辈子。"

随后摘录的四段跟投资者的谈话恰恰证明了这跟行业已经没什么关系了，因为这些人都去搞房地产了。第一位说（唯一一个受访者这么做的），他100%是靠分析来决策。第二位

第十六章 做决策依靠直觉还是分析？

是房地产投资人，他有 80% 是靠分析做决策。两位投资人都认为他们的决策方式具有非常明显的优势。他们觉得很多其他的房地产投资人几乎都是凭着直觉来做决定的。接下来是这两位投资人的采访，之后引用的两位受访者解释了他们为什么凭直觉做了大部分的决定。

  采访者：我们都有两样东西：分析和直觉，两者都很重要。那你是怎么想的呢，哪一个是主要的？

  受访者 19：当然是分析。

  采访者：所以，你更偏向于分析吗？

  受访者 19：是的。在我买地产之前，我会给自己写个电脑程序记录我做的所有事。有了这个程序，我就根据这一系列的标准来给这块地进行评级，再和市场上的其他地产进行比较，这样可以做出更好的评估。

  采访者：在数据方面……

  受访者 19：嗯，在数据方面。

  采访者：我们假设通过分析发现这块地很好，但是你觉得有一点不确定，你会不管自己的这个直觉吗？

  受访者 19：是的。

  采访者：或者说你从来没有过这种消极情绪？

  受访者 19：从来没有过。

  采访者：你没有那样的情绪。

  受访者 19：没有……但是，要是没有直觉决策，谁会去买一块地。对于我而言，我对这样的土地没兴趣。甚至在我开始考虑要派建筑工人去一块地之前，我就知道规划限制在哪里，有多少平方米，1913 年这种标准的大楼建筑成本是多少，这些都是我能计算出来的数字。我还知道这块地租赁部分的平均租金和周围区域的租金相差多少。然后，我会把这些数字都写在一张纸上，只要所有数字看上去都还不错，我预感也不错，我肯定会买这块地。但是如果这些数字有误，我的直觉也就没什么用处。

下一位受访者的观念与上一位非常相似。他说自己的决策80%靠分析，他认为和那些仅凭着直觉做决定的投资人相比，自己有着绝对的优势。他认为太多的人在房地产上做决定的时候，都很感性，这就成了他可以被利用的地方。

受访者43：当然了，这要看情况。我的意思是，这要看你现在在做什么。在我看来，房地产生意就是个数字游戏。数字从不会说谎。其实跟直觉有关系的东西更多，我想到的有特定地点、租客的经营理念，还有把租客当成人看待。那就是直觉的来源。但是我跟你说，八个百分点的收益就是八个百分点的收益，如果大楼的成本是×，那就是费用。算数的四个基本原则就是它们这样。如果我们说的是那种到处都有的B2C（商家对客户）的互联网初创公司，那也许直觉的作用会更大，但是在房地产市场上，至少在我看来，更多的是需要分析。

采访者：所以在你说机会来了的时候，其实是因为其他人凭直觉做出不理性的决定，而你就是凭借着分析获益？

受访者43：事情就是这样的。

下一位受访者在房地产市场上也很活跃，他坚信自己靠直觉做出的90%的决策给他带来了巨大的利益。和前一位受访者相反的是，他现在的成就，没有任何分析基础，但是简单来说，他认为，他认识的那些"把所有事情分析得清清楚楚，

第十六章　做决策依靠直觉还是分析？

做各种重要调查的人"从没取得过真正的成功。

受访者 4：我就是完全靠着直觉做事。

采访者：90%都靠直觉？

受访者 4：嗯，90%都靠直觉。

采访者：我知道了。你能稍微给我描述一下吗？你是什么意思？

受访者 4：比如说，我要买几栋公寓大楼，从前，我总会过去看看，但是我现在不去了。过去，我总是从外面看看它们。我从来没进过这些大楼，我就边看边说："我喜欢这个地方，感觉不错，就它了，买了。"还有说到招聘员工，无论我是不是会雇用他们，我都会见见他们，看看我们会不会相互吸引，我会不会喜欢他们。他们很能干，我们可以共事。你知道吗？我自己就有过亲身经历。之前其他那些喜欢我的人看到我有事就帮我。

采访者：你这样的做事方法，一定有过很多正面的经历吧，不然你应该不会一直继续下去的。也有过不好的经历吧，你有没有发现过自己的做事方式出问题了？

受访者 4：大多数的时候，经历是美好的。那些把所有事情分析得清清楚楚，做各种重要调查的人，他们往往会把事情变困难，从而难以取得成功。这是我的观点。换种说法就是，这是我的思维方式。

下一位受访者很有趣，跟受访者43一样，他也是80%靠分析做决定，同时也活跃在股票和房地产市场上。但是，跟上一位受访者相比，在房地产行业，他认为凭直觉做大多数的决策还是很正确的，可是在股市上就不是这样的了。在问到直觉和分析之间关系的时候，他是这样说的。

443

受访者12：我认为直觉占80%，分析占20%。

采访者：你能给我举个例子吗？直觉是什么，解释起来比较困难，你给我举个凭直觉做决策的例子吧。

受访者12：好的。我投资房地产的时候，会分析价格、发展前景、居民工作等。而我的直觉在我开车去考察地产的时候起作用，我不会探究得很深，但是我会对自己说："行吧，就做这笔生意吧。"

采访者：最近有人这么跟我说过，他小有资产，在房地产业，或许对你来说都是一样的，他说："有些人就是靠数据和数字来做生意的。"而且他有点夸张地说，"我把手放在文件上，就知道这是不是笔好生意。"

受访者12：嗯，是的，我也是这么做的，而且经常这么做，尤其是在竞标过程中，如果我觉得一栋大楼还不错，而且价格一直攀升，我甚至不会考虑能不能赚到1万多，还是不到10万，我只会说："行了，我们就做这笔生意了。"如果我对这笔生意的直觉挺好，我们就做。做生意靠的就是直觉。

采访者：我猜，每个人都犯过错，所以你有没有经历过那种大的拐点，或者是犯过大的错误，那时候你会说："要是我之前没有凭感觉就做决定，事情是不是就不会那么糟糕。"反义亦然，"要是我多关注自己的直觉，事情是不是会好点。"

受访者12：事实上，我确实没在房地产上赔很多钱，至多，就是我没实现部分利润罢了。我卖的房子价格可能太低了。我凭直觉买股票，然后赔钱了。比如说，我之前在希腊银行买股票，就赔钱了。但是我从来没在房地产上赔过钱。我觉得你要分清楚这中间的区别。做房地产生意，我可以相信自己的直觉，因为我对房地产生意有直觉。但是，我在股票上是没有直觉的。

第三节 分析的作用

尽管大部分受访者做决策主要凭借直觉，但 1/3 受访者是通过分析来做决定的。而且在这些靠直觉做决策的受访者中，也没有人说他们是完全靠直觉做决定的。上述章节已经概述了部分分析型受访者提出的论点。另外，受访者从个人的角度展示了分析是在哪种决策过程中起主要作用的，即使最后，他们还是凭直觉做决定的。

接下来的三位受访者，他们每个人都有跨国企业，领导成千上万名员工。毫无疑问，他们公司的决策过程明显和其他受访者的中型企业不同，中型企业一般只有几十名或几百名员工。

三位受访者中的第一位，他的企业很大，在全球食品行业里很活跃。以前，公司的规模比较小时，他的很多决定都是凭借直觉做出的，但是现在，他的决定很大程度上依赖于分析。

受访者 15：一开始，我们主要靠直觉做决定，但是，现在我们主要靠分析做决定。

采访者：哦，所以这就是时间带给你的改变，对吗？

受访者 15：是的。现在，我得想："这件事对客户有没有好处？有没有意义？"得到的市场情报是什么？市场上还有什么同类产品？20 世纪 90 年代，结构改革得以推进，那时，我们看到这种情形，就说不能在这么干下去了，我们要做点不一样的产品。在我们发现产品的结构性弱点时，我们及时抓住机会，改进产品，企业得到了发展。但是,我们的竞争对手很快意识到他们的产品也需要改进。当时,竞争对手收购了五个小作坊,就开始模仿我们,连产品数量都和我们一样。不过他们只有不到1000名员工。

采访者:那你之后你是怎么做的呢?你有没有可以讨论的下属,跟他说"你帮我分析一下我到底要怎么做呢?"

受访者15:嗯,有的,但是你自己得知道如何分析当时的情况。这一点非常重要,你要自己亲身体验了之后,才能说"我也想知道"。

采访者:让我们继续刚才关于直觉和分析的问题吧。如果你必须得说,年轻的时候,70%的决策是凭直觉做出的,30%的决策是靠分析做出,而现在情况刚好相反吗?

受访者15:是的,你完全可以这么说。

采访者:你是否曾对自己说:"这件事从原则上讲,我听从了直觉,事实证明这是错的。我应该再想一想的,我当时太草率了"?

受访者15:是的,有时候,我要跟别人谈一谈,不然我有点迷茫。

采访者:你能给我举个例子吗?

受访者15:我做了一个公司的产能扩张方案。这个方案的费用大概是1300百万欧元。如果我们继续这个方案,就能提前一年投入生产。但是一个员工过来跟我说:"停下,这是个馊主意,你的计划到底是什么?这根本没有用,就是在浪费时间。我们要找个不同的解决方案。"但是我们决定继续那个已经耗资1.8亿欧元的项目。我严重怀疑之后这个项目会不会不再盈利。如果我们用另一个

第十六章 做决策依靠直觉还是分析？

解决方案，我们已经盈利 5000 万欧元了。我现在生气的是我没有更努力，没有用我自己的方式解决问题。我还有另外一个投资的例子。无论你是不是确定了投资目标，总是要考虑细节的。大家做投资核算的时候，一直在回顾过去，不断地假设未来会和过去发展得一模一样。你知道他们回顾过去五年的发展，用来推测未来五年的情况吗？我要说的就是，公司过去五年的发展态度是很好的，但是我很怀疑未来五年公司是不是还会这么好。所以做决策真正的关键因素是理性、知识，以及了解市场。

下一个受访者是另外一家跨国公司的老板，他的公司的决策主要是靠分析做出的，尽管他把分析性战略决策跟销售和市场相关的决策区分开来了，不过在很大程度上，他还是凭直觉做决策。

受访者 26：是啊，我喜欢做分析……是的，但是和设计、市场相关的决策，我还是更倾向于依靠直觉……分析决定的是你驾船起航的方向。一旦方向走错了，不管你的效率有多高，都没有用。所以最重要的事情就是找对方向。这就要依靠分析，不是吗？这方面，直觉没什么用武之地。但是公司的方向找对后，直觉对与销售有关的决策起的作用非常大。我把设计图纸贴在墙上，让员工投票，问他们"你们怎么看呢？哪个好？"这时候，你就可以感受到他们的直觉了。在海德堡的时候，我很幸运遇见了一个人，他比我年长两岁，但是我和他 95% 的观点都是一样的。他问我："这是×××，这是另外的一个选择，你会选哪个设计？"或者问："这两部电影，你觉得哪部更好看？"你知道的，就像那样，我们的观点完全一致。其他人可做不到，对吧？

第三位受访者是一个世界知名家族企业的掌门人。在决策上，他只有 20% 依靠直觉。在家族企业中，决策大多都是在数据的基础上做出的。直觉在有些时候会起作用，仅仅是因为分析过分夸大了风险。

> 受访者 24：生意上，直觉占的比重没有那么大，尤其是在我已经做好准备和分析之后。直觉在我做决策时起的作用最多占 20%……

> 采访者：你主要依靠分析做决策对吗？你回过头再看时，不是常说做决策时或多或少应该让直觉起一点作用吗？

> 受访者 24：不，我不会这么说。我更多的是一个分析者。面对一件难事，我不会担心得瘫坐下来，我会说："不，就是这样的，不会更好。"当然，风险是分析的重点对象，这主要取决于你公司的分析人员。你自然需要把这一点考虑进去，正确理解每件事，考虑到所有细微的差别。我担负起全部的责任，强烈赞成细致地看问题，一旦决定之后，你真正尽全力实施的时候，就不能敷衍了事了。

下一位受访者是一位中型企业的老板，领导着几百名员工。他说他 70% 的决策都是在分析的基础上做出的。不过，他补充道，在遇到重大决策时，他会更多地倾向于依靠直觉，比如，决定是否要把公司卖了。在问到他做决定时，分析和直觉各自占的百分比是多少，他回答道：

> 受访者 27：70% 靠分析。

第十六章 做决策依靠直觉还是分析？

采访者：如果你做决策时70%靠分析，那么直觉在什么决策中起作用呢？另外30%是指什么？

受访者27：嗯，在做很多决定的时候，你不能只靠分析。有些事，我能讨论研究100次，但是，最后还是凭直觉做决定的。

采访者：你能举个你职业生涯中的例子吗？

受访者27：举一个近几年我们讨论出售公司业务的例子吧。这是个很好的例子。我们找人帮我们分析问题。我真的很喜欢有人会这么跟我说："根据你的风险-回报系数和你个人的情况，你应该把公司卖了。"你不会听到有人说："很明显你要保住公司。"这两种不同意见的比例总是僵在50比50上。所以一到这种时候，我就只能凭直觉了。

采访者：所以如果我理解正确的话，这就是剩余风险。如果有可能的话，你会100%靠分析。

受访者27：是的，这要看这个决定有多重要。就那些我知道的商业决策，是不需要一百个不同的分析的。毕竟，如果我把该分析的都分析了，根据这些分析做决定，我们不能取得任何进展。如果我只考虑两个方面，说直觉占了多大比重，那我觉得在真正相关的重大决定上，直觉的作用会比在基本的、不重要的决定上更大，即使那些决定也会对商业进程有所影响。

下面一位房地产开发商说他70%的决定靠的是分析。他解释说，很大程度上，这是银行要求的结果。房地产项目总是需要外部融资，投资者在给项目投资之前，根据银行给出的分析图表来评判项目的好坏，这是很重要的。他们甚至不会考虑在这个阶段失败的项目。这是为什么在他的决策当中，分析的比重很大。

受访者38：当然，这些年我的做事方法改变了很多。以前大多数时候，我是凭直觉做决定的。现在我不会再这么做了。现在为了拿到银行融资，你要去分析所有因素，提供让人信服的专家意见或者报告。

采访者：你需要给银行和投资人提供这些意见，我懂你的意思，但是你最初的决定是依靠直觉做出的。

受访者38：直觉决策总是需要的。你总是需要一个直觉决策，但是现在任何决定都要好好准备。我不能光说不做，比如说，我知道我要买这块地，但是我不考虑规划许可证。这就是我过去的做法。举个×××的例子，他几乎收购了所有东西，每一片森林，每一块草地。他知道时候到了，就能拿到想要的规划许可证。现在我们可做不到。现在没有这些必备材料，你是拿不到融资的。你也可以拿自己的钱来做投资，但是现在可没人这么做了。

采访者：但是，不管你用了什么方法，确保拿到需要的融资，就只关注决定本身，你觉得直觉和分析又会占到多大比重？

受访者38：现在，我可以很肯定地说70%的决定是在计算分析的基础之上做出的。你需要商业计划书，即使这些计划不会完全涵盖整个项目。这些我们都知道。没有人会从始至终地守着一份商业计划，但是，在当今社会，如果你连一份商业计划书都没有，你就什么事情都做不了。你必须要有计划。之后，事情就交给市场了。如果房价下降，租金下降，你就亏本，这件事你不会提前知道，只能是推测。

第十六章 做决策依靠直觉还是分析？

下一位受访者也是一位房地产商。他认为主要靠直觉做决定是错误的。他强调，做任何决定的时候，有3个方面要考虑，"数字、想法和人"。他还补充道，他对很多项目既没有好的感觉，也没有坏的感觉，也就是没有丝毫感觉。这时，他继续观察，等待时机行动。

>受访者21：我们要考虑很多方面。第一，我要考虑数字。第二，我们要考虑想法。第三，我们要考虑和我们打交道的人。但这些只是做事情需要考虑的一半内容。你还需要直觉。我打算继续发展这个项目。我跟自己说"这会起作用的"。我有种好的预感。我估计直觉在决策中起一半作用。

>采访者：你有没有过因为听从直觉，而犯错的经历？

>受访者21：有的。我对某些事一点感觉都没有。我没有什么坏的感觉。但是我也没什么好的感觉。所以我说："别做了。等等看。看看事情是怎么发展的。"我总览全局。有些项目，我等了两年，五年，十年，一直到我看到那个成功的机会。时间绝对是一个因素。以前，因为利率，时间算得上是个考虑因素。我们现在不会再有利率了，但是时间对我来说，仍然是个考虑因素。到你大概70岁的时候，时间就会证明你是否诚实。我对自己说：我不想制造问题，我想走向世界，专注寻找解决方案。

很多受访者强调他们有一个独特的决策过程。第一步，他们要看分析数据。如果在这个阶段，一个项目就被证明没有进一步考虑的价值，它就被否决了。但是这个阶段之后，他们就靠直觉做决定了。

>受访者16：在数学上有些概念是很有趣的，必要的

条件加上充足的条件，你知道吗？分析就是必要的条件。如果数据显示某个项目不能增值，分析就得不到好的结果，那我连做决定的想法都没有。但是之后，我就100%凭直觉做决定。我会说决定是经过一系列流程才做出的。首先，我要考虑数据。如果那些数字证明某个项目可以增值，下一步我会考虑："我的直觉是什么？"我的直觉一直都有最终发言权。

中期研究结果

采访证实了创业研究和行为经济学的假说，即企业家和投资者主要根据"直觉"做决定。45位受访者中，24位称直觉主导决策，15位说分析主导决策，6位说分析和直觉在决策中的作用各占一半，或者他们并没有明确说明哪个占主导地位。换句话说，在决策中，1/3的人说分析占首要地位，一半以上的人表示直觉占主导。但是，只有一个受访者说直觉对他的决策没有影响。甚至有些受访者声称他们的决策中，分析占主导，直觉的作用只占到了20%到40%。相比之下，在总体的调查中，倾向于"理性"决策的比重比倾向于"感性"决策的大。

主要依靠分析做决定的有哪些人？有一位受访者是研究机构的老板，这让他的回答显得没什么令人惊讶的。有三位一直担任跨国公司的董事长，跨国公司由委员会通过分析做出的决策自然比中型企业的决策重要得多。其中的几位受访者解释道，他们的主要分析师不是企业家，而是高管或者有在大公司工作经历的人。有一位受访者说，他70%的决策都是借助于分析，但是要承认的是这和日常的决策有关系，而在与关键问题有关的决定上（比如说，要不要卖公司），他的直觉发挥了

第十六章 做决策依靠直觉还是分析？

更大的作用。一位房地产投资人说，因为银行融资资格标准的规定，分析在决策时的作用更大。在这种情况下，外部约束（对银行融资的依赖）导致了分析在决策中的主导地位。有两位受访者坚持称他们主要靠分析做决定，对此他们非常后悔，并认为自己能更多地听从直觉就好了。

但是，很多受访者强调直觉不是天生的，而是个人经历的总和。直觉是内隐学习的产物。洞察力会在一刹那出现，这是在你了解一个模式之后触发的；反过来，这种意识又是多年积累的经验的产物。因此，很多受访者也解释了直觉性决策所占的比例是随着他们的经历慢慢增加的。

很多受访者认为直觉有警示作用，而且相信正是这些报警信号才阻止他们做出很多糟糕的商业决定。他们把"心神不宁"看作是一个他们应该谨慎行事的信号，这时候他们至少应该再一次评估决策。其中一些受访者说他们违背自己的直觉做决定，结果又因为最后犯了错，而后悔。他们从这种经历中得出的结论就是：不要违背自己的直觉去做决定。

同时，受访者所在的行业和他们是否凭借直觉做决定没有关系。这四个房地产投资者的例子清楚地表明：第一，到目前为止，他（受访者中唯一一个）断言他的所有决定100%基于分析。对另外一个房地产投资人来说，分析在决策中的作用占80%。这两位投资人甚至认为自己和竞争对手相比，都处于有利地位，因为很多房地产投资人都是凭直觉做决定的。相反，其他来自同行业的受访者说，他们80%到90%的决策都是凭借直觉做出的，而且在他们的经历中，过度依赖分析的人往往很少成功。

几乎所有受访者都同意在评判人的决定上只能靠直觉。一位私人股本业的投资者说过"归根结底在于读懂人、评价人，但是你不能用数字去衡量他们。你看不到他们身上是不是被打上了官方质量记号，对吧？你不能让一个审计师来分析一个人的性格"。

其中很多受访者强调他们有一个决策流程。这个流程从认真地分析数字开始。如果经过数据分析一个项目被认定为不值得进一步考虑的项目，只能立刻否决它。如果一系列数字显示项目会增值，直觉会完成剩下的决策过程。

如本书第一部分所示，直觉是内隐知识的表现，也是内隐学习的产物。因此，如本书第九章第四节所述，毫无疑问的是学术资格在财富创造方面没有起到决定性作用。受访者需要学习内隐知识，它们在之后的非正式场合表现为直觉，而不是在正式的学习场合，正如本书第九章第五节和第六节所述的竞技体育运动，或者在学校或大学时的早期创业活动体现的。因此，本书第一部分分析的很多不同要素和本书第二部分分析采访的内容相吻合。

第十七章 大五类人格特征

根据第六章所述的大五类人格模型,其中的神经质、外向性、开放性、宜人性、责任心,用来描述个体的人格特征。

这一模型已经应用于企业家与大量的创业和学术财富研究中。这项研究只关注超高净资产的企业家和投资者,预期是创业和学术财富研究员的成果,研究证实这两个群体的特征是超高的责任心,加上开放性和外向性,以及较弱的神经质和宜人性。

本书所附问卷是以麦克雷(McCrae)和科斯塔(Costa)提出的大五类人格理论为模型。该问卷由 50 个问题组成,每题有五个选项,从"强烈赞同"到"强烈反对"。[1] 问卷在本书的附录中,除了一位,其他所有受访者都填写了问卷,其中一位受访者的答案不包括在最后的评价中。这意味着本书会评估 43 份完整的问卷。笔者没有找到其他任何研究中有大量相

---

[1] Jürgen Hesse, Hans Christian Schrader, *Persönlichkeitstest: Verstehen-Durchschauen-Trainieren* (Munich: Stark Verlagsgesellschaft, 2014), S. 88 et seq.

似的超级富豪完成过这么广泛的人格测试。①

在分析问卷的时候，每 10 个问题，得分在 0 到 40 分之间，都对应一个人格特征。0 分表示特定行为水平非常低，40 分表示特定行为水平非常高。25 分以上表明特定行为表现非常强，而低于 20 分则表明特定行为表现比较弱。

神经质在受访者中是弱特质。所有受访者得分都在 0 到 19 分，43 位受访者中有 36 位得分在 0 到 9 分。

责任心是受访者主要的人格特征。43 位受访者中有 39 位得分在 25 到 40 分，表明他们非常有责任心。

外向性在受访者中很常见。43 位受访者中有 29 位非常外向。

开放性在受访者中也非常常见。43 位中受访者有 28 位都具备这个特征。

宜人性与责任心、外向性和开放性相比，表现得并不明显，但是比神经质显著。人格测试的结果表明，43 位受访者中有 21 位的宜人性特征比较明显，受访者中只有 9 位展现的宜人性水平较低。

这些发现和之前创业和学术财富研究员进行的调查在很大程度上是相对应的。唯一的例外是宜人性，它被证明比之前调查基础上的预期更重要或更普遍。先前对超级富豪的研究成果被证实了，责任心是超级富豪最重要的人格特征，神经质则是其最次要的人格特征。

宜人性被证明是唯一和之前调查结果有变化的特征，为了

---

① 不幸的是，我们不可能把完成同样问卷的其他小组的结果拿来进行对比。持有问卷版权的出版人非常友好地授权让我们刊登这份问卷。尽管我们一再尝试，但是还是无法和问卷的作者取得联系。

进一步探讨这一特征，采访中提出了补充问题。这表明测试问题并不足以区分测试小组中宜人和冲突取向的个体。下一章中会对此做详细叙述。

下面列出了目录中的 50 个问题，这是最常收到受访者相似答案的问题。50 个测试题里的每个问题都要求答题者在五个选项（A，B，C，D，E）中选择，A 表示强烈反对，E 表示强烈赞同相应的说法。下列问题是最经常收到受访者相似答案的题目。

神经质

"我经常觉得自己不如别人。"（问题 1）

受访者中没有人同意这个表述。事实上，43 位受访者中有 36 位受访者强烈反对这个表述，4 位表示反对。有 3 位既不赞同，也不反对。这在意料之中。采访中，所有受访者都表现出无与伦比的自信，并且对自己的特长充满信心。他们认为自己的专业和财富成功都能证明这一点。

"我很少因为事情进展得不顺利而垂头丧气。"（问题 21）

43 位答题者中，32 位强烈赞同这个表述，10 位表示赞同。只有一位受访者尚未给出答案。第二十章会详细阐述这个发现，重点关注超级富豪是如何应对危机和挫折的。这个小组最具特点的性格特征之一就是对挫折的高容忍度。

"有时候我觉得自己一无是处。"（问题 6）

答题者没有一个同意这个观点。事实上，43 位中有 35 位非常强烈地反对这个表述，6 位表示强烈反对。只有两位尚未给出答案。

"我时常觉得沮丧或者绝望。"（问题 16）

小组里只有 4 位经常感到沮丧或绝望，3 位尚未给出答案，43位中的33位强烈反对这个表述，3位表示反对。

外向性

"我更像一个悲观主义者。"（问题32）

这个问题的答案比其他问题的答案都要一致。43位答题者中，38位强烈反对这个表述。还有3位部分否认了这个说法。只有2位填上了部分赞同，认为自己更悲观。第十四章已详细阐述这种人格特征，其中显示出乐观情绪是受访者最主要的特征之一。事实证明，受访者过去对乐观的定义和心理学中自我效能感的定义描述的是同一种态度。

"我认为自己是一个独立独行的人。"（问题22）

43位受访者中，30位非常强烈地赞同这个说法，11位部分表示赞同。只有2位尚未给出答案。第十九章会详细阐述这个方面。测试结果证实了熊彼特和其他人的发现，他们认为企业家主要具备准备逆流而上、不顾大部分人的意见做出决定的特点。

开放性

"我脑海中总会蹦出奇思妙想。"（问题28）

43位受访者中，28位表示非常强烈地赞同这个说法，11位表示部分赞同。只有3位尚未给出答案，1位表示反对。

"我相信学无止镜。"（问题33）

43位受访者中，36位非常赞同这个表述，5位表示部分赞同。只有2位答题者尚未给出答案。

宜人性

"我试着对人友好，不偏不倚。"（问题29）

关于宜人性的所有说法中，这是唯一超过半数受访者同意的一条。43位中有26位非常强烈地赞同这个说法，还有14位表示部分赞同。2位尚未给出答案，1位表示部分反对。这个说法本身的表达是相对较弱的（"我试着"），由两个非常不同的部分组成（"不偏不倚"和"友好"）。因此有可能的是，虽然受访者也许对待别人公正无私，但显得不是特别友好。回答宜人性方面的其他问题时，受访者的答案不同，没有明显的模式显现。在第十八章中，我们会论证宜人性方面的问题并没有将友好的人和冲突型的人充分区分开来。

责任心

"为了达到目标，我一直兢兢业业地工作。"（问题15）

29位答题者非常强烈地赞同这个表述，9位表示强烈赞同。只有4位尚未给出答案，1位表示反对。本书第十一章已详细叙述这个特征，一个坚定的目标取向对很多受访者很重要。

"我言出必行。"（问题35）

31位答题者非常强烈地赞同这个说法，11位表示非常赞同。只有1位尚未给出答案。受访者认为高度的责任心是他们取得财富成功的关键因素。因为责任心强，他们获得了生意伙伴的信任，尤其是投资者的信任。

"在开始一项任务之前，我经常花大量时间准备。"（问题50）

受访者中有27位表示非常强烈地反对这个说法，有8位部分反对这个表述。3位尚未给出答案，5位表示部分赞同。

中期研究结果

受访者对大五类人格测试 50 个问题的回答很大程度上证实了本书第一部分所介绍的创业和学术财富的研究成果。

在受访者中，我们发现责任心是最显著的人格特征。如第六章所述，大五类人格理论对责任心的定义包括奉献、严谨、认真以及勤奋、自律、有目标和耐力。43 位答题者中，39 位明显有这种人格特征，他们这方面的得分都在 25 到 40 分之间。他们对这些题目的答案，明显展示了高度的责任心和可靠性。

外向性在受访者中最普遍，但是比具有责任心特征的人少。43 位受访者中有 29 位的外向性特别高。他们说自己是非常乐观的人，喜欢走自己的路。

受访者都表现出较强的开放性人格特征。43 位受访者中，有 28 位甚至表示非常喜欢探索不熟悉的事物。他们的脑海中总有不同寻常的设想，对于这种说法，受访者非常认同。

神经质人格特征在受访者中表现得较弱。43 位受访者该项的得分均在 0 到 19 分，有 36 位甚至只得到 0 到 9 分。这表明超级富豪有着超乎常人的理智。他们一致表示不赞同诸如"我老是觉得自己比别人差"的说法。对"我很少因为事情进展得不顺利而垂头丧气"这一说法受访者却表示强烈赞同。

根据测试结果，在人格特征中，宜人性与责任心、外向性及开放性相比表现得相对较弱。然而，宜人性还是比神经质表现得更加明显。43 位受访者中，有 21 位受访者表现出明显的宜人性特征，而这一特征在 9 位受访者身上则表现得相对较弱。之前的创业研究发现表明，这一特征应该更弱一些。本书第十八章会对这一矛盾做详细说明。

第十八章 对抗性和宜人性

富人和创业者的宜人性较差,这一假设得到了创业研究的支持。大量研究表明,创业成功与宜人性性格之间并没有什么关联。20世纪80年代早期,大卫·麦克利兰(David McClelland)提出一种假设,他指出,"友好"作为宜人性性格的一个特点,可能会限制管理人员的职业发展,比如说,具有这一特征的管理者会发现,他们在做一些两难的决定时,会表现得犹犹豫豫。赵浩和斯科特·E.赛博特(Scott E. Seibert)证实这一点对于创业者来说更是如此。[1]

通过对多位亿万富翁自传的研究,诸如乔布斯、比尔·盖茨、鲁帕特·默多克、泰德·特纳以及乔治·索罗斯,证实他们的性格中都曾有明显的对抗和偏执的特点。[2] 作为成年人,他们甚至会表现出反叛的一面并且与周围的人产生较大的冲突,尤其是与位高权重的人。

---

[1] Hao Zhao and Scott E. Seibert, "The Big Five Personality Dimensions and Entrepreneurial Status: A Meta-Analytical Review," *Journal of Applied Psychology* 91, No. 2 (2006), p. 264.

[2] 参见 Rainer Zitelman 所著的 *Dare to be Different* 的第六章。

在采访过程中，受访者由此被问及认为自己性格是倾向和谐还是冲突。宜人性性格同时也是大五类人格测试中的五种人格特征之一。本章通过分析倾向于和谐型性格的人和倾向于冲突型性格的人来探讨宜人性人格特征。

第一节　对大五类人格测试的必要修正

测试结果表明，在42位受访者中，有20位表现出明显的宜人性性格（最高分为40分的测试中，受访者的最低得分为25分），而在9位受访者身上，这一人格特征则表现得相对较弱（他们的得分均在0到19分）。在这些受访者中，有13位为中等宜人性性格，得分在20到24分。测试结果发现，富人身上的宜人性性格较其他人格特征来说，表现得更弱一些（神经质除外，神经质表现得更弱一些）。然而，这一测试结果似乎需要更详细的论证。

仅仅通过这些测试结果判断受访者性格中的宜人性或对抗性程度高低似乎并不准确。正确的做法是，将本研究发现与实际采访分析结合起来使用。另外，采访分析详尽谈论了"卷入冲突的意愿"这一问题。由于测试结果与之前该领域的研究发现相矛盾，因此不能完全依赖测试结果，这一点显得尤为重要，特别是在不能确定关于一些问题的答案能否准确反映出个人或经济实体的宜人性特征时，更要如此。（更多详情请见下文）如果仅依据测试结果，可以将受访者分成四组：

A＝低度宜人性性格（0到19分）
B＝中度宜人性性格（20到24分）
C＝高度宜人性性格（25到34分）
D＝极高度宜人性性格（35到40分）

第十八章　对抗性和宜人性

将测试结果与采访评估进行比较分析发现，在大五类人格测试中，在宜人性性格上得分较高的 13 位受访者事实上将自己描述成冲突型性格的人。根据测试结果，有 7 位受访者被划分到 C 组和 D 组（高度宜人性性格），但是从对他们的采访来看，他们很明显应该属于冲突型性格。从对他们采访中的陈述来看，还有被划分到 B 组（中度宜人性性格）的 6 位受访者，同样应该被重新划分到冲突型性格组。下面是一些受访者采访记录的节选，他们在宜人性性格上的得分均为中等及以上，但是他们将自己描述成冲突型性格的人。

采访者：如果让非常了解你的人来描述你，他们会怎么说？说你是一个偏向和谐型性格的人，又或者……？

受访者 1：不，我并不是一个和谐型性格的人。

采访者：所以你不会回避冲突是吗？

受访者 1：是的，我坚持我的立场。

采访者：如果要用另外一个标准来评价你的话，-5 分表示你是一个绝对的和谐型性格的人，而 +5 分表示你是一个冲突型性格的人，你觉得你会得多少分？

受访者 7：视情况而定。在工作中，我可以得 +4 分或者 +5 分。

采访者：你不会回避冲突吗？

受访者 7：不会。在工作中我会直面冲突。但是在平时的生活中，这个性格特征表现得不会那么明显。

采访者：什么意思，你是说你会直面每一个冲突？

受访者 7：我没有什么潜在的冲突。冲突分为已经解决了的冲突和未解决的冲突。我没有什么未解决的冲突。

采访者：请举个例子……

受访者 7：比如说，如果我和你之间相处有什么问题，我会直接说：齐特尔曼教授，我想我和你之间有点问题。上周我们出去吃饭的时候，我们之间不是有这样或那样的问题吗？其实我一点也不想我们那样！让我们一起讨论然后解决这些问题吧。我一般不会对冲突置之不理。这也是我会直接讨论并面对冲突，然后解决冲突的原因。我不会放着问题不解决。

采访者：其他人会觉得你是一个宜人性性格的人还是一个坚持自己立场的人？

受访者11：别人认为我是一个好斗、喜欢争论的和偏向冲突型性格的人。

采访者：那些非常了解你的人会觉得你是一个和谐型性格的人，还是一个坚持自己立场的人？

受访者26：我不会回避冲突。

采访者：你更好斗。

受访者26：是的，确实。如果没有冲突，你也不会成功。总是渴求和谐的人永远都没法走到成功的顶峰……通往成功的路上总是充满冲突的。

采访者：如果让其他了解你的人描述你的话，他们会觉得你是一个试图维持和谐的人，还是一个好斗的、直面各种冲突的人？

受访者34：我认为更有可能是第二种。

采访者：第二种。它是怎么表现出来的呢？在你的工作中或者和你的员工的关系，还是怎么……

受访者34：它很早的时候就表现得很明显了。我并不是一个喜欢冲突的人，但是我知道什么是对的，什么是错的，同时我非常愿意表达自己的想法。这意味着有时候我难免会和其他人有冲撞。有一些人选择保持沉默，所以

第十八章　对抗性和宜人性

他们不会与他人产生冲突。但是当我热衷于一件事并且相信说出来才是对的时，我会更倾向于说出来，这个时候和谐就必须靠边站了。

受访者43：单从工作角度来看，我不会回避任何冲突。相反，在工作中，当我与传统相背离，遭受批评时，我会维护我所认为正确的事情，对此，我不会回避。在这些方面我不会有任何犹豫。

这些相似的陈述证实了，在大五类人格测试中，许多在宜人性性格上得分为中等和高等的受访者，性格上更倾向于冲突型，至少在工作上是这样的。测试发现，43位受访者中，有21位表现出明显的宜人性性格（最高40分的测试中，最低的得到了25分）。有13位受访者的排名居中，得分在20到24分。根据测试结果，我们将9位在宜人性性格上表现得较弱的受访者，与13位在宜人性性格上表现为中等和较强的受访者放在一起，该组中冲突型性格的人从9位增长到22位。而在宜人性性格上表现得较强的组（C组和D组）的人数从21位减少到14位。修正后的结果如下：

低度宜人性性格，偏向冲突型性格的人：43位受访者中有22位

中度宜人性性格：43位受访者中有7位

高度宜人性性格：43位受访者中有14位

修正结果显示，具有冲突型性格的受访者人数明显多于宜人性性格人数。根据修正结果，创业者和富人并不是具有典型的宜人性性格的人，这一结果与之前的研究发现更为吻合。那么到底是什么导致了测试结果与采访发现在这一点上的矛盾呢？进一步分析揭示，在大五类人格测试中，用于测试受访者

性格中宜人性的问题未必能够准确衡量受访者性格中的冲突倾向。下面是大五类人格测试中用于测试性格中宜人性程度的10种情况。

"与人交往时我秉承尊重和体贴的原则。"
"我的合作伙伴和家人都认为我喜欢争辩。"（相反）
"我常常坚持己见，不轻易妥协。"（相反）
"我觉得如果不喜欢一个人，直言相告也没什么大不了的。"（相反）
"我从不认为自己是一个非主流或愤世嫉俗的人。"
"我试着对人友好，不偏不倚。"
"许多人认为我冷漠、高傲。"（相反）
"有时为了达到某个目的，我能做到毫不留情。"（相反）
"某些人觉得我以自我为中心，且傲慢无礼。"（相反）
"我喜欢合作多于竞争。"

这样就能理解，为什么这些问题不能很好区分出工作中的人具有冲突型性格还是和谐型性格。在工作中决不妥协的人很难取得成功，因为协商意味着妥协。因此创业者不能期望决不妥协。"好争论"这个词带有极端消极的含义，而"坚持立场"有可能也会引发人们不同的反应。有人可能会说，他们会公正地对待他人，但还是愿意坚持他们的立场。此外，竞争是经济生活的一大支柱，而且很明显并不是所有的事情都能通过"合作"来解决，所以不能期望创业者同意这一说法。

然而，这些测试问题不能准确区分出冲突型性格的人与和谐型性格的人，除了神经质外，超级富豪比其他任何人都表现出较低程度的宜人性（即使没有上述修正）。

第十八章 对抗性和宜人性

第二节 随和的受访者

尽管大多数受访者更偏向冲突型人格，但以此认为该组受访者性格上有较强的偏执性及对抗性并不太恰当。很明显，不仅几位超级富翁认为他们偏向和谐型性格，他们在大五类人格测试中的测试结果也是这样显示的。在宜人性性格上得分最高的受访者认为自己是一个非常偏向"和谐"的人。但是这位已经年逾七十的受访者承认，她年轻时确实是一个很强硬并且坚持己见的人。这恰好与人格研究的发现相一致：性格中的宜人性随着年龄的增长而增长。[1]

受访者14：我是一个非常崇尚和谐的人，但是在与别人打交道时我会非常固执。这其实并不容易，但是在工作中有时候我必须强硬一点。我怎样强硬呢？我需要说"不"。

采访者：你能就你刚才说"不"这一点展开来说吗？或许举个例子。

受访者14：当然。比如说，当涉及人事决策时，有时候你只能说："不，这样做对公司不利。"当你在一个效益不好的部门中任职时，你得学会说："好的，现在我要采取行动做一些改变。"

采访者：所以这意味着，就像你说的，虽然你重视你的员工，并与他们相处融洽，但实际上那并不是你的真实目的。当别人说你要做到受员工欢迎时，事实上，对于这

---

[1] Robert R. McCrae and Paul T. Costa, *Personality in Adulthood: A Five-Factor Theory Perspective* (New York: The Guilford Press, 2003), p. 62.

一点我是表示怀疑的。因为有时候你不得不强硬,难道你不觉得这两件事是相互矛盾的吗?

受访者14:总之,我会说自己很受欢迎,但那可能跟我的年龄有关。如果我年轻一点的话,我可能……

采访者:你会更强硬?

受访者14:是的,我会更强硬。

采访者:是吗?或者也会表现出更具对抗性的一面?

受访者14:是的,当然。这非常正确。

采访者:……你曾经有因为某件特别棘手的事情生气甚至发脾气吗?

受访者14:不,我从不那样。我不会大声发火,但是我会很坚决地说:"我无法接受它。"然后你既不用独自行动,也不用做出让另外一方不喜欢的决定。这和谈判是一样的。别人经常会觉得我是一个不好对付的人。

测试结果显示为宜人性性格的另外一位受访者同样表示,他用了很多年才摆脱了人们对他的看法,之后才变得更加随和。

受访者6:你知道我是一个非常平和的人。但是在与别人的贸易往来中,别人会觉得我是一个惹是生非、很反叛的人,认为我很难对付、粗鲁而且好争论,他们和我打交道时会觉得压力很大。过去五年,我才逐渐摆脱了人们对我的这种看法。我觉得过去大家可能都觉得我是一个对抗型人格的人吧。

采访者:嗯,我明白。那么是什么改变了你,这个改变又是怎么发生的呢?

采访者6:因为我想明白了。在工作中,我可以和别人争破脑袋,但是我意识到,在与家人闲聊过程中,应该尽量避免讨论一些争议性话题。

采访者:可以说在某种程度上你有所改变?

受访者6:改变了很多,相比过去那个到处找人理论的我来说,我真的改变了很多。

从大五类人格测试结果以及采访中的受访者陈述来看,下一位受访者是一位非常随和并且不喜欢冲突的人。但是他的自我描述与他在学校的表现有着很大的差异,据他所说,在学校的时候他老是惹麻烦,而且曾被五所学校开除过,这与他高度宜人性的性格完全不符。

采访者:其他人会觉得你是一个倾向于和谐型性格的人还是对抗型性格的人?

受访者40:大家都觉得我是一个倾向于和谐的人。从大家对我的评价来看,我一直是一个开朗、乐观的人。大概就是这样。

采访者:但是这和你所告诉我的学生时代的你完全不一样啊。

受访者40:不,我只是有一点淘气,你能理解吧?我就是那样的一个人,这些其实我也不好解释。老师们不得不做一些老师们该做的事,但是他们还是喜欢我的。他们会说:"你这个孩子并不坏,为什么要这么做啊?"还有,因为我这个人比较任性,所以我会告诉他们:"这就是我的作事风格。"所以可能这样描述我比较好。我觉得我朋友挺多的,也有很多人跟我关系不错。我没觉得我有什么敌人或者讨厌我的人。我真的不觉得我是一个对抗性很强的人。甚至在工作中也是如此。在工作中,如果你问我周围的人，他们都会说我是一个非常固执己见的人，但是我这个人还是不错的。

有一部分受访者认为自己是具有宜人性性格的人（根据测试结果得出），但同时他们也承认他们周围的人其实不这么认为。下面这位受访者也是如此。

采访者35：嗯，意见不同是很正常的。因为我觉得自己是一个善于交际，能够与他人达成共识的人，但是这与我所听到的别人对我的看法截然不同。他们认为我喜欢竞争和冲突。他们说得没错，我喜欢争论，并且喜欢通过讨论得到最佳方案。我的座右铭永远都是：正题、反题、合题。这就像你形成一个反题，然后不断错误地与周围人发生冲突，他们就会说："跟你一起总是争吵，你没办法与其他人和谐相处。"所以我对自己的评价和他人对我的评价很不同。每天晚上坐下来的时候，我需要对自己说："你知道的，不管怎么说，其他人有时候也是对的。"

大多数时候，受访者的行为特征不可能完全趋同。在与对手打交道或在他们自己的公司时，受访者认为他们属于极端对抗性人格。然而，在他们与客户打交道的时候，却不是这样，因为仍然如此的话，他们很难享受到成功的喜悦。举个例子，根据测试结果，下一位受访者也是一个宜人性性格的人，在他身上，情况却截然不同：在他的公司内，他被认为是一个非常好斗的，甚至是公司里"最好斗的合作伙伴"，但是当他与客户打交道时，他却是一个非常倾向于和谐的人。

受访者17：我认为不同的情境下答案也会不同……比如说，当我作为一个管理者时，我有责任去处理一些令人头疼的问题,这意味着有时候我需要变得争强好胜。

采访者:好的,我明白。什么事情会让你感觉血直往上涌?又是什么事情会让你怒发冲冠?

受访者17:嗯,当事情进展得不顺利的时候或者当我的合作伙伴很散漫的时候。我很清楚地知道我不会回避任何事情。这也是许多人不能处理的情况……这个时候你就得硬着头皮上,因为你也没有其他的选择了。我知道别人认为我是一个非常争强好胜的合作伙伴。但是当我面对的是我的客户和朋友时,我就会变得非常倾向于和谐。

根据测试结果,下一位受访者也是一位具有宜人性性格的人,他也觉得自己是一个倾向于和谐的人,他认为这是他的一个弱点。

受访者18:我觉得自己是一个倾向于和谐,不那么具有对抗性的人。但是我不确定别人会怎么评价我。

采访者:好的。你说你曾经有很多争论和冲突,比如和你的员工?

受访者18:不。

采访者:你从不生气。

受访者18:那也是我的一个缺点,我很少对我的员工发火。我对我的员工太过宽容。我需要和谐。和谐比冲突更重要。

另外一个受访者是一位在股票和房地产投资方面非常成功的投资人,在大五类人格测试中,他在宜人性性格上得分较高,同时他认为自己是一个倾向于和谐的人。他说:"争论毫无用处",因为通过争论你得不到任何东西。反之,你应该努力与他人达成一致而不是起冲突,这样才能达到双赢的局面。

受访者31:不,我是一个更倾向于和谐的人,尽管和谐本身对我来说并没有那么重要,但是努力在不同的利益和不同群体中达成共识是非常重要的。在我的工作中,我在别人眼中一直都是一个宁愿通过拥抱也不用争论来解决问题的人。但是在达成共识方面我则更加直接。我很快开始明白,争论不能任何解决任何事情。首先,争论给人以压力,其次它会让你离你的目标越来越远。你必须试着去理解对手的情况,然后就此做一些有助益的事情,以此达到双赢。

第三节　有冲突倾向的受访者

然而,有一些受访者认为他们非常具有对抗性,可测试结果也显示他们并不属于具有宜人性性格的人。根据测试结果,一位从事房地产的受访者表现出较弱的宜人性,但他认为自己是一个更倾向于冲突型的人。他将冲突视为重要的"过滤"机制,通过冲突,他能够将那些可能对他自己和他工作有危害的人拒之门外。他认为及早解决冲突是非常有必要的,因为只有这样你才能享受和谐的人际关系。当被问及别人是怎么看他的,他回答道:

受访者16:他们会觉得我是一个非常坚持自己原则的人……了解我的人会觉得我是"刀子嘴豆腐心"。我将冲突作为一种过滤机制,这样我就能和我亲近的人和谐相处。所以,争论就像一个过滤的过程,你能通过争论将那些危险之人拒之门外……在争论这一点上,我就是一个运

第十八章 对抗性和宜人性

动员。体育精神的核心也是好斗。我不是为了争论而去争论，但是我们必须要处理并解决争论，知道事情究竟是怎么样的，这样双方就不会再起冲突。

下一位来自IT行业的受访者认为自己是冲突型性格的人，这与他测试中宜人性性格得分较低这一点是符合的。他说咨询他人意见能够帮助他控制自己的脾气。让他描述自己的话，他会说：

> 受访者33：我是具有冲突型性格的人……我享受辩论的过程。我喜欢听不同的观点。对于事情也是如此。如果我们三次坐下来只是为了在某事上达到一致，那也太无聊了。但是如果我们能够就政治或者任何一个话题发表不同的意见，我会觉得我们的交谈非常棒，非常令人享受。我讨厌和一群和我想得一样的人坐在一起聊天。
>
> 采访者：那只是一个方面。另一方面是，许多创业者容易情绪失控和发脾气。
>
> 受访者：是的，我经常会控制不住情绪。但是我在试图控制自己。现在我很少会情绪失控了。
>
> 采访者：这听起来很有趣。你是怎么控制自己不发脾气的呢？
>
> 受访者33：嗯，当然最重要的是向他人寻求意见，我也会问自己：为什么要那样？我会经常感觉很无助，很迷茫。所以，一旦你明白了"为什么"，你就不再需要它了……这些你都可以通过向他人咨询或者其他的途径来实现。

具有高度冲突型性格的受访者不只在工作中表现出对抗性的一面。根据大五类人格测试，下面这位受访者在宜人性上得分较低,并且测试结果与他们对自己的评价相一致。他就是喜欢"瞎搅和",然后和任何人争论。他把争论看作一种游戏,将它看作是一种自信的表现。他还与那些无意间反驳他的人争吵。

采访者:如果让其他人评价你的话,他们会觉得你是一个平和的人,还是一个非常坚持自我的人?

受访者37:坚持自我的人……我就是喜欢瞎搅和。我喜欢这样。我喜欢用一种积极的方式与他人争论。我承认,我将此视作一种游戏。我想表达自己,你能明白吧?是不是因为意见不同导致的争论并不重要,不管我在谈生意或者骑车的时候,都是如此。

采访者:你一般和什么样的人争论较多?

受访者37:嗯,和一些无意之间跟我作对的人。

采访者:我主要指工作中。

受访者37:在工作中?我已经不做销售了。在工作中,我打交道的首先是供应商,然后是我的员工、我的管理团队,再然后是我的对手。我会很仔细地观察他们。我的目标是控制一切,你懂吧?我绝不能留情……我是一名真正的战士。对此不用怀疑。

根据测试结果,下一位受访者宜人性程度在中等水平,他觉得自己是一个非常好斗的人,但是这些年已经变得平和多了。在被问到是不是经常情绪失控但仍觉得自己当下非常冷静时,他表示并不是这样,其后他谈到最近他是如何威胁一位宴会上的宾客"我要把你打得满地找牙"。这就是他所谓的"冷静"处理事情。

受访者:我现在真的非常平静。我给你举个例子。我的名字不会出现在上面吧,是吗?我办了一个聚会,聚会上有各种各样的事发生。当时有一个客人在聚会上惹事生非。我甚至都没有邀请他,是其他人把他带过来的。后来有一位客人告诉我这个人在捣乱。所以我就走过去问他:"你是谁啊?"他回答:"关你什么事!"我说:"当然关我的事,这是我办的聚会。"接着我就说:"听着……"然后他就告诉我:"我叫弗兰克。"我说:"听我说,弗兰克。你有两个选择。"我微笑地看着他。"我们两个彼此笑笑。我笑,你也笑。然后你把你的东西收拾好,这是一个很棒的聚会,你享用了美食美酒,度过了一个美好的夜晚,现在是时候回家了。"他问:"第二个选择是什么?"我就告诉他:"第二个选择是,我会给你30秒时间考虑,你要是决定不走,我会狠狠地给你一拳,把你打得满地找牙。""那我还是离开吧。"我回答:"很好。"……事情就是这样。我从始至终都没有大声对他说话,你明白的。我年轻的时候……

采访者:你年轻的时候难道不一样吗?

受访者6:是的。我年轻的时候非常冲动。现在的我看事情更平和了,但是我还是会坚持自我。

中期研究结果

创业和学术财富研究中提出了一个假说:创业者和富人表现出较弱的宜人性性格。但是这一假说只有部分得到证实。根据大五类人格测试,宜人性较其他人格特征,比如责任心、开放性和外向性来说,表现得较弱。然而测试结果显示大多数受访者都表现出宜人性性格特征。测试问题能否真正区分出工作中冲突型性格的人以及和谐型性格的人还存有疑虑,然而,这一疑虑是有根据的。

因此，需要将测试结果和采访分析进行比较。采访过程中，受访者被问及认为自己是和谐型性格的人还是冲突型性格的人。如果将两类受访者放在一起，一类是根据测试结果被划分为冲突型性格的人，另一类是在采访中认为自己是冲突型性格但在测试中宜人性上得分较高的人，可以得到如下结果：43个参加测试的超级富翁受访者中，超过半数的受访者在宜人性上得分较低，他们属于倾向于冲突型性格的人，7位表现出中等程度的宜人性性格，14位表现出较高程度的宜人性性格。修正后的测试结果显示，冲突型性格的人比宜人性性格的人要多得多。现有的研究发现显示，富人与创业者性格中的宜人性表现较弱一些，而这一发现正好与测试结果相一致。

接下来的采访问题也显示，有一部分认为自己倾向和谐型性格（和大五类测试中的结果相吻合）的受访者在过去更加倾向于冲突型性格。这与研究结果中宜人性随着年龄增长而增长这一说法相一致。其他受访者的自我评价则与他人对他们的评价呈现出极大的反差。这些受访者说，他们认为自己更倾向于和谐型性格，但是周围的人认为他们更倾向于冲突型性格。此外，许多受访者在不同的情境中也呈现出不同的性格。比如，他们与客户打交道时会显现出和谐的一面，然而当在他们自己的公司中时，则会表现得更好斗一些。

表现出较强冲突型性格的受访者不仅在工作中更好斗，同时在生活中也会呈现出好斗的一面，因为在生活中他们不用费力去避免冲突。对于许多受访者来说，在投资和生意决策中，他们经常与大多数人的想法不同，同时不喜欢跟别人一样，这也意味着他们做好了应对冲突的准备——这些是第十九章的主要内容。

第十九章　不墨守成规：
"逆流而上"

通过对 14 位超级富翁的生活以及他们成功原因的分析，马丁·S.弗里德森得出结论，那些总是遵循常规和社会行为规范，或者不会处理批评和他人敌意的人，最不可能获得巨大财富。弗里德森用比尔·盖茨、约翰·戴维森·洛克菲勒、卡尔·伊坎等多位超级富翁的例子说明，虽然他们经常受到别人的敌视，但是这并不会吓到他们或者阻止他们前进的脚步。"对外界的批评置之不理是伊坎成功的秘诀。尽管他也希望被他人喜欢，但是交朋友并不是他商业活动的重点。他说：'如果你想在华尔街找个朋友，那还不如找条狗。'"①

弗里德森说，那些白手起家的超级富翁都是自己打拼出一条属于自己的路的。那些随大溜的人很难获得巨大财富。"没有主见地一味跟风很明显不是应对竞争的正确做法，"弗里德

---

① Martin S. Fridson, *How to Be a Billionaire: Proven Strategies from the Titans of Wealth* (New York: John Wiley & Sons, 2000), p. 12.

森写道。① 在他看来，那些总是遵循社会规则和行为准则的人很少有获得巨大物质财富的。②

熊彼特在本书第三章第一节中这样描述的创业型人格的人：不喜欢"随波逐流"。③"那些未完成的事在他们看来不值得一提。他并没有那些会限制经济主体行为的顾忌。"④ 熊彼特认为创业者"毫不在乎……他的同事和上级会对他的工作说什么"。⑤

最近的创业研究同样强调了"打破陈规"的重要性，虽然研究中并没有用到这个词。乔治·G. 布伦科特（George G. Benkert）认为，在学者眼中，创业者是敢于"打破规则的人"。⑥

本书第一部分提出了一个假设，即打破常规是超级富翁的一个典型特征。这一假设认为，像其他竞争者一样随大溜以及跟风投资很难赚到钱。创业者和投资者被要求举例子，来说明什么时候他们会故意站在大多数同龄群体观点的对立面来思考。

超过半数的受访者强调，这种不跟风的思维习惯是他们成

---

① Martin S. Fridson, *How to Be a Billionaire：Proven Strategies from the Titans of Wealth* (New York：John Wiley & Sons, 2000), p. 216.
② Martin S. Fridson, *How to Be a Billionaire：Proven Strategies from the Titans of Wealth* (New York：John Wiley & Sons, 2000), p. 11.
③ Joseph Schumpeter, *Theory of Economic Development* (London：Routledge, 1981), p. 121.
④ Joseph Schumpeter, *Theory of Economic Development* (London：Routledge, 1981), p. 132.
⑤ Joseph Schumpeter, *Theory of Economic Development* (London：Routledge, 1981), pp. 163-164.
⑥ George G. Brenkert, "Innovation, Rule Breaking and the Ethics of Entrepreneurship," *Journal of Business Venturing* (2008)：doi：10.1016/j.jbusvent.2008.04.004, p. 4.

第十九章　不墨守成规："逆流而上"

功的一个重要因素。只有4位受访者明确否认了这一说法。大五类人格测试的50个问题中，很少有问题能像"我认为自己是一个特立独行的人"一样得到一致的认可：43位受访者中，有30位受访者表示强烈赞同这个说法，11位表示部分赞同，2位表示不确定。没有一个受访者对此表示反对。

然而，值得注意的是，受访者中明确表示持相反意见的多是投资人士，他们一般来自房地产行业。因此，这一发现并不具有普遍性。此外，从采访来看，受访者可以分为两类不同的人：第一类人不喜欢随大溜，站在大多人观点的对立面；第二类人则反之，不关心大多数人的观点，做好了不随大溜的准备，但并没有上升到原则层面，或者说他们并没有从这一对立面中得到什么乐趣。

第一节　"我就是要和其他人想的不一样"

对于第一种人，不跟风并且和大多数人想的不同是他们不假思索就做出的反应。很明显，接下来的受访者很喜欢做一个与众不同的人。

> 受访者4：虽然我并不总能把握住事情的真相，但是我总会认为自己是一个经历不寻常，看事情和思考问题和大多数人不一样的人。
>
> 采访者：你的意思是什么？可以举个例子说明一下吗？
>
> 受访者4：好的。我去商会告诉他们我想进入房地产行业。那个时候是20世纪80年代，他们当时说："我的天哪，×××先生，你已经错过了最好时机。我建议你不要

479

卷入房地产行业中。房地产行业已经是一潭死水。它不行了。"但正是他们的话让我真正意识到我必须要加入其中。经常有人告诉我，让我不要做某事，或者我做不了某事。他们一般会说："×××先生，现在卖掉房子真是太蠢了，这样你是赚不到钱的。"这么多年，我并没有从中赚到什么钱，但是我仍然坚持着。越难的事情我越想试试，这也是吸引我的地方。

采访者：关于与众不同这个问题，我有一个很私人的问题想问你。就我了解，你是一个同性恋。

受访者4：是的。

采访者：作为一个同性恋，我很久以前就习惯了与众不同。

受访者4：是的。

采访者：这其中有什么联系吗？或者你觉得，"我已经习惯不遵循常规，也习惯不追随他人的脚步，所以工作中再遇到这样的事，我就觉得没什么了"。

受访者4：是的，确实如此。它能让你用你所学到的去避免陷入某种固定思维和行为模式。我吃的东西和其他人完全不一样，想的也不一样。我毕生的使命就是和他人不一样，你能明白吗？我听音乐和别人也不一样，我在听音乐会的时候，会很平和地私下批评，因为我不想变得那么好斗、强势，但是一看到那个乐队指挥拿起指挥棒，我就想批评他。我很享受其中。我觉得这是我应该做的，也是一种刺激，甚至在行业中，我也是如此，你懂吧？我和大多数人想的不一样，有很多人就是因为这一点才喜欢我的。

对于他们来说，做一个与众不同的人也没什么不好。相

第十九章 不墨守成规："逆流而上"

反,他们很自豪被贴上这样的标签,并且认为这是可以拿来吹嘘的事。其中一个富人受访者是这样说的。

采访者21:我一直以来都是一个与社会格格不入的人。我总是做一些其他人不会做的事情。其他人说,"经济会好转的"。我却说,"经济正在下行,未来两年,它还会继续下行"。所以,如果将来经济开始不景气的话,我现在做什么能为将来做好充分准备?

采访者:当你说出,"其他所有的人都说向左走,所以我转头向右走",你的内心会感到快乐。你同意我这个说法吗?

受访者21:是的,我确实是这样的。

事实上,第一种人——相对于第二种人——不会完全脱离大多数人的想法。他们能够不假思索地站在对立面而不是无动于衷,因为对于这些人的主要信条之一就是:"群体"是错的。这个"群体"并不仅仅指大多数人,通常它也指某一行业中大多数操控市场规则的人。

受访者16:我这样说吧,我总是不假思索地往反方向走。因为我的人生经历告诉我,跟风一般都是错的。

采访者:你觉得你的成功中有多少是因为你不随大溜?

受访者16:90%……不跟风能够让你保持头脑清醒,不被大多数人的想法所迷惑,让你去独立思考、尝试,去改变你自己的命运,不是吗?与大多数人站在一起,被他们拽着,意味着你将你命运的控制权交到了他们手上。

许多受访者表示,与大多数人想法不同时,他们觉得很快乐。尽管作为一个与众不同的人，站在大多数人的对立面时，他们会感受到不舒服，但是对他们来说，那才是他们快乐的源泉。一位受访者承认，不管是在面临职业选择还是进行投资时，他都会将自己置于大多数人的对立面。

> 采访者6：我对此有一种莫名的快乐，因为毕竟这是我叛逆的一部分，我从没想着和他人达成什么共识。相反，你可以说，我就是一个故意想与众不同的人。

另外一位受访者说，当别人做一些他们认为正确的事情时，他很喜欢做一些"煞风景的事"。

> 采访者：一些人之所以能够成功是因为他们敢于提出不同的意见，做与众不同的事。
>
> 受访者11：我也是这样。
>
> 采访者：你也是？有人说他们觉得这样做很好玩，这也是他们快乐的一种方式。所以，你是怎么看待自己这种"不随波逐流"，又有点叛逆的行为？
>
> 受访者11：事实上这让我很享受。
>
> 采访者：你是说你享受，甚至当你和大多数人有分歧时也是这样？
>
> 受访者11：是的。
>
> 采访者：所有的人都在说着同一件事，而你却在说另一件事。
>
> 受访者11：是的，其他人都觉得某件事是对的时候，我会费尽心思做一些煞风景的事。

对受访者来说，不只在投资时是这样。他们也很得意地举出日常生活中一些大大小小的成功的例子。

第十九章 不墨守成规:"逆流而上"

受访者12:现在我能想到一个例子。我总是按照自己的方式去做事,或者至少去质疑一切。我可以告诉你很多这样的经历,接下来我要说的便是其中一件。十年前我去巴厘岛的时候,我下飞机时那里有很多排队伍,每队有100人——这里100个人,那里100个人。有一张桌子旁边一个人也没有。于是,我就走过去说:"你好,麻烦让我过去好吗?"桌子旁边的那个人说:"当然,没问题"。其他人看见了就都跑了过来排在我后面。这种事情经常发生在我身上。比如说,如果当时我排在长队里,想要买一部新的苹果手机,我会试着用一种非常规的方式去得到我想要的。同样在房地产行业,如果我想买一处房产或者其他什么东西,我也会这样。

采访者:你能给我举一个关于投资的例子吗?比如所有人都在用同样的方式做一件事,而你却与众不同。

受访者12:我绝对是第一个去积极投资C地、B地的人,① 或者至少是第一批投资者中的一个。

采访者:那么当其他人说"等一等,这么蠢的事,你为什么还要做"时,你是什么反应?那会让你觉得很刺激吗?

受访者12:是的,很刺激。但是也没让我觉得很开心,因为我完全相信自己以及我做的决定。

采访者:当你做着与众不同的事时,你会感到紧张不安吗?

受访者12:不会。正好相反。

另外一位在医疗科技方面很成功的受访者说,当其他人和

---

① 受访者指的是次要的、价格较低的房地产地块。

他意见一致时,他会觉得不安。事实上,对于不跟风的人来说,当发现自己的行为和想法与大多数人一样时,他们反倒会觉得不安。接下来的受访者认为这种心态是创业成功的一个普遍的先提条件。

受访者32:我不管在哪儿都不随大溜。我一直想知道为什么人们老是做着和以前相同的事,甚至都不想一下怎样能够做得更好,或者做的与众不同……但是一旦我确认我做的是对的,我就会想起奥斯卡·王尔德的一句名言:"每次人们赞同我的时候,我都觉得自己错了。"所以当我确定自己做的是对的时,我也明白了为什么其他人觉得这是错的,你明白吗?大多数时候并不是合理论证的问题,而可能是其他原因。对此我毫不置疑。作为一个创业者,如果你随大溜的话,你永远都不会成功。然后你会跟在掌舵的人后面,甚至直到你追上他了才会意识到这一点。但是如果你定好了方向,成功的就是你。那在某种程度上意味着不随大溜。

一位在 IT 行业赚了大钱的受访者说经常受到其他人嘲笑,而这会让他反击:"我现在比以往任何时候都能赚更多的钱"。

受访者33:是的,人们总是嘲笑我们。

采访者:为什么?

受访者33:因为他们说我们做的东西没有人会需要。他们说这是白费力气。

采访者:那你是什么反应呢?一些人会在其他人嘲笑他们时觉得更有动力。一些人可能会觉得局促不安。从心理上说,你会有什么反应?或者你是像一些人一样说,"现在比以往任何时候都能赚更多的钱?"

受访者 33：是的，我应该是那种会说"现在比以往任何时候都能赚更多的钱"这种话的人。尽管我相信某件事，但同时对它也会带有一定程度的怀疑。有时你必须要保持怀疑的态度，并不是所有的事都能解决。

第二节 "我不走寻常路"

相比上面描述的第一种人，因为原则问题不同意大多数人的意见，并从中得到巨大的满足感，第二种人则是完全和大多数人想的不同。对于第二种人来说，大多数人的观点跟他们毫无关系——他们没必要同意，也没有必要反对。受访者中，有一位非常成功的投资者说，经常与大多人想的不一样是他获得成功非常重要的一个原因。当问及他是如何看待自己与众不同、不随大溜的行为时，他毅然回答道：

受访者 22：并不是我认为自己是这样的，我难道是故意要做一个与众不同的人吗？相反，我是根据什么对我来说重要来形成我的观点，然后我才会看一下我是不是和大多数人的观点一样。我从来不会说，"看，如果我是一个与众不同的人会怎么样，事情又会怎么样，会有前途吗？"那可能是一种方法，但不是我的方法。我会从另一面看事情然后说："在这个特殊的情况下，我认为这样做是对的"。这种做法和其他人不同。

采访者：尽管如此，当看见其他人朝一个方向走，你往反方向走，你却是成功的那一个，这确实会使你有一种满足感。或者那对你来说真的没有什么意义？

受访者 22：如果老实说的话，那个时候你已经做了决定，决定要怎么做。但是你肯定还会有疑虑，因为其他人跟你做的都不一样。

采访者：有时候你会想，"难道是我错了？为什么其他人都往另外一个方向走？"

受访者22：是的。就是这样。

采访者：你也是这样吗？

受访者22：不，还没到那个程度。我一贯保持清醒、冷静。德国统一之后出现过类似的情况。大家都到德国东部去抢购房产。在那个项目周围逛了一两天后，我就说了一句："我们继续做我们自己的事。尽管当时没有人会那么做。"

采访者：我明白了。你不像我曾经说过的那些人，他们以随大溜为乐。他们说："其他人都往左走，所以我才想往左走。"

受访者22：不是这样的……某些情况下，我会随大流。比如说，我会随大溜是因为我不想把赌注放在下一次利率会升高上面。我相信大多数人都希望在短时间内保持较低的利率，所以我就不会在大家都希望低利率的时候说希望利率高点。不管理由是不是合理还是有待观察。但是保持现状是有道理的……这只是我随大溜的一个例子。

一些受访者成功顶住来自同龄人的压力，表现出较强的性格。下一个采访中可以很明显看到这一点，这位受访者提到他在年轻时顶住了来自同龄人的压力。但是，他的一些观点也显示出他是典型的第二种人，不会将本能地反对大多数人的思维作为一个原则问题，但声称完全独立于大多数人的想法。

受访者41：我总是逆流而行，并且从未觉得这有什么问题。从一开始就是这样,甚至当我还是一个学生的时候,就是这样。我给你举个例子。当大家都坐在桌子旁做了一个决定时,我说,"不,我不干,这完全就是胡言乱语"。然后其他人试图说服我。我是唯一一个没有参与那个计划的人,其他人都为此付出了代价。我从来都是那么做的。我相信自己的头脑,我也会听他人的意见,但是我会根据我的想法来做决定,而不是看其他人是怎么想的。到了最后,别人怎么说都不重要。我会好好考虑别人的意见,但是最后我会根据我所认为对的去做决定,而不是附和其他人的决定。我也不在乎其他99%的人是不是都反对我的观点。

采访者:简单一点来说,你的成功中有多少是因为你不随大溜?

受访者41:我觉得我成功的很大一部分原因是我更相信自己而不是别人。可以说我的成功很大一部分归功于此,这个原因最多占90%,至少有80%。

对于一些人来说,这种不随大溜可能是一种个人情感,甚至是一种古怪的行为,但是很多时候,我是经过谨慎思考才做出决定的,因为我知道很多金钱上的成功就是因为你敢于不随大流。一位在投资银行以及房地产方面都非常成功的受访者说,他的成功几乎可以说就是因为他在投资的过程中不跟风。他也说,当其他人都向左走,他却径直向右走时,他感觉心里很爽。当问他这样是不是有时候让他很不安,他承认他也经常怀疑自己。

受访者43:当然,经常会。其他人可能认为我很好斗,喜欢冒险,但是我就是不想随大溜。我的每一个决定都是我做了大量的研究分析工作而做出的。当然，当我不随大溜的时候，我也会经常问自己我做的是不是对的。毕竟，现在也说不好到底什么是对的。有可能你需要很多年才敢确定地说这条路是对的。质疑声一直都有，有时候多些，有时候少些。有一些事情我已经完成了，有一些事情是其他人觉得有争议的，但是我对那些事没有疑问。还有一些事情是你会质疑并且会再三考虑的，你能理解吧？但是如果不这样做事情就糟糕了。那样你会完全封闭。我有一点自闭，但不是完全自闭。

他的逆向投资策略是基于这样一个基本前提，即某物的内在价值最终会与市场价格相一致。逆向投资者的信念是，暂时性的市场波动在一定程度上引发或加剧了对大众心理的影响，提供了以真实的内在价值购买商品的机会。

采访者：是的，在某一时刻，其他人必须认识到事物的真正价值。即使当你说别人很笨的时候，你也要在你做决定的时候预见到他们的愚蠢。你想过这些吗？

受访者43：对。我对市场建立了一定程度的自信，可能是由于我花费在英语国家资本市场上的时间比较多。我相信，长期来看，任何投资的市场价格最终都会以一个正确的水平结束。资本一向追随最好的想法，也许短期内并非如此，但长期来看这是必然的。资本能找到最好的回报，而对于最好的想法——只有从长远来看——总是有资本可用的。这只是时间问题。股票市场的投资者根据某种策略进行投资。一些投资者需要增值方式，另一些则需要催化剂。他们的想法是正确的，但我相信，价值实际上是短期或长期的催化剂，因为在某种程度上，价值是显而易

第十九章　不墨守成规："逆流而上"

见的。

采访者：所以你相信它最终会盛行，就像自然规律一样，或者就像万有引力一样。

受访者43：对，是的……我正是这么认为的。这可能需要一年的时间，但其中的根本因素不可能永远被忽视。我完全相信这一点。即使在完全不理性的市场中，有着完全不理性的市场参与者，经济发展史告诉我们，市场在长期内找到了正确的水平。只是有时候要花很长时间才能做到这一点。

下面引用的是一位食品行业企业家说的话，他是最富有的受访者之一。他不属于反对随大溜的群体，也不属于反对主流思想的人，事实上，他认为这是一种"阻碍"。但他确实说道，他经常在开发新产品时受到其他市场人士和专家的质疑。他用下面的例子来说明他的想法背后系统性的考虑。

采访者：有时候，只有当你有勇气做一些与众不同的事情，敢于逆向思维时，你才能成功。

受访者15：是的，确实是这样的。这才是合理的。

采访者：你能想到一个你生意上的例子吗？……每个人最开始都摇头说："这是什么疯狂的想法？"在这情况下，你回答说："我不在乎，反正我们也在做这件事"。

受访者15：当然，这也适用于我们开发的几乎所有产品。其他人总是说："这是什么？你不能这么做。×××先生，你不能这么做"。

采访者：什么人会那么说？行业内的人？

受访者15：是的，主要是竞争对手，但也有一些为我工作的人，你懂吧？这些所谓的"万事通"，他们说：

"×××先生为其他品牌制造产品，现在他想制造自己的品牌产品，他怎么会知道这应该如何运作？"

采访者：不管怎么说你那么做了。根据我对你的了解，我会说你可能是一个喜欢当别人都说你走这条路，你就会走相反的路的人，是这样吗？

受访者15：是这样吧。有一个很好的例子，当一群牛在路上走到一个岔路口时。左边有一片漂亮的绿色草地，有100头牛正朝里那走去，有一头奶牛跑到右边的草地，那里的草远没有那么茂盛。很快，左边草地上这100头牛就开始吃草，它们的草也吃没了。右边草地上的那头牛可能没有最茂盛的草，但它有时间慢慢吃个够。

采访者：最后它吃的也是最多的。

受访者15：是的，这正是不随波逐流的意义所在。

采访者：这是否意味着当你表达一种与大众不同的观点时，你会感到一点不安。你就是喜欢不随波逐流。你只是说出自己对事情的真实感受。

受访者15：嗯，仅仅依靠自己的感觉是不够的，还必须有良好的基础，是吧？没有自己的想法，只是按照别人的说法去做是行不通的，那样做没办法解决任何问题，反而会成为一种障碍。

另一位受访者的财富完全来自他在房地产领域的投资，而非他的实际职业。2008年金融危机爆发之后，房地产价格大幅下跌，他趁机大量买入地产，七年之后，市场价格再次高涨，他便以高价出售，从而获得巨额利润。他遵从了在恐慌中买入，在狂喜中售出这一信条，投资者沃伦·巴菲特也因为该信条而闻名。

受访者17：我认为，逆流而上是产生真正高回报的唯一途径。

采访者：我明白了。你说的主要是投资吗？

受访者17：在当前的市场上，我不会买任何住宅房地产……我认为良好投资的基本前提是收购价格。

采访者：那么，你能否举例说明这样一种情况：你做了一件事，其他人却有不同看法？

受访者17：就在金融危机发生后不久，我买了很多地产。

采访者：当时有一段短暂时间，房地产价格比较便宜。

受访者17：确切地说，是的。

采访者：是的，在2008年和2009年的时候。

受访者17：那时候我大量买入地产。

采访者：的确是这样。你购买了什么位置或什么地区的房地产项目？

受访者17：面向低收入消费者的地区。

采访者：我猜你当时买入时，价格与租金比的收益增值率为10左右？

受访者17：比这更低。

采访者：更低？

受访者17：当时的收益增值率为6。

很多时候逆向思维可能带来巨额利润，特别是在房地产市场，下面这位投资者也是这种情况，他是商业房地产投资者。他之所以成功，是因为他从银行购买了被扣押的房产，他又对这些房产进行了升级改造，然后出售这些房产，获得了可观的收益。

受访者29：逆流而上对我很重要……我一直是这样做的，尤其是在其他人都不想接触被扣押财产时，我已从中获得了巨大成功。人们确实说过："他疯了。"对我来说，最引人注目的例子便是×××，这是大城市的两座高楼。这两座高楼正在待售，本来每个人都有机会购买它们。但在当时，大家都在说："市场已经崩溃了，看看这两个老街区。"而我说，"我正在买入它们"。这是一个典型的逆流而上的例子。

　　采访者：是的，当然是。说这些话时，你感到不安吗？

　　受访者29：我没有感到不安。

并非所有的受访者都是完全没有疑虑的。有几个受访者说，他们有时感觉像司机在高速公路上走错路，不知道为什么其他车都朝另一个方向前进。该组受访者包括下面这位来自金融业的企业家。

　　受访者44：我是一个逆向投资者，所以我选择逆流而上。在2005年年中，当时金价特别低，我却买入了很多黄金……2008年，我买入了大量的瑞士法郎。

　　采访者：你的职业生涯是怎么样的？你是否也会逆流而上，去做一些别人不会做的事情？

　　受访者44：是的，……当然会。当我向公司提出某想法的时候，大家都说那是不可能成功的。于是我问他们："为什么不可能成功呢？"他们都说："如果这真是个好主意，早就有人想到了。"然而我却说："那么现在我真的要去做这件事了。"大家都说，这是行不通的。

　　采访者：这让你感到烦恼吗？我的意思是，有时候你

第十九章 不墨守成规:"逆流而上"

会想:"也许我就是那个走错路的人。"

> 受访者44:没错,我会这样想。然后,所有这些公司(这位受访者所在的行业中的公司)都被卖掉了,我总是说我会保持独立。在某个时候,你会这样问自己:"他们是白痴,还是我是白痴?"但这从来没有困扰过我。我从来没有觉得与众不同是一个困扰。

另一位在酒店业获得了巨大成功的投资者对自己的投资表示怀疑,尽管在原则上他完全相信自己的盈利能力。

> 受访者30:我对这一点深信不疑。我从一开始就完全相信。我经常讲一个故事,我以前甚至可能已经跟你提到过……一天晚上,大约十点钟的时候,我开车到工地去,那里有14个巨大的起重机,周围都是建筑物。就这么一次,我心里想:"你是疯了吗?看看你在这里干了什么?"但只有那一次,那样的状态只持续了大约十分钟。之后,我就开车回家了,而且从那以后,我就再也没有过这种想法。就在那一刻,我对自己说这样做不会出错。我有这样的机会,一直做得很好,而且我会赚钱。

银行融资通常是顺周期的,因此银行融资恰恰代表了相反的选择。这有时对投资者来说很困难,因为他们显然很依赖银行融资。一位受访者报告说,他甚至将银行的意见视为反向指标。当被问到"逆流而上"是否对他有用时,他回答道:

> 受访者19:一直有用。自始至终都有用。我总和银行家交谈,听他们说的话,我知道如果我的做法与他们告诉我的做法相反,那么我的做法会非常正确,而他们告诉我的做法总是大错特错……我可以给你举出大概50个

例子。

　　采访者：关于你的做法与他们所说的完全相反，你能给我举一个最突出的例子吗？

　　受访者19：可以。这个例子与2003年×××的破产有关。某城市曾经发生了大型破产，×××在那里买了旅馆，还有52栋旧楼……我和×××银行做生意，他们被卷入其中，产生了一些问题，他们问我是否愿意帮助他们解决其中的一个问题……在我们吃晚饭的时候，他们非常高兴地说："那么，×××先生，你打算做什么？"于是我答道："你知道，这很有趣，但随着事情的发展，我不知道这对我是否是恰当的机会。我刚在那座城市买了52栋公寓楼。请想象一下。平均租金为3.90欧元，收益增值率为6.3。"然后他们说："×××先生，×××和×××，还有我们都支持你，认同你在许多交易中的做法，但你现在已经开始在城里购买公寓了？我们无意冒犯，只是大家根本不明白，那可不是银行的政策。如果可以的话，我们只能建议你撤销合同，但我们无法在这方面认同你。"就在那时，我知道我赚了很多钱。

　　有少数人说他们不太热衷于逆流而上。有位受访者在他的领域非常成功，是因为他复制了市场领导者的商业模式。实际上在他成为自营职业者并建立自己的公司之前，他是这位领导者的一名雇员。当被问到他是否经常逆流而上时，他坚定地答道：

　　受访者18：不，恰恰相反。我总是非常仔细地观察其他人。做我认为是正确的事情。我从来没想过要改造世界，也没想过另起炉灶……我很清楚，在我们成立×××的时候，我们最大的竞争对手已经做得非常成功了。是的，所以我说我们没有理由去做很大改变，是吗？我们只需要做一两件不同的事情……所以，我认为我们之所以成功，是因为我们成功地复制了一个好的理念。

中期研究结果

在大五类人格测验的50个问题中，没有几个能像"我会把自己描述成一个喜欢开创自己道路的人"这一说法一样得到受访者的一致回答。43个受访者中有41个人对这一说法表示赞同，只有两个人尚未决定。没有人反对这个说法。

熊彼特对创业型的人的定义是：一个对大部分人意见持相反观点，或者至少不按大多数人的想法行事的人，他在访谈中清晰地表明了这一点。大多数受访者可以通过这些术语来分类，特别是投资者。许多人把他们的财富成功主要归功于自己逆流而上的能力。

有勇气反对多数意见可能是成功投资的先决条件，因为这可以使人们能够以低价买入投资项目而以高价卖出。当然，这并不是成功的必然保证，因为总存在这样的危险：投资者会错误地把握时机，尤其是当这种投资被高度杠杆化的时候。逆向投资者有时也会依赖其他市场参与者，听从他们的判断，毕竟，只有在这种情况下，价格才会上涨，投资者才可以获得利润。但当市场欣欣向荣的时候，在销售方面，他们并没有任何问题，因为当他们的观点同多数人一样时，他们往往会感到不安。他们认为多数意见是相反的指标，这也是他们在大范围市场恐慌阶段以及欣欣向荣的上升阶段所一直持有的观点。

在访谈过程中，出现了两种不同类型的企业家和投资者：有一种人很高兴站在反对多数意见的立场上，逆流而上。当他们已经感觉到，如果他们的观点与他们轻蔑地称为"主流"的观点相一致时，他们实际上是不舒服的。另一种人则更不同于大多数人，实际上大多数人与他们无关。这意味着他们已经形成了不同于多数观点的自我观点。即使与大多数人不同，他们也不会感到不安或受到刺激。有时他们的行为与大多数人的行为非常相似。因此，他们不把逆向主义和"逆流而上"当作基本的态度。

第二十章 应对危机和挫折

几十年来，活跃的企业家和投资者通常都必须面对重大的危机和挫折。这些危机和挫折有时甚至大到攸关人类的生存。在创业研究中，"行动取向"已被确定为企业家的人格特征，它以失败后的行动取向来衡量。"失败后的行动取向意味着个人在错误或失败后仍然能够立即行动，并毫不犹豫地继续他们的工作。"[1] 希格露恩·索贝尔和迈克尔·弗里斯发表的一项研究发现，29个性格特征中只有3个比失败后的"行动取向"更强烈地与创业成功相关。[2] "即使在失败之后，企业家在该项的得分仍然有效。"[3] 另一项研究发现，失败后的行动取向

---

[1] Andreas Utsch, "Psychologische Einflussgrößen von Unternehmensgründung und Unternehmenserfolg," PhD diss., Justus-Liebig-Universität Gießen, 2004, S. 102.

[2] Sigrun Göbel, Michael Frese, "Persönlichkeit, Strategien und Erfolg bei Kleinunternehmern," in *Unternehmerisch erfolgreiches Handeln*, edited by Klaus Moser, Bernad Batinic, and Jeanette Zempel (Göttingen: Verlag für Angewandte Psychologie, 1999), S. 101.

[3] Sigrun Göbel, Michael Frese, "Persönlichkeit, Strategien und Erfolg bei Kleinunternehmern," in *Unternehmerisch erfolgreiches Handeln*, edited by Klaus Moser, Bernad Batinic, and Jeanette Zempel (Göttingen: Verlag für Angewandte Psychologie, 1999), S. 96.

是成功人士的一个关键人格特征。①

对富人传记的分析表明，很多超级富豪，诸如约翰·D. 洛克菲勒（John D. Rockefeller）、英格瓦·坎普拉德（Ingvar Kamprad）、迈克尔·布隆伯格（Michael Bloomberg）、沃伦·巴菲特、沃尔特·迪士尼（Walt Disney）等人，他们的事业是在问题与危机之中发展起来的。② 任何失败都可以转化为更大的成功。任何不利因素都可以转化为至少同等利益的信念，这个观点可以在拿破仑·希尔的自助经典图书《思考致富》中看到。"圆满地实现你的梦想，如果你遇到了暂时的失败，永远不要在意'别人'所说的话，因为'他们'也许不知道每一次失败都会带来同样成功的种子。"③ 希尔说，在美国最成功的人中有500个人告诉他，他们最伟大的成就都是在他们遭受挫折后取得的。④

大五类人格测试的结果也清楚地表明，失败后的行动取向是这群富有人士共有的一个重要特征。受访者被要求对以下说法提出看法："如果事情进展得不顺利，我不会轻易地气馁。" 43位受访者中有32位对此表示强烈赞同，10位表示赞同。只有一位受访者未做出选择。

在接受采访时，超级富豪被要求详述他们不得不应对的挫

---

① Sigrun Göbel, "Persönlichkeit, Handlungsstrategien und Erfolg," in *Erfolgreiche Unternehmensgründer: Psychologische Analysen und praktische Anleitungen für Unternehmer in Ost-und Westdeutschland*, edited by Michael Frese (Göttingen: Verlag für Angewandte Psychologie, 1998), S. 119.

② Rainer Zitelmann, *Dare to Be Different and Grow Rich* (Mumbai: Indus Source Books, 2012), pp. 32-56.

③ Napoleon Hill, *Think and Grow Rich: Instant Aid to Riches – New and Revised Edition* (New York: Wilshire Book Co., 1966), p.39.

④ Napoleon Hill, *Think and Grow Rich: Instant Aid to Riches – New and Revised Edition* (New York: Wilshire Book Co., 1966), p.21.

第二十章　应对危机和挫折

折。他们被明确地问道，在挫折和危机中是否出现了机遇和进展。在采访过程中，下面的访谈摘录展示了超级富豪处理挫折和危机的行为模式。

第一节　"表面上我很忙，但我的内心是轻松自在的"

当被问及受访者用何种心态面对困境时，许多受访者说道，即使在极其重大的危机中，他们仍然能够保持冷静，并能睡得很香。有些受访者提到了他们的宗教信仰，以及信仰对他们的帮助。比如一位投资者说，有一段时间他损失了数千万欧元，但仍然"从不表露他的情绪"。

受访者：几天前我损失了数千万欧元，但我从来没有让我的情绪表露出来……它并没有摧毁我。我更烦恼的是我输了……我要做某事，就会全力以赴。好运气会随之而来。人们对我的看法是："炸弹无处不在，不管是在左边还是右边，他都像平常一样，甚至连眼皮都不眨一下……他最多可能拿一块手帕把灰尘掸掉"。他的表现与那些基督教的基本价值观有关。基督徒谈论道德心，我不知道新教徒来说它意味着什么，但对于天主教徒来说，你必须问心无愧，那么一切都不是问题，知道吗？

下一位受访者说，他相信"宇宙的力量"、积极思考的力量，以及"对上帝的信仰"，这些都有助于他保持冷静，即使在他面临最困难的情况时，包括破产，他始终保持冷静。他内心很平静，因为他对自己有信心，他相信自己能在亏损1000万欧元之后赚回2000万欧元。一些受访者表达了类似的看法。

这显然符合第十四章中关于乐观主义和自我效能感的观察结果：这些富人能在危机中保持冷静，这是高度的乐观主义和自我效能感的产物。当被问及他如何在心理上战胜困难时，下面的这位企业家解释道：

> 受访者16：就我个人而言，我没有任何压力。
>
> 采访者：但是你是怎么做到的呢？
>
> 受访者16：表面上我很忙，但我的内心是完全放松的。因为我有信心。
>
> 采访者：你的冷静是从哪里来的？
>
> 受访者16：它来自我的信仰和积极的思考。这是对普遍力量的信仰，或许也是对上帝的信仰。我经历了太多事，看到了太多美好的事物，也经历了很多糟糕的事情。最重要的是有太多美好的事物了，我不相信自己会失败。我是一个不可救药的乐观主义者……即使今天我损失了1000万欧元，我还是会很冷静，因为我知道我还能赚2000万欧元。你可以在1000万欧元的绝望中崩溃，或者你可以这样想："我怎样才能挣到2000万欧元，这样我就能弥补这1000万欧元亏损并且又额外赚了1000万欧元呢？"很显然，这就是一个总以客观的眼光去完全务实地看待事物的方法。当你正在分析某件事的时候，你需要消除情绪而后再做决定。这是我应对危机的方法。我从不害怕，尽管有时我很焦虑。我的生活不是由负面的东西决定的，如果明天是我在这个世界上的最后一天，那么我就可以说我经历了一切。我唯一的遗憾是错过了我女儿的婚礼。如果明天是我生命中的最后一天，我将拥有一个人所能拥有的最好的和最长久的生命。我经历过一切，我尝过爱情的滋味，有儿女绕膝，也有家人关爱，经历过失败，

第二十章 应对危机和挫折

也体验过成功,这些都是一个人可能经历的最令人不可思议的事情。我经历过一切。我还有什么可抱怨的呢?

让许多受访者感到特别自豪的是,即便是在最困难的情况下,他们仍然能够保持冷静和从容的举止。来自食品产业的一位企业家认为,危机会表明"你是否是那个对的人"。在危机中,他仍然十分冷静。

受访者37:我是一个非常冷静的人。我不发脾气,始终保持冷静。比如,我们曾受到来自竞争对手临时禁制令的打击。竞争对手公司的规模是我们的20倍到30倍。我们不得不从1600家供应商召回我们的产品。谩骂和指责竞争对手没有任何助益,不是吗?他们占了上风。我仍然保持冷静。我认为只有在危机中,才能发现你有多大能耐,以及是否具备合适的素质。当事情进展得很顺利时,每个人都很开心,但是如果事情进展得不顺利,天要塌下来的时候,人们就开始评判你的好坏,并决定他们是跟你一条战线还是要站在你的对立面。公司赚了大钱时,谁都可以举行宴会庆祝。若事情无法解决时,你需要坚定地说:"拜托,那些是废话,我们出去吃个饭,好好谈一谈这件事吧。"我觉得能这样做非常好。有时候,那么做并不容易,你必须强迫自己那么做。你必须运用理性和知识,即使它违背你的本心。当然,在某些情况下,你可能会忍不住想爆发,但这没有任何意义。这样做一点好处也没有。当然,这是我在这里所说的学习曲线。

与其他许多受访者一样,一位房地产开发商引述了以下说法:他在危机中仍能惊人地保持平静。他认为,尤其是在与银行进行谈判时,保持冷静是很重要的。当他补充道:"你不能害怕。不是每个人都有非凡的勇气"的时候，他显然是很骄傲的。并不是每个人都有非凡的勇气。

> 受访者38：最重要的是不怕困难坚持完成任务。你必须去找你的债权人，对他说："对，我们有一个问题需要解决。"……是的，然后你需要解决它。如果他们想逼我破产的话，我就会告诉他们，他们不会得到一分钱。他们不会从我身上得到任何东西，也丝毫伤害不到我。我说："我们会另寻出路。"你得冒个险。你不能害怕。并不是每个人都有非凡的勇气。

下面这位房地产开发商参与了一桩高风险的生意。它承认，如果仅一个项目破产，他的公司就会破产。但他并不担心可能会失去一切。他还是睡得很香。

> 受访者25：是的，我睡得很香。这并不会给我带来压力。因为我认为我能设法使事情正常进行。我们真的处于这样一种状态，即如果我们的一个大项目破产了，我们就会破产。这意味着压力一直存在，我们必须对所投资的每一个项目全力以赴。

下一位受访者也是房地产开发商。他的公司不得不度过三年极其艰难的日子。与其他一些受访者相比，他确实经历了不眠之夜，午夜醒来，他在床边的一张纸上写下了待办事项清单，终于找到了一种心理上的应对办法。他一做完这件事，就又能睡个好觉了。

> 采访者：那你当时是如何在心理上应付这种状况的？
>
> 受访者36：我可以详细地给你描述一下。我学会了如何从心理上应对巨大的问题。

第二十章 应对危机和挫折

采访者：那是你必须忍受三年的事情，是吗？

受访者36：是的。这涉及个人解决问题的机制。一方面，你应该保持创造性。另一方面，你不应该沮丧。所以，我只做一件事：继续像之前一样过日子，晚上出去，见见女孩子，等等。直到八点钟，人们准备结束夜生活的时候，我常常会松一口气。我每天凌晨四点左右醒来。我学会了不躺在床上思考问题。因为躺在床上会释放荷尔蒙，那样问题难度似乎会增加两三倍。最终我会发现自己有三个问题要解决。我会打开灯。我在各处都放着纸张，主要在我的卧室和我的床边放着纸。我会把我的想法都写下来。我会写下要做的第一件事、最糟糕的情况，然后列一个待办事项清单。之后我会冷静下来，再回去睡觉。

采访者：你已经把想法都写下来了。

受访者36：是的，因为那样做我可以找到出路、解决方案、行动方针，可以解决这个问题。我就是这样做的，但这需要很长时间。起初，我花了3个月才平静下来。但现在我平静下来。最后，我受益颇丰。我可以处理大量问题，包括重大问题，而不去想从阳台上跳下去或者诸如此类的事情。有些人会被困难压垮，什么也不做。你需要取得一个平衡。你可以去滑雪，或者在某天晚上去做些美好的事情，一些非常特别的事情。你需要恢复精力。如果你抱着什么都无所谓的态度做事，那也不行。那样你就会失去创造性，就无法想出解决办法。

特别是在公司成立初期，投资者的潜在负债往往远远超过其资产价值。如果他们的公司资不抵债，他们将会负债累累。下面这位受访者便是如此，其先前的负债总计在5000万欧元和1亿欧元之间——远远超过他当时拥有的资产的价值。但他告诉自己，如果他损失了钱，他还能挣回来。他坚信自己知道如何再挣到钱。这就是他那种强烈的乐观主义精神和自我效能感所起的作用。

> 受访者29：我总能睡得很好。这是因为在我年轻的时候，我的祖父指引我信仰佛教。这也与我过去经常做的运动有很大关系。我们曾经一起做瑜伽。我学会了某些呼吸技巧。这些都可以让你变得冷静，或者可以让你忘记烦恼，放松下来。另外，正如我已经提到的，我没做过雇员。我从未有过那样的安全感。我得一直确保月底的时候我的账户里还有钱。这意味着，当你从未有过受雇于他人的经历时，你就不会了解害怕失去某些东西是什么感觉，因为你从一开始就没有什么可失去的。另外，我一直对自己说："好吧，如果你失去了已经拥有的一切，也没什么大不了的，因为你知道该怎么做，你明天就能把钱挣回来。"你了解这种感受吗？

早些时候，下面这位受访者的公司曾面对生存困境。他解释了他是如何在心理上应付这个困境的。

> 受访者27：这对企业来说确实是生死攸关的问题。
>
> 采访者：是的，你是如何在心理上应付这种情况的？
>
> 受访者27：我感觉这没什么大不了的，我还能睡着觉。当事情变得越来越糟糕时，你会意识到自己不能再左右局面了。当我对自己说："我需要在这方面更加努力"，随后我会连续工作三个晚上。我可以与对方交涉，也可以制定策略。但是我们客户的整个管理团队都换了，合作伙伴毁约了，团队不再工作了。这一切导致我们再也不能从容地解决问题了，我们知道要走出困境需要付出很大代

第二十章　应对危机和挫折

价。说得婉转些，这是一个令人沮丧的时刻。但我们没有逃避，而是奋力前进。我们把精力主要集中在再次赚钱的事情上，因为在这种事情上我们可以推动业务向前发展。我们只关注未来。然而，我们又损失了300万欧元。对于刚起步的企业来说，这绝对是我们所能承受的极限了。

另一位企业家说，重病使他学会了谦逊，让他保持冷静，在与自己的商业伙伴分道扬镳后，他度过了商业生涯中非常困难的两年。当面对另一位受访者的言论时，他是这样回答的。

采访者：有一位受访者对我说："炸弹无处不在，不管是在右边还是在左边，我都会像平常一样，顶多拿手帕擦一下灰尘。"

受访者45：我也是这样。你必须在生活中经历一些挫折，之后处理类似情况才会更加容易。

采访者：如果我没记错的话，你曾经告诉我你有严重的健康问题。

受访者45：是的。确实，我曾经有这个问题。

采访者：那次经历对你有帮助吗？你的健康问题使你在遇到其他情况时更加放松。再遇到困境时，你是否会说："嗯，主要的问题是我的健康问题？"

受访者45：你也可以称之为谦卑，不是吗？你知道这一切都会很快结束。

许多受访者谈到，即使是在出现重大问题的情况下，他们仍有能力断绝与外界的联系，集中注意力。受访者们总是一致地提到他们能够专注于解决问题，而不是用问题来折磨自己。

受访者34：不，那些事不会让我紧张。当然，我也会思考这些问题，并且处理它们。但这并不是说我晚上睡不着，或是感到不安或焦虑。在周末，或者当我在度假的时候，这一切都消失了。

采访者：我想，一旦你摆脱了困境，问题肯定会消失，你不是那种老是想着这件事的人。你能很快处理这些问题，然后继续前进。

受访者34：我完全赞同你的说法。我认识到问题所在。但我不是那种会花很多时间在问题上的人，我会很快就开始行动，问自己如何解决这个问题，然后集中精力解决它。我不想浪费时间来思考我是如何陷入困境的……很多人都是这么做的，他们太关注问题本身了。当然，你必须面对问题。但是，你必须忘掉问题本身，并把所有的注意力都集中在解决方案上。认识到危险，才能避免危险。如果你没有识别出危险，那你就会置身于危险之中。当然，你还要彻底分析形势，然后制订解决方案，集中精力解决问题，而不是停留在问题上。从我周围的世界来看，我认为这是成功企业家的一个非常重要的特征。

第二节 "不要推卸责任"

许多受访者在应对危机和挫折的关键特征之一就是他们对自己所处的情况承担个人责任。他们认为，不应将责任转嫁到外部环境或其他人身上，而是必须由自己承担责任。这似乎带给他们一种力量和自我效能感。下面这位受访者谈到了他的破产经历。对于他来说，承担个人责任也是至关重要的。他区分了两类人：一类人是在他人身上寻找挫折的原因，另一类人是在自己身上寻找问题的根源。

第二十章 应对危机和挫折

受访者16：我在19××年破产了。你知道吗？最糟糕的是当时我知道我就要破产了……当你回顾过去并分析问题之后，你才有勇气说："我做错了什么？那是怎么发生的？"我想，有必要区分两类人。第一类人说："我在那里没有得到足够的钱，他没有按时付款，等等。"第二类人说："我犯了什么错误？我做错什么了吗？"而那些说"我错在什么地方？我还有什么机会？"的人很有可能把事情做好，并且将来会做得更好。

采访者：……你为自己负责，也可以自己改变事情。

受访者16：确切地说，是的。我们自己就是那个错误的根源。你得对自己的行为负责，不是吗？当我抚养儿子的时候，遇到了很大的问题。我问自己："我做错了什么？"而不是问："我儿子做错了什么？"从我不再犯以前所犯的错误的那一天起，我的儿子变好了。

下面这位受访者不得不在自己很小的时候就面对并克服巨大的困难。对他来说，重要的是不要在别人身上找问题，而要在自己身上找问题。他认为，这种态度对于经历困难之后的个人成长至关重要。他在采访中讲道，在他创业生涯的早期，自己是如何应对百万欧元诉讼的。他把大量的资金用来进行各种投资，但自己的银行账户里已经没有多少钱了。他确信，至关重要的是不要说，"他们太贪婪了，都是他们的错"。相反，他对自己说："你深陷这种困境是有特殊原因的，你得面对困境，解决问题，从中成长，从而更好地做自己正在做的事情。"

受访者12：每当我遇到这种情况，我就开始努力工作。例如，有一次我被起诉赔偿100万欧元。那时候我有大量的资金用于投资，但我的银行账户里没有多少钱。这会彻底摧毁我。起初，我很震惊，但当我遇到挫折时，我总是分析局势，认识问题，然后承担责任。我跟我的员工说："对，我们可以站在这里说，'他们太贪婪了'，但是我们不会这样做。我们要感谢这样的局面，因为它会使我们更强大，会使我们变得更好。"……而这正是后来所发生的，我不能改变现实，而只能接受它，而且，这尽管听起来很难，但对一些非常消极的情况，我只能看到积极的方面，并说："好吧，我将会做得更好。"所以我总是看到负面的、不好的事情，因为我总是说："不要推卸责任，不要说'他们太贪婪了，都是他们的错'。相反，你现在身处这种窘境是有特殊原因的，你得接受现实，解决问题，从中成长，从而更好地做自己正在做的事情。而这种情况在另一种环境以及和其他领域里也是会再次出现的。"

企业家们因自己的成功而获得荣誉，这意味着他们不会把自己的成功归因于幸运的巧合或外部环境。在他们看来，他们必然要对自己的失败和挫折承担责任。下一位受访者也在内心深处寻找自己经历挫折的原因。

受访者37：你知道吗，这真的很简单。如果没有责任分担，并且一切都能像想象中的那样顺利，那样会使我失望。但我不得不承认，事情不能得到解决时，情况也是如此。我不能把所有事情的顺利解决都归功于自己，也不能因为事情不能解决而责怪我的妻子，不是吗？

下面这位房地产投资者的身上展现了在任何情况下承担个人责任的坚定态度。他甚至觉得对市场变化引发的挫折也有责

第二十章 应对危机和挫折

任,比如,他自己判断错误。许多人会说失败与他们无关,那是市场的原因,"但同时我也必须承认,是我错误地判断了市场"。他并不因为其他人也都犯了误判市场的错误而将其当作借口。

> 受访者41：挫折本身就是市场的产物……当然,你可以说这与你无关,这是市场的原因,但同时,我也必须承认是自己对市场误判了。很可能每个人都犯过误判市场的错误,但这对我丝毫没有帮助。这是你最开始所提问题的另一个例子,我最终不得不依靠自己。当其他人对市场进行评估,并同我一样得出错误结论时,我并不觉得这对我有任何帮助。我必须能够坚持并接受自己的决定。这是不能轻易地相信其他人的另一个理由,你要根据自己的信念做出决定。

2008~2009年的金融危机是在几次访谈中提到的一个话题。下一位受访者因投资于股票和房地产而变得富有,他认为,把责任归咎于外界环境,并对任何过失都不承担责任的做法,本身就是一个错误。"在一天结束的时候,我必须能够识别正在出现的风险,并预见到这些风险。"

> 受访者42：嗯,没人能对金融危机采取任何措施,对吧?当然,但是我必须澄清,在资本市场关闭之前,我们是为数不多能设法将现金资本增加数亿欧元的房地产公司之一。这意味着我们基本上为自己创造了一个很好的安全缓冲区。但我仍然相信,事后看来,我们应该发现这些迹象,也许要早点为一些事情重新筹钱,因为当泰坦尼克要沉下去的时候,我们正在甲板上跳舞呢。这就意味着,我不是那种把一切责任归咎于外界环境而免除自己过失的

人。在一天结束的时候，我必须能够识别正在出现的风险，并预见到这些风险。在这一点上我对自己要求非常严格。

其中一位受访者由于缺乏经验和所承担的高风险，在20世纪90年代后期陷入了严重的财政困难。他在生活中也花了很多钱。当时，他的公司有两个业务部门：住宅房地产开发部和向银行提供房地产咨询服务部。突然间，这两个部门都赚不到钱了。他再次采取了为消极局面担负责任的态度。

受访者40：是的，那是我的错。在有些情况下，事情就这样发生了。我的意思是，在别人应该受到责备的时候，最终我也要承担责任，因为我在玩火的时候已经接受了这个风险，我不得不预见到在某个时候我可能会被烧伤。是的，就是这样。如果今天我的一项投资破产了，那是我的错，因为我买了它，不是吗？这种情况有时会发生，而你必须接受它。

另一位来自金融业的受访者，在受到他人欺诈时，也是尽力自己承担责任。

受访者9：我从未对任何人提起过法律诉讼……的确有些人欺骗了我们，但我认为，自己应该分担责任，应该事先仔细地考虑这件事……

第三节 "你能顺利渡过难关"

在严重的危机中，许多人倾向于对事情做出积极的反应，而在对银行或其他债权人和投资者的披露中，尤为如此。受访者声称，这不仅仅是采取果断行动解决重大危机的问题，而且至关重要的是要表现出最大限度的透明度。下面这位企业家认为，与债权人进行公开、及时、诚实的交流是应对任何危机的最重要因素。

> 受访者38：生活中最重要的事就是要对自己的债权人诚实和公开。而我们的"朋友"，我不会在这里说出任何名字，但你也知道，他们试图通过粉饰他们的形象来掩盖他们的问题。当这种情况出现时，他们就完蛋了。因此，最好是去跟你的债权人说："看，我这里有问题，我们需要一起解决这个问题。"

从心理上讲，这并不容易。许多受访者声称，在危机中，银行的态度可能会在短期内发生巨大变化。一位企业家陷入了困境，银行的大客户经理突然对他转变了态度，这使他感到很震惊。

> 受访者3：有一位×××先生，以前在慕尼黑Promenadeplatz珠宝店的时候，他总在我面前作秀，亲自送我来到我的车前，然后弯下腰为我打开车门，并用我的学术头衔来称呼我。而后来当我出现在他办公室的时候，也是他，突然按下按钮叫来他的秘书，暗示让我离开。然后我说："你是什么意思，我们才刚刚开始交谈。"他回答说："不，我们不是刚刚开始。如果你认为你会拿回来一丁点儿股权，那不可能。不多说了。再见。"就是这个人，就在三周之前，曾经……

在整个危机期间，至关重要的是公开和透明地处理问题，并向债权人——70家到80家公司——毫不拖延、毫不掩饰地说明现实情况。他认为，他只是设法争取得到债权人的支持。他立即与他们联系并开诚布公地进行沟通，不像许多人在发现自己身处类似困境时试图"回避他们的问题"，然后给自己找出路。

受访者3：在1992年底，那真是一个棘手的问题，我从中吸取了一个宝贵的教训。我打电话给所有和我们有业务往来的公司，让他们听我解释。我告诉他们我遇到了问题，需要和他们见面。我告诉他们钱进账了，但还远远不够给每个人付钱。我提出了一个计划，并提议支付我们可以立即支付的费用。我说，"我们会付给小商人更多的钱，而你×××，得到的会少一些，但只能这么做，我希望我能迅速地出售产品，但在未来几个月里，我们面临资产折现力的问题。这就是将要进账的所有现金。我知道如果我按照合同条款支付每个人，如果我必须履行我所有的义务，那么我就要破产了。我对此无能为力。"所以我提出了我的建议，所有人都表示同意，当时我觉得棒极了……我立刻联系了他们。我一走出银行，就和我们的财务人员一起坐了下来。"好吧，情况就是这样，我们现在该怎么办？"我告诉他们有多少钱进账和所有的账单，以及两者之间的巨大差额，然后我说："好吧，我得和每个人谈谈，告诉他们我们现在不能支付全部欠款，我们只能支付一部分欠款。"

采访者：但肯定不是所有看到这些数字的人都同意你的计划。

受访者3：当然不是。有人抱怨，但毫无例外的，所有人都说"好，我们支持你"。

采访者：你是如何克服最初制造麻烦的人的反对意

第二十章 应对危机和挫折

见的？

受访者3：真的没有任何办法。这完全出乎我的意料，但我们通知了所有人，从小公司到大公司，全都通知了。可能是因为他们说，在那种情况下，从来没有任何人立即联系过他们。大多数人先是回避问题，他们说"我已经付钱了"，或者"支票在邮局"，对此我从来都不理解，但他们就是这么做的。情况就是这样。我为什么不直截了当地跟他们说？四周后一切都会结束。熬过这一关。这一点让我们达成了一致。

下面一位受访者在他的职业生涯开始时，总收入达1亿德国马克，由于在分配资金上犯了错，随后生意失败。在这种情况下，其他分销伙伴消失了。与此相反，这位受访者积极地联系每一位投资者。

受访者4：是的，这是一项基金。这对我来说真的很困难。我甚至对自己说："你会顺利渡过难关，你并未受到损害。"我为了每一位客户在那里坚持……我所有的同事和合伙人都消失了。我坐下来，打电话给每一位客户，告诉他们发生了什么事。我准备与每个人谈一谈这件事，完全不隐瞒。我打电话对他们说：钱不见了。如果你愿意，你可以打我，我承认我有一部分责任。我本应该预见到这样的问题，我应该更加批判地对待事情，但这就是我们现在的处境。我处理问题的方式、当然还有这对我来说意味着什么、我能从中学到什么，以及如何从中吸取新的能量，这些对我来说都很重要。

一家大型食品公司的老板报告说，只有将所有数字完全透露给劳资联合委员会，才有助于建立信誉，解决公司所处的危机。

受访者26：有一次公司损失很大。那是和×××一起做生意。当然，因为其产品和公司看起来非常好，没有人会相信这件事。然后我拿到了数字，打电话给劳资联合委员会，说："看，这是我们的数字。"他们非常惊讶。然后，在所有人的共同努力下，我们使业务恢复到正确的轨道上。这营造了一种完全不同的气氛，你知道吗？自那以后我们再也没有亏损过。

采访者：解决这个问题的关键因素是什么？

受访者26：大家齐心协力。如果我们站在那里说："好了，现在我们需要削减成本。"人们会说："好吧，现在，领导要削减成本，因为他们想少挣一点钱（莫名其妙的）。"但是如果你说："看，我损失了10%的销售收入"，他们会相信你。我清楚地告诉他们，他们的工作处境危险。

第四节　"回首往事，一切都是最好的安排"

然而，在危机中，这不仅仅是消除问题和重建现状的问题，而是完美地化腐朽为神奇，利用新的力量走出困境。一位受访者总结道："回头看，所发生的事情都是有益处的。"许多受访者表达了类似的观点。

这位受访者的生意最初只包括几家商店，而如今有数百家商店。业务之所以得以扩展，是由于与批发商的意见出现了不一致。

第二十章 应对危机和挫折

采访者：你已经拥有了所有这些商店，是什么让你决定扩大规模？

受访者14：是的，我跟一位批发商曾经的关系出现过问题。他总是告诉我他看重我们的产品质量，但实际上他为了降低我们的价格给我们施加了非常大的压力，我不得不说："不，我们不会再给你供货了。"但我想扩大规模，所以我对自己说，"客户、个人客户、最终客户，他们要么来，要么不来。然后你就会知道，现在就是你的机会"。所以我去和我父亲讨论这件事，告诉他我想扩大我们的商店规模。我父亲的第一反应是绝望地举起双手……他让我继续坚持下去，我每年开10家到15家商店，这完全是成功的。

而下面提到的这位IT企业家，遇到了一个影响大约1000名客户的重大数据库问题，这一问题促成了一项创新，使他的产品能够适合主要的商业客户。

受访者33：我们有一个数据库系统。我们使用的软件对于我们的大客户来说并不是很稳定，因此，也就是说，我们必须对产品进行重大改进，然后安装一个全新的数据库内核。在那之后，产品才真正适合大企业，可以与SAP等集成。这一切都不可能用旧的技术来实现。

采访者：你能再给我列举一些详细情况吗？

受访者33：好的，除了软件的核心代码外，软件是基于一个数据库的，这里存储了所有的数据。数据库分关系数据库和非关系数据库。我们都知道的数据库来自Oracle或DB2，来自SAP或微软SQL Server。这些都是当今最著名的数据库制造商，但也有其他的。当然它们有自己的优势，而且很多产品实际上对客户来说更便宜。我们有一个数据库，它不断让40多个工作站的客户造成死机和系统冻结。这个问题相对来说是非系统性的。我们不能百分之百地确定是数据库或者其他因素导致出现问题的。但是已经开始怀疑了，因为我们的小客户没有遇到过同样的问题。我们没有那么多大客户。我们的业务更多地涉及许多小客户。由于这些问题，我们在某一刻决定做一笔大投资，我认为是两年的开发容量，来更换数据库。它不像汽车，卸下发动机，换上新发动机，一切又会开始正常运转。数据库迁移是一项巨大的挑战。我们现在讨论的可是一千多个客户。你不能一次就把它们全部换掉。但我们成功了。我们痛苦了一段时间，直到整个过程结束，但一旦完成，我们就突然完全不同了。我们成了一个全新客户层的重要潜在供应商。

采访者：服务于更大的客户？

受访者33：是的，服务于更大的公司。服务于拥有更专业的IT基础设施的公司。

下一位受访者声称他公司最重要的融资伙伴在金融危机中撕毁了一份合同，这给他的公司造成了生存威胁。然而，如果没有这一违约行为，他就无法以高价出售他的公司——这个价格远远超出了他的预期。

受访者18：融资伙伴背信弃约的那段时间正赶上信贷紧缩期。我们花了两年时间才把事情控制住，这真是一段非常艰难的时期。我所做的一切都冒着极大的风险。但我完全相信我最终会赢，因为我确信我能使公司重回正轨……在这一切之前，我决不会相信这样一个有信誉的合伙人会像这样撕毁合同。这些合同价值数亿欧元。

采访者：我曾与一些人交流过，他们告诉我，最终是问题或者挫折铸就了大业。你也是这样吗？

受访者18：是的，当然。你把×××银行对我公司的估价和我出售的价格比较一下，那可是一比三。我一直相信我的公司价值不止如此，你知道吗？但×××银行，他们本来就要从一个不同的角度看待问题，不是吗？但我知道，公司的真正价值不仅仅是资产和房地产开发的总和，还有我们在德国的独特地位。

采访者：因此，事后你可以说，尽管事情糟糕，但事实上是好事，因为否则你永远也不可能实现你所做的一切？

受访者18：是的，你确实可以那样说。

采访者：要不然，你可能已经退出了，谁知道事情会有多么困难。

受访者18：如果没有信贷危机和×××违反我们的协议，我可能不会做任何事情，我会像以前一样快乐地继续下去，不是吗？但我最终可能无法拥有这样一个强大而有吸引力的公司，一个从渴望进入德国市场的买家那里获得高溢价的公司。

下面这位企业家的投资曾在过去几十年中经历过三次重大危机。其中一次危机是，数十亿欧元的投资陷入了严重的财政困难。但从这些危机中，公司变得更加强大了。为了应对危机，新的战略得以实施，公司除了发展之外别无选择。

受访者22：我们必须制定全新的战略，提出全新的理念。这基本上促使我们正在从纯粹的资产管理公司发展成为一个垂直一体化的房地产公司。

采访者：这就是你现在所做的一切的基础。

受访者22：是的。在这方面，我们接受了这场危机，并说，我们将不得不在×××靠自己完成住宅开发，因为开发商已经撤资了，所有建筑都还没有完工，就这样被扔在那里。因此，要做到这一点，我们需要引进人员来负责施工管理。我们必须先雇用他们，事情才能继续进行下去。随后我们不得不雇用一个团队。这就是我们如何从曾经只在管理层参与房地产项目的资产管理公司，发展成为一家实干型公司，在工地现场摸爬滚打，管理建筑物和施工等。

采访者：这意味着，在这三次危机中，每一次危机的结果都是积极的。

受访者22：当然，我们在每一次危机中都变得更强大，并非总是在财政上更强大，而是在组织上变得更强大，或在其他方面更强大，比我们陷入危机时更强大。

下面这位受访者，在竞争对手拿到针对其公司的临时禁制令时，被迫进行产品召回。这是一个严重的问题，但它带来了利润增长，因为它为他的产品打开了中国市场。

受访者37：我就在那里，被这5000箱产品包围着。产品都已经开箱了，已经贴上了价格标签。商品价值大概200000欧元，加上召回费用和重新供应新产品的费用，总费用在300000欧元和500000欧元之间，如果再加上法庭费用和律师费，总费用会更高。他们重重地惩罚我，都是因为我不够细心。然后我坐在那里，对自己说："那么，我们能用这些东西做什么呢？"我们不能把它们重新

第二十章 应对危机和挫折

投入流通,是吗?然后,有个中国人带来了转机,他说:"我喜欢你带到那里的东西。我将全部买下,并为你在中国建立一个品牌。"所以我们突然在中国有了一个品牌。我们是中国该类产品中增长最快的品牌之一,如果没有发生过那些事情,谁会想到在中国销售包装尺寸如此之小的产品类别呢?

下面这位受访者说:"挫折和烦恼给了我更大的幸福。"这些挑战主要带来了个人的变化,因为他通过这些挑战学会了谦卑。

采访者:你说过对你来说重要的是(采访之前,受访者写下了他的观点):"我们需要成功,但我们也需要挫折和失败;挫折、失败和精神宣泄给了我更大的快乐。"……你能给我举个例子具体阐述一下你的话吗?比如在哪种情形下你会说,"这个挫折对我来说意义非凡"?

受访者21:我经历过很多大大小小的精神发泄和挫折。如果要说最严重的一回,那应该是×××。我收购了这个公司,相信自己能够经营好它。但是,银行方面出了问题,他们不愿意再提供贷款。经营这样一个资本密集型公司,你需要的就是银行贷款。紧接着,规划部门不批准的决定让我深陷困境。接着媒体也介入了,写道:"他正在做一些错误的事情。他在背弃对租户的承诺"。这让我反思我到底在做什么,因为我觉得他们都错了。但如果我想更进一步反思的话,我只能说,如果没有买下这个公司……我可能会把三倍的钱投在德国东部地区,但那么做是不会有好结果的。所以,遭受挫折可能让我想到一个经济合理的解决方案,或者会刺激一个人做出改变,变得谦逊。因此我认为，就像一名登山运动员一样，勇气和谦逊都是需要的，这正是生命的意义所在。有了勇气，我才能无所畏惧地接受任务，但同时也需要保持适当的谦逊，因为我知道，做事的过程中，有很多问题靠勇气是不能解决的，这时候需要的恰恰是谦逊和谦虚。

采访者：如何理解通过谦逊和谦虚来解决问题呢？这显然是个有趣的说法。你能进一步解释一下吗？

受访者21：过多的勇气和自信往往会让人滋长侵略性。而谦虚则意味着实事求是地看待他人，同时不高估自己，认识到自己其实也是一个很平凡的人。我相信这些就是谦虚的基础。拥有这个品质意味着我们能够认识到，如果没有命运之神的青睐，我们是不会成功的，同时也意识到，我们不应该一味地享受生活以及它带来的一切美好事物，还应该明白这些是从哪里来的。

下一位受访者，在开始他的创业生涯之前，曾是一名有着辉煌成就的竞技运动员。他将商业失败和竞技失败作了对比，说道："我发现如果一直都在成功的话，生活会非常乏味。"

受访者27：首先，危机是生活中不可缺少的一部分，甚至在体育运动中也是如此。我发现如果一直成功的话，生活会非常乏味。我认识一些人，他们在比赛中一直是赢家，但是，仅仅一次发挥失常之后，他们就消失了，再也没有出现。所以，我发现压力和危机才是真正的挑战。当然不一定跟我面临的危机一样，要花费很多的钱。我的企业在那一次危机的时候，真的是处在生死存亡的关口了。

另一位受访者也说，回首往昔才发现，经历了那些失败和公司的生存危机，他自己才有了真正的成长。那些挫折让他变得成熟。他说:"我需要经受三年的沉重打击,否则,我永远也不会长大。"

受访者40:这就是我说危机是发生在我身上最重要的事情的原因。那个幼稚而又固执的青年蜕变成一个善于分析思考的人,在降低公司面临的风险程度的同时,我自身也变得更成熟了。可以说这是汇总了诸多经验的结果……我需要经受三年的沉重打击,否则我永远不会长大,也学不到什么东西。事实就是如此,你懂我的意思吗?

采访者:所以你觉得危机是一件好事。

受访者40:简直是完美。我的意思是,不然我们也不会坐到这里,对吗?

采访者:那你学习中取得的最大成就,也就是主要收获是什么呢?你说你变得成熟了,可不可以说一下,你从这场危机中吸取的最积极的教训是什么?

受访者40:好的,首先,你要弄明白自己能干什么、你拥有的力量和手段。对我而言那就是说服别人以及正确评估形势的能力。你之前问过我,"是什么让你与众不同"。正是这个能力让我与众不同。是的,这就是我所领悟的。我真正地领悟到了自己最擅长的是什么,然后付诸实践。

采访者:所以它给了你信心。

受访者40:我无比清楚地告诉自己,在这方面我能做到最好。如今我懂了,在使用Excel软件时,没必要做一个完美主义者,其他的很多事情亦是如此。有人会用Excel不就行了吗?

挫折和危机是很重要的，下面这位企业家说道，因为"当人们在面临压力和绝境时，他们会比一直走在阳光下取得更大的成就"。20世纪90年代初，由于银行不批贷款，他遭到了严重的财务危机，自己又没有足够的股本来弥补差额。最后，他找到了一个新的解决方案，"这个方案完全是被逼出来的，因为除此之外，我们别无他法"。这一解决方案后来成了他公司经营模式的重要基础和独特卖点。

受访者41：没错，我相信，当人们面临压力和绝境时，他们会比一直走在阳光下取得更大的成就。另外，我也深受父母的影响。我最敬重的人就是我的母亲。那时我还在上学，那件事对我来说是一场灾难，我花掉了一大笔钱，包括透支了我能赚到的钱。这件事给我的影响很深远。这只是其中的一方面。你必须比阳光普照的日子里更加努力地奋斗。另一件事是在看到我父亲对金钱的态度后，我告诉自己，这辈子，我可以做任何事情，但绝不能像父亲那样。这基本上成了我的安全座右铭。

第五节 "考试后第二天，我什么都忘了"

如本书第三章第二节所述，经历失败后的行动取向代表了成功企业家的一个重要特征。这些受访者中，没有一位曾长期在危机或沉重挫折中止步不前，也不曾在懊悔中浪费时间。有一位受访者，曾经历过数次重大危机，而且曾经暂时损失了大部分资产，他用下面的一则逸事解释了他的态度。

受访者3：不，我觉得我得到的教训是要永远相信自己，要看到事情积极的一面，想方设法解决问题，要展望

第二十章 应对危机和挫折

未来,永不回头。有个故事讲的是一个美国教授正在给一群学生上第一堂课。他只是坐在那里,一言不发,在所有学生都看着他的时候,他把一公升牛奶倒入了下水道。接着,他又把另一公升牛奶倒入了下水道。这时候有一些学生率先抱怨起来。接着,他又把另一公升牛奶倒入了下水道。抱怨的声音越来越大。这是在胡闹什么?然后又是一公升牛奶,这次遭到了大家明确的反对。难以置信的是,浪费还在继续。然后,这位教授转向学生们说:"所以,我们刚刚学了第一堂价值千金的课。不管你们有多恼火,倒掉的牛奶是回不来的。"

下面这位受访者在金融行业积累了大笔财富,他的事业是在以前的老板终止了和他的雇佣合同之后开始的。就在与老板会面,通知被解雇之后回家的路上,他决定去创业。他的座右铭是"如果你2∶0落后,那你需要进三个球。而不能闲站着,数着球场草地上的叶片,对自己说,'天哪,今天真倒霉'"。他总能快速地克服消极的想法。

受访者44:当我还是个孩子的时候,我就是这样处理困境的。当时如果我被惩罚要完成某项任务,或一周之内禁止看电视,我只会说,"很好",因为我知道一周很快就会过去。

采访者:但在那个时候,那种情形下,你需要立即采取行动。

受访者44:是的,我必须采取大量专业的对策,同时我会尽量控制自己的情绪。

采访者:当然。从被解雇到创立自己的公司,你用了多长时间?这中间的跨度有多大,你做决定的速度有多快？

受访者44：和老板见面后，我回家的路上就做了决定。

采访者：你是之前就已经在考虑这件事吗？

受访者44：没错，我经常会考虑这个事。我常想：假如我是老板，我的处事方法是否会有所不同。所以我当时就说，"很好，开始行动吧"。

采访者：但是你之前并没有真正想过自己去创业，对吧？

受访者44：没错，没有……有些事情我总是会错过，还有些事情我认为是错误的。当时想着既然自己要创业了，我就下定决心要避免犯那些错误。

采访者：这就是说，你有这些想法的时候，也就在那个时刻，你再次充满了正能量。

受访者44：是的，是的……其实当时我的内心很煎熬，但说到干劲和能量，我已经像在足球比赛场上准备进攻时的状态一样了。这并不是说要不惜一切代价进球得分，尽管当时我的内心很痛苦，但我马上说道："我怎样才能将球射入球网呢？"如果你2∶0落后，你需要进3个球。而不能闲站着，数着球场草地上的叶片，对自己说，"天哪，今天真倒霉"。

下一位受访者是他所在行业中最有经济实力的人之一。对他来说，学会原谅自己的过错非常重要，因为"我意识到，我们竟然为不能原谅自己消耗了50%的精力"。他甚至请了一位老师，来帮助他学习"原谅的艺术"。

受访者21：在199×年，我发现自己需要掌握一个人能拥有的所有力量，并且意识到，由于不能原谅自己，我们会消耗掉自身50%的精力。我犯了一个错误，它正阻碍着我，现在我需要反思这个错误，然后从内心里原谅自己，和自己交谈。我需要彻底消除这个错误。所以，我知道如果在199×年和199×年之间我没这么做的话，我就完了，不管是在事业上还是个人生活上。这就是我的秘密，我意识到了，由于不能原谅自己或别人，人们会消耗掉50%的精力，有时候甚至更多。所以，在199×年，我请了一位老师，专门教导我这个事情。每周，当我发觉到一个错误时，我都会抽一个晚上花费大概3个小时的时间来原谅别人，原谅自己。我的事业和生活能够有所成功，我确定这归功于原谅的能力，非常确定……秘诀就在这里，它是我的能量来源。随着我的训练、重复和使用，这种能量会慢慢增强。但绝不能这样想，"我原谅自己，原谅他人，但在内心深处我知道，我依然可以把他们全部打倒"，这样就不起作用了。

采访者：那对你来说，学会原谅自己和他人哪个更难呢？

受访者21：原谅自己是最难的。

下面这位受访者以承担巨大风险为乐趣。他将投资看作游戏。所以亏损时，他并没有多烦恼。

受访者：我为某个事情奋斗了一年，甚至两年、三年。我当然会紧张，感到压力巨大。但是，当我最终知道自己是赢了还是输了5000万欧元的时候，那更像是在上学时，你真的很刻苦地学习，去参加考试然后通过了。而等考试那天一过，这件事就无关紧要了。就连紧张感也消失得无影无踪。我认为我是一个在行业里经历过大起大落的人。如果你以前赚过大钱，你就只能大笔输钱……就像在《旧约》中说的那样，"赏赐的是耶和华，收取的也是耶和华"。但我所相信的是，人们思考，上帝就会指引。人类一思考，上帝就发笑。我从来没有体验过能够准确预测事情的感觉。我有我的观点，而且有时这些观点是对的，但我不得不说，每次都是猜测而已。

另一位受访者曾在公司最重要的一个项目中，经历了巨大的挫败，那次，在经过多次的磋商之后，他的生意伙伴却在最后一刻决定退出。他说过，处理这个项目的员工"彻底崩溃了""遭受了巨大的打击"，这是可以理解的，但他自己在经历这种挫败后，却能够很快地"跟过去划清界限，继续前进"。

采访者：在心理上，你是如何处理这种情况的？没有人能简单地说，"很好，没关系"，或者，"算了吧，事情很快就会恢复正常"。它是会对人有影响的，要知道，你也可能受影响。你有自己的方式来处理事情吗？你能比别人更快地把事情抛在脑后吗？

受访者25：是的，我公司那位处理这件事的员工彻底崩溃了。这件事对他打击很大。他觉得被人背叛了，而我则完全可以理解。当然，另外，我也感到愤怒。

采访者：当然，在受到打击之后，每个人都会感到失落和沮丧，但我更感兴趣的是，这种感觉会持续多久？或者说，从心理上和情感上，你多久能放下并克服它们？

受访者25：没错，我很快就能将它们抛在脑后。

采访者：那你会说，这是在行业中所必备的重要素质吗？

受访者25：是的，你需要经受一定的挫折。我保证，我具备这个能力。我经历过太多这样的波折啦。而且我知道，有时候这些是发生在我身上最好的事情。曾经有很多的收获我都在最后一刻错过了，但后来还能再次碰上，我只能说，"看来运气还不错"。

下一位受访者经历了很多危机和挫折，但他一直专注于问题根源渡过这些难关。他认为，在这种情况下，其他人倾向于把精力集中于无关紧要的事情上；他们回避问题，或者陷入困惑，而不是把精力集中于问题本身。

受访者20：没错，就这一件事。在我的办公桌上没有别的东西。其他都没有……就这个。我整个办公桌都是空的。在我的办公桌上只有一个主题。我不做其他事情……也不会像其他人一样压制事情。

我可以告诉你，我甚至设计了自己的A4文件，上面列着A、B和C，你知道吗？我发现人们面临压力时，他们可能会加大工作量，他们试图去完成十项任务。到了晚上，他们会说，"我今天做了很多事"。但真正的艺术是，在我真正面临压力时，我会保持冷静。突然之间，我不再需要处理A、B和C。我会划掉B和C，只留下A。你必须有自己的想法，因为当面临压力和真正的难题时，你可以到你的员工面前，问他们，"你们整天都干了什么？"这就是我学到的东西：当你面对你的管理团队，要求他们列出所有正在做的事情时，你基本上可以划掉他们清单上3/4的内容，然后说，"这些事情是我们当下不需要做的"。然后你在清单上写两三点，比你画掉的那些少得多，就让他们集中精力做这些事。但对公司来说，这些就是最重要的任务……我来告诉你，如果公司生意不太好，有些人过来说，"我需要一部新手机，因为我的已经用了两年了"。我会说："给你买一部新手机，那能给我们带来更多收益吗？"如果他们说"能"，那就给他们买一部。但如果他们说"不能"，那他们只能用旧的……其他的事情都得放在次要位置。这和开支有关，和招聘也有关。但经验告诉我，最关键的是要培养正确的态度，企业家的态度，这才是企业家们真正需要的，也是他们需要帮助和支持的地方。我自学到的东西，也是能让他们自己领悟的东西，就是把你一整天所做的事情都写下来。作为老板，当你看到某个人一天都做了什么，比如浪费了多少时间浏览网页和闲聊时，就要从清单上把这些事都画掉。只需要几笔，剩下的就是两到三个关键点。

中期研究结果

根据创业研究结果，"失败后的行动取向"是企业家们一项重要的人格特征。从这些采访中可以清晰地看出，超级富豪对于挫折和危机所采取的独特应对方式，是他们取得成功的一个重要因素，也是他们的一个共同特征。

首先，值得注意的是，许多受访者谈到，他们能够在面对危机时保持极端的沉着和冷静。虽然有些企业家确实谈到过会失眠，但大部分人强调，即使在最严重的危机中，他们依然能够放下工作，睡个好觉。他们带着些许自豪感宣称，只有经历一次严峻的危机，你才能发现自己是否拥有强大的精神力量，并能知道自己个性有多坚强。这些超级富豪的成就似乎还得益于他们乐观主义精神的强大力量，以及对自身自我效能感的强

第二十章　应对危机和挫折

烈信念（详见本书第十四章）。

同样令人印象深刻的是他们的心态，他们不会将挫折和危机归咎于外部环境或他人，而是从自己身上找原因。本书中采访的超级富豪并不将自己视为外部环境或竞争对手玩弄诡计的受害者，而是主动承担个人责任。面对危机，他们也不会以负面的市场变化为借口，而是承认归根结底是自己对市场的误判。

应对任何危机，关键在于通过坦诚而透明的方式解决问题。战胜危机的唯一机会是，提前且不加掩饰地将现状告知所有受影响的利益共享者——主要是债权人、银行和投资者。

然而，处理危机并不单单是解决根本问题以及恢复现状。更确切地说，受访者们是要将局面从不利转变为有利。他们反复谈到自己是如何从危机和严重挫败中获得成功的。企业家们解释道，他们公司规模的扩大、新市场的占领以及公司战略或产品的重大改进都是在应对严重挫败和危机之时实现的。他们的品性也因这些危机而得到磨炼和强化。这是有道理的，因为如果一切顺利，人们不会去质疑自己现有的战略和程序，而危机却能够迫使他们这么做。

这些受访者都能够很快克服负面经历带来的影响。简单地说，他们绝不纠结于无力改变的事情，而是专注于实际的危机解决方案。对他们来说，原谅自己的过错和承担挫败的个人责任一样重要。

第二十一章　结论

第一节　概要

和贫困研究不同，学术性的财富研究仍处于起步阶段。最初，研究人员只考虑到个人收入，后来扩大了范围，将研究对象的资产价值也考虑了进来。目前，净资产达到数千万欧元和数亿欧元的超级富豪还没有进行过系统性的调研。这是此类调研所需要做的第一项研究。现有的"精英研究"也没有集中研究过这个群体。迄今为止，因为学术研究的对象是"经济精英"，所以选择标准在很大程度上是基于公司的规模。因而，大部分以前的研究都集中在大公司和主要银行的执行董事会成员身上，换句话说，就是聘用的高管。而企业家们却几乎被现有的精英研究完全忽视了。尽管事实上，即使是中小型规模的公司老板，通常都比大型、跨国公司聘用的高管拥有更多的财富。

2012年，德国有16495名[①]百万富翁。其中有数百名是大

[①] 16495是指应纳税人的人数。

第二十一章 结论

型公司的董事会成员,他们是万众瞩目的一群人,也一直是经济精英研究的对象,但只代表了高收入人群中的一小部分。[①] 相反,本书中出现的受访者则只有极少数是大型公司的董事会成员。而本次大多数受访者是企业家和投资者。他们的公司大多数都只有几十名或一百名员工,只有少数几家属于大型公司,这几家大型公司的高管曾是之前精英研究的对象。

本书提出将"经济精英"的概念划分为两类。本书的研究是专门针对第二类人群的。之前的精英研究已经对第一类人群,即大公司的高层管理人员进行了非常细致的研究。由于他们的职位和公司的规模,这些人群很可能会影响到国家层面的政治决策。而本书的研究对象是第二类人群,即财富精英,迄今为止,他们几乎没有接受过调研。他们主要是企业家和投资者。财富研究的重点应该是第二类人群。

根据这个词的标准定义,第二类人无疑是精英,因为这个人群经历了完全不同的选拔过程,他们在某些特征上,相对于社会系统的其他成员来说,是出类拔萃的。与大型公司的执行董事会成员不同,能否进入这一精英阶层不是由公司委员会(比如监事会)决定的,而是完全取决于企业家和投资者自身的市场成功程度。

我们已经为采访超级富翁设置了一些系统问题。"德国的财富"项目的调查结果显示,除了遗产和其他财产赠与外,

[①] "波茨坦精英研究"调查了 539 名大型公司的高管和监事会成员,具体参见 Wilhelm Bürklin, Hilke Rebenstorf, *Eliten in Deutschland: Rekrutierung und Integration* (Wiesbaden: Springer Fachmedien, 1997), S. 44。"哈特曼精英研究"调查了 177 名曾在大型公司担任高级管理职务的人,具体参见 Michael Hartmann, *Der Mythos von den Leistungseliten: Spitzenkarrieren und soziale Herkunft in Wirtschaft, Politik, Justiz und Wissenschaft* (Frankfurt-am-Main: Campus, 2002), S. 81。

创业精神是最可能创造财富的途径。然而令人惊讶的是，迄今为止，学术财富研究很少关注范围更广的创业研究成果。所以，对于本书中提到的问题，将创业研究成果运用到财富研究上是很重要的一步。

学术财富研究的进一步成果是，认识到了人格特征在财富创造中具有决定性的作用。因此，本书中的问题也考虑到了美国对企业家人格特征的大量研究。除了这些创业方面的研究成果外，采访问题的设计还借鉴了其他研究学科的知识，尤其是行为经济学和学习理论领域。采访主要围绕以下几个主题。

- 受访者青年时的具体特征（具体考察了受访者在中小学、大学期间的正式学习和通过体育和早期创业实践进行的非正式学习）。
- 自主创业的动机。
- 设定目标的作用。
- 销售技能对经济成功的重要性。
- 乐观主义和自我效能感的作用。
- 风险偏好。
- 分析决策和直觉决策之间的关系。
- 大五类人格特征。
- 对抗性和宜人性。
- 不墨守成规及"逆流而上"。
- 应对危机和挫折。

在这些主题中，风险偏好、乐观主义的作用以及直觉决策与分析决策之间的关系等都被研究过，而且现有文献中都有记录。相比之下，针对其他主题的学术研究则非常少，比如销售技能对超级富豪在财富成功上的重要性，或不墨守成规的意

第二十一章 结论

义等。

对这些采访的评估证实了以前的学术财富研究和创业研究成果，但也表明某些研究成果需要进行审查或改进。同时也明确表明，迄今为止，"经济精英"研究一直片面侧重于大型企业聘用的高管，所以研究成果并不适用于对这类"财富精英"的调查。

大多数受访者都属于中产阶级。然而令人震惊的是，60%的受访者父母都是自雇人员。这个比例比德国整体人口比例高出十倍。他们的父母通常是企业家、小公司老板或农民，多数并不富有，但更重要的是，他们不受雇于人。因此，这些受访者还是少年、青年时，就注定以后会为自己工作。其余2/5的受访者父母是公司员工或公务员，但只有两位受访者的父母是蓝领工人。他们除了是家长之外，还是孩子的榜样，且不应低估了这一角色的重要性。朋友阔绰的父母、富有的亲戚、寄宿学校的同学以及富裕的邻居，他们的生活方式给这些未来的超级富豪们留下了深刻印象。

社会对"财富精英"的筛选，不同于此前研究中"经济精英"的筛选。正如哈特曼等人所说，大型企业高管的父母主要来自大资产阶级，在他们的职业生涯中，习性发挥了重要的作用，而财富精英的选拔过程则大相径庭。不管是中学教育，还是大学教育，都没有起到关键作用。

诚然，大多数受访者确实受益于优质的中学和大学教育。但这并不能让他们从同龄人中脱颖而出。而且，他们在正式的学术成就上，大多很平庸。这些传记式采访问题的一个重要发现是，受访者在中学或大学阶段的表现跟他们取得的财富多少并没有关系。在中学或大学阶段表现最好的那些人，往往不能登上财富金字塔的顶端。而之后变得富有的人中有1/3没有上过大学,有 1/7 连中学都没毕业。

　　受访者参与的课外活动反而意义更加重大。几乎全部受访者从小就参与竞技运动,或者通过非常规、创业的形式赚钱。45 名受访者中,只有 6 人并不符合这两点。

　　超过半数的受访者在竞技体育或业余运动项目中水平很高。通过这种方式,他们学会了应对胜利和失败,学会了向对手反击示威,也获得了对挫败的忍耐力,树立了对自己能力的自信心。大多数受访者并非团队运动员,而是"孤胆斗士"。比如,他们曾是运动员、滑雪爱好者、骑手、游泳爱好者、网球队员或柔道选手。他们都曾取得过不俗的成绩,赢得过区级和州级比赛,或参加过国家或国际锦标赛。但某一时刻,他们意识到自己缺乏成为顶尖运动员的资质。

　　在中学和大学阶段,这些未来的超级富豪赚钱的方法也是惊人的。(小学生和学生常做的小时工除外)受访者们在青年时代所展示的足智多谋表明他们有着巨大的创造力。他们卖过各种东西,从化妆品到私人冬景花园,从二流轮圈到洗车中心,从二手车和摩托车到保险产品和限额基金,从自己养大的动物到珠宝,从 DIY 无线电到二手汽车收音机。这些无疑为后来成为企业家的这些年轻人积累了经验。他们学会像企业家一样,组织、销售、思考。他们经常无意识地学到对成功企业家和投资人来说很重要的隐性知识。这些早期的创业经历为他们以后的自主创业做了最佳准备。

　　许多受访者都证明了一个说法,即企业家是"不称职的员工",他们难以管理,非常叛逆,因此无法在现有公司中攀爬职业阶梯。他们认为自己是与众不同的,难以服从于现有结构或其他人。这种不合常规通常在他们还是学生的时候,就表现得很明显了。许多受访者谈到,他们曾和权威人士,尤其是自己的老师们，发生过很多的对抗。

当然，这些不合常规的人通常在现有公司向上攀爬时都经历过艰难的时刻。有个受访者说，如果要让他当好一名员工，"你得给我吃药才行"。他认为自己太叛逆，太无所不能了。这群受访者中还有一些人并非如此。他们曾在大型公司工作过，在那里打拼自己的事业。但是在那样的环境中，事情的进展速度不够快，或者他们认为收入增长的可能性太小。有人直接指出，鉴于很高的财富需求，他不会因为"优厚的工资"而继续担任银行职员。另一个人说，在一家大型公司中攀爬职业生涯阶梯需要太长的时间了。尽管得到了大力支持和快速提拔，但要成为CEO还需要漫长的过程，他不想"排队等待十年"。

第三类受访者甚至没有面临过"自雇还是就业"的选择问题。他们总是很清楚，自己只会一直给自己打工。有一名受访者一生中都没有做过一天雇员，他还在读大学时，就通过销售每年赚到几十万德国马克。和其他几个人一样，他说自己从没想过当一名雇员。那些加入父母家族企业的受访者也是如此，其中许多人从小就认为"自雇"是注定的，所以不存在其他的选择。

本书要解决的一个重要问题是，受访者创造财富是将财富追求视为一个具体目标而有意识、有目的地奋斗的结果（正如畅销的拿破仑·希尔的致富文学作品所言），还是仅仅是其创业活动的副产品？对许多受访者而言，以书面形式确立目标非常重要。许多受访者严格遵循了畅销致富文学的指导。他们为自己设定了精确的财富目标和实现的期限。大量受访者谈道，他们至少每年制定一次详细的规划。许多受访者强调，目标设定必须以书面形式进行，因为只有书面和可量化的目标才能最终得到验证。有些受访者大量记录了他们的目标。很多受访者谈道，有一些可视化技术和其他形式对他们实现目标有帮助。许多受访者并没有将目标设定局限在财富目标上，而是在他们生活的其他方面也采用同样的方法。

观察发现，设定雄心勃勃且具体规划的目标是有意义的，这符合本书第三章第二节中探讨的目标设定理论——一个在很多研究中已经证明的心理学理论，即有挑战性且具体规划的目标比容易达成的目标能带来更好的结果，以及设定具体目标的人比没有目标或者制定模糊目标的人更加成功。

然而，并非所有的受访者都是这样设定目标的。一些受访者解释道，尽管他们制定了公司的营收目标，却没有设定个人的财富目标。其他受访者则对规划生活目标的可行性和有用性表示怀疑。因此，流行致富文学的假设——只有设立并关注具体量化的财富目标的人才能获得财富——不能被证实。虽然这可能是一条致富之路，但绝不是唯一的一条。另外，假设受访者的事业发展之路大部分是无意识的，偶然发生的结果也是错误的。正如本书第五章第二节和第七章第四节对方法论的详细解释，通过贬低目的性规划而过度强调偶然事件重要性所做的自我解释，在社会心理学上可以理解为防备忌妒的无意识策略，或者受访者希望提供可以被采访者视为社会所期望的回答。

为了更好地了解他们的动机，我们请教了受访者他们把什么和金钱概念关联起来。受访者把金钱跟多种多样的优势联系了起来。他们答案的多样性揭示了他们动机的范围。因而，"负担得起更好的东西"（如昂贵的汽车、房屋或假期）这一动机对13名受访者来说意义重大，而10人则表示这对他们来说完全不重要。这一点对其余的受访者来说既不是特别重要，

第二十一章　结论

也不是完全不重要。

尽管大约有一半的受访者表示，安全对他们来说特别重要，但也有九个人表示对他们来说安全算不上是一个动机。几乎所有受访者都认同的只有一个动机：他们将财富与自由和独立联系起来。几乎所有的受访者都一致认同经济独立的重要性。没有哪个动机能得到这么多这么高的分值。评分范围为0分到10分，只有5名受访者对这个动机的评分不在最高范围7分到10分以内。事实上，有23位受访者甚至决定将这一动机评为最高分——10分。排在第二的动机是"有机会把钱用于新事物，去做投资"。

那么，从受访者的角度来看，对于他们所取得的远超常人的成功和巨大财富，是什么技能和品质起到了决定性作用？维尔纳·桑巴特用"生意人"概念来定义，并描述为最重要的创业能力之一——销售技巧。它作为一个成功因素，被近期的创业研究和财富研究大大低估了。然而，受访者们毫无异议地认为——在他们涉及的全部行业内——事实上销售技巧对他们的财富成功做出了重大贡献。2/3的受访者表示，销售成功对他们的成就来说起着决定性的作用。超过1/3的受访者将其70%至100%的成功归功于他们的销售技巧。尽管事实上，别人第一眼看不出来他们是非常优秀的销售人员——这很可能是他们销售成功的关键。

对受访者而言，销售不仅仅是营销产品或提供服务的过程。他们以更广义的方式来定义销售。他们将销售视为说服别人的过程：说服政府官员颁发许可证，说服优秀求职者加入公司，说服其员工相信美好愿景，说服银行家批准贷款。正如一名受访者所说，"一切都是销售"。受访者从未将销售过程开始时遇到的"不需要"当作负面的东西。许多人表示，他们

537

最大的乐趣就是将"不需要"变为"好的"。

许多受访者强调,实现这种转变最重要的一点是,需要与他人产生高度的共鸣。"读懂"他人并凭直觉把握他们的恐惧、封闭和排斥心理,然后消除它们,这种能力是至关重要的。许多受访者将自己描述为很有同理心且很有能力的心理学家。

除了同理心外,专业知识也起着重要的作用,但要结合卓越的说服技巧。受访者将"能够清楚地解释事情"描述为销售成功的关键前提。同样,他们还频繁强调了人脉的重要性。受访者谈到,他们如何通过高度的勤勉、坚持和决心建立了人脉,而这成为他们财富成功的基础。

受访者并非在中学或大学里学到了这些销售技巧。除了与生俱来的销售才能外,正如本书第九章第六节描述的,他们早期的创业经历被证明起着决定性作用。这表明,对于受访者后期成功来说,非正式学习过程(即内隐学习带来的隐性知识)比中学和大学接受的正规教育更为重要。

除了这些知识外,受访者的成功还建立在一些基本态度和性情上。其中之一就是明显的乐观主义精神。创业研究和行为经济学都非常重视"乐观主义和过度乐观"这一主题。这些超级富豪们明确证实了一个假设,即企业家都极度乐观。相比其他的人格特质,受访者们都更加认同这一点,即认为他们自己是非常乐观的。

在一个从-5分(极度悲观主义者)到+5分(极度乐观主义者)的量表中,40名受访者中有37人将自己列为正数范围内,即乐观主义者。其中,35人将自己列到极度乐观的范围内,即+3分到+5分。另外,大五类人格测试结果也表明超级富豪具有高度的乐观主义精神。其余50个问题,没有一个像乐观主义和悲观主义这一问题一样得到一致的回答。43 名受访者中有 38 人强烈反对这个表述,"我其实更像个悲观主义者"。

采访中可以很明显地看出,受访者所说的乐观主义就是心理学家称为"自我效能感"的同义词。用他们自己的话来说,受访者将"乐观主义"定义为一种信念,即"凭着你的能力、人脉,或智慧,你总能找到解决方法并克服一切困难"。对他们来说,乐观主义就是"对自己的行为有自信心",以及对自己的"组织能力"和解决问题能力有自信心。这证实了创业和财富研究的成果,即高度自我效能感是企业家和富人的一个重要人格特征。

只有少数受访者有意识地思考了过度乐观的不利方面。这些受访者认识到,过度乐观的危害会导致需要承担过度的风险。关于这点,几位受访者指出,他们采取了矫正式决策机制,比如与不太乐观的同伴合作。

乐观主义和风险偏好之间存在着密切的联系。针对企业家和富人的风险偏好进行了广泛的研究。有些研究人员得出结论,高度的风险偏好跟成功创业和致富正相关,另一些人的结论则是,中等风险状况是企业家的特征,还有人则认为,尽管企业家的行动客观上是有风险的,但他们在主观上并不认为自己喜欢冒险。

有很多证据表明,既要主观上愿意承担高风险,特别是在创业启动阶段,随后又能降低这些风险才是财富成功的关键。只有极少数不愿承担很多风险的人成为企业家或投资者。另外,持续处于高风险状态的人很可能丧失大部分或全部资产。而在一个人的生命中,越晚发生这种情况,他就越不大可能从零开始重建自己的财富。许多受访者表示,随着年龄的增长,他们的冒险精神显著下降。

许多企业家和富人都只选择中等的风险状况——这种假设并没有在采访中得到证实。至少在创业初始阶段，大多数受访者都将自己的风险状况列为很高。到了事业稳定阶段，风险状况才开始下降。在这个阶段，中等风险的假设是适用的。

企业家和富人在客观上承担着较高的风险，而主观上不认为风险如此之大，这种假设在采访中也没有得到充分支持。大多数受访者都很清楚他们的风险状况很高。另外，对于某些受访者来说，这个假设是成立的——他们评价自己有中等的冒险倾向，但也承认周围的人认为他们是大胆的冒险家。另外，结果表明，许多受访者并没有意识到某些客观上可以描述为很高的风险，比如他们公司资产的多样化程度低、集中程度高。这就是控制错觉，而这种错觉反过来又会导致过度乐观的结果或表现。

源自创业研究和行为经济学的假设，即企业家和投资者做决策主要以"直觉"为依据，得到了证实。45名受访者中有24人表示以直觉决策为主导，15人表示以分析决策为主导，还有6人也表示各占一半，或者无法准确判定直觉和分析在决策中哪一个占主导。即使是那些主要依靠分析决策的人也解释道，他们做决策时有20%到40%的部分依赖自己的直觉。相比之下，对整个德国人口的调查显示，那些说自己倾向于依靠"理智"做决定的人数比例要比说自己倾向于依靠"感觉"做决定的人数比例要高很多。

许多受访者强调，事实上，直觉并非天生的，而是随着生活经验的积累而产生的。这和第四章第一节所述的理论相符合，该理论将直觉描述为内隐学习的产物。洞见会在一瞬间出现，是因识别到某个模式而触发的，相反，这种觉察是多年经验累积的结果。不过据受访者所说，它只有在多年经验的基础上才有可能出现，所以有些受访者表示，他们直觉决策的比例随着年岁的增长而有所增加。

许多受访者表示直觉起了警示作用，并且这些警示信号使他们避免做出很多糟糕的商业决策。有些受访者谈到，他们曾违背自己的直觉做决策，后来证明决策是错误的。这种经历使他们得出结论，就是再也不能违背自己的直觉做决策。同时，受访者所在的行业和他们是否凭借直觉做决定没有关系。4位房地产投资者的例子清楚地证明了这一点。第一位甚至声称他（受访者中的特例）所有的决策都是100%依靠分析做出的。而对于第二位房地产投资者来说，80%的决策是如此做出的。这两位投资者甚至认为自己比竞争对手更有优势，因为他们觉得那么多房地产投资者都主要依靠直觉做决策。相反，业内同人则表示，他们80%到90%的决策是依靠直觉做出的，而且以他们的经验看来，过分依赖分析的人都不大成功。

受访者几乎一致认为，只有以直觉为基础，才能做出涉及评估他人的决策。一名私人股本行业的投资者对此表示，"这可以归结为读人和评估人，但你无法衡量或者用数据分析他们"。这不像是你能看到他们身上是不是被打上了官方质量记号，对吧？你不能让一个审计师来分析一个人的性格。

如本书第一部分所示，直觉是隐性知识的表现，反过来，又是内隐学习的产物。因此，令人惊奇的是，如第九章第四节所示，在创造财富方面学历起不到决定性作用。受访者主要不是从他们的正式学习中获得的后来表现为直觉的隐性知识，而是通过非正式学习情境，比如中学或大学时代在竞技体育或早期创业活动中学到的。

本书第一部分提出的创业和财富研究成果，被大部分受访者在大五类人格测试中的回答所证实。责任心是受访者们最主要的人格特质。重要的是别忘了，大五类人格理论对责任心的定义不仅仅包括职责、精确性等品质，还强调了勤奋、纪律、野心和毅力。所以，责任心是一个很强的特质。关于这个人格特征，43名受访者中有39人获得了25~40分。在他们对这些题目的答案中，明显展示了高度的决心和可靠性。

外向性在受访者中也很普遍，虽然略逊于责任心。43名受访者中有29名被证明是明显外向的，他们自我描述为非常乐观的人，喜欢开拓自己的道路。开放性也很普遍，43名受访者中有28人的开放性较高。受访者强烈认同这个表述，即他们喜欢用不寻常的想法进行思想实验。

对于神经质这一项，受访者的得分都很低。43位受访者该项的得分均在0~19分，有36位甚至只得到0~9分。这证明受访者的心理稳定性异常高。受访者完全否定这类表述，比如"我经常认为自己不如别人"，但对于"事情不太顺利的时候，我不会轻易气馁"这一说法表示强烈同意。

创业和财富研究提出的论点，即企业家和富人不太令人愉悦，仅仅部分得到了证实。根据大五类人格测试，与责任心、开放性和外向性相比，宜人性在受访者中表现得不太明显。尽管如此，大多数受访者都有宜人性的倾向。然而，有理由怀疑测试问题能否充分区别在业务领域内"偏向和谐型"和"偏向冲突型"的人。因此，需要将测试结果和采访分析进行比较。在采访中，受访者被问及，他们是倾向于将自己描述为"偏向和谐型"的人还是"偏向冲突型"的人。将测试中被归类为"偏向冲突型"的受访者和那些尽管在测试中宜人性方面的得分较高，但在采访中将自己描述为"偏向冲突型"的人结合起来，得出了以下结果：在接受测试的43名超级富豪中，超过一半的人（22名）的宜人性分值偏低，可以归类为"偏向冲突型"的人，7人的宜人性分值处于平均水平，另外14人表现出较高的宜人性。纠正后的结果表明，"偏向冲突型"的人明显多于"偏向和谐型"的人。这与现有的研究结果更加接近，即超级富豪和企业家并不特别让人愉悦。

补充的采访问题也显示出，一些受访者把自己形容成和谐导向的人（符合他们大五类人格测试的结果），而他们在早期生活当中往往都是直面冲突的人。这一点与研究结果一致，即宜人性是随着年龄增长而变得更为突出的人格特征。对于其他受访者而言，他们的自我感知和别人对他们的看法，二者有着惊人的差异。这些受访者说，他们认为自己更倾向于和谐型性格，但是周围的人认为他们更倾向于冲突型性格。除此之外，许多受访者描绘了一幅更为不同的画像，例如，对他们的客户，他们非常渴望维持融洽的关系，但同时，在自己的公司里，别人也可能认为他们的态度非常强势。

冲突导向型受访者，这样形容自己的行为：他们的强势不仅限于工作的环境，还体现在生活的其他方面，在这些方面他们根本没有要回避冲突的意思。对许多受访者来说，他们随时准备直面冲突的性格倾向，与这样的事实完全一致。在他们的投资和商业决定中，他们经常将自己置身于大多数观点的反面，逆流而上。

在大五类人格测试的50个问题中，几乎没有哪个问题能像"我会将自己形容为一个更喜欢走自己的路的人"这一描述一样收到受访者的积极回应。在全部43位受访者中，有41位表示赞同这个说法。没有一位受访者不同意这个说法，剩下的两位受访者不置可否。许多受访者，特别是投资者，认为他们的财富成功，主要归结于他们逆流而上的能力。他们证实了熊彼特的分析——成功的企业家反对大多数人的意见，或者至少特立独行，不受大多数人的想法支配。

很可能就是这种行为模式促使他们低价买进、高价抛出。当然，这不是成功的绝对保证，特别是涉及高杠杆率投资。投资者总是面临没有掌握正确时机的风险。逆向投资者也要依赖其他市场参与者在某些时候跟随投资者的导向。毕竟，只有这种情况下，价格才会上涨，他们才能从中获利。但是，当市场看涨时，他们在卖出时就没有问题，因为当他们的观点与大多数人一致时，他们反而容易感到不安。他们将主流观点视为一个反向的指标——不论市场上是恐慌蔓延，还是行情看涨，他们都保持这样的观点。

在访谈过程中，出现了两种不同类型的企业家和投资者：原则上第一组受访者乐于与大多数人观点相悖，逆流而上。当他们已经感觉到，如果他们的观点与他们轻蔑地称为"主流"的观点相一致时，他们实际上是不舒服的。第二组则更加独立于大多数人的观点，这实质上与他们没有多少关联。这意味着他们已经形成了不同于多数观点的自我观点。与大多数人观点的不一致既没有使他们感到烦恼，也不会让他们受到刺激。相反，有的时候，他们的行为也与大多数人的行为非常接近。因此，他们并没有将逆向思维与"逆流而上"视作自己的基本立场。

根据创业研究的结果显示，"遇挫则调整方向"是企业家的典型特质。从采访中可以清晰地发现，超级富豪应对挫折与危机的独特方式，就是他们成功的重要因素，并且是他们的共同特征。

首先，值得注意的是，许多受访者都说，在危急关头，他们相当镇定和沉着。其中一些人说，他们确实有过不眠之夜，

第二十一章 结论

但大多数受访者强调,即使身处重大危机,他们也能安然入睡,不再担忧。他们不无骄傲地说:"只有在危急关头,你才能发现自己是否具有足够的胆识,并逐渐为自己所养成的坚强个性而感到欣慰。"显然,这些富有的受访者都受益于自身极不寻常的优点:他们的乐观精神与对自我效能的坚定信念。

同样令人震惊的一点是他们在遇到挫折或危机时所持有的基本态度,他们不会从外界环境中或其他人身上找借口,而是在自己身上找原因。受访者不认为自己是大环境下的牺牲者或者竞争对手阴谋手段下的受害者,相反他们会主动承担自身失败的责任。他们也不会把消极的市场变化当作借口,反而主动承认他们应该对错误的市场判断承担责任。

他们坚信,在任何危机中,绝对坦诚地解决问题是至关重要的。相应的,唯一可以战胜危机的做法是,在危机发生的早期阶段,把事情的发展情况通知给所有任何可能受到影响的商业伙伴,主要包括债权人、银行和投资者,并且对于情况不做任何的掩饰。然而,处理危机并不单单是解决根本问题以及恢复现状。更确切地说,受访者会竭尽全力地把挫折变成机遇。他们多次重申,遇到的危机和挫折只会让他们更加成功。企业家们解释道,公司的扩张、占领新市场以及公司战略或产品的决定性改进,都是在战胜重大挫折和危机后完成的。他们的品性也因这些危机而得到磨炼和强化。

受访者们都有这方面的能力,即他们能够快速地从负面经历中恢复过来。他们没有纠结于无法改变的事情,而是把注意力集中于找出可行的危机解决方案。对于他们来说,为遇到的挫折承担起个人的责任很重要,原谅自己的错误同样重要。

本书已经说明,所有的超级富豪都有相同性格特征的假设是错误的,同样,认为超级富豪之间只存在差异,基本没有相似点，这也是不对的。除了差异之外，在受访者所具有的人生经历、性格特征和行为中，存在大量反复出现的模式，并且各种不同的行为模式之间存在的相关性在此证明了：高风险偏好的人更倾向于逆流而上，打破常规。要知道，对于具有高度自我效能感的乐观人士来说，他们更愿意冒险，因为他们相信自己的努力会获得成功。而相对于那些完全依靠理性分析的人来说，相信自己直觉的人更有可能提出质疑，打破既定惯例。

这本书综合了创业研究、行为经济学和财富研究的发现。"财富精英"的概念不断演变，同时文中也已经表明，此处的财富精英与经济精英不同，经济精英一直是针对精英进行的学术研究的对象。对于传统经济精英来说［如哈特曼（Hartmann）在其课题上所做的研究］，习性的重要性得到了有力的证实。有证据表明，对于财富精英来说，习性的作用就不那么重要了，类似的还有教育方面的因素。因为，一个人是否能够进入传统经济精英的行列是由专门的委员会进行认证的，然而成为财富精英的资格只由其在市场上获得的成功决定。

第二节　研究的局限性以及对未来研究的建议

经济精英，主要指一些大公司的高层管理人员，而如超级富豪这种财富精英则主要是一些企业家和投资者，两者之间的对比在未来的研究工作中是非常有价值的研究课题。举例来说，对于此类系统性的实证比较，应该考虑针对社会背景、性格特征、教育背景和习性这几个方面。

此次采访的一个重要发现是，销售技巧对于受访者们在经济上和事业上的成功至关重要。目前为止还没有针对这一课题

第二十一章 结论

进行的调查研究，因此在未来研究中应该对此进行更加深入的探讨。在此，找出内隐学习和内隐知识理论和直觉的重要性之间的联系将会很有帮助，因为成功销售过程的关键要素不是基于特定的分析能力，而是基于同理心和体察他人心理等品质。

那些依靠继承而获得巨额财富的富豪，不在此次调查对象的范围之内。本书对超级富豪进行分组调查，比较研究其性格特征和行为模式，这类研究也会激发读者极大的兴趣。

毕竟，这本书只是理解财富精英的第一步。在此次接受测试的群体中，房地产行业人士具有很强的代表性。再仔细观察一下其他行业的人士，比如在新技术领域获得巨额财富的年轻的创业型企业家，这会是很有意思的事情。

这本书还讨论了一些与教育研究有关的发现。正如本书第四章第五节所示，近年来，关于教育机构之外的非正式学习的重要性日益受到重视，针对此进行的研究也在日益增加。对超级富豪的人生经历的分析表明，非正式的学习经历，比如早期创业活动或竞技体育获得的学习经历，与同等重要的校园和大学教育相比，后者对创造财富的重要性要小得多。此外，已经表明内隐学习在其中扮演着重要角色。本书所采访的企业家和投资者在此方面非常注重按直觉做决定，而与之相关的通过内隐学习获得的隐性知识的重要性也得到了证实。因此，这次采访证实了一些关注直觉决策重要性的研究成果，比如卡尼曼和吉仁泽。非正式学习是如何发生的，例如通过早期的创业活动，将成为今后在企业家活动、财富和教育以及商业管理研究框架下的跨学科工作中一项有趣的研究课题。

最后，根据研究所采用的方式，其所适用的研究的范围及其局限性必须受到重视。与许多定性研究一样，这项工作描述的内容包括受访者们的心态、人生经历、自我认知和性格。对超级富豪的财富积累的研究仍处于早期阶段。在这个早期研究阶段,首要的任务是重建超级富豪的自我认知,并对他们的人生经历、性格和行为模式进行更多的了解。关于这点,该研究还试图为此描述一些可能存在的因果关系,形成新的假设,并对现有的假设进行批判性的评价。正如社会科学的标准化方法所提出的,因果性解释需要形成对照组,例如,将此次访谈中的这组受访者与"隔壁的百万富翁"或其他拥有较少财富的社会群体之间做个比较。现有研究中的此处空白还有待填补。

作者多次指出,与精英研究一样,调查研究仅仅涵盖了那些人,即已经从市场竞争中胜出的成功人士。但是,这样的做法就会出现"失败案例采样不足"的问题,杰克尔·邓雷耳(Jerker Denrell)在2003年已经提到过这个问题。举个例子,这个问题影响了众多针对成功的公司或者说高管的研究工作。"各种图书、案例研究和商业出版物都将目光投向那些成功的公司和个人,而且,这种趋势愈演愈烈。这种采样偏好意味着,管理人员找到的和参与的案例中,失败案例的采样不足。实际操作中的管理人员会观察其他公司的业绩和做法,但他们可能并不会观察那些失败公司的做法。"[1]

这个方法论的问题是"最佳实践"案例的特点,也是大量管理文献和成功学资料,以及时下流行的致富类图书所特有的问题。因此,应该再次强调,畅销的致富类图书想让读者们相信书中的致富之道,而与之相反,本书中所描述超级富豪的特点绝对不是成功的秘诀,并不是只要按照这些秘诀,就能获得巨大的财富。

---

[1] Jerker Denrell, "Vicarious Learning, Undersampling of Failure, and the Myths of Management," *Organization Science* 14, No. 3 (2003), p. 227.

第二十一章 结论

邓雷耳把矛头指向了在"失败案例采样不足"的问题中被大大低估的方法论问题,这一点他结合与此项研究相关的案例进行过说明。

非常成功的公司往往也承担着巨大的风险。然而,一些证据表明,当风险突然出现,倒下的一定是这些承担着极大风险的公司。这些公司退出了市场,因此通常也无法成为研究的对象,当然就更不可能成为针对成功公司的调研的研究对象。[①]所以,书中多次指出,例如,风险承受能力的增强可能是取得巨大成功的先决条件,但是,谁也无法保证增加了风险承受能力就必然带来巨大的财富。至少在许多(甚至有可能更多)的案例中,高风险偏好可能会导致经济上的失败,但现有的研究主要针对的还是成功者。想要获得成功,更加适度的风险偏好可能是最好的应对方法,这比极高的风险更为有效。然而,若想获得更大的成功,更高的风险偏好可能是个优势,但同时也可能导致失败(这种情况也许更为常见)。因此,对失败的企业家和投资者的研究将对我们有所启发。

另一个例子是,许多企业家之所以成功,其直觉决策起到了重要作用。"如果失败案例的采样不足意味着风险管理实践的潜力被高估,那么随之而来的是,某些冒险的决策过程的作用也可能被高估了。例如,失败案例采样的不充足,人们可能因此误以为仅凭直觉而迅速做出决定是有好处的。"[②] 邓雷耳认为,根据市场情况,在需要迅速占领市场并取得主导权的时候,仅凭直觉而迅速做出的决定确有其优势。采取这种做法的

[①] Jerker Denrell, "Vicarious Learning, Undersampling of Failure, and the Myths of Management," *Organization Science* 14, No. 3 (2003), p. 230.

[②] Jerker Denrell, "Vicarious Learning, Undersampling of Failure, and the Myths of Management," *Organization Science* 14, No. 3 (2003), p. 238.

公司会在短期内占据优势，之后可能成为赢家。"尽管如此，在这种情况下，表现出众的公司，往往不需要经过任何分析，就能推出对顾客有吸引力的产品。"因此，看起来那些表现出众的公司似乎全凭直觉行事。然而，可能的情况是，那些表现最差的公司往往也没有做任何分析，推向市场的产品对顾客并没有吸引力。[1]

上述情况也适用于管理类图书中提到的诸多特性以及行动指南，想要出类拔萃的话，这些都是先决条件。比如面临困难时的专注和毅力。如这种做法是完全正确的，此次研究证实了这一点。然而，就如邓雷尔所指出的："因此，如果我们只观察那些成功的企业家，那么，我们很可能高估了专注和毅力所带来的好处。有些人同样坚持不懈地专注于某个设想，却从未实现，他们终将被人们忘却，并将被归为异类，而不是梦想家。"[2]

另外，像杰克尔·邓雷耳和刘成伟（Chengwei Liu），他们都强调取得非凡的成就并不意味着具备杰出的才能，[3] 尤其是当运气起了作用的时候，情况更是如此。相比之下，在竞争环境下，运气和偶然事件作用甚微——作者以马拉松为例——成绩就代表了个人的专业能力。"在这种情况下，成绩的好坏就成了衡量水平高低的一个非常好的指标，并且……特别突出

---

[1] Jerker Denrell, "Vicarious Learning, Undersampling of Failure, and the Myths of Management," *Organization Science* 14, No. 3 (2003), p. 238.
[2] Jerker Denrell, "Vicarious Learning, Undersampling of Failure, and the Myths of Management," *Organization Science* 14, No. 3 (2003), p. 236.
[3] Jerker Denrell and Chengwei Liu, "Top Performers Are Not the Most Impressive when Extreme Performance Indicates Unreliability," *Proceedings of the National Academy of Sciences* 109, No. 24 (2012).

第二十一章 结论

的成绩可能蕴含更多的信息。"[1]

很多证据表明,本书中所描述的行为模式和个人特征是成为大富翁的先决条件。然而,做到这些的人并不能保证一定会成功,因为拥有同样行为模式和性格特征(比如,非常乐观、高度容忍、听凭直觉)的个体同样也会失败。所以一切并非巧合。例如,许多受访者表示,随着年岁渐长,他们对于风险的偏好会大大降低。在创业之初,他们的高风险偏好为其最终走向致富之路创造了先决条件。后来为了不危及事业,他们日益谨慎,这样做是有必要的。那些一生都不曾降低过自身风险偏好的企业家很可能已经破产了,因此这本书也没办法采访到他们。

这只是对"超级富豪"进行学术研究的开端。本书中的研究成果旨在为进一步的学术研究做准备,意图走进一个不为大众所知的群体。

---

[1] Jerker Denrell and Chengwei Liu, "Top Performers Are Not the Most Impressive when Extreme Performance Indicates Unreliability," *Proceedings of the National Academy of Sciences* 109, No. 24 (2012).

附　录

45 场采访的指导问题

主题一　青年时期的经历

首先，我想先提几个关于你青年时期的问题，特别是关于你的学生时代。

1. 你父亲是从事什么工作的？
2. 许多孩子和年轻人都已经有职业理想或者梦想。你还记不记得，在成长的过程中，自己想成为什么样的人吗？
3. 据说有些成功人士在年少时都曾反抗过自己的父亲或者父母亲，但是也有很多家庭格外和睦的情况。青少年时期，你与父母的关系如何？
4. 读中小学时，你在学校里的整体表现如何？期末考试的成绩是多少？
5. 读中小学时，除了大多数学生通常会遇到的情况之外，你在学校或者与老师之间有没有什么矛盾？或者，总的来说你们的关系还是很和谐的？

6. 你是否曾经热衷于某项运动？如果有的话，你是否参加过比赛？成绩如何？

7. 在学校期间，你通过某种方式挣过钱吗？用什么方式？

8. 离开中学后你做了什么？（例如，上大学）

9. 你是否从大学顺利毕业？

10. 在大学里你是否名列前茅？或者只是泛泛之辈？

11. 大学里你是否赚过钱？用什么方式？

主题二　专业技能及财务知识

（如果受访者以雇员身份进入职场，采访会涉及这个主题）

1. 作为一名雇员，你和以前的老板相处得很好，还是有些困难？

2. 打工期间你是否获得过快速的晋升？你能想象继续留在你工作的公司里工作，或者甚至达到职业巅峰吗？

3. 什么原因促使你决定自主创业？

主题三　财务目标，金钱

1. 许多成功赚到了很多钱的人说，他们很早就给自己定下了赚钱的目标，比如，"30岁时我要赚到人生中的第一个100万欧元。"但有些人并非有意识地将其作为目标，只是后来才获得了财富。你还记得自己是什么情况吗？

2. 至今在你积累财富的过程中，有哪些关键因素呢？你

553

是怎么认为的？

- 从父母那里继承的财富占比多少？
- 打工期间积累的财富占比多少？
- 股息以及创业获得的收入占比多少？
- 投资理财（房产、股票等）获得的收益占比多少？

如果有意识地设定过目标，有下面几个补充问题：

1. 你是否曾把这个目标记录下来？
2. 你一般都会设定具体的目标吗？如果是的话，你会把他们记录下来吗？你多久设定一次目标？
3. 你是否以某种方式将这些目标具体化，你能看到目标就在你眼前？
4. 提到金钱，人们都会想到各种各样的东西。在如下这些经济独立的益处中，按照从0（无关紧要）到10（至关重要）的等级打分，你分别会打多少分？

- 安全性，即"除非我犯了大错，否则我不会有任何财务问题"。
- 自由与独立。
- 创造新事物。有机会把钱用于新事物，去做投资。
- 负担得起更好的东西。
- 自我肯定，即拥有财富是对个人能力的证明，说明你做了许多正确的事。
- 认可。拥有大量金钱，尽管富人有时会被人羡慕或嫉妒，但会得到更多的认可，并有机会结识有趣的人。

开放性问题：有没有上面没有提到的与钱有关的其他因素？

主题四　处理冲突、拒绝墨守成规与和谐一致

1. 熟悉你的人会如何形容你？

a. 一个特别好相处的人

b. 一个爱找麻烦的人

2. 回过头来看，其他人最初对你的商业决策或投资持怀疑态度，是因为你挑战了主流观点吗？

3. 如果你和多数人的意见不一致，那会让你感到不舒服吗？或者你逆流而上时过得很愉快吗？

主题五　冒险行为和乐观主义

1. 如果按从-5（谨小慎微）到+5（热衷冒险）来评分，你会给自己打多少分？

2. 其他人对你的判断也大致相同吗？

3. 在你的总资产净值中，有百分之几与你自己的公司捆绑在一起？如果比例很高的话，那么接下来的问题是：受访者是否认为这是在冒险？

4. 关于乐观主义：如果按从-5（相当于极其悲观）到+5（相当于极其乐观）来评分，你会给自己打多少分？还有对你而言，什么是"乐观主义"？

后续问题：如果受访者认为他们自己非常乐观，则继续提问：乐观主义确实是企业家和投资家的一个重要特征，但还有一种观点，认为太过于乐观是危险的行为，尤其是在形势不容乐观的情况下。有没有碰到过什么情形，让你觉得自己的乐观未必是件好事？

主题六　基于分析还是基于直觉做决定

1. 有些人倾向于进行分析，根据详细的分析做决定，而另一些人则更倾向于基于直觉做决定。我相信两种情况你都遇到过。然而，如果你要权衡一下你的决策过程中占主导地位的是什么——分析方法还是直觉——你能用百分比来表示吗？

2. 什么时候或者什么情况下你更善于分析，什么时候你的决定更多地基于直觉？

主题七　销售技巧及人脉

别人会把你们称为"优秀销售人员"吗？

如果受访者销售才华卓绝，那么接下来的问题是：你的成功在多大的程度上依赖于这种能力？你认为作为"优秀销售人员"，哪种技能和策略最为重要？

主题八　如何处理危机和应对挫折

1. 请你谈一谈在商业或者财富成功的路上，你所遭遇过的最大挫折及危机。

2. 人们常说失败是成功之母。在你的人生经历中，有没有例子能够证明这一点？还是说，没有这样的例子？

结尾　大五类人格测试：人格量表

采访者说："这里有一个请求。这里有一些问题，可以帮助测试你的人格类型。你必须下意识地快速作答，大概需要15分钟时间。请问你愿意填写这张问卷吗？如果你想知道结果的话，我可以帮你快速地总结一下，当然，我也很想知道，你是否认为结果准确地反映了你的个性。"

最后

请在下列财富分类选项中选择你符合的选项。

1000 万~3000 万欧元
3000 万~1 亿欧元
1 亿~3 亿欧元
3 亿~10 亿欧元
10 亿~20 亿欧元
20 亿欧元以上

大五类人格测试[①]

以下测试中，包含 50 个问题，请根据自身赞同或者反对的程度进行作答。答案包括：

A）强烈反对

B）反对

C）既不赞同也不反对

D）赞同

E）强烈赞同

下列哪项最接近你的观点，请独立作答并记下各个符号相应的分值。

---

① 在这里向强力出版公司（Stark Verlagsgesellschaft）表示衷心的感谢，感谢其授权本书使用这份大五类人格测试。该测试出自 Jürgen Hesse and Hans Christian Schrader, *Persönlichkeitstests Verstehen-durchschauen-trainieren*（Munich：Stark Verlagsgesellschaft, 2014）, pp. 89-94。

1. 我经常觉得自己不如别人。
   A）0 B）1 C）2 D）3 E）4   □——分值
2. 我很高兴能与他人交谈。
   A）0 B）1 C）2 D）3 E）4   ▱——分值
3. 我喜欢从大自然或者博物馆的展品中攫取创意和灵感。
   A）0 B）1 C）2 D）3 E）4   ○——分值
4. 与人交往时我秉承尊重和体贴的原则。
   A）0 B）1 C）2 D）3 E）4   △——分值
5. 工作中我对每件事都力求完美。
   A）0 B）1 C）2 D）3 E）4   □——分值
6. 有时候我觉得自己一无是处。
   A）0 B）1 C）2 D）3 E）4   □——分值
7. 我绝对算得上是一个开朗的人。
   A）0 B）1 C）2 D）3 E）4   ▱——分值
8. 音乐或者书籍有时会让我兴奋得起鸡皮疙瘩。
   A）0 B）1 C）2 D）3 E）4   ○——分值
9. 我的合作伙伴和家人都认为我喜欢争辩。
   A）4 B）3 C）2 D）1 E）0   △——分值
10. 按时交付工作对我来说易如反掌。
    A）0 B）1 C）2 D）3 E）4   □——分值
11. 我很少觉得焦虑或者恐惧。
    A）4 B）3 C）2 D）1 E）0   □——分值
12. 我喜欢跟友善之人为伍。
    A）0 B）1 C）2 D）3 E）4   ▱——分值
13. 旅行时我乐于尝试当地菜肴。
    A）0 B）1 C）2 D）3 E）4   ○——分值
14. 我常常坚持己见，不轻易妥协。

A）4　　B）3　　C）2　　D）1　　E）0　　△——分值

15. 为了达到目标，我一直兢兢业业地工作。

A）0　　B）1　　C）2　　D）3　　E）4　　□——分值

16. 我时常觉得沮丧或者绝望。

A）4　　B）3　　C）2　　D）1　　E）0　　□——分值

17. 我的生活简而言之就是忙忙碌碌，一团糟。

A）0　　B）1　　C）2　　D）3　　E）4　　□——分值

18. 有时，诗歌会让我变得多愁善感。

A）0　　B）1　　C）2　　D）3　　E）4　　○——分值

19. 我觉得如果不喜欢一个人，直言相告也没什么大不了的。

A）4　　B）3　　C）2　　D）1　　E）0　　△——分值

20. 我做任何事情都有条不紊。

A）0　　B）1　　C）2　　D）3　　E）4　　□——分值

21. 我很少会因为事情进展得不顺利而垂头丧气。

A）4　　B）3　　C）2　　D）1　　E）0　　□——分值

22. 我认为自己是一个特立独行的人。

A）4　　B）3　　3C）2　　D）1　　E）0　　□——分值

23. 我觉得争论哲学问题完全是在浪费时间。

A）4　　B）3　　3C）2　　D）1　　E）0　　○——分值

24. 我从不觉得自己是一个非主流或者愤世嫉俗的人。

A）0　　B）1　　C）2　　D）3　　E）4　　△——分值

25. 当我在执行任务时，会把责任心放在第一位。

A）0　　B）1　　C）2　　D）3　　E）4　　□——分值

26. 我常常感到精神紧张，压力很大。

A）0　　B）1　　C）2　　D）3　　E）4　　□——分值

27. 我很有幽默感，喜欢大笑。

A) 0　　B) 1　　C) 2　　D) 3　　E) 4　　□——分值

28. 我脑海中总会蹦出奇思妙想。
A) 0　　B) 1　　C) 2　　D) 3　　E) 4　　○——分值

29. 我试着对人友好，不偏不倚。
A) 0　　B) 1　　C) 2　　D) 3　　E) 4　　△——分值

30. 我办公的地方永远井井有条，一尘不染。
A) 0　　B) 1　　C) 2　　D) 3　　E) 4　　□——分值

31. 我常常为他人如何待我而愤怒。
A) 0　　B) 1　　C) 2　　D) 3　　E) 4　　□——分值

32. 我更像一个悲观主义者。
A) 4　　B) 3　　C) 2　　D) 1　　E) 0　　□——分值

33. 我相信学无止境。
A) 0　　B) 1　　C) 2　　D) 3　　E) 4　　○——分值

34. 许多人觉得我冷漠、傲慢。
A) 4　　B) 3　　C) 2　　D) 1　　E) 0　　△——分值

35. 我言出必行。
A) 0　　B) 1　　C) 2　　D) 3　　E) 4　　□——分值

36. 我不会轻易忧心忡忡。
A) 4　　B) 3　　C) 2　　D) 1　　E) 0　　□——分值

37. 我喜欢成为焦点。
A) 0　　B) 1　　C) 2　　D) 3　　E) 4　　□——分值

38. 我觉得做白日梦纯属浪费时间。
A) 4　　B) 3　　C) 2　　D) 1　　E) 0　　○——分值

39. 有时为了达到某个目的，我能做到毫不留情。
A) 4　　B) 3　　C) 2　　D) 1　　E) 0　　△——分值

40. 我觉得自己绝不可能让生活变得有条理。
A) 4　　B) 3　　C) 2　　D) 1　　E) 0　　□——分值

41. 我很少被悲伤或沮丧压垮。

　　A）4　B）3　C）2　D）1　E）0　　□——分值

42. 我认为自己是一个很活跃的人。

　　A）0　B）1　C）2　D）3　E）4　　▱——分值

43. 我认为在有关道德的问题上，宗教权威的意见也很重要。

　　A）4　B）3　C）2　D）1　E）0　　○——分值

44. 某些人觉得我以自我为中心，且傲慢无礼。

　　A）4　B）3　C）2　D）1　E）0　　△——分值

45. 我是一个工作狂，对待工作勤勉敬业。

　　A）0　B）1　C）2　D）3　E）4　　□——分值

46. 我遇到过特别尴尬的情况，简直让我无地自容。

　　A）0　B）1　C）2　D）3　E）4　　□——分值

47. 我习惯独立完成工作。

　　A）4　B）3　C）2　D）1　E）0　　▱——分值

48. 我不会花时间思考那些扑朔迷离的科学或者哲学问题。

　　A）4　B）3　C）2　D）1　E）0　　○——分值

49. 我喜欢合作多于竞争。

　　A）0　B）1　C）2　D）3　E）4　　△——分值

50. 在开始一项任务之前我经常花大量时间准备。

　　A）4　B）3　C）2　D）1　E）0　　□——分值

将每道题的分值相加：

　　□=神经质：＿＿＿＿＿＿＿＿＿＿＿＿＿＿＿＿

　　▱=外向性：＿＿＿＿＿＿＿＿＿＿＿＿＿＿＿＿

　　○=开放性：＿＿＿＿＿＿＿＿＿＿＿＿＿＿＿＿

　　△=宜人性：＿＿＿＿＿＿＿＿＿＿＿＿＿＿＿＿

□=责任心：_____

每十题为一组，对应五种人格中的一种。平均每种人格占20分（每题2分）。这也是参考分值。最高分40分。每种人格测试的得分达到25分至30分的，证明此项特征十分明显。

参考文献

Acs, Zoltan J.; Braunerhjelm, Pontus, etc., "The Knowledge Spillover Theory of Entrepreneurship," *Small Business Economics* 32 (2009), pp. 15-30.

Agor, Weston H., "Using Intuition to Manage Organizations in the Future," *Business Horizons* (July/August 1984), pp. 49-54.

Allinson, Christopher W.; Chell, Elizabeth; Hayes, John, "Intuition and Entrepreneurial Behaviour," *European Journal of Work and Organizational Psychology* 9, No. 1 (2009), pp. 31-43.

Amit, Raphael; MacCrimmon, Kenneth R., etc., "Does Money Matter? Wealth Attainments as the Motive for Initiating Growth-Oriented Technology Ventures," *Journal of Business Venturing* 16 (2000), pp. 119-143.

Andresen, Burghard, "Risikobereitschaft (R) -der sechste Basisfaktor der Persönlichkeit: Konvergenz multivariater Studien und Konstruktexplikation," *Zeitschrift für Differentielle und Diagnostische Psychologie* 16 (1995), S. 210-236.

Arnott, Robert; Bernstein, William; Wu, Lillian, "The Rich Get Poorer: The Myth of Dynastic Wealth," *Cato Journal* 35, No. 3 (2015), pp. 447 - 485.

Astebro, Thomas; Elhedhli, Samir, "The Effectiveness of Simple Decision Heuristics: Forecasting Commercial Success for Early-Stage Ventures," *Management Science* 52, No. 3 (2006), pp. 395-409.

Astebro, Thomas; Herz, Holger, etc., "Seeking the Roots of Entrepreneurship: Insights from Behavioral Economics," *Journal of Economic Perspectives* 28, No. 3 (2014), pp. 49-70.

Bandura, Albert, "The Role of Self-Efficacy in Goal-Based Motivation," in *New Developments in Goal Setting and Task Performance*, edited by Edwin A. Locke and Gary P. Latham, New York: Routledge Taylor & Francis Group, 2013, pp. 147-157.

Baron, Robert A., "Opportunity Recognition as Pattern Recognition: How Entrepreneurs 'Connect the Dots' to Identify New Business Opportunities," *Academy of Management Perspectives* 20 (2006), pp. 104-119.

Barrick, Murray R.; Mount, Michael K.; Strauss, Judy P., "Conscientiousness and Performance of Sales Representatives: Test of the Mediating Effects of Goal Setting," *Journal of Applied Psychology* 78, No. 5 (1993), pp. 715-722.

Baum, J. Robert, "Goals and Entrepreneurship," in *New Developments in Goal Setting and Task Performance*, edited by Edwin A. Locke and Gary P. Latham, New York: Routledge Taylor & Francis Group, 2013, pp. 460-473.

Baum, J. Robert; Frese, Michael; Baron, Robert, eds.,

The Psychology of Entrepreneurship, New York: Psychology Press Taylor & Francis Group, 2012.

Baum, J. Robert; Locke, Edwin A. , "The Relationship of Entrepreneurial Traits, Skill, and Motivation to Subsequent Venture Growth," *Journal of Applied Psychology* 89 (2004), pp. 587-598.

Beck, Hanno, *Behavioral Economics: Eine Einführung*, Wiesbaden: Springer Gabler, 2014.

Becker, Irene, "Die Reichen und ihr Reichtum," in *Oberschichten-Eliten-Herrschende Klassen*, edited by Stefan Hradil and Peter Imbusch, Wiesbaden: Springer Fachmedien, 2003, S. 73-98.

Beierlein, Constanze; Kovaleva, Anastassyia; Kemper, Christoph J. ; Rammstedt, Beatrice, "Ein Messinstrument zur Erfassung subjektiver Kompetenzerwartungen: Allgemeine Selbstwirksamkeit Kurzskala (ASKU)," Working Paper 17, gesis Leibniz Institut für Sozialwissenschaften, Mannheim, 2012.

Bernardo, Antonio E. ; Welch, Ivo, "On the Evolution of Overconfidence and Entrepreneurs," *Journal of Economics & Management Strategy* 10, No. 3 (2001), pp. 301-330.

Bibb, Porter; Turner, Ted, *It Ain't as Easy as It Looks*, Boulder: Atlantik Books, 1993.

Billionaires: Master Architectsof Great Wealth and Lasting Legacies, UBS and PWC, 2015.

Bird, Barbara J. , *Entrepreneurial Behavior*, Glenview: Scott, Foresman and Company, 1989.

Birley, Sue; Westhead, Paul, "A Taxonomy of Business Start-Up Reasons and Their Impact on Firm Growth and Size,"

Journal of Business Venturing 9 (1994), pp. 7-31.

Bloomberg, Michael, *Bloomberg by Bloomberg: With Invaluable Help from Matthew Winkler*, New York: John Wiley & Sons, 1997.

Bohnsack, Ralf, *Rekonstruktive Sozialforschung: Einführung in qualitative Methoden*, 9th ed., Opladen: Verlag Barbara Budrich, 2014.

Bourdieu, Pierre, *Distinction : A Social Critique of the Judgement of Taste*, Abingdon: Routledge, 2010.

Böwing-Schmalenbrock, Melanie, *Wege zum Reichtum : Die Bedeutung von Erbschaften, Erwerbstätigkeit und Persönlichkeit für die Entstehung von Reichtum*, Wiesbaden: Springer VS, 2012.

Brandstätter, Hermann, "Unternehmensgründung und Unternehmenserfolg aus persönlichkeitspsychologischer Sicht," in *Unternehmerisch erfolgreiches Handeln*, edited by Klaus Moser, Bernad Batinic, and Jeanette Zempel, Göttingen: Verlag für Angewandte Psychologie, 1999, S. 155-172.

Branson, Richard, *Screw It, Let's Do It : Lessons in Life and Business*, Expanded, London: Virgin Books, 2007.

Brenkert, George G., "Innovation, Rule Breaking and the Ethics of Entrepreneurship," *Journal of Business Venturing* (2008), doi: 10.1016/j.jbusvent.2008.04.004.

Brink, Alexander, "Das riskante Unternehmer-Netzwerk," in *Unternehmertum. Vom Nutzen und Nachteil einer riskanten Lebensform*, edited by Ludger Heidbrink and Peter Seele, Frankfurt-am-Main: Campus Verlag, 2010, S. 129-152.

Buffett, Mary; Clark, David, *The Tao of Warren Buffett*,

New York: Scribner, 2006.

Buffett, Mary; Clark, David, *Warren Buffett's Management Secrets*, London: Scribner, 2009.

Bull, Ivan; Willard, Gary E., "Towards a Theory of Entrepreneurship," *Journal of Business Venturing* 8 (1993), pp. 183-195.

"Bundesministerium für Arbeit und Soziales, Lebenslagen in Deutschland: Vierter Armuts-und Reichtumsbericht der Bundesregierung," Working Paper, 2013.

Burke, Lisa A.; Miller, Monica K., "Taking the Mystery Out of Intuitive Decision Making," *Academy of Management Executive* 13, No. 4 (1999), pp. 91-99.

Bürklin, Wilhelm, "Die Potsdamer Elitestudie von 1995: Problemstellung und wissenschaftliches Programm," in *Eliten in Deutschland : Rekrutierung und Integration*, edited by Wilhelm Bürklin and Hilke Rebenstorf, Wiesbaden: Springer Fachmedien, 1997, S. 11-34.

Bürklin, Wilhelm; Rebenstorf, Hilke, *Eliten in Deutschland: Rekrutierung und Integration*, Wiesbaden: Springer Fachmedien, 1997.

Busenitz, Lowell W., "Entrepreneurial Risk and Strategic Decision Making: It's a Matter of Perspective," *Journal of Applied Behavioral Science* 35, No. 3 (1999), pp. 325-340.

Buß, Eugen, *Die deutschen Spitzenmanager: Wie sie wurden, was sie sind-Herkunft, Wertvorstellungen, Erfolgsregeln*, Munich: R. Oldenbourg Verlag, 2007.

Caliendo, Maro; Fossen, Frank; Kritikos, Alexander,

"Selbsts-tändige sind anders: Persönlichkeit beeinflusst unternehmerisches Handeln," *Wochenbericht des DIW Berlin* 11 (2011), S. 2-8.

Carter, Nancy M.; Gartner, William B., etc., "The Career Reasons of Nascent Entrepreneurs," *Journal of Business Venturing* 18 (2003), pp. 13-39.

Cassar, Gavin; Craig, Justin, "An Investigation of Hindsight Bias in Nascent Venture Activity," *Journal of Business Venturing* 24 (2009), pp. 149-164.

Cervone, Daniel; Pervin, Lawrence A., *Personality: Theory and Research*, 12th ed., New York: John Wiley & Sons, 2013.

Chanel, Coco, *The Allure of Chanel: As Told by Her to Paul Morand*, London: Pushkin Press, 2008.

Charles-Roux, Edmonde, *Chanel: Her Life, Her World, the Woman Behind the Legend*, New York: Alfred A. Knopf, 1975.

Chell, Elizabeth; Haworth, Jean; Brearley, Sally, *The Entrepreneurial Personality: Concepts, Cases and Categories*, London: Routledge, 1991.

Chernow, Ron, *Titan: The Life of John D. Rockefeller, Sr.*, New York: Vintage, 1998.

Claxton, Guy, "Knowing Without Knowing Why," *The Psychologist* (May 1998), pp. 217-220.

Colombo, Massimo G.; Grilli, Luca, "Founders' Human Capital and the Growth of New Technology-Based Firms: A Competence-Based View," *Research Policy* 34 (2005), pp. 795-816.

Cooper, Arnold C.; Woo, Carolyn Y.; Dunkelberg, William C., "Entrepreneurs' Perceived Chances for Success," *Journal of Business Venturing* 3 (1988), pp. 97-108.

Cromie, Stanley, "Motivations of Aspiring Male and Female Entrepreneurs," *Journal of Occupational Behaviour* 8 (1987), pp. 251-261.

Csikszentmihalyi, Mihaly, *Creativity: Flow and the Psychology of Discovery and Invention*, New York: Harper Collins Publishers, 2013.

Dahrendorf, Ralf, "Eine neue deutsche Oberschicht?" *Die neue Gesellschaft* 9 (1962), S. 18-31.

Dane, Erik; Pratt, Michael G., "Exploring Intuition and Its Role in Managerial Decision Making," *Academy of Management Review* 32, No. 1 (2007), pp. 33-54.

Deakins, David; Freel, Mark, "Entrepreneurial Learning and the Growth Process in SMEs," *Learning Organization* 5, No. 3 (1998), pp. 144-155.

Denrell, Jerker, "Vicarious Learning, Undersampling of Failure, and the Myths of Management," *Organization Science* 14, No. 3 (2003), pp. 227-243.

Denrell, Jerker; Fang, Christina, "Predicting the Next Big Thing: Success as a Signal of Poor Judgement," *Management Science* 56, No. 10 (2010), pp. 1653-1667.

Denrell, Jerker; Liu, Chengwei, "Top Performers Are Not the Most Impressive when Extreme Performance Indicates Unreliability," *Proceedings of the National Academy of Sciences* 109, No. 24 (2012), pp. 9331-9336.

Deutscher Bundestag, "Lebenslagen in Deutschland: Dritter Armuts-und Reichtumsbericht der Bundesregierung," Paper 16/9915, 2008.

Deutscher Bundestag, "Lebenslagen in Deutschland: Erster Armuts-und Reichtumsbericht der Bundesregierung," Paper 14/5990, 2001.

Deutscher Bundestag, "Lebenslagen in Deutschland: Zweiter Armuts-und Reichtumsbericht der Bundesregierung," Paper 15/5015, 2005.

"Die Top-Verdiener im MDax," Last modified 15 May 2014, http://www.wiwo.de/finanzen/boerse/vorstandsverguetung-die-top-verdiener-im-mdax/9897550.html.

Dobbins, Bill; Schwarzenegger, Arnold, *The New Encyclopedia of Modern Bodybuilding*, New York: Simon & Schuster, 1999.

Dohmen, Günther, *Das informelle Lernen : Die internationale Erschließung einer bisher vernachlässigten Grundform des menschlichen Lernens für das lebenslange Lernen aller*, Bundesministerium für Bildung und Forschung, Bonn: 2001.

Druyen, Thomas, "Über die Studie 'Vermögen in Deutschland' und die vermögenskulturelle Zukunft," in *Vermögen in Deutschland : Heterogenität und Verantwortung*, edited by Wolfgang Lauterbach, Thomas Druyen, and Matthias Grundmann, Wiesbaden: Springer VS, 2011, S. 215-222.

Druyen, Thomas, *Vermögenskultur: Verantwortung im 21. Jahrhundert*, Wiesbaden: VS Verlag, 2011.

Druyen, Thomas; Lauterbach, Wolfgang; Grundmann, Matthias, eds., *Reichtum und Vermögen : Zur gesellschaftlichen Bedeutung der Reichtums-und Vermögensforschung*, Wiesbaden: Springer VS, 2009.

Düx, Wiebken; Sass, Erich, "Lernen in informellen Kontexten: Lernpotenziale in Settings des freiwilligen Engagements," *Zeitschrift für Erziehungswissenschaft* 8, No. 3 (2005), S. 394-411.

DW, "Transgender in Deutschland," Last modified 13 May 2014, http://www.dw.com/de/transgender-in-deutschland/a-17630664.

Eker, T. Harv, *Secrets of the Millionaire Mind: Mastering the Inner Game of Wealth*, New York: Harper International, 2007.

Ellsberg, Michael, *The Education of Millionaires : Everything You Won't Learn in College about How to Be Successful*, New York: Portfolio / Penguin, 2012.

Ernst, Dagobert, "Die meisten Rocker sind friedlich," *Der Westen* (2012), Accessed 27 October 2017, http://www.derwesten.de/region/rhein _ ruhr/die-meisten-rocker-sind-friedlich-id6396863.html.

Ernst, Heiko, " Glück haben-Wie sehr bestimmen Zufälle unser Leben?" *Psychologie heute* 4 (2012). Accessed 27 October 2017, https://www.psychologie-heute.de/archiv/detailansicht/news/glueck_ haben_ wie_ sehr_ bestimmen_ zufaelle_ unser_ leben_ glueck_ haben_ wie_ sehr_ bestimmen_ zufael.

Faschingbauer, Michael, *Effectuation : Wie erfolgreiche Unternehmer denken, entscheiden und Handeln*, 2nd ed., Stuttgart: Schäffer-Poeschel Verlag, 2013.

Felber, W., *Eliteforschung in der Bundesrepublik Deutschland*, Wiesbaden: Springer Fachmedien, 1986.

Festinger, Leon, *A Theory of Cognitive Dissonance*, Stanford: Stanford University Press, 1957.

Flick, Uwe; Kardorff, Ernst von; Steinke, Ines, *Qualitative Forschung : Ein Handbuch*, 10th ed., Hamburg: Rowohlt, 2013.

Flick, Uwe; KardorffErnst von; Steinke, Ines, "Was ist qualitative Forschung? Einleitung und Überblick," in *Qualitative Forschung: Ein Handbuch*, 10th ed., edited by Uwe Flick, Ernst von Kardorff, and Ines Steinke, Hamburg: Rowohlt, 2013, S. 13-29.

Frank, Knight, *The Wealth Report*, London, 2014.

Frank, Robert, *Richistan : A Journey through the American Wealth Boom and the Lives of the New Rich*, New York: Crown Publishers, 2007.

Freeland, Chrystia, *Plutocrats : The Rise of the New Global Super-Richand the Fall of Everyone Else*, New York: Penguin Press, 2012.

Frese, Michael, "The Psychological Actions and Entrepreneurial Success: An Action Theory Approach," in *The Psychology of Entrepreneurship*, edited by J. Robert Baum, Michael Frese, and Robert Baron, New York: Psychology Press Taylor & Francis Group, 2012, pp. 151-189.

Frese, Michael, ed., *Erfolgreiche Unternehmensgründer : Psychologische Analysen und praktische Anleitungen für Unternehmer in Ost-und Westdeutschland*, Göttingen: Verlag für Angewandte Psychologie, 1998.

Frese, Michael; Stewart, Judith; Hannover, Bettina, "Goal Orientation and Planfulness: Action Styles as Personality Concepts,"

Journal of Personality and Social Psychology 52（1987），pp. 1182-1194.

Fridson, Martin S. , *How to Be a Billionaire：Proven Strategies from the Titans of Wealth*, New York：John Wiley & Sons, 2000.

Friedman, Shlomit, "Priming Subconscious Goals," in *New Developments in Goal Setting and Task Performance*, edited by Edwin A. Locke and Gary P. Latham, New York：Routledge Taylor & Francis Group, 2013, pp. 549-565.

Friedmann, Lauri S. , *Business Leaders*, Greensboro：Michael Dell, 2009.

Friedrichs, Julia, *Wir Erben：Was Geld mit Menschen macht*, Berlin：Berlin Verlag, 2015.

Galais, Nathalie, "Motive und Beweggründe für die Selbständigkeit und ihre Bedeutung für den Erfolg," in *Erfolgreiche Unternehmensgründer：Psychologische Analysen und praktische Anleitungen für Unternehmer in Ost-und Westdeutschland*, edited by Michael Frese, Göttingen：Verlag für Angewandte Psychologie, 1998, S. 83-98.

Gartner, William B. , " 'Who Is an entrepreneur?' Is the Wrong Question," *Entrepreneurship Theory and Practice* 13（1988），pp. 47-68.

Gastmann, Dennis, *Geschlossene Gesellschaft：Ein Reichtumsbericht*, Berlin：Rowohlt Berlin Verlag, 2014.

Gavin, Cassar; Craig, Justin, "An Investigation of Hindsight Bias in Nascent Venture Activity," *Journal of Business Venturing* 24（2009），pp. 149-164.

Gigerenzer, Gerd, *Gut Feelings：The Intelligence of the*

Unconscious, New York: Viking Penguin, 2007.

Gigerenzer, Gerd, *Risk Savvy: How to Make Good Decisions*, New York: Viking Penguin, 2014.

Ginn, Charles W. ; Sexton, Donald L. , "A Comparison of the Personality Type Dimensions of the 1987 Inc. 500 Company Founders/CEOs with Those of Slower-Growth Firms," *Journal of Business Venturing* 5 (1990), pp. 313-326.

Gladwell, Malcolm, *Outliers: The Story of Success*, London: Penguin Books, 2008.

Gläser, Jochen; Laudel, Grit, *Experteninterviews und qualitative Inhaltsanalyse als Instrumente rekonstruierender Untersuchungen*, 4th ed. , Wiesbaden: VS Verlag für Sozialwissenschaften, 2010.

Göbel, Sigrun, "Persönlichkeit, Handlungsstrategien und Erfolg," in *Erfolgreiche Unternehmensgründer : Psychologische Analysen und praktische Anleitungen für Unternehmer in Ost-und Westdeutschland*, edited by Michael Frese, Göttingen: Verlag für Angewandte Psychologie, 1998, S. 99-122.

Göbel, Sigrun; Frese, Michael, "Konsequenzen für die Praxis: Ein Leitfaden für erfolgreiches Unternehmertum," in *Erfolgreiche Unternehmensgründer : Psychologische Analysen und praktische Anleitungen für Unternehmer in Ost-und Westdeutschland*, edited by Michael Frese, Göttingen: Verlag für Angewandte Psychologie, 1998, S. 171-204.

Göbel, Sigrun; Frese, Michael, "Persönlichkeit, Strategien und Erfolg bei Kleinunternehmern," in *Unternehmerisch erfolgreiches Handeln*, edited by Klaus Moser, Bernad Batinic, and

Jeanette Zempel, Göttingen: Verlag für Angewandte Psychologie, 1999, S. 93-114.

Golenia, Marion; Neuber, Nils, "Bildungschancen in der Kinder-und Jugendarbeit: Eine Studie zum informellen Lernen im Sportverein," in *Informelles Lernen im Sport: Beiträge zur allgemeinen Bildungsdebatte*, edited by Nils Neuber, Wiesbaden: VS Verlag für Sozialwissenschaften, 2010, S. 189-210.

Gosling, Samuel D. ; Potter, Jeff, "The Regional Distribution and Correlates of an Entrepreneurship-Prone Personality Profile in the United States, Germany, and the United Kingdom: A Socioecological Perspective," Working Paper 550, SOEP, Berlin, 2013.

Grabka, Markus M. , "Verteilung und Struktur des Reichtums in Deutschland," in *Reichtum, Philanthropie und Zivilgesellschaft*, edited by Wolfgang Lauterbach, Michael Hartmann, and Miriam Ströing, Wiesbaden: Springer VS, 2014, S. 21-46.

Gunz, Hugh; Peiperl, Maury, eds. , *Handbook of Career Studies*, Los Angeles: Sage Publications, 2007.

Hamilton, Barton H. , "Does Entrepreneurship Pay? An Empirical Analysis of the Returns of Self-Employment," *Journal of Political Economy* 108, No. 3 (2000), pp. 604-631.

Harper, David A. , "How Entrepreneurs Learn: A Popperian Approach and Its Limitations," Working Paper prepared for the group in Research in Strategy, Process and Economic Organization, Department of Industrial Economics and Strategy, Copenhagen Business School, 1999.

Hartmann, Michael, *Der Mythos von den Leistungseliten:*

Spitzenkarrieren und soziale Herkunft in Wirtschaft, Politik, Justiz und Wissenschaft, Frankfurt-am-Main: Campus, 2002.

Hartmann, Michael, *The Sociology of Elites*, New York: Routledge, 2006.

Hartmann, Petra, *Wunsch und Wirklichkeit : Theorie und Empirie sozialer Erwünschtheit*, Wiesbaden: Springer Fachmedien, 1991.

Hayashi, Alden M., "When to Trust Your Gut," *Harvard Business Review* (February 2001), pp. 5-11.

Hayek, Friedrich August von, *The Constitution of Liberty : The Definitive Edition*, Chicago: University of Chicago Press, 2011.

Hayek, Friedrich August von, "Rules, Perception and Intelligibility," in *Studies in Philosophy, Politics and Economics*, London: Routledge & Kegan Paul, 1967, pp. 43-65.

Hayek, Friedrich August von, "Economics and Knowledge," in *Individualism and Economic Order*, Chicago: The University of Chicago Press, 1948.

Hayward, Mathew L. A.; Shepherd, Dean A.; Griffin, Dale, "A Hubris Theory of Entrepreneurship," *Management Science* 52, No. 2 (2006), pp. 160-172.

Helfferich, Cornelia, *Die Qualität qualitativer Daten : Manual für die Durchführung qualitativer Interviews*, 4th ed., Wiesbaden: Springer VS, 2011.

Hermanns, Harry, "Interviewen als Tätigkeit," in *Qualitative Forschung : Ein Handbuch*, 10th ed., edited by Uwe Flick, Ernst von Kardorff, and Ines Steinke, Hamburg: Rowohlt, 2013,

S. 360-368.

Herzberg, Philipp Yorck; Roth, Marcus, *Persönlichkeitspsychologie*, Wiesbaden: Springer VS, 2014.

Hesse, Jürgen; Schrader, Hans Christian, *Persönlichkeitstest: Verstehen-Durchschauen-Trainieren*, Munich: Stark Verlagsgesellschaft, 2014.

Hiemann, Roland, "'Geplant war das alles nicht': Werdegänge deutscher Wirtschaftsführer," in *Sprachlose Elite? Wie Unternehmer Politik und Gesellschaft sehen*, edited by Franz Walter and Stine Marg, Reinbek: BP Gesellschaftsstudie, 2015, S. 30-68.

Hill, Napoleon, *Think and Grow Rich: Instant Aid to Riches-New and Revised Edition*, New York: Wilshire Book Co, 1966.

Hisrich, Robert; Langan-Fox, Janice; Grant, Sharon, "Entrepreneurship Research and Practice: A Call to Action for Psychology," *American Psychologist* 62, No. 6 (2007), pp. 575-589.

Hmieleski, Keith M.; Baron, Robert A., "Entrepreneurs' Optimism and New Venture Performance: A Social Cognitive Perspective," *Academy of Management Journal* 52, No. 3 (2009), pp. 473-488.

Hoffmann, Arnd, *Zufall und Kontingenz in der Geschichtstheorie: Mit zwei Studien zu Theorie und Praxis der Sozialgeschichte*, Frankfurt-am-Main: Vittorio Klostermann, 2005.

Hollenbeck, John R.; Klein, Howard J., "Goal Commitment and the Goal-Setting Process: Problems, Prospects, and Proposals for Future Research," *Journal of Applied Psychology* 72 (1987), pp. 212-220.

Hopf, Christel, "Qualitative Interviews: Ein Überblick," in *Qualitative Forschung : Ein Handbuch*, 10th ed., edited by Uwe Flick, Ernst von Kardorff and Ines Steinke, Hamburg: Rowohlt, 2013, S. 349-360.

Hornday, John A.; Timmins, Jeffrey A.; Vesper, Karl H., *Frontiers of Entrepreneurship Research : Proceedings of the 1983 Conference on Entrepreneurship at Babson College*, Wellesley, Massachusetts, n. d.

Hradil, Stefan; Imbusch, Peter, eds, *Oberschichten-Eliten-Herrschende Klassen*, Wiesbaden: Springer Fachmedien, 2003.

Huerta de Soto, Jesus, *Socialism, Economic Calculation, and Entrepreneurship*, Cheltenham: Edward Elgar Publishing, 2010.

Hurst, Erick; Lusardi, Annamaria, "Liquidity Constraints and Entrepreneurship: Household Wealth, Parental Wealth, and the Transition In and Out of Entrepreneurship," *Journal of Political Economy* 112, No. 2 (2004), pp. 319-347.

Huster, Ernst-Ulrich, "Enttabuisierung der sozialen Distanz: Reichtum in Deutschland," in *Reichtum in Deutschland : Die Gewinner in der sozialen Polarisierung*, edited by Ernst-Ulrich Huster, Frankfurt-am-Main: Campus Verlag, 1997, S. 7-34.

Huster, Ernst-Ulrich, ed., *Reichtum in Deutschland : Die Gewinner in der sozialen Polarisierung*, Frankfurt-am-Main: Campus Verlag, 1997.

Huster, Ernst-Ulrich; Volz, Fritz Rüdiger, eds., *Theorien*

des Reichtums, Münster: LIT Verlag, 2002.

Imbusch, Peter, "Reichtum als Lebensstil," in *Theorien des Reichtums*, edited by Ernst-Ulrich Huster and Fritz Rüdiger Volz, Münster: LIT Verlag, 2002, S. 213-247.

Irle, Martin; Möntmann, Volker, "Die Theorie der kognitiven Dissonanz: Ein Resümee ihrer theoretischen Entwicklung und empirischen Ergebnisse 1957-1976," in *Festinger, Leon : Theorie der kognitiven Dissonanz*, edited by Martin Irle and Volker Möntmann, Bern: Verlag Hans Huber, 2012, S. 274-363.

Judge, Timothy A.; Kammeyer-Mueller, John D., "Personality and Career Success," in *Handbook of Career Studies*, edited by Hugh Gunz and Maury Peiperl, Los Angeles: Sage Publications, 2007, pp. 59-78.

Jungbluth, Rüdiger, *Die 11 Geheimnisse des IKEA-Erfolgs*, Frankfurt-am-Main: Bastei Lübbe, 2008.

Kahneman, Daniel, *Thinking, Fast and Slow*, New York: Farrar, Strauss and Giroux, 2011.

Kaina, Viktoria, "Deutschlands Eliten zwischen Kontinuität und Wandel. Empirische Befunde zu Rekrutierungswegen, Karrierepfaden und Kommunikationsmustern," *Aus Politik und Zeitgeschichte B* 10 (2004), S. 8-16.

Keese, Christoph, *Silicon Valley : Was aus dem mächtigsten Tal der Welt auf uns zukommt*, Munich: Albrecht Knaus Verlag, 2014.

Kelle, Udo; Erzberger, Christian, "Qualitative und quantitative Methoden: Kein Gegensatz," in *Qualitative Forschung : Ein Handbuch*, 10th ed., edited by Uwe, Ernst von Kardorff, and Ines Steinke, Hamburg: Rowohlt, 2013, S. 299-308.

Kerr, Steve; Lepelley, Douglas, "Stretch Goals: Risks, Possibilities, and Best Practices," in *New Developments in Goal Setting and Task Performance*, edited by Edwin A. Locke and Gary P. Latham, New York: Routledge Taylor & Francis Group, 2013, pp. 21-32.

Kestel, Christine, "Über Elite: Form und Funktion von Elite-Kommunikation in der Gesellschaft der Gegenwarten," PhD. diss., Ludwig-Maximilians-Universität Munich, 2008.

Kets de Vries; Manfred F. R., "The Anatomy of the Entrepreneur: Clinical Observations," *Human Relations* 49, No. 7 (1996), pp. 853-883.

Kets de Vries; Manfred F. R., "The Dark Side of Entrepreneurship," *Harvard Business Review* (November 1985), Accessed 27 October 2017, https://hbr.org/1985/11/the-dark-side-of-entrepreneurship/ar/1.

Khan, Riz, *Alwaleed: Businessman, Billionaire, Prince*, London: Harper Collins, 2006.

Khan, Shamus Rahman, "The Sociology of Elites," *Annual Review of Sociology* 38 (2012), pp. 361-377.

Khatri, Naresh; Ng, H. Alvin, "The Role of Intuition in Strategic Decision Making," *Human Relations* 53, No. 1 (2000), pp. 57-86.

King, Nigel; Horrocks, Christina, *Interviews in Qualitative Research*, London: Sage Publication, 2010.

Kirzner, Israel M., *Competition & Entrepreneurship*, Chicago: The University of Chicago Press, 1973.

Kiyosaki, Robert T. ; Lechter, Sharon L. , *Rich Dad Poor Dad : What the Rich Teach Their Kids about Money that the Poor and Middle Class Do Not!* New York: Tech Press, Inc. , 1998.

Kortmann, Klaus, "Vermögen in Deutschland: Die methodischen Anlagen der Untersuchung," in *Vermögen in Deutschland : Heterogenität und Verantwortung*, edited by Wolfgang Lauterbach, Thomas Druyen, and Matthias Grundmann, Wiesbaden: Springer VS, 2011, S. 15-28.

Kowal, Sabine; O' Connell, Daniel C. , "Zur Transkription von Gesprächen," in *Qualitative Forschung : Ein Handbuch*, 10th ed. , edited by Uwe Flick, Ernst von Kardorff and Ines Steinke, Hamburg: Rowohlt, 2013, S. 437-447.

Krais, Beate, "Begriffliche und theoretische Zugänge zu den 'oberen Rängen' der Gesellschaft," in *Oberschichten - Eliten-Herrschende Klassen*, edited by Stefan Hradil and Peter Imbusch, Wiesbaden: Springer Fachmedien, 2003, S. 35-54.

Krais, Beate; Gebauer, Gunter, *Habitus*, Bielefeld: Transcript Verlag, 2014.

Krampe, Ralf T. , "Hochbegabung oder Langstreckenlauf? Eliteleistungen aus Sicht der Expertiseforschung," in *Deutschlands Eliten im Wandel*, edited by Herfried Münkler, Grit Straßenberger, and Matthias Bohlender, Frankfurt-am-Main: Campus Verlag, 2006, S. 363-383.

La Pira, Frank, "Entrepreneurial Intuition, an Empirical Approach," *Journal of Management and Marketing Research*, Accessed 5 August 2016, http://www.aabri.com/manuscripts/

10554. pdf.

Lackner, Stefan, *Voraussetzungen und Erfolgsfaktoren unternehmerischen Denkens und Handelns : Eine empirische Analyse mittelständischer Unternehmen*, Hamburg: Verlag Dr. Kovac, 2002.

Lauterbach, Wolfgang, " Reiche Parallelwelten? Soziale Mobilität in Deutschland bei Wohlhabenden und Reichen," in *Reichtum, Philanthropie und Zivilgesellschaft*, edited by Wolfgang Lauterbach, Michael Hartmann, and Miriam Ströing, Wiesbaden: Springer VS, 2014, S. 77-98.

Lauterbach, Wolfgang; Druyen, Thomas; Grundmann, Matthias, eds., *Vermögen in Deutschland : Heterogenität und Verantwortung*, Wiesbaden: Springer VS, 2011.

Lauterbach, Wolfgang; Hartmann, Michael; Ströing, Miriam, *Reichtum, Philanthropie und Zivilgesellschaft*, Wiesbaden: Springer VS, 2014.

Lauterbach, Wolfgang; Kramer, Melanie, " 'Vermögen in Deutschland' (ViD): Eine quantitative Studie," in *Reichtum und Vermögen : Zur gesellschaftlichen Bedeutung der Reichtums-und Vermögensforschung*, edited by Thomas Druyen, Wolfgang Lauterbach, and Matthias Grundmann, Wiesbaden: Springer VS, 2009, S. 279-294.

Lauterbach, Wolfgang; Tarvenkorn, Alexander, "Homogenität und Heterogenität von Reichen im Vergleich zur gesellschaftlichen Mitte," in *Vermögen in Deutschland : Heterogenität und Verantwortung*, edited by Wolfgang Lauterbach, Thomas Druyen, and Matthias Grundmann, Wiesbaden: Springer VS, 2011, S. 57-94.

Lesinski, Jeanne M., *Bill Gates*, Minneapolis: Twenty-

First-Century Books, 2007.

Lindemann, Gesa, *Das paradoxe Geschlecht: Transsexualität im Spannungsfeld von Körper, Leib und Gefühl*, Wiesbaden: Springer VS, 2011.

Locke, Edwin A. ; Baum, J. Robert, "Entrepreneurial Motivation," in *The Psychology of Entrepreneurship*, edited by J. Robert Baum, Michael Frese, and Robert Baron, New York: Psychology Press Taylor & Francis Group, 2012, pp. 93-112.

Locke, Edwin A. ; Latham, Gary P. , "Goal Setting Theory: The Current State," in *New Developments in Goal Setting and Task Performance*, edited by Edwin A. Locke and Gary P. Latham, New York: Routledge Taylor & Francis Group, 2013, pp. 623-630.

Locke, Edwin A. ; Latham, Gary P. , "Goal Setting Theory, 1990," in *New Developments in Goal Setting and Task Performance*, edited by Edwin A. Locke and Gary P. Latham, New York: Routledge Taylor & Francis Group, 2013, pp. 3-15.

Locke, Edwin A. ; Latham, Gary P. , eds. , *New Developments in Goal Setting and Task Performance*, New York: Routledge Taylor & Francis Group, 2013.

Locke, Edwin A. ; Latham, Gary P. , eds. , *A Theory of Goal Setting & Task Performance*, Englewood Cliffs: Prentice Hall, 1990.

Locke, Edwin A. ; Shaw, Karyll N. ; Saari, Lise M. , etc. , "Goal Setting and Task Performance: 1969-1980," *Psychological Bulletin* 90, No. 1 (1981), pp. 125-152.

Love, John F. , *McDonald's : Behind the Arches*, New York:

Bantam Books, 1995.

Lowenstein, Roger, *Buffett : The Making of an American Capitalist*, New York: Random House, 1995.

Lundberg, Ferdinand, *The Rich and the Super-Rich : A Study in the Power of Money Today*, New York: Lyle Stuart, 1968.

Machatzke, Jörg, "Die Potsdamer Elitestudie: Positionsauswahl und Ausschöpfung," in *Eliten in Deutschland: Rekrutierung und Integration*, edited by Wilhelm Bürklin, and Hilke Rebenstorf, Wiesbaden: Springer Fachmedien, 1997, S. 35-68.

Mäder, Ueli; Aratnam, Ganga Jey; Schillinger, Sarah, *Wie Reiche denken und lenken : Reichtum in der Schweiz-Geschichte, Fakten, Gespräche*, Zürich: Rotpunktverlag, 2010.

Mauboussin, Michael J., *The Success Equation: Untangling Skill and Luck in Business, Sports, and Investing*, Boston: Harvard Business Review Press, 2012.

Mayer, Horst Otto, *Interview und schriftliche Befragung : Grundlagen und Methoden empirischer Sozialforschung*, 6th ed., Munich: Oldenburg Wissenschaftsverlag, 2013.

Mayring, Philipp, *Qualitative Inhaltsanalyse : Grundlagen und Techniken*, 12th rev. ed., Weinheim: Beltz Verlag, 2015.

McCrae, Robert R.; Costa, Paul T., *Personality in Adulthood : A Five-Factor Theory Perspective*, New York: The Guilford Press, 2003.

Meinefeld, Werner, "Hypothesen und Vorwissen in der qualitativen Sozialforschung," in *Qualitative Forschung : Ein Handbuch*, 10th ed., edited by Uwe Flick, Ernst von Kardorff, and Ines Steinke, Hamburg: Rowohlt, 2013, S. 265-275.

Merkens, Hans, "Auswahlverfahren, Sampling, Fallkonstruktion," in *Qualitative Forschung : Ein Handbuch*, 10th ed., edited by Uwe Flick, Ernst von Kardorff and Ines Steinke, Hamburg: Rowohlt, 2013, S. 286-299.

Miner, John B., *The 4 Routes to Entrepreneurial Success*, San Francisco: Berrett-Koehler Publishers, 1996.

Moore, Don A.; Oesch, John M.; Zietsma, Charlene, "What Competition? Myopic Self-Focus in Market-Entry Decisions," *Organization Science* 18, No. 3 (2007), pp. 440-454.

Morrison, Elizabeth W., "Doing the Job Well: An Investigation of Pro-Social Rule Breaking," *Journal of Management* 32, No. 10 (2006), pp. 5-28.

Moser, Klaus; Batinic, Bernad; Zempel, Jeanette, ed., *Unternehmerisch erfolgreiches Handeln*, Göttingen: Verlag für Angewandte Psychologie, 1999.

Müller, Günther F., "Dispositionelle und biographische Bedingungen beruflicher Selbständigkeit," in *Unternehmerisch erfolgreiches Handeln*, edited by Klaus Moser, Bernad Batinic, and Jeanette Zempel, Göttingen: Verlag für Angewandte Psychologie, 1999, S. 173-192.

Mummendey, Hans Dieter; Grau, Ina, *Die Fragebogen-Methode : Grundlagen und Anwendung in Persönlichkeits-, Einstellungs-und Selbstkonzeptforschung*, 6th ed., Göttingen: Hogrefe Verlag, 2014.

Münkler, Herfried; Straßenberger, Grit; Bohlender, Matthias, "Einleitung," in *Dies : Deutschlands Eliten im Wandel*,

Frankfurt-am-Main: Campus Verlag, 2006, S. 11-21.

Münkler, Herfried; Straßenberger, Grit; Bohlender, Matthias, eds., *Deutschlands Eliten im Wandel*, Frankfurt-am-Main: Campus Verlag, 2006.

Näher, Anatol-Fiete; Krumpal, Ivar, "Asking Sensitive Questions: The Impact of Forgiving Wording and Question Context on Social Desirability Bias," *Quality & Quantity* 46, No. 5 (2012), pp. 1601-1616.

Nahrendorf, Rainer, *Der Unternehmer-Code : Was Gründer und Familienunternehmer erfolgreich macht*, Wiesbaden: Gabler Verlag, 2008.

Naidu, G. M.; Narayana, Chem L., "Problem-Solving Skills and Growth in Successful Entrepreneurial Firms," in *Frontiers of Entrepreneurship Research*, edited by N. C. Churchill, 1990, pp. 87-99.

Nassehi, Armin, "Differenzierungseliten in der 'Gesellschaft der Gegenwarten'," in *Deutschlands Eliten im Wandel*, edited by Herfried Münkler, Grit Straßenberger, and Matthias Bohlender, Frankfurt-am-Main: Campus Verlag, 2006, S. 255-274.

Neuber, Nils, ed., *Informelles Lernen im Sport : Beiträge zur allgemeinen Bildungsdebatte*, Wiesbaden: VS Verlag für Sozialwissenschaften, 2010.

Neuber, Nils, "Informelles Lernen im Sport: Ein vernachlässigtes Feld der allgemeinen Bildungsdebatte," in *Informelles Lernen im Sport. Beiträge zur allgemeinen Bildungsdebatte*, Wiesbaden: Springer VS, 2010, S. 9-34.

Neuweg, Georg Hans, *Könnerschaft und implizites Wissen :*

参考文献

Zur lehr-und lerntheoretischen Bedeutung der Erkenntnis-und Wissenstheorie Michael Polanyis. Münster: Waxmann Verlag, 2001.

Nohl, Arnd-Michael, *Interview und dokumentarische Methode: Anleitungen für die Forschungspraxis*, 4th rev. ed. , Wiesbaden: Springer VS, 2012.

O'Brien, Lucy, *Madonna : Like an Icon-The Definitive Biography*, London: Transworld Publishers, 2007.

Obschonka, Martin; Schmitt-Rodermund, Eva, etc. , "The Regional Distribution and Correlates of an Entrepreneurship-Prone Personality Profile in the United States, Germany, and the United Kingdom: A Socioecological Perspective," Working Paper 550, SOEP, Location, 2013.

Obschonka, Martin; Silbereisen, Rainer K. ; Schmitt-Rodermund, Eva, "Explaining Entrepreneurial Behavior: Dispositional Personality Traits, Growth of Personal Entrepreneurial Resources, and Business Idea Generation," *Career Development Quarterly* 60 (2012), pp. 178-190.

Oettingen, Gabriele; Hönig, Gaby; Gollwitzer, Peter M. , "Effective Self-Regulation of Goal Attainment," *International Journal of Educational Research* 33 (2000), pp. 705-732.

Oettingen, Gabriele; Wittchen, Marion; Gollwitzer, Peter M. , "Regulating Goal Pursuit through Mental Contrasting with Implementation Intentions," In *New Developments in Goal Setting and Task Performance*, edited by Edwin A. Locke and Gary P. Latham, New York: Routledge Taylor & Francis Group, 2013, pp. 523-548.

Ogilvy, David, *An Autobiography*, New York: John Wiley

& Sons, 1997.

Ogilvy, David, *Confessions of an Advertising Man*, London: Athenenum, 1963.

Oguz, Fuat, "Hayek on Tacit Knowledge," *Journal of Institutional Economics* 6, No. 2 (2010), pp. 145-165.

Opitz, Martin G., "Rocker im Spannungsfeld zwischen Clubinteressen und Gesellschaftsnormen, Constance 1990," PhD. diss., Universität Bremen, 1989.

Otto, Werner, *Die Otto Gruppe. Der Weg zum Großunternehmen*, Düsseldorf: Econ Verlag, 1983.

Petersen, Thomas, *Der Fragebogen in der Sozialforschung*, Munich: UVK Verlagsgesellschaft, 2014.

Philipps, Kevin, *Wealth and Democracy: A Political History of the American Rich*, New York: Broadway Books, 2002.

Plaschka, Gerhard, *Unternehmenserfolg: Eine vergleichende empirische Untersuchung von erfolgreichen und nicht erfolgreichen Unternehmensgründern*, Vienna: Service Fachverlag an der Wirtschaftsuniversität Wien, 1986.

Platthaus, Andreas, *Von Mann & Maus: Die Welt des Walt Disney*, Berlin: Henschel Verlag, 2001.

Polanyi, Michael, *The Tacit Dimension*, London: Routledge, 1966.

Pontikes, Elizabeth G.; Barnett, William P., "When to Be a Nonconformist Entrepreneur? Organizational Responses to Vital Events," Working Paper 3003, Stanford Graduate School of Business, 2014, Accessed 7 July 2015. https://www.gsb.stanford.edu/faculty-research/working-papers/when-be-nonconformist-entrepreneur-organizational-responses-vital.

Priddat, Birger P. , "Unternehmer als Cultural Entrepreneurs," in *Unternehmertum : Vom Nutzen und Nachteil einer riskanten Lebensform*, edited by Ludger Heidbrink and Peter Seele, Frankfurt-am-Main: Campus Verlag, 2010, S. 115-128.

Puri, Manju; Robinson, David T. , "Optimism and Economic Choice," *Journal of Financial Economics* 86 (2007), pp. 71-99.

Rauch, Andreas; Frese, Michael, "Psychological Approaches to Entrepreneurial Success: A General Model and an Overview of Findings," in *International Review of Industrial and Organizational Psychology*, edited by C. L. Cooper and I. T. Robertson, Chichester: Wiley, 2000, pp. 101-142.

Rauch, Andreas; Frese, Michael, *Born to Be an Entrepreneur? Revisting the Personality Approach to Entrepreneuship*, https: //www. researchgate. net/publication/270820381 _ Born _ to_ Be_ an_ Entrepreneur_ Revisiting_ the_ Personality_ Approach_ to_ Entrepreneurship.

Rauch, Andreas; Frese, Michael, "Was wissen wir über die Psychologie erfolgreichen Unternehmertums? Ein Literaturüberblick," in *Erfolgreiche Unternehmensgründer : Psychologische Analysen und praktische Anleitungen für Unternehmer in Ost-und Westdeutschland*, edited by Michael Frese, Göttingen: Verlag für Angewandte Psychologie, 1998, S. 5-34.

Raynor, Michael; AhmedMumtaz; Henderson, Andrew D. , "Are 'Great' Companies Just Lucky?" *Harvard Business Manager* (April 2009), pp. 2-3.

Reber, Arthur S. , "Implicit Learning and Tacit Knowledge," *Journal of Experimental Psychology* 118, No. 3 (1989), pp. 219-235.

Reber, Arthur S. ; Walkenfeld, Faye F. ; Hernstadt, Ruth, "Implicit and Explicit Learning: Individual Differences and IQ," *Journal of Experimental Psychology* 17, No. 5 (1991), pp. 888-896.

Reuber, A. Rebecca; Fischer, Eileen M. , "The Learning Experiences of Entrepreneurs," in *Frontiers of Entrepreneurial Research*, edited by Neil C. Churchill, Massachusetts: Babson College, 1993, pp. 234-247.

Rickens, Christian, *Ganz oben : Wie Deutschlands Millionäre wirklich leben*, Cologne: Kiepenheuer & Witsch, 2011.

Roman, Kenneth, *The King of Madison Avenue: David Ogilvy and the Making of Modern Advertising*, New York: St. Martin's Griffin, 2009.

Ronstadt, Robert, "The Decision *Not* to Become an Entrepreneur," in *Frontiers of Entrepreneurship Research*, edited by John A. Hornday, Jeffrey A. Timmins, and Karl H. Vesper, Massachusetts: Babson College, 1993, pp. 192-212.

Sarasvathy, Saras D. , *Effectuation: Elements of Entrepreneurial Expertise-New Horizons in Entrepreneurship*, Cheltenham: Edward Elger, 2008.

Saucier, Gerard; Goldberg, Lewis R. , "What Is Beyond the Big Five?" *Journal of Personality* 66, No. 4 (1998), pp. 495-524.

Schäfer, Bodo, *Der Weg zur finanziellen Freiheit, In sieben Jahren die erste Million*, Frankfurt-am-Main: Campus Verlag, 1998.

参考文献

Schenk, Roland, "Beurteilung des Unternehmenserfolgs," In *Erfolgreiche Unternehmensgründer: Psychologische Analysen und praktische Anleitungen für Unternehmer in Ost-und Westdeutschland*, edited by Michael Frese, Göttingen: Verlag für Angewandte Psychologie, 1998, S. 58-82.

Schervish, Paul G.; Coutsoukis, Platon E.; Lewis, Ethan, *Gospels of Wealth: How the Rich Portray Their Lives*, Westport: Praeger Publishers, 1994.

Schmitt-Rodermund, Eva, "Pathways to Successful Entrepreneurship: Parenting, Personality, Competence, and Interests," *Journal of Vocational Behavior* 65 (2004), pp. 498-518.

Schmitt-Rodermund, Eva, "Wer wird Unternehmer? Persönlichkeit, Erziehungsstil sowie frühe Interessen und Fähigkeiten als Vorläufer für unternehmerische Aktivität im Erwachsenenalter," *Wirtschaftspsychologie* 2 (2005), pp. 7-23.

Schmitt-Rodermund, Eva; Silbereisen, Rainer K., "Erfolg von Unternehmern: Die Rolle von Persönlichkeit und familiärer Sozialisation," in *Unternehmerisch erfolgreiches Handeln*, edited by Klaus Moser, Bernad Batinic, and Jeanette Zempel, Göttingen: Verlag für Angewandte Psychologie, 1999, S. 115-144.

Schmoock, Matthias, *Werner Otto. Der Jahrhundert-Mann*, Frankfurt-am-Main: Societäts-Verlag, 2009.

Schoeck, Helmut, *Envy: A Theory of Social Behaviour*, Indianapolis: Liberty Fund, 1966.

Schroeder, Alice, *The Snowball: Warren Buffett and the Business of Life*, London: Bloomsbury Publishers, 2008.

Schuler, Thomas, *Die Mohns: Vom Provinzbuchhändler*

zum Weltkonzern-Die Familie hinter Bertelsmann, Frankfurt-am-Main: Campus, 2004.

Schultz, Howard; Yang, Dori Jones, *Pour Your Heart Into It : How Starbucks Built a Company One Cup at a Time*, New York: Hyperion, 1997.

Schumpeter, Joseph, *Capitalism, Socialism and Democracy*, London: George Allen & Unwin Publishers, 1976.

Schumpeter, Joseph, *Theory of Economic Development*, London: Routledge, 1981.

Schützenhöfer, Louis, *Vom Charme des Scheiterns : Krisen für einen Neustart nutzen*, Vienna: Verlag Carl Ueberreuter, 2011.

Seger, Carol Augart, "Implicit Learning," *Psychological Bulletin* 115, No. 2 (1994), pp. 163-196.

Segal, Gerry; Borgia, Dan; Schoenfeld, Jerry, "Founder Human Capital and Small Firm Performance: An Empirical Study of Founder-Managed Natural Food Stores," *Journal of Management and Marketing Research* 4 (2009), pp. 1-10.

Sehitiy, Tarek el; Schor-Tschudnowskaja, Anna, "Vermögende in Deutschland: Die Perspektiven der Vermögenskulturforschung," in *Vermögen in Deutschland: Heterogenität und Verantwortung*, edited by Wolfgang Lauterbach, Thomas Druyen, and Matthias Grundmann, Wiesbaden: Springer VS, 2011, S. 143-202.

Skopek, Nora, "Vermögen in Europa," in *Reichtum, Philanthropie und Zivilgesellschaft*, edited by Wolfgang Lauterbach, Michael Hartmann, and Miriam Ströing, Wiesbaden: VS Verlag, 2014, S. 47-76.

参考文献

Slater, Robert, *George Soros : The World's Most Influential Investor*, New York: McGraw-Hill Companies, 2009.

Sombart, Werner, *Der moderne Kapitalismus, Vol. 1: Die vorkapitalistische Wirtschaft*, Munich: Duncker & Humblot, 1916.

Sombart, Werner, *Der moderne Kapitalismus, Vol. 3: Die vorkapitalistische Wirtschaft*, second half-volume, Munich: Duncker & Humblot, 1927.

Sombart, Werner, *The Quintessence of Capitalism : A Study of the History and Psychology of the Modern Business Man*, London: T. Fisher Unwin, Ltd. , 1915.

Spannagel, Dorothee, *Reichtum in Deutschland : Empirische Analysen*, Wiesbaden: Springer VS, 2013.

Stadler, Christina, *Freude am Unternehmertum in kleineren und mittleren Unternehmen : Ergebnisse einer Quer-und Längsschnittanalyse*, Wiesbaden: Gabler Verlag, 2009.

Stanley, Thomas J. , *The Millionaire Mind*, New York: Bantam Books, 2001.

Stanley, Thomas J. ; Danko, William D. , *The Millionaire Next Door*, Atlanta: Longstreet Press, 1996.

Statista, "Anzahl der Einkommensteuerpflichtigen mit mindestens einer Million Euro Einkünften in Deutschland von 2004 bis 2013," Last modified 2017. https://de. statista. com/statistik/daten/studie/162287/umfrage/einkommensmillionaere-in-deutschland.

Sternberg, Robert J. , *Successful Intelligence: How Practical and Creative Intelligence Determine Success in Life*, New York:

Penguin Group, 1997.

Ströing, Miriam; Kramer, Melanie, "Reichtum und die Übernahme gesellschaftlicher Verantwortung," in *Vermögen in Deutschland: Heterogenität und Verantwortung*, edited by Wolfgang Lauterbach, Thomas Druyen, and Matthias Grundmann, Wiesbaden: Springer VS, 2011, S. 95-142.

Teal, Elisabeth J.; Carroll, Archie B., "Moral Reasoning Skills: Are Entrepreneurs Different?" *Journal of Business Ethics* 19 (1999), pp. 229-240.

Timmdorf, Jonas, ed., *Die Aldi-Brüder: Warum Karl und Theo Albrecht mit ihrem Discounter die reichsten Deutschen sind*, Mauritius: Fastbook Publishing, 2009.

Tracy, Brian, *Goals! How to Get Everything You Want-Faster Than You Ever Thought Possible*, San Francisco: Berrett-Koehler Publishers, 2010.

Utsch, Andreas, "Ein minimales Gesamtmodell von Erfolgsfaktoren: Ein Mediatorenmodell," in *Erfolgreiche Unternehmensgründer: Psychologische Analysen und praktische Anleitungen für Unternehmer in Ost-und Westdeutschland*, edited by Michael Frese, Göttingen: Verlag für Angewandte Psychologie, 1998, S. 133-148.

Utsch, Andreas, "Psychologische Einflussgrößen von Unternehmensgründung und Unternehmenserfolg," PhD. diss., Justus-Liebig-Universität Gießen, 2004.

Vise, David A.; Malseed, Mark, *The Google Story*, New York: Dell Publishing, 2005.

Wallace, James; Erickson, Jim, *Hard Drive. Bill Gates and*

the Making of the Microsoft Empire, Chichester: Wiley, 1992.

Walter, Franz; Marg, Stine, eds., *Sprachlose Elite? Wie Unternehmer Politik und Gesellschaft sehen*, Reinbek: BP Gesellschaftsstudie, 2015.

Walton, Sam, *Made in America: My Story*, New York: Bantom Books, 1993.

Wasner, Barbara, *Eliten in Europa: Einführung in Theorien, Konzepte und Befunde*, Wiesbaden: Springer Fachmedien, 2006.

Watkins, Karen E.; Marsick, Victoria J., "Towards a Theory of Informal and Incidental Learning in Organizations," *International Journal of Lifelong Education* 11, No. 4 (1992), pp. 287-300.

Welch, Jack; Byrne, John A., *Straight from the Gut*, London: Warner Books, 2001.

Welch, Jack; Welch, Suzy, *Winning: The Answers-Confronting 74 of the Toughest Questions in Business Today*, New York: Harper Business, 2006.

Williams, Geoff, "No Rules," *Entrepreneur* (1999), Accessed 27 October 2017, https://www.entrepreneur.com/article/18298.

Wilson, Mike, *The Difference between God and Larry Ellison: Inside Oracle Corporation*, New York: Harper Business, 2002.

Wilson, Timothy D.; Schooler, Jonathan W., "Thinking Too Much: Introspection Can Reduce the Quality of Preferences and Decisions," *Journal of Personality and Social Psychology* 60, No. 2 (1991), pp. 181-192.

Wolff, Michael, *The Man Who Owns the News : Inside the Secret World of Rupert Murdoch*, London: The Bodley Head, 2008.

Wolter, Felix, *Heikle Fragen in Interviews : Eine Validierung der Randomized Response-Technik*, Wiesbaden: Springer VS, 2012.

Woodward, Woody, *Millionaire Dropouts : Inspiring Stories of the World's Most Successful Failures*, Murrieta: Millionaire Dropouts, 2006.

Woolhouse, Leanne S. ; Bayne, Rowan, "Personality and the Use of Intuition: Individual Differences in Strategy and Performance on an Implicit Learning Task," *European Journal of Personality* 14 (2000), pp. 157-169.

Wüllenweber, Walter, *Die Asozialen : Wie Ober-und Unterschicht unser Land ruinieren-und wer davon profitiert*, Munich: Deutsche Verlags Anstalt, 2012.

Young, Jeffrey S. ; Simon, William L. , *iCon Steve Jobs : The Greatest Second Act in the History of Business*, New Jersey: John Wiley & Sons, 2005.

Young, John E. ; Sexton, Donald L. , "Entrepreneurial Learning: A Conceptual Framework," *Journal of Enterprising Culture* 5, No. 3 (1997), pp. 223-248.

Zhang, Zhen; Arvey, Richard D. , "Rule Breaking in Adolescence and Entrepreneurial Status: An Empirical Investigation," *Journal of Business Venturing* 24 (2009), pp. 436-447.

Zhao, Hao; Seibert, Scott E. , "The Big Five Personality Dimensions and Entrepreneurial Status: A Meta-Analytical Review," *Journal of Applied Psychology* 91, No. 2 (2006), pp. 259-271.

Zitelmann, Rainer, *Dare to Be Different and Grow Rich*, Mumbai: Indus Source Books, 2012.

Zitelmann, Rainer, *Reich werden und bleiben: Ihr Wegweiser zur finanziellen Freiheit*, Munich: FinanzBuch Verlag, 2015.

图书在版编目(CIP)数据

富豪的心理：财富精英的隐秘知识／（德）雷纳·齐特尔曼（Rainer Zitelmann）著；田亮等译. -- 北京：社会科学文献出版社，2018.5（2021.7 重印）
书名原文：PSYCHOLOGIE DER SUPERREICHEN: DAS VERBORGENE WISSEN DER VERMOGENSELITE
ISBN 978-7-5201-2148-4

Ⅰ.①富… Ⅱ.①雷… ②田… Ⅲ.①私人投资-研究 Ⅳ.①F830.59

中国版本图书馆 CIP 数据核字（2017）第 328244 号

富豪的心理：财富精英的隐秘知识

著　　者／[德]雷纳·齐特尔曼（Rainer Zitelmann）
译　　者／田　亮　等

出 版 人／王利民
项目统筹／祝得彬
责任编辑／吕　剑

出　　版／社会科学文献出版社·当代世界出版分社（010）59367004
　　　　　　地址：北京市北三环中路甲29号院华龙大厦　邮编：100029
　　　　　　网址：www.ssap.com.cn
发　　行／市场营销中心（010）59367081　59367083
印　　装／北京盛通印刷股份有限公司

规　　格／开　本：889mm×1194mm　1/32
　　　　　　印　张：19.375　字　数：466千字
版　　次／2018年5月第1版　2021年7月第4次印刷
书　　号／ISBN 978-7-5201-2148-4
著作权合同
登 记 号／图字01-2017-8403号
定　　价／88.80元

本书如有印装质量问题，请与读者服务中心（010-59367028）联系

▲ 版权所有 翻印必究